朝岡康二 著

雑器・あきない・暮らし

民俗技術と記憶の周辺

考古民俗叢書

慶友社

目　次

II ものとわざの伝播

Ⅲ くらしの場の変容と記憶

Ⅳ 記録された技術

V　もの・わざ・からだと資料化

はじめに

これまでわたしがなにか書くといえば、個別の事物のあれこれについて見聞をまとめるというものであった。そのようにして取りまとめたいくつかについては幸いに上梓されて、それはそれで一応の結果を整えることができた。しかし、そこから外れて取り残されたものについては、日常の多忙に追われて雑然と放置したまま今日に至った。それはもちろん、忘れてしまっても一向に構わないが、このところ少し時間に余裕ができたのでばらばらの状態で残ったものをひと纏めにするとどうなるのか、あるいは、どうにもならないのかと言う好奇心が生れて、少しずつ整理に手をつけ始めることになった。

実はこれまで書き溜めたものをまとめてみようと思った当初は、せっかくの機会であるから、少しは理屈の立ったものにしたいとの思いがあった。

日ごろ考えてきた事柄は、書いたものに多少なりとも反映しているに違いない。当然ながらわたしとて、時々に浮かんだり消えたりしながら繰り返し問うてきた問題があるに違いないから、それらを突き詰めて整理することはそんなに難しいことではないように思われた。そして、新たに書き起こした部分を加えることによって新境地（？）を拓くことができないものかと、やや気負ってみたのであるが、それはなかなか難しいことであった。

かねてわたしは、時に「民俗」と表わして、あるいは「伝承」と名づけてきた事柄について、それはひと（あるいはひとの集まりであるひとびと）の記憶の持続や喪失、あるいはその再生や復元、付け加えるならば、それらは浮き沈みする場の存続・維持・消滅などに深く関わっている、と考えてきた。

記憶は日々喪失するものであるが、同時に日々の再生と復元を、すなわち換骨奪胎を繰り返すものであり、やがてそれは言葉や文字その他の表象を通して集団的に共有される、あるいは共有を期待することによって、「民俗」などと表わされてきたのではないかと思う。

だから、ひと（あるいはひとびと）による記憶の誕生・喪失・再生が、どのように言葉や表象あるいは「もの」や「わざ」に、時に結びつき、時には移ろうものとして存在するかを汲み取り、そこに見出さる動機・働き・仕組みとでもいったものを拾い上げて提示することはできないか、あるいは逆に、そうした共同の記憶の観点から「もの」や「わざ」の持つもうひとつの側面を探求して、なんらか意味づけをおこなうことはできないか、と考えたりしたが、それもなかなか難しいことのようである。

どうも、個体としてのひとは、記憶の誕生・喪失・再生を、自らのありようやあるべき姿を規定しかつ意義づけるものとして、時々の存在証明に利用するとともに、世間に身を寄せて生き続けていくための方法、いいかえれば生活の手段・技術として活用していくものでもあるとみえる。

ひとは記憶を、時々の身体的・情緒的な諸々の側面に引き寄せて、位置づけ、取り込み、利用する、という操作を日々おこなって補強し、同時に忘却していくもののようであるが、その結果掘り起こされた記憶は、ひとびとに共有する経験と観念されて、それによって連帯できる実践的な生活手段にもなるのである。

すこしばかり個人的な経験を述べてみよう。

わたしは昭和十六年の生まれで、昭和二十年八月は京城（現ソウル）の家から離れて、疎開先であった叔父一家が住む平壌の北西、黄海沿岸の南陽里という塩田の村にいた。それ以後、強制収容所の生活などを経て昭和二十三年の小学校一年生にあたる夏、ほとんど最終に近い引揚船・興安丸に乗って元山（現朝鮮民主主義共和国江原道）から船中一泊、舞鶴に帰国した。

北朝鮮での生活は小学校に上がるまでのことであるから、記憶はあいまいで思い違いも多く、大人たちの話が矛盾しあったまま、あれこれと割り込んでいる。特定の事象について、かつては間違いなく記憶していたと思うそのことだけが残り、具体はすっかり忘れてしまっている。もう忘れた過去なのであった。

ところが、両親が他界してそろそろ老いにさしかかってきた近年、兄や少し若い従妹などから戦争末期・戦後の記憶を問い合わせて来ることが多くなった。

他人にとってはほとんど無意味・瑣末なことで、両親の記憶がしっかりしていた頃であれば、知ることはそう難しくない事柄であったはずが（もちろん、語りたがらない、語らないことも少なくはなかったであろうが）、もう知らぬ者ばかりの情報交換になってしまった。

それでも、昭和十三年生まれの兄や昭和十八年生まれの従妹にとっては、激動期の親族のありよう、幼い頃の出来事、明治三十年代に鬼怒川と小貝川に挟まれた長塚節「土」の舞台、石毛に近隣する寒村から朝鮮半島に渡った祖父・祖母以来三代に及ぶ半島生活の顛末などについて、これまで聞かされた伝聞の信ぴょう性、断片的に残る記録の読み込み、記憶の再生などから、自らの存在の手掛かりをうることが重要な関心事になってきたようである。

従妹は、叔父が残したいい加減な履歴書の下書きを大切に保管しており、それに一時期一緒に暮らした従兄たちの曖昧で不正確な証言を符合させて、元々存在しなかった乳飲み子時代の記憶を再生させようと努めているようにみえる。

そうしたひとびとのために、朝鮮半島を臨む軍港、後の引揚者の上陸港・舞鶴には、引揚げについての語り部がいるようで、従妹は旧桟橋や上陸した引揚者の仮屋生活の様子を聞きに出かけて、東京に新たに作られた引揚者やシベリア抑留者の記念施設にわたしも同行するように誘われることになった。こうして、超高層建築のなかに作られた厳密な記録に欠ける内容空虚な展示物を見物してきたのである。

なぜ誘われたのか？「わたし」が誰であったのかはわたし一人では確認できない。それは、ひとびとのあいだに共通する記憶によって保証される必要である。共通する記憶を前提にして初めて「わたし」が「わたし」であることを納得できる、ということであろう。すなわち、そこには数名しか帰属していない小さな引揚者一族の民俗とでもいえるものが萌芽しているのである。

さて、このように記憶は必要によって思い出され、作られ、あるいは強化されて、それが実用されることになるが、そのためにひとびとのなかには、記憶の根拠になる核のようなものがあらかじめ埋め込まれているのではないかと思われる。

わたしにとっての言説化された朝鮮半島の幼年生活の記憶は、たしかに曖昧でおぼろげなまことに頼りないものである。しかし、朝鮮軍の現地召集の結果、男手のまったくなかった八月十五日の日本人官舎の静まりかえったまばゆい夏の陽の彩り、あるいはロシア兵がやって来るといって断髪した叔母たちと、収容所の小さな押し入れのなかで息を殺していた暗闇、硬く氷が張り積めた田面とその先の道路に沿って立ち並ぶ果てしない冬木立、今ではまったく忘れてしまった朝鮮語で「鮮人部落」の友達と交わした会話、そっともらった食物など、五感に刻み込まれた記憶の源泉とでもいうべきものは、いまもって失われていない。このような時に体の一部に鮮やかに浮き上がって、やがて曖昧に拡散して消え去るものが、わたしの記憶の根の部分を作っているように思われる。言語化された記憶への信頼は、それによって裏打ちされていると思うところから成り立つ。記憶は「もの」「わざ」「しぐさ」などに繋がる五感を通して、「からだ」と深く結びついているに違いないのである。

ここでいう「からだ」とは、骨や筋肉や内臓器官を直接に指すとともに、それらに埋め込まれた意識・感覚、さらには明白に意識されない意識、感覚されない感覚にも及んでいる。いいかえれば、骨や筋肉や内臓器官も、当然ながらメモリーとして十分な容量を持っており、生きてきた現実がこの「からだ」に蓄積されて、それによって特定の「からだ」を作りあげており（そこには不具合や苦痛がともなうこともあるが）、それから「もの」「わざ」「しぐさ」「からだ」などを結ぶネットワークを形成されているのであろう。

そして、ひとびとのなかに身体化されたこれらが、民俗・伝承・歴史・世界観などさまざまな言い方で社会に共通する意識であると自覚されると、そのことによって言説化が促進されていく。

繰り返しになるかもしれないが、ここでいう身体化のかなりの部分は、ひとびとが「もの」「わざ」「しぐさ」の連続のなかで個別に獲得していくもので、それがなんらかの外的な働きかけによって広く共通するものと意識されると、ひとびとのあいだに共通が成立する、ということだと思う。

こうした事柄を個別に掘り下げてみたいということが「新境地の開拓」と意気込んだことだったのであるが、ひとたび考えを押し進めようとするとたちまち言語能力の限界に突き当ってしまう。わたしにはとても「からだ」のあれこれを言語化できなかった。

というわけで、以下ではそんな野心は忘れて、時々の必要から書き溜めたものをとりあえず一覧にすることを目的とした、極めて限定的・散文的なものに後退することになった。

すでに述べたように、書き溜めたものは時々の必要によるものであったから、文体や構成がばらばらで重複もあれば欠落もあり、なかには設定が唐突にみえるものも含まれて一貫した記述になってはいない。通読しようとするとやや手間がかかるのではないかと予測される。そんなことから、姑息な手段であるが章節のあいだに若干の追記を付して補いにしたいと考えて、取りまとめてみたのである。

緒言から言い訳めいてまことに恐縮であるが、それでも「もの」と「からだ」を通してなにかを考える糸口になることを期待したいと思う。

Ⅰ

職と職人・道具と民具

一　職人を考える

1　職人とはどのようなひとを指すか

「ただびと（すなわち常民）」とはどのような存在であるかは、たびたび民俗学界で議論の対象になってきた。それは時には語の概念性をめぐる問題であったが、その一方で語の指し示す対象や範囲のあり様に関わるものでもあった。

ここでは、後者の対象・範囲について考えてみたいが、その場合に「ただびと（常民）」ではない「特別なひと」を検討することも、「常民」を考えるうえで有効な方法になりえないか、というところから出発する。

日本民俗学における常識的な解釈は、あらゆる種類の日本人＝生活者を「常民」のうちに含有して、そこでは日本人に普遍的にあてはまるものとしての「常民性」が問題にされる。

この考え方からは、当然の結果として日本人＝生活者のうちの一般に「職人」とみなされているひとびとの営為も「常民性」を共有するものとして、農民や漁民と同列のものとして「諸職」と扱われてきた。そこでは百姓（農民）も漁民も職人もともに「常民」を構成しており、見かけは少し異なるかもしれないが、ともに「共通する日本民俗」のなかにあると考えるのである。

けれども、わたしの関心は日本人総体に共通する姿かたちがどのようなものであるかにあるのではなく、農・工などの生活の営みの結果、それぞれが身体的に獲得してきた個別性を比較検討することができるとするならば、それはどのような点からおこないうるか、というところにある。いわば「共通」の把握ではなくて、「相違」の把握になるのである。

ついでに触れると、採集・農・工などの生産・生活活動の相違から来る区分は、なにも日本に限ったものではないから、地域的に離れた直接に関わりのないひとびとのあいだの比較も可能であり、実際、それはさかんにおこなわれていることでもある。

たとえば、ヨーロッパ職人史やそこから成立した制度的な職能集団（コンパニオン制やギルド制）の様相、様々なかたちで展開する移民・移動民の生業区分、あるいは階級分化やカースト化など、仕事（生産活動ないしは生業）から比較できそうな分野は数多い。ここでは、そうした事柄を、特定社会における異なる属性を持つひとびととの異なるありかたを考える、ということで、いくつかとりあえずの限定と保留をしたうえで、すべてのひとびと（日本人）を「常民」と網羅的に捉えるのではなく、そこから職人を外して「特別なひと」とすることによって、農民性を深く内在させる「常民」に対比してみようとするのである。

職人とは、平たくいえば「職」に従事するひとびと、あるいは「職」の実行から得る収入によって暮らすひとびとを指すといえばよいであろうが、実際には「職」の意味する範囲は、歴史的に様々な変遷をたどって今日に至っており、この変遷にともないこの語を適応できる対象も拡大変化し、今日もなお変化し続けている。

そして、この歴史的な変遷にともなう対象の拡大によって、この語に加えられた様々な意味や語感が今日のわたしたちの「職」や「職人」観（それは多分に多元・多義的であるとともに包括的でもある）に反映していると考えられるから、「職人」をもって前近代的な技術の体現者とみなして現代技術に対比することもできるし、職人的な「技能」と工学的な「技術」を比較対照することもできる。また、職人を取り巻く諸制度に王朝（あるいは律令国家）体制の残滓を見ることもできるし、海外のコンパニオン制やギルド制などとの比較も可能であり、同時に職人は農民に対比できる存在とみることもできる。

「つとめ」としての「職（しき）」から「いとなみ」としての「職（しょく）」への歴史的な変化は、社会関係の変貌にともなう特権の保持と喪失に関わるものである。これと同様に、近代における職人の「職」から職工の「職」への移行（ないし変容）は、居職・出職という「いとなみ」の業態から毎日時間を決めて工場へ出勤して、あてがわれた機械と一定時間の付き合いをする「しごと」への変容を示すものでもある。しかし、なおこれらに「職」の字を充てている以上は、「つとめ」「いとなみ」「しごと」に連続するところがあることを暗示しているともいえる。このようにすこしずつドリフトしながら、しかし一方ではなんらかの連続性を保持しているところが興味深いのである。

さて、技能職・事務職・技術職といった今日の「職」の区分は、身体を使う・紙の上の・頭脳的な、と言った仕事の区分を表すものであるが、同時にそれぞれ個別の「職」の標準的な能力を設定できて、客観的な評価によって資格化できることで成り立っている。そこでは全人格的なひとの存在そのものが問題ではなく、ひとの能力の一部分だけを利用して対価を支払うことでもある。かつて財閥会社において社員と職員・雇員が区別されて、今日も学校では教員・職員が区分されて二元的組織になっていることに、「つとめ」と「しごと」の関係をみることも可能であろう。

では、それぞれの時代を生きた「職人」は、社会にどのような者と認知されて受け入れられてきたか、あるいは自らをどのように意識し、位置づけてきたのであろうか。

「はじめに」において、三代におよぶ植民地生活を経た引揚者の話として、「わたし」が誰であったかの確認のプロセスを少しばかり記述してみたが、近代ヨーロッパにおける自我のありよう、あるいは帰属意識には、たとえばイギリスのジョージ・オーウエルやフランスのアルベール・カミュの場合のように国家や植民地（それも消失した植民地）と切っても切れないものがあるが、中世以降の職人も徐々に帰属と帰属意識すなわち「つとめ」を失っていった人々である。そこから「職人」独特のコノテーションが生じて、それが表象機能となっていく。

2　職人と技術・技能・役割

さて、以下では「職」を担う職人の具体的な姿を概観することにしたいが、まず今日、どのような姿が考えられるであろうか。

「職人」と言う言葉を文字の通りに理解すると、前述のように「なんらかの職を持つひと」のことであるから、とりあえずは「職業人」と異ならない表現のように思われる。しかし、日常感覚ではどこかちょっとニュアンスが異なる。「職業」は「企業家」「自営業者」「会社員」「公務員」「サラリーマン」といった漠然としたものから、もう少し具体的には「駅員」「教員」「セールスマン」「運転手」「デザイナー」などに分類・区分できるであろうが（このレベルが「オキュペーション（occupation）」に相当するか？）、基本的には子供・学生・主婦（「主婦は職業」と言う説もあるらしいが）・年金生活者以外は誰もが「職業」を持つといえる。

この場合の職種・職業の「職」は恒常的に生活費を獲得する手段・方法を表す用語であるが、分業を前提するところに古語「職（しき）」の一面が表れている。しかし、今日的な用法で「職人」といった場合は「職業人」のうちの限られたひとびと、たとえば「大工」「仕立屋」「鍛冶屋」などを指しており、並外れた特別な能力を持つ会社員がいて、「プロフェッショナル（professional）」と称賛されても、「職人」とは認められないであろう。

そこで、今日の一般的な「職人」イメージをまとめてみると、「技能職」あるいは「ものつくりを生業とするひとびと」といったことになる。辞書で「職人」を引くと「手の技術をもって職業とする人」と出てくる。しかし、「機械工」「旋盤工」「電気工」などは、職工・工員・技能職・工場労働者などと言いかえることができるが、「職人」のうちに入るかといえば、無関係とはいえないが、直接には含まれず、ここでは「職人」と「職工」の使い分けが生じるようである。

また、「ものつくりを生業とするひとびと」のなかでも、コンピューターや大型機械をあつかう場合は「職人」でも「職工」でもなく、「技術職」「技術者」とされることが多い。機械をあつかう場合はちょっと「職人」には含みにくい、という気持ちなのであろう。

実際には典型的な職人とされる「大工」「鍛冶屋」のようなひとびとも、今日では機械をあつかわなければものを作れないし、今日の仕事は経営・管理・販売・接客などと、直接にはものから離れていることが多く、手仕事が有効である分野はだんだん限られて、「職人」の仕事とみなせるものの過半は過去のものになった。言いかえれば、「職人」と言う表現は言葉としてはまだ有効であるが、「職人」そのものは今やほとんど絶滅危惧種状態になっている、というわけで、耕運機や田植機の普及によって、体を駆使して土と戦う農民をまったく見かけなくなったのと同じことである。もっとも、長い人間の生活史を考えると、機械の時代に入ってからせいぜい二〇〇年くらい、サイバネティックスの理論が実用化されて自動制御が可能になってから、たかだか五〇年過ぎたくらいのものでもある。

それ以前のもの作りといえば、牛馬や水力が多少は利用されていた以外、ひたすら手仕事だけを頼りにものを作り、生活を支える時代が続いてきたのであり、ほんの少し前の徐々に機械制生産に置き換えられつつあった時代においても、手仕事は機械を補完する重要な役割を果たしていた。それが近年のごく短い期間に身近から消え去ってしまったが、それは同時に、ひとびとがその身体に宿していた手仕事の記憶を忘れさせてしまった、ということでもある。

さて、過去に引き戻りつつ手仕事を考えると、一言に手仕事とはいっても実際には多種多様であったことが分かる。そして当然ながら、手仕事のすべてが職人の仕事であったわけではない。家の女たちが担った炊事・掃除・洗濯・繕いなどは、まさに手仕事の集積であったし、農民の農作業も農閑余業のものつくりも手仕事そのものであった。しかし、それらは職人仕事とは見なされなかった。

また、際立って器用で手仕事の上手なひと（洗濯上手・料理上手・裁縫上手など）がいて、近在の評判をとり、腕を見込まれて頼まれ仕事を引き受けることもあったが、こうしたひとびとを指して「職人はだし」とはいっても「職人」ということはなかった。器用人と職人は区別されていたのである。

ここで、またちょっと個人的な話を述べてみたい。

新潟県の金物の町、三条には鍛冶屋の友人がたくさんおり、ある時に剃刀を作る師匠と刃物砥ぎの話をした。わたしが、西洋剃刀の刃立てには油砥石のほうが合うのでは？　などと知ったかぶりをして経験を披露すると、師匠は「あんたは器用だねぇ」といった。わたしの話は素人談義だ、ということを婉曲に表わすとこうなるのである。

実は、剃刀砥ぎは剃刀鍛冶の本来の領分ではない。そもそも砥ぐことは、刀剣・鋸などのように研師・目立職でなければできない特別のものを除くと、使い手の側に属する。

だから鑿・鉋は大工が、包丁は料理人が、剃刀は床屋が砥ぐものと決まっていた。しかし、使い捨て刃物の普及などによって刃物を砥げない使い手が増えて、今では鑿・鉋・包丁・剃刀などの使い捨て以外の刃物も、ほとんどが「直使い《すぐつか》（予め柄や台が付き、刃砥ぎが済んでいる）」になっている。刃物は買ってくればすぐに使えると思いがちだが、そうなったのは最近のことで、刃物をめぐる作り手と使い手の役割分担が変化した結果である。

近年はさらに状況が進んで、鍛冶屋の仕事のかなりの部分が本来の職分ではなかった砥ぎを含む仕上げ仕事にあてられるようになった。まずは見栄えがよくて、それになにほどかの講釈がついて、この見栄えと講釈に見合う品質が求められて、こうしてはじめて売物になるということである。なかにはサービスが行き届いて製造元（鍛冶屋）が砥ぎ直しを保証するものさえある。

だから、鍛冶屋から見ると、砥ぎ仕事は本来の職分ではないが、現実に売れる売れないの決め手になるので、そこにはさまざまなノウハウが生まれて、たえず研究され、変化している。なぜそんなに勉強が必要なのか？　昨今の砥石・研磨材料の開発は驚くべきものだからである。使い手が自分で砥いで「切れる・切れない」を試してみるなどは、以前と異なってかれらの関心の範疇にはないのである。

このことは職人の技術・技能・役割が、一定の仕組みのなかでのみ成り立つ社会的なものであることに関わっている。少しおかしな表現かもしれないが、職人の手仕事とは、「職」に関わる限りの手仕事であって、それは常に他者（支配者・旦那・問屋・顧客など）に依存しており、そこでは一定の姿かたち（見かけ）を持つことによって獲得される客観的・類型的な「型」の存在が重要である。だから、職人の創意工夫はそのような限定のうちにある。職人仕事についての否定的な言い方に「創造性がない」とするものがあるが、それを逆にいえば芸術家（主に近代の）はいわば素人の一種で、創造的ではあるが、だれもが一致して判断できる基準、すなわち「型」を持つことはないから、その評価は常に主観を通してあらわれるのである。

3　歴史のなかの職人イメージ

「職人」イメージは主に前近代において作られて、それが具体の変化・変容にともない多義・多元化して今日に継承されている。以下ではどのようにして「職人」イメージが伝承してきたかについて触れてみたい。

「職人」という表現は一面では包括的な表現であるが、具体的には技能適応の実態（実際になにを作るか）ということから、仕事（この例では加工対象や出来る製品）によって桶職人・植木職人・屋根葺職人などと表現されている。桶職人は桶を作るひとのことであるが、桶職人が成り立つのは、逆にいえば桶職人ではないひとは桶を作らない、ということでもある。植木となると、今日では素人が関わる余地も多くなっているし、裁縫や菓子作りは家庭婦人の楽しみでもあるが、これらと植木・裁縫・菓子作りの職人が関わる領域とは、重なるところがあるようにみえて、その実、細かく観察するとはっきりと住み分けられていることがわかる。先の刃物砥ぎの話とは逆に、ここでは職人が師匠となってそれに素人が追随するのであるが、両者の目指す方向には大きな差異がある。

さて、職人が「自分は職人である」と意識的に自らを表現する場合、多様な対象や製品によって仕事の具体は異なるにも関わらず、「特定の仕事に習熟して普通の人々とは異なった技能レベルにあり、その実践によって生活が成り立っている」という意識と、その習熟は限られた職分についてであって、「それ以外のことに関わることはできない(他職の領分である)」という自己限定が共通していると思われる。というよりも、職分の限定によって仕事の細分化が進み、細く別れた仕事ごとに○○職人の呼称が与えられる、そのことが職人のありようの特徴であるともいえる。

こうして「職人仕事の細分化が進む」ということは手仕事の分業の進行であり、これらの各種職人が問屋の下に取りまとめられて、いわゆる問屋制生産様式を生み出すことになる。一昔前までの京都・西陣などがその代表的な例で、千家十職という表現もこうしたあり方の範疇に入るであろう。

このような職の細分化・分業化は地場産地などでは今も見ることができる。たとえば前述の三条には、鑿の頭に巻く鉄環(かずら)ばかりを作る鍛冶屋がいた(近年、廃業した)。ほかの鍛冶仕事もできないわけではなかったろうが、鉄材を丸めて両端を鍛接し、規格の大きさに仕上げる、それだけに専門・特化して毎日々々、廃業するまでこれだけを作り続けていたのである。かつての三条にはそういう職人がたくさんおり、真空管ラジオの全盛期には、ラジオ修理用のヤットコばかりを作っているひともいた。残念なことにヤットコは真空管ラジオが廃れるとともに需要が激減して、ヤットコ作りの職人は廃業していくほかに道がなかった。

ここでは特定領域の技能の所持、明確な職分といったことが「職人」イメージを作っており、技能達成の評価はひろく農民一般に見られる「一人前」の基準（たとえば力石・俵担ぎ）とは異なるものである。

農民の場合、大方のひとができる仕事内容・仕事量を前提にして「一人前」が決まっており、このような標準を可能にするのは農業に関わる技術発達が集団的なものだからである。しかし、職人には「型」として形式を整えた技術・技能・役割、すなわち特定の「職」が存在し、それゆえになんらかの同業的な集団（株仲間、講など）を作り、自立的な「職」の再生産（主として徒弟制による）をおこなうのであるから、特定の修業課程（徒弟奉公など）を生み出して、その習得によってのみ「一人前」が成り立つという仕組みになる。これには講や株仲間を基にした厳格な年季奉公制をとるものから、そこまで組織化されていないあいまいな「職」も含まれるが、それは当該集団とその周辺の需要によって成り立つものであるから、他所の類似の職人との比較や競合はあまり意識されない。こうして同じ刃物を作る鍛冶屋といっても、東西日本には隔絶した技術が併存することになるのである。

さて、そこでいかに「職」が多様な（あるいは細分化された）領域に及んでいたか、あるいは及ぶと考えられていたかの例として、近世後期に鍬形蕙斎が描いた『職人尽絵詞』（文化年間）を参照してみよう。

数え方にもよるが、ここには一二〇種ほどの「職」ないしは「職人」が描かれている。職名の書き込みがないから、適当と思われる名称を充てて書き上げると、次のようになる。

大工・屋根葺・畳屋・左官・人夫・地衝・石工・寺小屋・呉服屋・魚屋・鍛冶屋・仏師・縫取り・仕立師・表具師・米搗き（搗臼・横杵）・芸者・精米屋（大唐臼）・歯磨粉売・車挽・座頭・銭湯・惣嫁（夜鷹）・夜蕎麦屋（屋台）・車大工・炭団屋・布売（竹馬・振り売り）・井戸桶作り・人形芝居・的場屋・楊子屋（歯磨き棒売り）・豆蔵（芸人）・鍔師・宮大工＋欄間彫り・花火師・木挽き・付木作り・傘＋提灯作り・油売り・力士・神楽舞・神職・覗きからくり・蝶々売り（おもちゃ）・しゃぼん玉売り・読売り・飴細工売り（?）・版木彫り・額彫り・人形師・印判師・三味線作り・検校・法師・籠作り・豆腐屋・蒲鉾屋・居酒屋・大根売り・蒲焼屋・鋳物師・煙管作

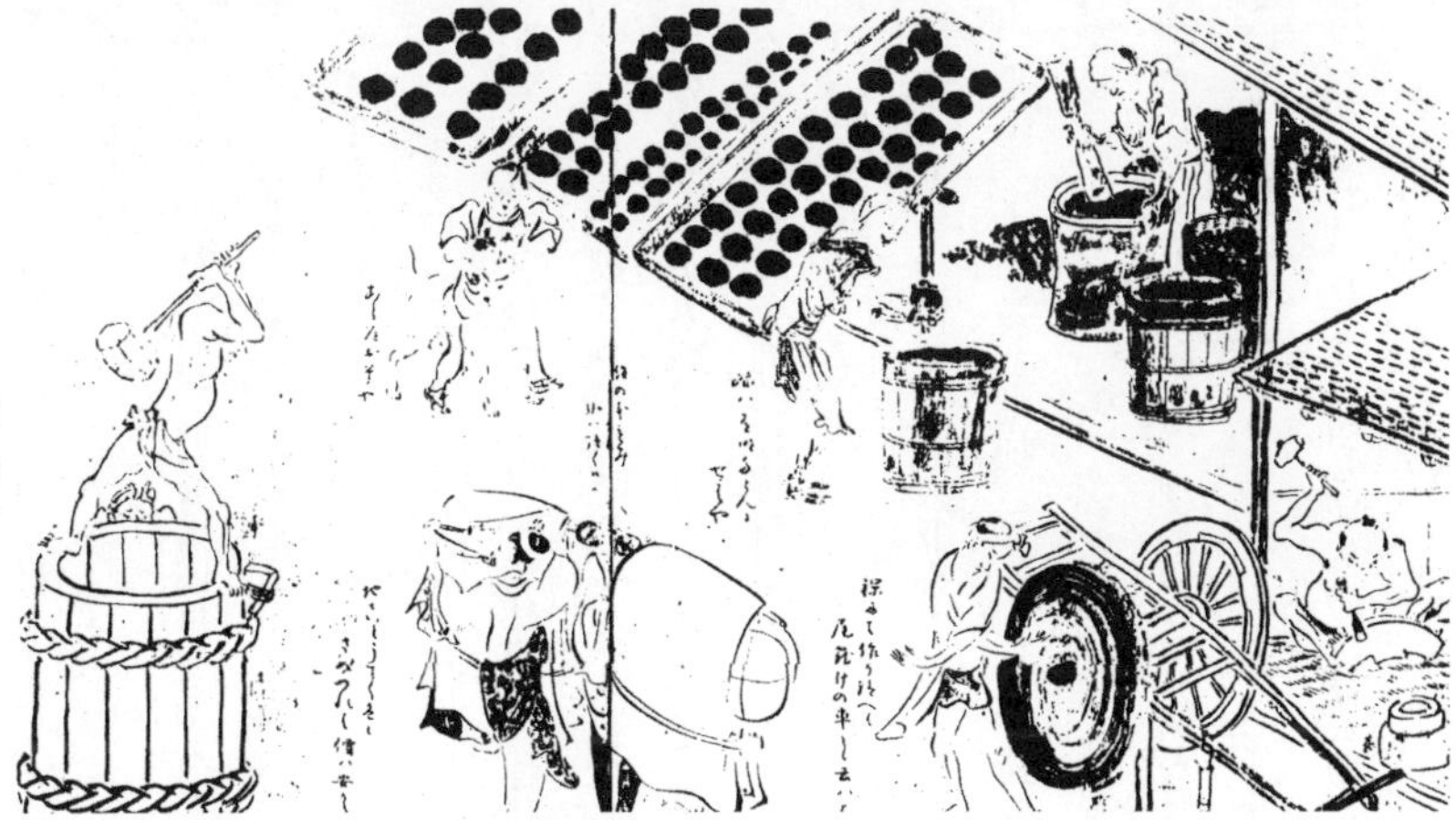

図1　近世の職人　炭団屋・車大工・竹馬（古着売り）・井戸の枠作り
（『職人尽絵詞』鍬形蕙斎　岩崎美術社より）

り・錺師・戯場・書家・絵師・琴弾き・囲碁師・煙草屋・猿回し・袋物屋・煙草入れ売・合羽作り・太神楽・三匹獅子舞・町医者・万才・蚊帳売り・枇杷葉湯売り・煙管売り・鋳掛屋・書画売り・目立屋・錠前売り・床屋・四文屋（屋台）・するめ屋（屋台）・てんぷら屋（屋台）・浄瑠璃師匠・居合い（匂い歯磨・はんこん丹売）・白飴売・心太売・飴売り・甘酒売・紺屋・洗張り・砧打ち・名山詣り・蝋燭作り・卵売り・羽子板売り・金物屋（金網・火箸・火打ち金）・縁起物売り（達磨・大黒）・神酒の口売り・吉兆売り・裏白売り・酒売り・賃餅屋・季節候・花魁・茶屋

ここから、当時どのようなひとびとを「職人」と考えていたかについて、およその推測ができる。ここでも確かに「もの作り」が中心になっており、その点は今日の職人イメージに継承されているといってよいが、もう少し細かく見ていくと、今日の理解とは少し異なって、「もの作り」よりも「もの売り」に比重をおく業態が含まれており、さらに各種の道端の商い（屋台売り・立ち売り・振り売り）、加えて神宮・僧侶・物嫁・力士、あるいは神楽舞・三匹獅子舞などの芸能の者も描き込まれている。

このように、当時、職人と考えられていた人々は、「もの作り」

を中心にしているには違いないが、このほかに街頭の「もの売り」なども加わり、いわば侍・農民・商家以外のひとびと、すなわち町なかでみかける手足を働かせて暮らしを成り立たせている細民すべてを網羅している、といってよさそうである。

要するに、社会の主要な構成員であると見なされないひとびと、もちろん支配者ではなく、されども主要な被支配者（米を生産する農民・金を生み出す商人）でもない庶民・細民は、すべからくなんらかの「職」に依存して「職人」として生きている、というイメージではなかったかと思われる。

このようにみると、「手仕事」は同時に「体仕事」でもあって、職人の所持する技術・技能・役割は「もの作り」に限定されるとは限らず、「手仕事」「体仕事」を総体として含むものになる。要するに特定の「職」につながる技術・技能・役割を保持・活用していれば「職人」なのである。

このような職人観は、ひとり鍬形蕙斎ばかりのものではなく、当時のひとびとが共有する認識であったかと推測されるが、それは一面的な理解であるかもしれない。というのも、ここに登場する「職」のかなりの部分が実は中世以来の『職人歌合』に登場するものであり、古くからの職人イメージを受け継いで描いたものらしいからである。

周知の通り中世の『職人歌合』の「職」は、ごく簡略なもの（『東北院職人歌合』五番本）からだんだんと発達して十二番・三十二番と増加させていき、最終的には七十一番（すなわち、一四〇余職）にまで拡大したのであった。これを時代とともに「職」が多様化する様を反映していると考えるならばなかなか興味深い研究対象になるが、ここでは割愛せざるをえない。以下では『職人尽絵詞』と『七十一番職人歌合』を比較して、重複している「職」、類似している「職」（と思われるもの）を挙げてみる。すると、確かに「職」は増殖しているが、古くから認められていた「職」が忘れられて、新しいものに置き換わったというわけではない。

（1）重複・一致するもの

大工・番匠、屋根葺・檜皮葺、畳屋・畳刺、左官・壁塗、鍛冶・鍛冶、仏師・仏師、縫取り・縫物師、表具屋・唐紙師、車大工・車作、油売り・油売、力士・相撲取、神楽舞・舞人、神職・禰宜、法師・禅宗（以下各宗派あり）、豆腐屋・豆腐作、町医者・医師、心太売り・心太売、紺屋・紺掻、酒売り・酒作、

（2）類似が認められるもの

寺子屋・文者、呉服屋・白布売、帯売・直垂売、魚屋・魚屋・蛤売、芸者・白拍子、精米屋・米売、惣嫁・立君、井戸桶作り・檜物師、的場屋・弓取、炭団屋・炭焼、付木作り・硫箒売、傘提灯屋・傘張、版木彫り・摺師、印判師・轆轤師、籠作り・皮籠造り、大根売り・葱売、鋳物屋・鍋売、万才・放下、枇杷葉湯売り・煎じ物売、てんぷら屋・調菜、蝋燭作り・灯心売、蒲焼屋・庖丁師、賃餅屋・餅売、花魁・図子君、炭団屋・炭焼

以上の対応は取りあえずの判断に基づくものであるから、別の組み合わせの方が適切といえる場合もあるかもしれないが、いずれにしても、『七十一番職人歌合』で扱われているかなりの「職」が『職人尽絵詞』にも描かれていることが分かる。というよりも、『職人尽絵詞』は『七十一番職人歌合』など中世の「職人歌合」を受け継ぎ、中世の職人観を意図的に継承しようとしている、と考えられる。

もしも、そのように解釈してよいのであれば、ここで「類似が認められる」として列記したものは、時代的な生活・生産様式の相違の反映、あるいは京に対比される江戸の庶民生活を意識した結果、多少の現実味を与えるための工夫であると解することができる。だから『七十一番職人歌合』に登場して『職人尽絵詞』に出てこないものは少なからずあるが、その逆に、新たに付け加えられたものは、さほど多くないのである。

そして、このような比較を通して感じられることは、『職人尽絵詞』の「もの作り」の多くが、なんらかのかたちで中世を継承しているのに対して、新たに付け加えられた「職」には「もの売り」や「もの直し」が多いことである。

1：傘作り

2：足駄作り

図２　中世の職人

（『七十一番職人歌合』新日本古典文学全集　岩波書店より）

このことは、中世以来の『職人歌合』における「職」の増加は、「もの作り」の多様化の結果生じたというよりも（中世を通して「もの作り」の技術的な進展は多大であったと考えられるが、まったく新しい領域が追加されたというよりも、在来のものの進化発展であった）、「もの売り」や「もの直し」のような道端で生きるひとびと、わたしの言い方では「体仕事」をするひとびとを「職」に加えることから生じている面があり、そのようなひとびとの姿が、中世と近世、京と江戸という時代や場の違いを反映している、と解釈できる。

さらに時代が下がるが、近世末期の風俗百科全書『守貞漫稿』（嘉永六年）も見ておくことにしよう。

ここでは、「職」ないしは「職人」は項目としては扱われていないが、「生業」と分類されたなかで「職人」の定義が行われており、同時に『職人尽絵詞』において「職人」として取り扱われたもの（あるいはそれに類似するもの）は「生業」に含まれている。

それでは「生業」の項目を見ていくことにする。「生業」の下位項目のはじめに「商売」があり、江戸と京阪の市・問屋・店・出見世《だしみせ》・乾見世《ほしみせ》・飲食店（蕎麦屋・うどん屋など）・船宿を比較して、店先の様子や看板の挿絵などを収録している。

その次に来るものが「工匠」で、そこでは次のように記述される。

三都共ニ諸工ヲ多久美トイワズ職人ト云　大工左官等其他共ニ専ラ他ニ出テ業ヲ為オ出職ト云テジョクト訓ス

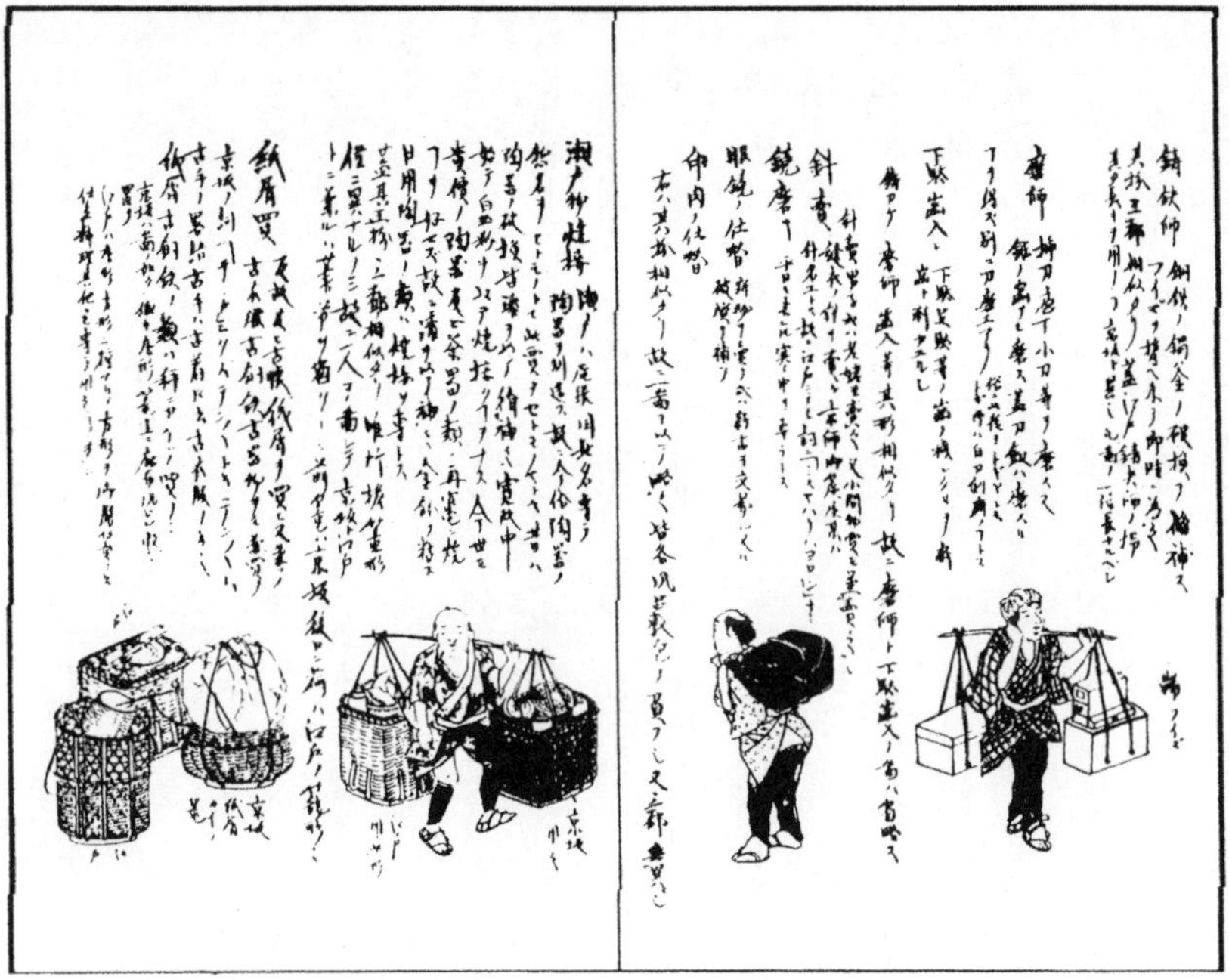

図３　近世の行商修理職　　鋳掛屋・針売・瀬戸物焼接・紙屑買（『守貞漫稿』東京堂出版より）

家ニ在テ業スルヰショクト云　居職ナリ　又三都ニ其工ト云ウベキヲ其師ト云モノ多シ漆工ヲ塗師　鋳工ヲ鋳物師　其他　縫箔師　蒔絵師　彫物師　金物師　筆師　研師　等無限ナリ　唯　砂糖製菓子屋ハ菓子司ト書多シ因ニ云　足利幕府此ヨリ職人ノ名及ビ其師ト云テ専ラニシ　七十一番職人尽歌合ニテ知ルベシ　蓋職人ト云共工ノミニ非ズ　諸工商巫臣共ニ生業アルモノ皆職人ト云シナリ　今世ハ唯工匠ノミヲ云ナリ

ここに記されていることの大意は、当代の「職人」の用法は「もの作り」に限って用いる語となっているが、以前はそうではなく『七十一番職人歌合』のごとく「諸工商巫臣」ともに「生業ある者」のことを指していた、という点である。

すなわち、『職人尽絵詞』においては、ここでいう「生業ある者」を「職人」の範疇で扱っているにも関わらず、実際にこの時代に「職人」とされたひとびとは「もの作り」に限定されているということになり、その相違が意識されていたのである。

そして、次の項に「生業ニ売物ヲ担ギアルイハ負テ」市街を呼び巡るひとびと、屋台売り・座売り・立ち売り・振り売りなどを取り上げており、これら「もの売り」のうちに「商店」は含まれないことを暗示する。そして、屋台売り・座売り・立ち売り・振り売りが、『守貞漫稿』の認識によれば近世的な職人概念（「もの作り」）からはずれる街頭のひとびとであって、三都に「甚ダ多シ」として、詳しく記述している。古くは「もの売り」と「もの作り」のあいだに認識上の違いがなく、いずれも「職人」に含まれていたが、当節は区分されているとする見解を踏まえてのことである。

ここに記載された「もの売り」を列記すると次のようになり、実は前述の『職人尽絵詞』に登場するものと相当の部分が重複している。したがって、「職人」観において『職人尽絵詞』と『守貞漫稿』には差異があることになる。

魚売・鯉売・菜蔬売・油売・花売・荒神松売・羅宇屋・錠前直シ・鋳掛師・磨師（刃物研師）・下駄歯入レ・針売（小間物も兼ねる）・鏡磨・眼鏡の仕替・印肉の仕替・瀬戸物焼接・紙屑買（古鉄買いも兼ねる）・古傘買（土瓶・行平と交換。江戸は古骨買い）・灰買・臼の目立・鼠取薬・箒売・銅器買・算盤直・赤蛙売・炭売・醤油売・塩売・漬物売・新粉細工・飴細工・飴売・菓子売・蕃椒粉売（とうがらし）・小間物売・煙草売・筆墨売・還魂紙売（再生紙）・鰻蒲焼売・挑灯張替・蝋燭の流売・植木売・瓦器売・竿竹売・ハツリ売（焚付け）・生蕃胡椒売り・サボン玉売り・海ホウズキ売・勝負付売・輪替・按摩・銭差売・贋買・雪駄直シ・際物師・甘酒売・湯出菽売（豆）・是斉売・枇杷葉湯売・錦鯉売・渋紙売・簾売・心太売・虫売・松茸売・初茸売・炭団売・暦売・箱火鉢売・御鉢イレ売・黒木売・躑躅花売・楊昆布売・蝗蒲焼売・行灯仕替・有馬籠売・乾物売・鯡昆布巻売・烏貝フカ刺身売・味噌屋・渋紙敷衾売・岩起売・羽織紐直シ・焙烙売・蒸芋売・薄板製の灯籠売・竹馬古着屋・冷水売・湯出鶏卵売・文庫売・笊味噌漉売・苗売・鮨売・水弾売・草履売・衣紋竹売・砂糖入金時売・納豆売・白酒売・白玉売・歯磨売・麹売・乾海苔売・番付売・拂扇函筥買・黒渋屋・竈塗・蚊帳売・小蚊屋売・竹箒売・草箒売・三弦売・拂ヒ合羽・竹網代蓋売・塩辛売・看板書・樽買・稗蒔売・桜草売・蕣（あさがお）売・葭戸売・御役人附売・銭蓙売・クゴ縄（畚縄カ）売・温飩屋・善哉売・汁粉売・上燗オデン売・茶飯売・稲荷寿司売（江戸・京阪にそれぞれ固有であるとされるものを含む）

もう一点ここで注目しておきたいのは、紙屑買（古鉄買いも兼ねる）・古傘買・灰買・銅器買・還魂紙売・ハツリ売・拂ヒ合羽のような古物・廃品売買が数多く登場することである。ここに伝承的な「もの作り（食品加工を除く）」に関連するものも含まれるが、それを拾い出してみると、庶民・細民の日常においては新製品の生産・販売（主として店売り）よりも街頭で展開する古物の修理・再生のような「もの直し」の世界がことのほか重要であったことがわかる。

ここで思い出すのは、東南アジアなど発展途上地域の市やバザールである。わたしは意識的に商いの場としての市やバザールを観察してきたのであるが、ここに登場する「もの直し」と類似する業態にたびたび接することがあった。たとえばインドネシアでは華僑商人が「店」であつかう「商品（遠隔地交易品が多い）」に対して、地元のひとびとがパサールであつかう日常品はまったく異なる質のもので、この日常品には古物の修理・再生ないしはリサイクル品がたくさん含まれていた。それによく似ているのである。

こうした修理・再生の「職」を引き出してみると、以下のようになる。

羅宇屋・錠前直シ・鋳掛師・磨師（刃物研師）・下駄歯入レ・鏡磨・眼鏡の仕替・印肉の仕替・瀬戸物焼接・臼の目立・算盤直・雪駄直シ・行灯仕替・輪替・羽織紐直シ・竈塗

以上のことを整理してみると、「生業」の項目には「もの作り」「もの直し」「もの売り」が含まれており、かつての「職人」概念がそうであったように、三者の区分はさほど明瞭なものではなかったことになる。

ところで『守貞漫稿』には「生業」に続いて「雑業」の項がある。そして、「雑業」は神道者から始まって鹿島の事触・虚無僧・大神楽などの、やはり往来を行き来するひとびとを列記しており、これも中世の『職人歌合』に陰陽師・巫・神官などの宗教者・呪術者、猿楽・田楽・白拍子などの芸能者が含まれていることを意識したうえでのあつかいであろう。

実は、もっとも古い『職人歌合』である『東北院職人歌合』では「職人」のことを「道々のやから」と記しており、当時、他にも「道々の細工人」などの表現が用いられているから、往来を行き来する生業に従事するひとびとを指す用法として「職人」があったのであろう。言いかえれば、土地とその支配からはずれた、あるいは他の手段によってて生きている人々を指して「道々の細工人」とみなしているが、その観念は近世都会においても「生業」「雑業」と意識されていたと考えられる。

以上のことをもう少し詳しく点検することも可能であるが、ここではこの程度に留めておきたい。中世に相当に広い範囲のひとびとを含んでいた「職人」概念が、以後いくつかの言い方に分離する傾向を示して、「職人」の適応範囲が「もの作り」を中心にするようになったと理解しておく。

もう一度確認すると、『守貞漫稿』においては、制度化された「家」の外で暮している（あるいは、外形的にそのようにみえる）「もの作り」「もの売り」「もの直し」のように、直接に「もの」の生産・交易・維持に関わる技術・技能を持つ者の「職」を「生業」として、「雑業」とされる芸能・呪術・その他に関わる特別の技能・役割を保持する者と分別した。それにも関わらず「生業」と「雑業」の関係は微妙で流動的であるかと感じられ、「生業」も「雑業」もひとまとめに見る（見ようとする）観点も同時に意識されており、その間をゆれ動いているように思われる。

そして、『守貞漫稿』の「職人（工匠）」の項には、大工・左官・石工・瓦工・手伝人足・鳶人足（すなわち土木建築関連）のみが取り上げられており、既に見てきたとおり、「生業」の方にはあまたの修理業が登場する。このことはこの時期の江戸・京阪の町なかでみかける「職人（工匠）」の種類が限られていたことを示しているのではないか。近世には、『諸国名産図絵』に描かれたような特定製品の産地が各地に生まれて、生産地と消費地を結ぶ商業流通が拡大していた。その結果、「職人（工匠）」と区分できる生産の担い手や生産現場が、江戸・京阪の都市住民の眼から隔離される傾向が生じていた（だから『諸国名産図絵』などが描かれることになる）。こうして都市住民がイメージできる職人の種類は限定されるようになったのであろう。

その一方で、江戸・京阪から離れた町々では農山村の生活につながる「もの作り」「もの売り」「もの直し」が活動するようになってきた。この傾向は近世後期から生じて、やがては行商の時代といわれた明治時代に受け継がれて、船舶・鉄道の整備を通じて拡大を続け、村回りの行商や直し職人、あるいは村に居つく在方の職人として今日の「職人」像のひとつを形作っている。

わたしは以前、秋田県の農村で近在の村を定期的に回って歩くこうもり「傘直し」と知り合いになり、その技能や営業方法を聞く機会があった。そして、これぞまさに近代の「職人」と感心した記憶がある。

こうもり傘は、今でこそ使い捨てのビニール傘が多くなって、もはや傘直しなどあまり聞かない話であるが、かつては在来の唐傘の作り方とはまったく異なる工業製品で、また貴重なものであった。

そして、普通のひとは、骨が折れたり千切れたりしたものを修理できなかったから、都会には修理専業の店が生まれて、村では年に数回巡って来る「傘直し」に頼む以外に方法がなかったのである。

こうもり傘の修理には、ちょっとした道具と部品が必要で、それは東京から取り寄せている、といっていたが、修理そのものは大して難しい仕事ではなく、近在の「傘直し」について村回りをしながら教わったのだという。それでも「生業」として成り立ったのは、「傘直し」はだれもが修理能力を身に付けるものでなく、職人に頼る習慣になっていたからである。これにも上手と下手があって、信頼されると、壊れたものをまとめて保管しておいてくれるから注文が途切れることはない、といっていた。このあたりは大所帯の農家が多く、一軒から直しに出る傘が数十本と多いのである。

さて、ここまで見てきたように、外部から観察して「職人」とはかくかくの存在であり、歴史的な意義づけをするとこうなる、などと議論することはできるが、実際に生きる職人自身の観点からすると、「職人である」とはどのような意味を持っているのであろうか、この点を考えてみたい。

先に、「中世以降、職人は徐々に帰属・帰属意識すなわち「つとめ」を失っていった人々である」と述べたが、「帰属・帰属意識を失っていったひとびと」とは、亡命者・移住民・寄留民、その他さまざまがありえて、表現を変えれば「外からなにも拘束されないひとびと」といってよく、ひとの生き方の一形式である、といえるかもしれないが、もちろん、拘束が無くなった分、庇護もなくなるのである。先に私事に触れながら、領土拡大に失敗した国家とその一端を担って外地に移住したひとびとの話を少しばかりしたのはこの点と関わるからであった。

前述のように、職人は他者から「職人」であると認められることで生業・生活が成り立つ。そのためには固有の能力（技術・技能）の習得が前提になるが、ここで要求される能力の水準は必ずしも特別の才能・知識・努力を必要とする高度なものばかりとは限らなかった。年季奉公の過程でえられる技能は基礎的な部分に限られ、あとは日々繰り返す仕事のなかで獲得する経験知や身体性、顧客との反復的な対応による一般知識、人間や社会理解の集積、などが作り出すものである。だから、職人の保持する能力は、必ずしも明視的なものではなく、顧客と接する場で作られた「関係」のなかで評価され受容される。

村の鍛冶屋は農民以上に近在の田畑についての知識を持ち、土壌や作物や耕作方法に見合った農具（鋤鍬）を提供し、その修理にあたってきた。この「関係」は外から見る者にはなかなか分かりにくいもので、そこで遣り取りされる知識・意見・意思の交換は簡略化され記号化された、いわば呼吸のようなものである。

だから、一面から見れば、そこで必要なものは、限られたひとびととの完結した「関係」のなかで意味のある、したがって必ずしも普遍的ではない技術・技能が大切であるということになる。こうして、与えられた範囲の役割に自らを合致させてはじめて職人としての評価が得られて、生きていけるのである。

このことを別の表現におきかえると、職人は「職」の場面において職人化していることになる。そして、この職人化には、固有の身体的な特徴（衣服・装束・身ぶりなど）、特定の言説（呼びかけ・口上など）、象徴的な装置・道具類・持物の保持をともない、これによって「職」の場での他者との関係を保証し、さらには特定の信仰に繋がる儀礼を執行して、集団的な出自についての歴史的・神話的な伝承を語り、そこから生じる特権の主張などを通して世間（顧客の世界）からの異化を進める。

そして、次にここから生じた固有の意識が日常をも侵食していき、やがてはいわゆる「職人気質」に示されるような独特の生活態度を生み出すことになるが、このことは、職人の心性がふたつの方向に引き裂かれていくことを示す。それは今日の職業人が職業と生活を対立するものと捉えて、ふたつの規範を同時に生きなければ、と感じることに受け継がれているのではないか。

二　「諸職」あるいは「職人」とその用具

本章は、きわめて個人的な関心に基づく学史的な整理のためのもので、「民具」「道具」「諸職」「職人」をめぐって「民具研究」とりわけ「諸職研究」について取りまとめたものである。したがって、用語の定義や例示に不十分なところがあるかもしれないし、また、公的な場での議論や検討の枠組みを十分に配慮しているわけではない。研究状況の年表的な整合性なども大方無視している。

そのように限定した上で、本章の意図するところを述べると次のようになる。

いわゆる「民具研究」が民具講座・民具学会を母体として活動を開始してから、すでに三〇年以上の歳月を経過し（渋沢敬三の時代を含めると半世紀をはるかに超える）、そのあいだに「もの」と生活を取り巻く日常の生活環境は大きく変化した。そのような認識のなかで、諸職研究がどのような成果を上げて、あるいは逆に取り残してきたものはなにかを検討した上で、「民具研究」の将来になにを託すべきかを考えたい、ということである。

さて、今日一般（学界的な範囲を超えてもう少し広い場を考える）に理解されている「民具」と言う言葉は、伝承的な生活用具の総体、あるいは生活用具のうちの伝承的な部分と認められるものを指しているようにみえる。

しかし、わたしの理解では、ある種の漠然とした観念を背景にして生まれた当初の「民具」は、必ずしも「生活用具」と言った実態的なものを示す言葉ではなかったと思われる。後に述べるようにこの語は、渋沢とその周辺の研究者があまり明確に定義せずに使用しはじめてから今日に至るまで、「日常の生活環境の大きな変化」に対応して、少しずつその適応範囲を拡大し、あるいは対象に対する視点をずらすなどしながら、時々の状況に応じてきたが、それとは別に、一般には「昔からある田舎の生活用具」を表す、といった実態的対象を示す日常語として用いられるようになった。

だから、研究的な観点から「民具」という語を使う場合には、田舎にあったあれこれを即物的に指しているわけではない、ということになるが、それではどのような定義を持つのであろうか。そのことから検証していくことにしよう。

1　「民具」という「もの」資料

渋沢敬三が「民具」という概念を用いて「もの」の研究を開始した目的をわたしなりに推測すると、少し単純化しすぎるかもしれないが、「もの」を通じて日本文化の固有性を明らかにすることにあった、といってよい。しかもそれは、日本精神が盛んに唱えられていた頃のことであるから、あの精神高揚の時代に本格的な「もの」の研究が開始されたこと自体とても興味深いことで、そこに渋沢の意思を感じるのである。

そして、渋沢の周辺にいたひとびとが収集と研究を試みた「もの（すなわち「民具」と位置づけて研究対象に取り上げたもの）」は、長らく身近に存在しながら、学問的にはほとんど（まったく）省みられなかった文字どおり日常卑近のものであった。

そこには日常的な眼前の存在でありながらまったく省みられなかった、そのことに象徴される自覚されない伝承を、研究を通して自覚的に示そうとする意図が感じられる。こうして試みられた先駆的な業績のひとつに「アシナカ」の研究があるが、それは、編組構造を知る方法としてX線写真の使用を試みるなど、当時の人文学の研究水準をはるかに越えたきわめて実験的なものであった。

ここから推測される渋沢にとっての「民具」とは、伝統的な生活に関わる「もの」一般、あるいはそのすべてを指していたわけではなく、獲得したい成果（自覚されない伝承）を示す対象として意図的に取り上げたものを指しており、それは同時に生活のもっとも基礎的な部分に結びつくことを明白に示すことのできるものでなければならなかった。

さて、多数のひとびとが無意識のうちに身体的・感覚的に共有し、同時に時間的に計りがたい深さを持つものを仮りに「基層文化」と呼ぶことにしよう。この場合の「基層」は通時的であるが、同時に共時的でもあるという性質を持つ。

ここで通時的とは、過去と現在を貫く一体のものとして捉えうるということで、共時的とはわたしもあなたも同時に含まれる、すなわち「時」（ここでは「現在」）を共有しているという意味であるが、単に同時に存在するというだけではなく、無意識の感覚・感情を共有して「現在」を分かちあっている、ということである。それは「縁」によって繋がる「わたしたち」を指していると言いかえてもよいが、同時に「縁」は、地理的・空間的な広がりを表すものでもあるから、その広がりには常に限界が付きまとう。だから、共時的とは「縁」のもたらす範囲とその外側に存在するもののあることを暗示するのである。

すなわち、ここでの「基層」は、「わたし」の延長である「わたしたち」の歴史を見出すと同時に、その外側に想定される「他人」から「わたしたち」を切り分ける、というふたつの機能を持つ装置であり、それが「わたしたち」の無意識の領域にあらかじめ埋め込まれている〈はずである〉、と考えるのである。

だから、「基層」を研究するということは、無意識の領域に「わたしたち」が共有するはずのものを意識世界に顕在されることである。そして、この意識化の役割を担う姿かたちを持つ「もの」を取り上げて、それを渋沢は「民具」と称したのだと思われる。

このように考えると、「民具」と位置づけられたものは「自覚されない日常卑近のもの」であるだけでは十分ではなく、その背後にある「基層」性を解明する研究に供されるものでなければならない。このことから、初期的な「民具」の定義は「自ら作って自ら使うもの」であるとされて、「わたしたち」が共通に習熟して十分に身体化している範囲に限定されていた。

しかし、「民具研究」に限らないことであるが、近代におけるこのような「〈わたしたち〉の探求」という研究志向には、いわば賞味期限といえるものがあった。

この場合に「『わたしたち』の探求」が必要欠くべからざる研究とされたのは、外部からもたらされた（と考える）、自らの帰属や存在の危機という差し迫った近代の状況の反映であって、より具体的には戦争・敗戦・戦後の混乱において際立って意義を持つものであった。

けれども、社会は変化してひとびとの関心は移ろうものである。

戦争・敗戦・戦後の混乱にともなう自らの帰属や存在についての深刻な危機は、やがて高度経済成長とひとの集団的移動、都市の肥大化と農村の疲弊、工業化と環境破壊などと多くの方面に波及ないしは拡散し、問題の多様化・多極化が進むことになった。このような状況のなかで「わたしたち」に共通する「基層」の確認といった「わたしたち」の意識のありようを問うことで問題が解決できるとは考えがたくなり、もう少し具体的・即物的な解決策が求められることになる。

そして、このような変化は「民具」概念にも大きな影響を与えたと考えられる。

「基層」は等質を確認することで成り立つが、「表層」の「わたしたち」は農民・漁民・市民・職人、あるいはサラリーマン・商人などと生業を分かって暮らしており、さらにそれには地域的な諸条件の大きな差異が含まれる。だから、生活の拠って立つところがそれぞれ異なり（異なると理解されて）、ひとびとはいわば多様なものとして存在する。

このような「基層」と「表層」の二分法を前提にして、「わたしたち」がもつ「多様さ」と「等質」とを篩にかけて、「等質」の部分を特定することは簡単ではない。にもかかわらず、「等質」を提示しようとするのは、「多様」のなかに「等質」を欲するからで、その場合の「多様」のなかの「等質」は実証できるものであるよりも、「そうあってほしい」、あるいは「そうあるべきである」といった、理念・願望・感情などが優先するものである。

このように考えると、実は「わたしたち」が共通すると考える感覚・身体性は、かならずしも実態的であるとはいえないであろう。そして、日常周辺に展開する「もの」の世界は、「わたしたち」の「等質」を反映しているというよりも（近代の大衆社会は、大衆の「等質」を掬い取って顕在化させ、それによって特定の「もの」の大量生産を可能した、という側面も無視できないが）、「多様さ」に基づいて形成されていることの方がはるかに多いと考えられる。そして、「多様さ」を内包する「もの」の世界が自覚されてくると、当然に「民具」として扱う範囲も変化していく。

あらためて言うまでもなく、これまで「もの」の研究が唯一「民具研究」であったわけではない。戦後に限っても、登呂遺跡の発掘から今日に至るまで、考古学には膨大な「もの」の研究成果があり、しかもその対象は先史時代に限定されているわけではなく、近世や近代、あるいは直接に現代につながるところまで拡大しつつある。また、新しく移入された民族学や文化人類学は、これまでとは異なる様々の研究方法を紹介して文化研究を活性化させ、「もの」の研究にも新しい観点を提示してきた。

このような隣接分野の動向と関連しながら「民具研究」も、これまで志向してきた「もの」からみた「基層」の探求といういわば静態的な研究から、移動・交易・変容などを視野に入れた動態的な研究へ移行していったといえる。たぶん日本民具学会はこの移行期に発足した学会なのであろう。以下ではこの時期の様相について、少し触れておきたい。

2 「民具学」と「基本民具」

渋沢の死後、「民具研究」の推進にあたったのは宮本常一・宮本馨太郎・磯貝勇らであり、そのあとに続いたのが河岡武春や木下忠などであった。

よく知られているように「民具研究」を推進した組織は渋沢が遺した（財）日本常民文化研究所であるが、その中心的なメンバーの一人であり、当時もっとも活動的であった宮本常一は、「民具研究」を「民具学」に置き換えて、『民具学の提唱』を執筆してその確立のために奮闘した。そして、宮本が『民具学の提唱』で示した「民具」観は、必ずしも当初の想定に止まるものではなかった。

この当時の一般な関心は、すでに単一民族を前提にする文化的一元論から地域的な多様性の発掘、あるいは多様なものが複合する文化の構造や関係の理解に移行しつつあった。いわゆる遺制研究をとおして前時代の類型的な生活再現を試みる研究は減少しつつあり、そのなかで多様な生業、多様な地域性に関心を移しつつ、それらを具体的に示すものとして「民具」を位置づけたのが宮本の「民具学」であったかと思われる。

たとえば、昭和五十一年に創刊した「日本民具学会」の機関紙『日本民具学会通信』（後に『民具研究』になる）をざっと一瞥すると、個別的な生業に関わる用具の報告が圧倒的に多いことが分かる。たとえば織機・漁労用具・穂摘具・唐箕などがその例である。これに次ぐものとして仕事着・履物などの生活用具を挙げることができるが、数量的にはごくわずかである。

その当時、伝承的な生業に関わるものを総合的に収集して、その技術を視覚的に示そうとする試みが地域博物館などでさかんにおこなわれていた。それと結びつく当時の「民具研究」は、「もの」を介して生業技術を明らかにすることであった。このことの意味を示すためには、当時の社会状況とそれにともなう伝承的な生業の質的な変化、あるいは消滅の過程を広い視点から見極める必要があるが、ここではとりあえず次のように整理しておく。

当時は、高度経済成長にともなう生産様式の変化と消費の拡大を基にして、生活環境が総体として激変するさなかであった。それにともなって、自立的・伝承的な生活基盤とそれを支える生業が解体の危機にあると考えられて、その認識がひろく共有されていた時期でもあった。そして、この危機に対するものとして地域再生の実践的な活動が必要である、との考えも強まっていた。このような状況に基づいて「民具研究」の目的も変化して、他者・他民族と区別できる「わたしたち」の固有性を解明することよりも、質的に変容しつつある、あるいは消滅しつつある、伝承的な生業の記録化や、「もの」資料の保存、さらにそれを実践的に活用することの方がより重要である、と考えられるようになったのである。

宮本はこのような状況を見据えて「民具」の新しい研究方法を提示したが、それは地域生活の自立への支援という運動的な側面を強めるとともに、具体的には身近な生活・生業に関する資料の保存活動や地域博物館・民俗資料館における「もの」による視覚的展示を試みるなどとなり、やがて生活の質を見極める「生活学」へと軸足を移していく。

その場合の「民具」は、伝承的な生活の質を構造的に表現できる「もの」の群、ないしは伝承的な生業を支える機能を体現する「もの」、といった観点から捉えられて、そのことによって「民具」の機能論や素材論が重視されて、従来の有形民俗資料の分類基準とは原理を異にする、いわゆる「宮本分類法」が提唱されたのである。

また、類似資料をたくさん収集して、量的な存在感を示す地域博物館・民俗資料館の展示方法、一定地域について悉皆的な調査をおこない、その作図によって総体を表現しようとする考古学的な手法の援用、個人的な研究関心から考証や論考をおこなう「個人研究」ではなく、組織的・計画的な方法による共同研究が強調されて、その成果の表現方法においても作図や絵画的表現法を利用する、実物を展示するなどの、在来の研究報告や研究論文の枠組みに捉われない方法を宮本は提唱し、実践していった。

このように、宮本を中心にした「民具学」の試みとその実績は野心に満ちた積極的なものであり、それまでの研究姿勢とは異なる観点が強調されて、その成果が大いに期待された。

しかし、まことに残念なことであるが、「民具学」が全体的な成果をあげる前に宮本は世を去った。そして、宮本の志向した「民具学」は個別的には優れた継承者をえながらも、全体としては未完のままで今日に至ったのである。この宮本の未完の「民具学」をどのように研究史上に位置づけるべきか、それは今後十分に検討しなければならない重要な課題であると思われる。

また当時、(財)日本常民文化研究所を支えていた河岡武春は、「基本民具」という概念を提示して「民具研究」を構造的な研究にしようとする呼びかけをおこなった。

わたしの理解する河岡の考えは、次のようなものであった。

まず、生活の基本を成り立たせている(生活に欠くことができない)指標的な用具を項目別に選定し、それを「基本民具」と位置づける。その上で同一項目に含みうる同一の(あるいは類似の)機能を持つ「もの」を全国的な規模で抽出して地域分布を明らかにし、それに比較検討を加えて、そこから地域間のあるいは地域を超えた等質と差異とを導き出そうとする、というものであった。

この構想はいわば民俗学における「重出立証法」の物質文化版といったもので、木下忠などが推進した民俗の地域分布を地図化した「民俗地図」の作成につながるものでもある。

河岡が「基本民具」構想の到達点をどのように仮定していたかは判然としないが、当時の言動から推測するに、低湿地稲作を中心にすえた文化複合を「基層」と想定して、その上に乗る「基本民具」の比較を通して文化複合の構造が抽出できると考えていたのではないかと思われる。

いずれにしても「基本民具」構想は、生活の基本的な要素の項目化を通して個別項目に振り分けられる「もの」の地域比較をおこなうことにあったと思われる。しかし、引き継いでこの構想の具体的な枠組みが検討されるなどの展開はみられず、やがて忘れられていった。

以上のように、宮本や河岡は、社会的分業や地域的な生活の差異を見据えることによって「民具研究」の方法とその適応範囲を拡大し、そこに積極的な意味を持たせようとした。そして、事実、具体的な生活・生業の研究が進むにつれて、農山漁村で用いられてきた用具の多様性がしだいに明らかになって、「わたしたち」の生活がこの多様さに支えられてきたことを眼前に示すことができた。

さらにこのような多様なもののなかにあって、「自ら作って自ら使うもの」はいたって限られており、多くの「もの」はなんらかの流通や交易をともない、ひととひとの関係を通して作られ、使われてきたことも明らかになってきた。

だから、この段階の「民具研究」は「もの」を介したローカルネットワークの研究であったともいえる。こうして、静態的な研究では間に合わない領域が広く存在すること、あるいは移動・技術・変容などの動的要素が生活の重要な部分を構成していたことが明らかになる。ここでも、「定住・自給・自足」のイメージの限界を早くから指摘して、それまで周縁的であるとみなされてきた諸職・漁撈などの重要性を指摘してきたのも、また宮本常一であった。

宮本は豊富なフィールドワークの経験を通して、いくつもの農山漁村にまたがる多種多様の生業が存在していたこと、それを支える技術・技能が各々固有のものとして成立しかつ伝承していたこと、それらは固有のものの集合として、あるいは体系を持つものとして表現できることなどを示してきた。わたしの理解では、宮本はフルナンド・ブローデルの地中海研究に近い方法を日本列島において提唱していたのではないかと思われる。こうして「民具研究」

の対象に各種の特産品・銘産品が組み入れられて、産地の形成や変容なども研究されるようになっていった。
宮本の指導による成果は多方面に及ぶが、諸職に区分される範囲で思いつくものだけでも、木地師・樽丸・桶師・出職大工・あるいは屋根葺き・左官・鍛冶・陶磁器作り・石工・漆掻き・竹細工、これに漁民ないしは海民の研究が含まれる。こうして、その技術の解明・用具の収集・分析も「民具研究」の重要な一分野とみなされるようになった。

諸職を対象とする場合に、専門的な技術やその伝承・伝播、あるいは作られた製品の販売・普及方法などが具体的な研究対象となり、そこから素材供給や資源管理なども問題になり、「もの」を介して資源・生産・流通・消費のネットワークを総合的に検討しようとする方向が生まれてきた。

3　再び「諸職・職人・職工」

宮本以後の「民具研究」における諸職の研究は、宮本の研究姿勢を歴史研究に受け継いで、新たに大きく展開させた網野善彦の業績に牽引されることになった。

網野の研究は、これまでの歴史的な職人研究や海民研究の水準を大きく越えるもので、そこに描き出された中世の自由なひとびと、職人や海民の活動には目をみはるものがあった。網野は定住的な農民＝常民という常識的な概念を突き崩して、社会の枠組みからあふれ出て活発に移動するひとびとの軌跡と、そうしたひとびとのもたらす多様な「もの」の世界を示して、体制や枠組みに掬い取られないその暮らしぶりに目を向けさせた。それはまさに「日常卑近のもの」の力でもあった。

こうして網野が描き出した中世職人の姿は、近世を潜り抜けて近代の諸職・職人にも受け継がれていると考えられ、この点から、近代という枠組みのなかで改めて諸職・職人を捉え直す必要が生じてきたといえる。中世以来の職人観・職人意識の変遷や継承は近代以後の諸職のありように繋がっていると考えられるからである。

こうして、それまで困難であると考えられていた民俗学的な概念である「諸職」と、歴史的に位置づけられる「職人」を同じ枠組みで検討する可能性がようやく問われるようになってきたのだと思われる。民俗学において、諸職・職人が所持し自らの由来を示す免許状・由来書・巻物・掛軸などに関心が集まり、それらが改めて研究対象になって、その結果、実に様々な領域にこれらのものが真偽とりまぜて存在することが明らかになってきた。

そして、その多くは偽書であるにもかかわらず、実際に実用されて機能してきたことも、また明らかになってきた。そのような巻物・掛軸を所持する諸職・職人は鍛冶・鋳物師・大工・木地師・屋根葺き・髪結い・マタギ・香具師などと限りない領域に及んでいて、そこでの諸職の具体的な様相は相当の部分において職人のそれに重なっていたといえる。

このことについて、もう少し具体的な表現を用いれば、諸職のなかで突出して形象化されて、その形象が歴史的に固定したとみえるものが職人である、ということになる。言いかえれば、歴史的には諸職は職人の拡散結果であるが、民俗的に考えれば、諸職のうちの特に専業化して一定の様式を持つに至ったものが職人である、ということである。

このように諸職・職人研究が生活意識・生活スタイル・技術伝承などを含むようになると、これまでの「民具研究」の主要な方法である用具の収集や解説だけではまったく事足らなくなった。

現代の諸職・職人の用具のほとんどは、機械的あるいは電気的のものに置き換わっており、それらが伝承的な諸職・職人の技術と無関係であるとまではいえないが、かといって、伝承性を直接に表わしているともいいがたい。そして、実際の仕事の上では鑿も鉋も丸頭鋸もまったく必要ないが、にもかかわらず、多くの大工が鑿・鉋などをひと揃え（それもかなり高価なもの）を所持していることも、「民具研究」の対象のひとつとして考えてみる必要がある。それらは実際の仕事に用いるのではなく、他者に（あるいは本人自身に）、確かな腕前を持つことを示す表象的な存在として必要である、と考えるからである。このように、職人の用具には実際に使用される料理人の包丁や美容師の鋏のような場合にも、同様の表象的機能を持つことがうかがえる。一丁一〇万円以上もする割烹包丁やカリスマ美容師の鋏は、このような実用以上の機能を重要視するからこそ成り立つのであろう。

以上のような諸職・職人の変容の一方で、近代は技術も存在形態も、従来の諸職・職人とはまったく異なる新しいものを大量に発生させて、それを担う各種の新しい生業が生じた。

宮本の「民具」観においては、近世以来の畜力や水車の利用は含まれうるが、ガス・電気を使用する近代的な機械は当初から研究の対象外に位置づけられている。「民具」は移動可能の伝承的な用具であり、主としてひとの力に頼るもの、ひとの身体的な延長と認識されるもの、とされていた。そして、その製作においても機械の使用は基本的には排除されていて、手仕事が想定されていた。

したがって、新たに普及した舶来品やその影響から生まれたもの、あるいは工場で量産されたいわゆる近代的な生活用品（アルミ鍋・蝙蝠傘・電球・ガスコンロなど）、家庭の機械（時計・ミシン・電化製品など）、あるいは洋服なども排除されており、簡単にいえば、野良着は「民具」であるが銘仙は排除、下駄はいいが靴は排除、といった機械的な区分がおこなわれて、その結果、都会の生活につながるものはほとんど無視された。

明治時代後半からの都会生活では、工場で作られた製品がたくさん用いられていた。それが排除された理由は、工場製品は資本家や事業主の考えによるものであって、作り手であり、使い手であるひとびとの主体が反映していない、だから「民具研究」の対象にはなりえない、とする考えにあったかと思われる。ここで工場は文化創造の場から切り離されることになる。

この考えをさらに突き詰めていくと、「日常卑近のもの」を「自ら作って自ら使う」ことによってのみ生活の全体性の回復が可能になる、とする古典的な主張に回帰せざるをえないと思われる。とすると、機械や工場を排除しようとする主張は「定住・自給・自足」の呪縛から必ずしも十分に解き放たれてはいないようにみえる。

そして、もし今日の社会的な状況に対応して「生活」に軸足をおいた「もの」の研究をめざすのであれば、そこでは「もの」の存在を決定づけるふたつの属性、すなわち生産と使用の二方面から意識する必要があると思われる。もちろん、生産と使用は強く相互に拘束し合っているが、生産の区分（たとえば手作りか、機械生産か）によって決まることと使用の区分（たとえば個人的な使用か、集団的な使用か）によって決まることのあいだに定まった対応は見出せない。生産と使用の論理は相互に拘束しつつあるに違いないが、それぞれ個別に考えるべき事柄なのである。

これまでの「民具研究」においても、同じ対象に対して生産に力点がおかれる場合と使用に力点がおかれる場合とがあり、そこには揺れがあった。しかもこの揺れは、前述のような区分を自覚した上で生じたものとはいえなかった。

当時は生活の古典は手作りにあるとする考えが強かったから、手作り・機械生産が入り混じった消費の場を把握する有効な方法を見出すことができず、「民具研究」は伝承的な生産の場にとどまり、その後の新しい展開を可能にする方法を示すことができず、過去の生業技術にかかわる個別的な用具の羅列的解説や、制作工程のチャート作りなどに陥る傾向があった。

しかし、今日的な観点からいえば、必要なのはむしろ使用（消費）の側から見た「民具」であって、生産方法の差異（手作りか機械生産か）も、使用のあり方に引きつけて考える必要があるのではないかと思われる。

そして、使用＝生活における「もの」から考えるならば、「手作りか機械生産か」の区分にはあまり意味がないように思われる。これからの「民具研究」では、「もの」には生産と使用のふたつの側面があることを前提にして、生活の場における「もの」の構造的な把握をめざすことが望ましいのではないか。

近代以後の「もの」の生産は、全体としては諸職・職人の手をはなれて工場での機械制生産に移行して、同時に工場のなかで働くひとびとが増加していった。そうしたひとびとは当初、伝承的な諸職・職人とは異なる職種とみなされて、職工・工人などと名づけられ、労働者・ブルーカラーなどとも呼ばれたが、今日の一般的な用語を用いるならば技能職・技術職になるであろう。

そして、技能職・技術職という呼称が示すように、これらのひとびとは固有の技能・技術を身につけて、それを生かした仕事に従事しており、その点からいえば諸職・職人となんら異なるところはなく、彼ら自身が自らを「職人」と表現している場合も決して少なくない。言いかえれば、こうしたひとびとのもつ技能・技術は機械や機器に関わるものであるが、そのかなりの部分には、身体性とそれにともなう知識や感覚が内面化されており、「民具研究」の対象になりうるものである。いやむしろ、積極的に対象にする必要があるのではないかと思う。工場のなかも重要な研究対象になるのである（研究者の知識・能力の限界や工場という場から生じる様々な制限から、実際にどの程度まで研究しうるか、どのような手段を用いれば可能となるのかは別の問題である）。

明治時代以降の職工は、工廠や工場あるいは職業学校などで体系化された技術・技能を修得した。それはこれまでの徒弟奉公によってえられる技術・技能とは異なり、近代的・論理的な理論の学習を基礎にして身につけるもので、ある程度の合理性を備えたものであった。なかでも工廠では練度の高い訓練をおこなっており、ここで育った人材がやがて民間工業の技術水準の向上に大いに貢献したという。こうして工廠の訓練方法は民間工場や職業学校の教育方法に受け継がれていき、今日の工業教育の基になった。

こうして獲得した技術・技能やそこから生まれた工人たちの生活態度には、伝承的な職人とはかなり異なる部分がある。たとえば体系的な基礎を持つ職工の技術・技能は、職人の場合のように個別的・固定的なものではなく、むしろそこでは技術の発達・変化に対する応用性が要求されて、そのための創意工夫も必要とされるのであった（職人の技術・技能が伝承的であるからといって、新しく発展する余地がなかったとはいえないが）。今日、固有の伝承的な職人技術と考えられているものが、実は明治時代以後の近代技術との接触とその部分的な導入によって生み出されたものであることも多いと思われる。しかし、職人の技術・技能は数量化・体系化が難しいために、個別的・固定的なものに止まって近代技術に繋がらなかったものも少なくない。

体系的な技術・技能を身につけた上で、工場からスピンアウトした職工たちは、自らの技術を生かした小工場を作って独立する場合も多く、その工場で技術を身につけた者がまた独立して工場主になる、といったことの繰り返しのなかから、いわゆる町工場が簇生することになった。かれらは独立志向の強いひとびとであった。職人のもとに徒弟となるひとびとと同様、農家の次男三男が多かったからである。

こうして独立した職工的なひとびとのなかには、世間では新しいタイプの職人、とみなされる者も多く含まれていた。たとえば、洋服・帽子・靴・カバン・洋式家具作りなどの、新たに登場した日常製品の製造が職人仕事のうちに含まれることになり、西洋料理のコックもそういう意味で日本化して職人とされるようになった。彼らの作るもの・作る技術は西洋伝来とされるが（よく見ると西欧伝来とは言いがたいものも含まれるが）、その心理的な内面や価値観には伝承的な職人の姿が刻み込まれていることが多い。自他ともにどこかで伝承的な職人像につながるはずである、と考えているのである。

身近な一例を示すと、髪結い・床山は典型的な伝承的職人で、この系統は今日の美容院に繋がるものであるが、もとは由来書を所持していた（過去には、アジアの広い地域でこの業態を特別の「職」とする場合が少なくなかった）。かれらは髪を結い（髷を作る）、顔を剃り、男ならば月代剃りを仕事にする者で、明治時代以後の鋏を用いて散髪・断髪をおこなう者とは異なると思われるが、俗称としては断髪屋も床屋というようになって現在に至っている。こうして今日も、髪結いの後継であるパーマ屋（美容師）と断髪屋の後継である床屋（理容師）というふたつの枠組になって残っているが、今ではどちらも鋏・剃刀・櫛を用いるから、この場合の伝承的な職人と新しい職人の区別は紛らわしいのである。

確かに巨大で複雑な機械システムと、そこで働くひとびとを「民具研究」の対象として直接に取り扱うことは不可能である。基本的に工場のなかで働くひとびとの姿は日常的視野からまったく隔離されており、覗き見ることのほとんど不可能な場であるといってよい。だから、工場のなかに密閉された働くひとびとの様相を知るのは容易でなく、工場を対象にした研究は難しい。しかし、これからの「民具研究」には、なんらかの手立てによって、それを目指す必要もあるのではないかと思う。

4　「民具」と「道具」はどこに違いがあるのか

「職人」とは「道具」を用いて仕事をするひとと定義できる。逆に、「道具」を用いるひとびとはすなわち「職人」であることにもなる。そして、この場合の「道具」とは、必要によって作り、実用する「もの」一般を指しているのではなく、特定のありようを持つ（同義反復的だが、だれもが使うのではなく、定まった仕事に従事する職人が使う）「もの」に対する選択的な表現（たとえば、大工が使用するから「大工道具」）である。同じ鋸でも大工が用いれば大工道具のひとつだが、植木職が用いれば植木道具、杣師が用いれば杣道具のひとつになる。

しかし、「道具」が意味する範囲は歴史的に変化・変遷しながら今日に至っており、それにともない重層的・複合的な意味を持つものになり、適応できる範囲が驚くほど拡大してきた。その結果、今日「道具」が意味するところは、広範囲であるとともに多義的で、「職人の道具」という言い方は、「道具」が持つ多様な意味のうちの近世的な用例である、といえばよいかもしれない。

このように「道具」が意味する範囲が拡大した結果、今ではひとが実用する「もの」一般を指す用法、衣服や食物あるいは容器類を除いた身辺に散らばるほとんどすべての品物を「道具」とする用法が日常化している。これには「道具は手の延長」という言い方に表われる西洋的な物質文化観が紛れ込んでいるようにも思うが、その実、別に述べるように、辞書などを引くと、「道具」にぴったり対応する英語は存在しないようで、そこでは「もの」の機構・機能・形状・大小などによってさまざまの用語が用いられている。

そして、「もの」一般を「道具」と称する日常的な言い方からすこし離れて、やや改まった表現として「道具」を用いる場合には、どこかに特定の生き方（「職」や「道」など）に繋がるもの、あるいは特定の生き方を表わすものとする考えが反映しており、そこでは「もの」を通して価値観や文化観を表象していることが多いと思われる。ここでの「道具」は単なる「用品」「用具」ではなく、また、新しく登場した工業製品の装う「デザインされたもの」でもない。

このような生き方を伴った（あるいは伴っているように見せる）「道具」は、職場と生活の場が分かれる職住分離の一般化によって、仕事から離れて生活専用の場となった家庭がそれ独自の目的（いわば「道」）を持つと考えられるようになると、家庭用品が「主婦の道具」と見なされるようになってくる。その一例が「台所道具」という表現になるのである。

このように「道具」は、ひとの特別のありようを体現するものであるから、時には実用を超えると考えられるようにもなり、それを使いこなすには尋常でない専門的な技能が必要という考えも広がってくる。それが鑿・鉋・包丁・鋏のような「職人」の用いる刃物の極端な高級化を促して、これを使いこなすには素人の及ばない「職人技」が必要である、と考えるのである。また、この「道具」の高級化によって、実用をはるかに超えた名人の作品が驚くほどの価格で売られ、鑿・鉋が立派な桐箱に納められて銘切・押印が施されて「お宝」のあつかいを受けるようになる。この傾向はお茶や生花などのお稽古事にも及び、ここでも形式化した「道具」が要求される。

だから「道具」は、前近代的（あるいは民俗的）な生業・生活を支えるものを再認識する手段として名づけた「民具」とはまったく異なるものの表し方である。渋沢敬三や宮本常一が提唱した「民具」は、民俗的な生業・生活を、さらにはその変容を「もの」の側から明らかにするために対象化した「もの」を指しており、そこには「近代」あるいは「近代化」を相対化しようとする意図があった。そこから技術を通した生業の伝播、人やものの移動など、様々の生業研究が生じて一定の成果をあげることができたが、しかし、ここからは伝承的な生業の背後に見え隠れする「道」や「職」に向かい合って、前近代の生業・生活の心意をうかがう方向には展開しなかった。

5　再び「民具」について

この五〇年ほどのあいだに生じた、あるいは近代一〇〇有余年の加速度的な発展（?）の果てに生じた、農山漁村人口の激減、高齢化、都市の肥大化と都会的（あるいは近代的?）な消費スタイルの普及・一般化、交通・情報伝達の高速化と均質化、核家族化、居住地の頻繁な移動、職住分離、のように多方面で同時に進行する社会的変貌（それは工業社会の成立・成熟・その先の脱工業社会への移行、あるいはグローバル化、などともいう状況をもたらしたが）のなかで、わたしたちが取り組んできた「民具研究」も、それと無関係に存在することはできなかった。

というよりも、民具研究はむしろこうした近代以後の変貌を眼前にして、それを相対化しようとする機運のなかから生まれたものであった。すなわち「民具」という概念は、それに前後して登場する民俗・民芸・民謡・民話・民家・その他もろもろの、まとめていえば民衆の文化的な営為を価値あるものとして語り、民衆が日常的に継続保持してきたものを積極的に評価しようとする時代の気分を基に登場したものであった。

この場合の民衆の日常的な営為は、にわかに作られたものや他所からの借用品ではなく、長い年月をかけて自ら作り上げた、すなわち伝承的であるとされて、いわゆる近代的なものに対比して提示されたのであった。

しかし、これら民衆の伝承的文化と、それを積極的に取り上げようとする活動は、以降に進行する近代的な生活様式の強力な普及にともなって、思想においても実践においても大きな変化を余儀なくされてきたといってよい。

かつて渋沢敬三やその周辺にいたひとびとが「民具」と称して、当時の農山漁村に未だ「日常卑近のもの」として伝承する、と考え、そこに生活の始原を見極める糸口が存在するとして研究対象にしようとしたものは、その後の七〇年ほどのあいだ（特に戦後の高度経済成長期の）の驚くべき生活変貌のなかで、まったく消え去ったわけではないにしても、旧来のように日用される卑近のものとして存在することはなくなった。

象徴的にいえば、それはオール電化などという火の気のない生活が安全で現代的であると宣伝されて、衣食のような基礎的な生活要素がことごとく商業活動の対象になることに表われる状況である。コンビニが台所に替わって、ファミレスが家族団欒の場になり、そうした場における「もの」の風景は、かつては存在しなかった工業製品（たとえば電話・テレビ・冷蔵庫・電子レンジ・システムキッチン・ユニットバス）の組み合わせで成り立ち、それらのどれひとつが欠けても生活が成り立たない、とすら考えられるようになってきた。

しかも、これらの工業製品は全国どこに行っても似たような店構え・品揃えのスーパーマーケット・ホームセンター・家電量販店、あるいはインターネットのヴァーチャルショップで販売されており、地域的な制約をまったく持たないものとして全国に（あるいは世界的に）普及している、その意味ではゼネラルなものである。こうして、これらの工業製品の組み合わせが日々の生活の装いを作るものとなると、見かけの豊富さとは裏腹に驚くほどの生活の画一化が生じている、といってよいであろう。

この決まり切った、あるいは退屈な、「日常卑近のもの」に囲まれた今日の生活に生じるものは、「もの」の外的な変化として現れる「流行」である。それによって新たな消費が喚起されて、都市といわず農村といわず、東西南北いっせいに生活の表層が染め変り、しかもそれが全国津々浦々に及んだと思われるころには、中心地域では早くも次なる「流行」が発生している、という繰り返しなのである。

そのような時代に至る「日常卑近のもの」の近代の激烈な変貌は、わたしたちの伝承的な世界の外から一方的かつ強制的にもたらされたもので、その選択がひとびと（わたしたち）の意思ではなくて、やむおえなかったことというならば、ひとびとの意思を体現した「わたしたち」のものとして「民具」を改めて発見することが可能になり、それはすなわち民衆的な価値の再認識である、といえる。

このように考えるならば、この場合の「民具」はかつて存在した（今は失われている）伝承的な生活文化を物証するもの、さらにいえば、それを通して過去を保存・継承し、自らの豊かな出自を投影できる「文化財」、と位置づけることができて、そこから「民具」をいかに整理・保存して次代に残すべきか、あるいは社会的な教育の場でいかに活用しうるかといった実践に関心が集中していくのもまた当然のことで、それはそれで有意義ではある。

かつて先輩から「民具をして語らしめる」という表現をよく聞かされたものであるが、この言葉は「語らしめる」ものの内容・価値が、すでに十分了解できることを前提にしていた。だからこそ、次世代に継承することがわたしたちの責任であって、そのために収集・整理・保存を行われなければならない、とされたのである。このような四〇年ほど前の「民具」に関わる考えや議論を思い返してみると、そこでは収集・整理・保存、ないしはそれにともなう資料化、ならびにそれを通した次世代への伝承が主要な関心事であって、生活伝承の途絶に対する危機観が強調されていたことがわかる。

そして、そこでは、研究の対象であるものは同時に収集と保存の対象でもあるから、それらをもの一般のなかからどのように識別・選別するべきかを考える必要があった。すなわち、どの範囲のものを伝承的対象とすべきか、あるいは生活のどの側面を伝承的といいうるか、などの価値の基準が問題になるのである。

そして、このような「もの」の文化財的価値を重視するなかでは、研究方法・手段・目的に対する客観的な思考を生み出す方向には行かず、価値ある「もの」を通して伝承を示すといった教育的な配慮や解釈が優先されることになった。その結果、当初の思いとは裏腹に、時間の経過にともなって変化する社会的な要請に十分には応えられなくなったように見える。こうして民具研究のベクトルは、いくつかの方向に別れて拡散・停滞していったように見うけられる（もちろん、その間に部分的には新しい知見が見出され、他の研究領域から注目される有効な成果も生まれなかったわけではないが）。この拡散を少し乱暴であるが、ふたつの流れに見立てて示してみる。

そのひとつは、「民具」概念をある時期（民具学会の成立前後）に規定された範囲（たとえば文化庁の有形民俗資料の分類基準）から逸脱しないで、かつ前近代に結びつく（すなわち、伝承的である）と思われるものに限定化して、その範囲で個別の「もの」研究の深化をはかろうとするものである。

そのなかで宮本常一は、「生活」を総体として把握するために「民具学」を提唱して独自の分類方法を試るなどして、それまでとは異なる収集方法を生み出して、武蔵野美術大学の教え子たちと活発な活動を行った。それは農山漁村の暮らしを「生活」の基本として省みるもので、あらかじめ価値づけされたものを収集・保存するのではなく、佐渡・小木の資料館に残るもののようにかなり徹底した悉皆的な収集であったが、それでも収集対象はいわゆる伝承的なもの、ないしはそれを受け継ぐ範囲に限定されていた（宮本は、電気や動力を用いた近代的なものは除くが、水車は対象するなど、模倣的な近代の工場生産品ではなく、なんらかの自前の創意工夫がみられる手作りに基本をおいた）。そして、宮本が明らかにしようとしたものは、「もの」を介した日本人の「生活」で、それは西洋的なものの模倣ではない、その先に普遍的な伝承の存在を示すことができるはずのものであった。

だから、そこでは個別の「もの」の様相ばかりではなく、「もの」の集合・集積が重要であって、そうしたことの総合的な探求こそが「生活」の質を明らかにしうると考えたのだと思われる。

しかしながら、このような宮本の活動は、ある程度の組織的・集団的な活動を必要としたから、宮本以後の研究に十分に継承されることにはならず、以後の主として個人的な活動によって受け継がれた研究は、必ずしも生活のゼネラルな把握を目指したといえないものになる。生活の全体的な把握は容易ではなかったから、それよりもむしろ取り組みやすい個別の「もの」に関心を集中して、その伝播や分布を追ったり、詳細な技術的把握を試みたり、歴史的な変遷や生態環境との関係を考えるなどのアプローチに回帰していった。

それらを通していえることは、対象をいわゆる「民具」と認定された、文化財として博物館・資料館に残されたものに限定する傾向が強くなり、生活のなかから新たになにかを発見する機会が失われていったことである。博物館・資料館の資料の比較・観察を通した研究は個別の「モノ」の歴史的・文化的・技術的な特性を明らかにしようとするものになったのである。

このような立場は、歴史的存在として特定の価値づけに基づいて資料化された「もの」を通して「私たちの過去」の固有性を探る、いわば今日と過去との連続性の確認作業であって、ともするとそれは他と区別される固有の自己を歴史的に認識するための意識的方法になる。こうして、この場合の民具研究は歴史研究に重なってくるし、対象資料としての「民具」のありようは考古学的な遺物資料に接近することになる。

以上のことをもう一度別の観点から繰り返すと、対象を個別的な「もの」に集中する宮本以後の民具研究は、宮本が指導しその仲間たちが実践してきた生産者・使用者（すなわち生活者）から直接に見聞し、また、そこで網羅的に集めた「もの」の集合とそれにともなう経験の集積から伝承を導き出して「生活」を解明するという方法が、もはや成立し難くなったなかに生じた研究姿勢・研究方法である、ということができる。

「あるく・みる・きく」という「旅」からの直接的な見聞はもはや得がたい、あるいは、旅行によって得られる見聞はすでに大きな変容を経た後のものであるとなると、それを研究に生かそうとする場合に、統計や記録、過去の調査結果などの二次的資料を併せて利用しなければならず、博物館などに整理・保存された資料を改めて観察・分析する、といった方法を採らざるをえなくなる。

さて、これに対比できるもうひとつの研究方向は、近代以後に生れて（あるいは模倣的に導入されて）普及した「日常卑近のもの」、それは多様化・機械化・情報化などをともない、総じて近代的・先進的であるとして受容されたものであるが、その急激な普及とそれがもたらす生活変容を含めて研究対象にして、「民具」概念に広がりと奥行きとを持たせようとするものである。

そこでは、当然ながら「民具は自製・自家消費のもの」といった古典的な自前主義に捉われるわけにはいかず、商業的に流通する工業製品も含まれなければならない。自前主義の「民具」に限らず、商業的な流通品も取り込もうとする考え方は、当初、小谷方明が近世後期に広範囲に普及・流通するようになった農具類などを対象にして「流通民具」と名づけ、自製に対比して意義づけたところから生じた。これによって自給自足という静止的な観点から「生産・流通・使用」に関わるひとびとの多様な関わりに関心が拡大して、それを受け継ぐことにより、近代における工業製品をも取り込んでいこうとするものになる。

このような方向は、新しく（幕末・明治期に）舶来・登場して、またたく間に世間を席巻していった都市型の消費財をも研究対象として取り入れるものであるから、いわば「民具研究」を生活変容の研究に拡大して、近代における変容の促進やそこから発生する諸々の問題を検討することであって、考現学・生活学、あるいはある種の社会学などに通じる立場にたつことになる。ここには古典的な「民具研究」が対象とした農山漁村だけではなく、大都市や様々の規模の町での営みを含み、町工場・郊外・団地の暮らしなどに関心が及んで、今日も続く生活状況に接近しようとすることになる。また、そこでは個別のものの来歴や希少性にともなう文化財的な価値はさほど重視されず、「もの」一般を取り巻く社会ならびに生活の変容に関心が拡大していき、その意味では今日の「民具研究」である、ということになる。しかしながら、このような研究の試みは量的に限られたもので、また、今日までに十分な研究成果を挙げてきたかというといささか疑問が残る、といわざるをえない。

どちらかというと、わたしの立場もこの拡大派に属するところがあるが、そこで反省するならば、対象を拡大したにも関わらず、具体的な研究推進の方策において検討が不十分であったと思われることである。

以上のような越しかたの「民具研究」について、私的なスケッチを描いてよくよく気づくことは、民具概念は古くから存在したものではなく、たとえば明治時代以後繰り返し想起されてきた「郷土（ふるさと）」などのように、ある時期に特定の関心に基づいて意識的に生み出され意味づけられたものであるから、時間的な経過に伴って概念に限界が生じるのは当然であり、常に再定義を必要とする。このような不安定な性格を乗り越えて普遍性を獲得することは、なかなか難しい、ということである。

だからこそ「民具」の定義は繰り返し議論される必要があるが、さて、このような作られた概念である「民具」に対して、生活に関わる「もの」を示す、もう少しこなれた一般的な用語に「用具」「道具」などがある。

6　「民具」と「道具」をめぐって

「用具」とは、「掃除用具」「医療用具」「学校用具」「○○作りの用具」のように、機能や場ごとにものを集合的に取り扱う時に使用する語であるが、それはインベントリーの作成と同じ極めて即物的な分類であり、「用具」には「もの」という以外に特別の含意はないといえる。

これと類似の「もの」を指し示す語には、「遊具」「武具」「農具」「家具」「夜具」のように、日常的な行為を中心に据えてそれに「具」を付与し、関連する「もの」の集合を示すものがある。これとよく似た「器具」のように翻訳のための新しい造語ではないかと考えられるものもある。

「用具・器具」は、近世に日常の調度・器具などを指した、中国的な用法である「器用」に近いものといえるかもしれない。「器用」は分類項目として日用品を指してひろく用いられた。

このような「用具・器具」に対して、「道具」は多様な意味内容を含むなかなか複雑なものであるが、それは歴史的な変遷の結果である。事実、現に用いている「道具」の意味も、時や場によって微妙な違いを持つことが多く、ひとによって受け取り方が異なることが少なくない。だから、「道具」という表現を、総体として、あるいは具体的な場面で用いる用法として、的確に把握・説明することは容易ではないのである。

ここでは外形的に単純化して、次のように考えるところから入っていきたい。

まず、今日、一般に考えられている「道具」が示す意味を次のようにとらえる。

その第一は、機械や機器に対照される人工物で、動力・伝導機構・制御機能を内部に含まない、あるいは機械や機器を構成する部品ではなく、独立した存在としてなんらかの働きをするもの、ひとが手に持って直接に使うことを前提にしているもの（動力・伝導・制御をひとに依存する）とすることである。

これをとりあえずの「道具」の定義としておくが、この用法は語の原義からきたというよりも、機械ないしは自動機械の成立を前提にして、それに対する在来のもののあり方を示す用法として、便宜的にあてられたものであると思われる。

いずれにしても、機械ないしは自動機械の成立以前、あるいはそれ以後も機械ないしは自動機械を用いることのないところでは、ここでいう「道具」が、それ固有の方法によってひとの活動と結びついて、なにか目的にかなったことを行っているに違いない。

このような定義による「道具」のなかには、西洋的な考え方からの借用的表現として「道具は手（身体）の延長である」といった考えも含まれる。この言い方においては「ひと‐もの」の関係が、主体としての「ひと」と、操作対象としての「もの」によって成り立つことが前提であり、ひとことでいえば、これは人間主義的な「もの」観である。この「ひと」の部分をできるだけ客観化・外化することが「延長」の意味するところであり、これによって「機械」、さらには「自動機械」が成立すると考える。

繰り返すことになるが、ここでは主体である「ひと」に、「ひと」が作って使用する「もの」が従属する、という考えが前提になっており、もともとの和語としての「道具」がそのような意識を持つものであったかどうかとなると、それははなはだ疑問である。その意味では「道具は手の延長ではない」。ここから「道具論」が始まるのだと思われる。

さて、「道具は手の延長ではない」とする「ひと‐もの」の関係は、「ひと」が全人的に関与することで成り立ち、関与する「ひと」は「もの」によって規定された特定の行動をとり、その結果、「ひと」があつかうものは定まった機能を発揮する。こうして、「しごと・ひと・もの」が秩序づけられることになるが、この秩序の完結は、それらの相互関係・相互作用によって成り立つものであるから、決して人間優位のものにはならない。「ひと」と「もの」との過不足ない協業なのである。

だから、「道（みち）のもの」である「道具」の「みち」は、このような意味での秩序を指していると思われるが、この点は後にあらためて検討する。

すでに指摘したように、ある種の機能を持つ人工物全般を前述の「しごと・ひと・もの」の秩序のなかにあるもの、すなわち「道具」として捉えることが、常にどこでもありうるかというと、そうはいえない。

「みち」を完結させる「しごと・ひと・もの」の相互関与は対等であるから、ここでは主体である「ひと」が、客体としての「もの」を従属させることにはならないが、このような「ひと-もの」は対等である、とする考え方は、必ずしも普遍的ではない。いくつか事例を示してみたいが、これ以外にもいろいろな「もの」観がありうる。

例えば試みに和英辞典をひいてみると、「道具」に対応させるべくさまざまな単語が挙げられているが、さほど無理をせずに総体を受け止めうる適当な語がないために苦労している。

例えば、研究社『NEW JAPANESE-ENGLISH DICTIONARY』には、次のように出てくる。

[用具]an instrument; an appliance; an implement; a utensil;《fishing》tackle（一式）; a tool（工具）;a gadget（小型で便利な）; paraphernalia《of a circus》（以下略）。

ここでは英語には「道具」に適切に対応する語がないことを前提して、「道具」に含まれる内容を分離・分割して、分割されたそれぞれに対応する個別の語・用法を列記している。逆にいえば「道具」という表現はなかなか個性的である、ということになる。

もうひとつ、「道具は手（身体）の延長である」とする人間主義的な延長論に対して、その逆といえばよいか、近代には man-machine system あるいは man-machine interface と表わすような（類似の考え方はさまざまある）、ひとを物理的な要素とみなす（あるいは、ひとの持つさまざまの側面を物理的なものとして把握する）ことによって、「ひと-もの」が作る関連をひとつのシステムと解釈する方法が生まれて、それが「人間機械論」などと称して実用されるようになったが、この場合の man-machine system は、ひとを機械的な要素・機能に分解した上で、ひととものとの繋がりを考えるのであるから、言いかえれば、ひとを機械の側からみている。そこからは、機械や装置が中心である工場や汽車や飛行機の運転などにおいて、ひとはもはや主役ではなく、周辺的・補助的な役割を担うものであるとする状況がうかがわれる。いずれにしても、このふたつの「ひと-もの」のありようは、人間主義と機械主義に分断されている私たちの現状をよく反映しているようにみえる。

さて、このように「しごと・ひと・もの」についての考え方を整理してみると、第一の定義として示した「人間」と「機械」の関係から「道具」を考察しようとすることは、なかなかの困難をともなうと思われる。そして、「道具」という語は、そのままでは翻訳しづらい日本語のひとつ、言かえれば日本文化の一面に関わる固有の用語であると考えなければならないことになる。

そして、そこでの「ひと-もの」の関係は、例示したような人間主義的なものでも機械主義的なものでもないようにみえるが、それでは「道具」にはどんな考えが反映しているのか、わたしはこんなふうに考えてみる。

「道具」と表わす場合の「ひと-もの」にあっては、原則的に「ひと」と「もの」の対応が固定的ではなく、むしろルーズであるといってよく、関係があらかじめ決められているとは限らない（ひとの役割が、このボタンを押す、このスイッチを入れるなどと、あらかじめ決められていない。かといって、孫悟空の如意棒のようにひとの意思でどうにでもなる、というわけでもない）。

「道具」が関わる世界では、目的は同じであっても、「ひと」は自分の意思でいろいろな動きをとることができて、個性を発揮する余地がある。その逆に「道具」である「もの」のほうにも、いろいろな色・形・大小・軽重・材料などがあって、こちらもそれぞれ個性を持っており、この個性を生かすことが重要である、と考えられているかにみえる。

もっとも、「しごと・ひと・もの」が一体的なものになっているとした場合、たとえばそれが、「みち」と意識されうる場合、そこでの「ひと-もの」の関係は固定的ではない、あらかじめ決められたものではない、とは言いながらも、なにほどかの定まった関係が想定される。それをどのようなものと考えればよいかは、順次検討していくとして、ここには、ある種の様式が整えられている、あるいはそう意識できる関係がある、としておこう。

さて、ここでわたしが興味深く思うことは、この場合の「道具」は「自ら作って自ら使用する」という場合の「民具」のイメージとかなりの部分で重なるところがあるように思われることである。「民具」と表現する場合には、ひとが関わっていることを強調するためにわざわざ「民」の字を加えている。だからといって、前述の人間主義的な考え方からそういう表現を用いているのではなく、「しごと・ひと・もの」の集団的なありかたを意識して「民」を用いているように思われる。そしてここでは、この集団的なありかたを習俗・慣習あるいは伝承的なもの、と考えておきたいのである。

そこで、すこしややこしい表現であるが、前述の「道具」観から「民具」を見ようとすると、そこに表われるものは前近代的な「しごと・ひと・もの」の関係が習俗化して伝承しているのだから、習俗を「みち」といえるならば、「民具」は「道具」の一種である、ということができる。

逆に「道具」とは、「民具」に含まれる「もの」一般のなかの、単なる習俗・習慣ではない「みち」に関係づけられたものを指していることになる。この「みち」についてはあらためて後述するが、これも一様ではない。

以上のような狭義の「道具」に加えて、今日ではこれよりもはるかに広い範囲を対象として「道具」と称する場合が増えているように思われる。かつてはそれほどの頻度で用いられることのなかった「道具」という語が、今や世俗生活における重要なタームになっているようにみえるのは、このことと関わるであろう。

この場合の「道具」は「機械」や「機器」なども含み、というよりも、ひとが作ったものすべてを「道具」と称して、たとえば人工衛星・分析機器・医療器械など、現世利益的なすべてのものが「道具」のうちに含まれることにもなる。これは「道具は手（身体）の延長である」とする「道具」観をさらにいっそう拡大したものであって、ついには人工物であるかどうか、いや物質的であるかどうかさえも問われなくなって、ひとの活動（運動・知覚・反射・反応・その他）に類似する、しかもそれを外化・増大化したあらゆる機能体を指して「道具」と称することになる。

そして、それは時に「道具化」と表現されることもあって、場合によっては、ひとあるいはひとの集団さえも「道具化」することができる。ひとに利するものはすべて「道具」化できるのである。だから、ここに及んでひとが操作するすべての「もの・こと」を指して「道具」といえることになり、実際、日常的な表現における「道具」の適応範囲は際限なく拡大している。

しかし、「道具化」するということは、本来は「道具」ではないものを「道具」に見立てる、といった言い方であるから、たとえば、「ひとを道具化する」という場合に、「ひとは道具でない」ことを前提にしている。拡大する「道具」概念は、拡大にともなう矛盾を自覚しつつ、本来の「道具」から限りなく離れていくのである。

さて、「民具研究」の対象である「民具」の範囲が拡大するのは、政治・経済・技術などあらゆる領域の技術化にともなってひとの直接的な関与が希薄化した、言いかえれば延長・外化した「機械」や「自動機械」などの「もの」一般をふくまないことには、「もの」を介して、暮らしの実態的な研究を進めることは難しい、という状況に立ち至って、やむなく研究対象に受け入れざるをえなくなったため、といってよいであろう。

同様に、拡大した「道具」観は「みち」と意識されることを希薄にする一方で、身体的な「延長」を強く意識することで、外化されたもの一般を「道具」に見立てようとする。

言いかえれば、わたしたちは、「もの」をわたしたちの都合に合わせて加工・使用・制御して生活の一部に組み込み、わたしたちの意思に従わせようとする。こうして人間主義的な意思は限りなく増大して、そのこと自身がすでに制御し難い状況に立ち至っているといえる。それは、特定の限られた「もの」の集合を指した「道具」に含まれていた「みち」の希薄化ないしは拡散として現れて、「ひと」に従属する「もの」という観点を強化・拡大してきた結果なのである。

このような現在を想定すると、あらためて「たみ」と「みち」を比較・対比することが可能になりはしないか、と思うのである。

既述のように「民（たみ）」は、古い語源を持つものであるとはいえ、今日的な用法は、近代的思考に基づいた人間観を表わすある意味では新しい物言いであり、それは同時に、「たみ」を疎外している近代を自覚することでもある。だから、近代に遺された「たみ」の様々を掘り起こして伝承を探ることになり、その意味で「民具」も近代を相対化するための自覚的な方法なのである。

一方、「みち」は、古くから特定のひとの生き方を表わすものとして用いられており、時には哲学的・倫理的な含意を強め、時には世俗を生きる処世的な規範となりながら、歴史的な変遷のなかで形成された様々の表情を持つ概念である。だから、「みち」は、わたしたちの思考に、はっきりとは見えないところで様々のかたちを取りながら深く影響を与えてきた、あるいは与え続けていると考えられる。

それはたぶん今日の功利的な日常世界では、先に触れた「機能的な延長」という考えの陰に隠されているが、なにかの機会にふっと浮かびあがってくる義理人情のようなもので、レトロな非合理のように思われながらも、実は必要不可欠の情緒的観念として、ひろく一般に流布しているようにみえる。このようなものであるならば、ひとびとの生活理解のために、歴史的な変容を含めた「みち」と「道具」の検討が、ぜひとも必要になりはしないかと思われる。

以上のような関心から、私はかねて、「民具研究」のうちに、わたしたちの歴史的な「もの」観を究めるための「道具」とはなにか？　を含む必要があると考えてきたのである。

7　「道（みち）」と「道具」が意味するもの

日本人の「もの」に対する意識を考える上で、ものを「○○道具」と仕分けることが多いことは、なかなか示唆的であると思われる。他文化に類似の観念があるかどうかは、近隣の中国や朝鮮半島についてすらよく分からず、ヨーロッパにも似たような言い方があるとも聞くが、どの程度一致するのかは判然としない。だから、「○○道具」のなかに含まれるどの部分が一般的であり、どの部分が特異であるかはよく分からない。こうした比較研究はこれからの課題のようで、以下の記述は比較の広がりに欠けていることを前提している。

すでに指摘してきたように、「○○道具」という区分には「○○用具」「○○器具」などとは異なるところがある。「大工道具」は大工という生業が固有に使用する「もの」の集合を指している。だから、この言い方は「大工」を宮大工・家大工・船大工などの「木造構造物の製作に従事するひと」に限定するようになってから以後のものと考えられるが、この「大工道具」も、それを構成する個別の「もの」にはそれぞれ領域によって相違があり、また歴史的に変化して来た。

同様にいわゆる「職人（当然この概念も歴史的なものであるが、ここではとりあえず「専門的な仕事をするひと」とする）」が用いるものの多くは、職に結び付いて「○○道具」あるいは「○○の道具」とされてきた。だから、この場合の「道具」を構成する「もの」は特定の職を成立させる特別の「もの」であって、今日的な表現でいえば「専門用品」「プロ用品」で、「素人使い」「日用品」「家庭用品」などと区別されるものである。

別の言い方をすると、それを使うためには一定の訓練を必要として、使いこなせる知識・作法・技能を持つひとたちだけが使用可能で、かつては（いや、見方をかえれば今日も）、その製造・販売において一般を対象とするものとは異なる固有の方法がとられていた。

だから、手仕事を中心にした、しかもすでにある程度の社会的分業が成立し、それにともなって専門化した仕事が成り立っていた時代（それはかなり以前からのことである）には、実際に「道具」と称したかどうかはさておき、この意味での「道具」ないしは「道具」に類するものが実用されていたのである。

そして、今日では一般のひとびとが用いる生活用具もひろく「道具」と称するようになったが、その一方で技能を持つひとだけが用いる特別な「道具」が要求されることもあり、そのような「専門用品」も製造・販売されている。ここからできる推測は、生活用具とは異なり、なんらかの生産にもちいる用具には多少なりとも「道具」的な側面が含まれていることである。

すでに用語として「道具」と「用具」の比較をおこなってきたが、「道具」「用具」「器具」はいずれも実用する「もの」の集合を指す語であるに違いはないが、それぞれ少しずつニュアンスに違いがあるから、ここでもう一度、「器具（電気器具・ガス器具・実験器具・調理器具）」と比較してみる。

「器具」は専用の適応範囲を持っていて他には転用できないもの、専用のエネルギーに対応しているもの、などを指す語のようで、英語をあてると a utensil, an implement, an apparatus, an appliance などになるらしいが、都合よくはいかないところもある。具体的には以下のようになる。

調理器具・台所用具＝ kitchen utensil
農具＝ farming utensils（implements）
武具＝ utensils（implements） of war
実験器具＝ experimental apparatus
電気器具＝ an electric appliance
医療器具＝ a medical appliance

で、ガス器具に対応する言葉はないようである。

「器具」とされるものは特定の意図のもとに設計・製作されており、その取り扱いにはあらかじめ成文的なマニュアルがあって、それに従がって操作すべきものである。いわば、「ひと」が「もの」に従属した関係を暗示するのではないかと思われる。

「石加工器具」と「石工の道具」には相違がある。前者は加工対象と加工技術の機械的・物理的な側面を表わしているが、後者は専門的な技能を持ったひとが先に存在しており、その「ひと」が用いる「もの」を「道具」と称している。

このように見ていくと、「大工道具」「茶道具」「大名道具」、あるいは「弁慶の七つ道具」のように、「道具」はいずれも特定のひとの存在を意識したうえで、その存在に関わるものに注目した言い方であり、「用具・器具」と「道具」は、同様にものを対象とするが視点はまったく異なる。

ここからが本題である。これまでもたびたび説かれてきたことであるが、「道具」の「道（みち）」は、もともとは人の生き方を表わしている。その始まりは「仏の道」で、ここには「規範」の意が込められており、それが以後さまざまに観点を広げてひとの生き方に関わってきたのである。

たとえば、寺子屋の読み書き教材であった「往来物」がある。この「往来」は手紙の遣り取りから始まるが、「人の行き来」から「世間」を指し、さらには「分」に応じた「生き方（人生）」を含むものになる。また、「往来」には「天下の往来」のように具体的な「道（みち）」を指す場合があり、それは同時に「私」に対して「公」を表わすものでもあった。このような「往来物」は四民の生活を成り立たせる具体的な知識（たとえば読み書き・算盤）を与えるばかりでなく、将来の商人には商人道（商売倫理）、職人には職人道、武士には武士道と、「分」に見合った生き方の規範を示すもの、という建前をもっていた。だから、「みち」は単に人の生き方一般を指しているのではなく、それぞれの「分」に応じた個別的な生き方を意味しており、しかもそれは広く世間に周知され、かつ承認されているものでもあった。

このことを、さらに言いかえると、「道具」は「分」の個別的な生き方を実現するための物的な手段であり、また同時に自らの生き方を外に向かって表わす表象としての役割を持っているもの、ということになる。「〇〇の道具」を所持するということは、所持者は〇〇である、ということを示し、世間もそのように了解するのであった。「往来物」時代のひとびとの「分」によって区別された個別的な生き方は、それぞれ明示的な外形性を獲得していて、それは世間から承認されたものである。すがた・かたちから直ちにそのひとの「分」が分かる、そのような意味で「道具」も存在していたといえる。

そこで少し言い方を変えてみると、特定のひとが特定のものを独占的に使用する、そのことが広く認められている、逆にそれ以外のひとは使用できない（使用しない）、そのようなものを「道具」と称した、といってよいかもしれない。ここにはヒンドゥ文化圏における職業カーストのありよう（家系と職業とが結合している）に類似するところがある。

だから、「道具」概念の背後には、次のような事柄が付きまとう。

①ひとの生き方はいろいろである。近世においては公武・僧俗・四民・生業・その他の「分」に見合った生き方やそこから離脱した超俗的な生き方があった。

②ひとの生き方はそれぞれ固有の生活様式（あるいは「もの」との関係）を持って営まれ、このことを通して他者に自己のありようを表示する。

③こうしたひとびとの集りである世間は、様式を異にする生活者の寄り集まりとして成り立っている。だから、九尺二間の長屋といっても、みな同じ生活であるとはいえない。

④個々の存在は、外に向かっては可視的な「表象（自己表現）」を発し、その表象は結果的に内にも反映して自己認識・自己規制をもたらす。

⑤様式化にともない、微細な差異の主張から優劣が生じて、分派・変種・派生的系統、元祖・本家・新たな流

儀、などが発生する。

⑥にもかかわらず、道に則して整理された生活様式は、全体としては均質化・形式化・規格化が進行していく。さて、ひとびとの生活の「もの」への依存が高じると、個別の「道具」の持つ実用範囲を超えた価値（たとえば美学的な）が問われるようになり、なんらかの方法・基準・論理に基づく選別・序列化がおこなわれるようになる。こうして、個別の「道具」に対して批評・評価をする仕組みが生まれて、評論家・鑑定家・目利きなどが識者として良し悪しの判断に活躍するようになる。その結果、名刀○○、××の茶碗、石堂何がしの鉋、千代鶴何がしの玄翁、などの優れものが名物に取り立てられて評価の言説を生み、愛玩され、収集されることになる。

しかし、これは同時にあれこれの「道具」を所持する者が、その所持する「道具」によって人格的な評価を受けるということでもある。すなわち「道具」の評価は「もの」の評価にとどまらないで所持者にも及ぶことになる。このために偽物や評価の低い「道具」の所持者は陰で侮蔑の対象になり、その一方、実際に使うわけでもないが、評判のよい「道具」を収集してたくさん持つことに生き甲斐を見つける、道具道楽も登場することになる。

以上のことを現在に引きつけて考えると、現代においては大衆的な規模の道具道楽を生み出さなければ、もの作り企業の活動が成り立ちがたい時代である、ということである。実用を超えたものを多量に所持することがなければ、今日の大量生産を維持し、売りさばくことは困難であると思われる。こうして、家庭に夥しいものが持ち込まれて、その結果、家は不用品の倉庫になっている。自覚せざる道具道楽が増えるのに見合って、「道具」の虚構化も同時に進行するのである。

しかし、このような現象的結果をあげつらっても仕方がないから、ここではむしろ、「みち」に結びついた「もの（すなわち「道具」）」がなぜこのような虚構的価値を獲得することができたか（あるいは、今もできるのか）、その本質的な理由を知りたいものだと思うのである。さらにそのうえで、このような虚構的価値ないしは価値観が「たみ」の実生活に深かく関わってきたことを考えると、採集された「民具」の実態は、実は「道具」であったといえるとも思うのである。ひとつひとつ例をあげることはしないが、「民具」の具体のあれこれは、採集したひとびとにとってある種の宝物の発見であり、そこに付与される価値づけは限りなく「道具」的なるものに接近していく。このことは後にまた述べることにする。

さて、長々と分かりにくい手前勝手な独白を書いてきたが、実はわたしが関心を持つ「民具研究」のテーマは、珍しいものの発見やその周圏的な位置づけ、あるいは機能分析や伝播系統の解明などにあるのではない（もちろん、それらに関わる研究の価値を否定するわけではないが）。では、どのような部分に関心があるかと問われるならば、それは、「しごと（ひとの「ふるまい」というほうが適切かもしれない）・ひと・もの」のあいだに成り立つ儀礼的な関係についてであり、それが固定されて伝承する、そのような仕組みについてである。

「しごと・ひと・もの」の関係が儀礼性を帯びることによって「しごと」は反復的・可視的なものになり、それによって世間は、その「しごと・ひと・もの」を社会的なものとして受け入れてくれる。いや、ただ受け入れるばかりではなく、その「しごと」に期待して積極的に利用しようとする。ここでの「しごと」は、特定の技能を持つ「ひと」とその技能に則して有効性を発揮する「もの（道具）」なしには実現しないから、ひとはそれに頼らざるを得ないのである。

こうして、「しごと」に従事するひとは、みずからの役割を自覚した「しごと」を完結することができる。繰り返しになるが、「しごと」や「もの」に関わる儀礼性は、「道具」的な観点からいえば「道（みち）」の成立ということになり、「民具」的な観点からいえば「もの作り」が成熟して習俗化することだといえるであろう。そして、ある時期以後に、それらは商業的な色彩を帯びるものになっていく。

三　「道具」観の変遷

これまでに「道具」と「民具」をめぐるいくつかの相違について検討してきた。そして、「道具」という語は歴史的に変遷して今日に至ったとしてきたのであるが、以下では「道具」という語が内包するさまざまな側面を示すとともに、それがどのような歴史的場面において登場し普及したのかを概観してみたい。

すでに述べたように、「道具」は「もの」一般をさす語ではなく、歴史的な意味を持つ特異な日本的表現であるから、適切な外国語に置き換えることは難しい。だからこそ日本人がどのように「もの」に関わってきたかを考えようとするとき、「道具」という語の変遷を調べることは有効ではないかと思われる。それでは「道具」を考えるために、どのような追究方法があるであろうか。

ここではこれまで指摘されてきた「道具」の一般的な定義に、有職としての「道具」、コレクションとしての「道具」、職人の「道具」などを加えてその変遷を示し、さらに往来物に表われる「職」にともなう「道具」を引き出して近世後期・明治期における「道具」の位置づけの変化を示して、特に明治期の新しい生活様式の価値付けや啓蒙とそこでの「もの」のありようを考える。それは後述の「アルミ鍋」の普及につながるものでもある。

わたしたちの身の回りの「もの」を示す用語にはいくつかあるが、その意味や相互の違いは判然としないことが多い。仮名による表現（たとえば「もの」）については、すでに色々の解釈や議論があってそれなりに納得できるところもあるが、これが漢字表現になると、まだ部分的な検討しかおこなわれていないようにみえる。仮名による表現は日本語であるから、日本的なものをそのまま表わしており、漢字による表現は借り物だから常に中国的な解釈も加わって多義的になり、それだけ分りにくくなっているのかもしれない。

そこで、質・品・物・具などについて少しばかり整理をしてみようと取り組んでみたが、当初のもくろみ以上になかなか厄介である。

まずは挑戦と力んでみたが、うまく整理できましたとはいかない。以下はとりあえずの試みである。

1　漢字熟語における質・品・物・具

わたしたちの漢字の用い方はなかなか難解である。

近世の漢字表現には当て字が多く、「当て字集」でも編めば面白いのではないかと思われるほど多様であるが、その一方で妙に漢語の素養が行き届いている面もある。

明治時代には書生のカタカナ英語とともに英語・ドイツ語を漢字に置き換える漢字化が進んだから、新しく二重の意味を持つ熟語がたくさん作られて、「これは英語でいう○○の意味です」などと、予め断らなければならない熟語が用いられることも生じた。

もっとも、外国語の漢字熟語化はなかなか便利な面もあって、これが先祖返りして現代中国語になったものもあるようだから、悪いことばかりではない。しかし、意が十分に通じているかどうか、不安にかられることがあるのも事実である。

抽象的な意味を示す熟語の場合に、外国語（西洋語）を漢字熟語化したものであるにもかかわらず、元来の意味から離れて、漢語的な再解釈が行われることがあり、そのような場合はまことに難解である。

さて、わたしたちの身のまわりの物質的な存在を示す漢字に「質・品・物・具」などがある（他にもまだありそうであるが、ここではこのくらいを対象にする）。これらの語の単独の意味やそれぞれの差異は、辞書でも眺めながらよく考えてみないと判然としない（眺めていても判然としないことも多い）。一般に辞書ではあまり馴染みのない中国語的な解釈が示されていることが多く、直感的に理解できるのは「物質・物体・資料・具体・道具・品質」などのように熟語になってからのことである。

辞書によれば「質」の原意は、「もと」であるらしい。「本質」「気質」「物質」は「もとからの状態（本質的状態）」を表わしている。いいかえれば「質」は変化しない「もの・こと」、すなわち本質を指している、といえばよい。

「品」の原意は「多くのもの」であったというが、後に転じて個々の「もの」を表すようになり、さらに「ものの良し悪し」を示すようになったのだという。わたしの語感では、価値をともなう属性（上品になったり、下品になったりできる属性）を指していると思われる。たとえば商品は、売物としての価値を持っているからこそ、「商品」といえるのである。

「物」は和語の「もの」にあてられるが、漢字的な意味は「ふぞろい」から来ており、「多様な見かけ」を前提にしている。だから、「ものの現象的な側面」を指しているといえばよいであろうか。この意味でよければ、英語の material とは少し異なる語感が含まれていることになる。現象的である以上は有形であれ無形であれ、自然であれ人工であれ、私たちが知覚できる存在でなければならない。知覚できることによって分類が可能になり、あるいは呼称・数量をあたえることができる。こうして「一人の人物」「無数の動物」さらには「万物」になりえるのが「物」である。

それでは「具」はどのように考えればよいであろうか。

「具」の意味は「そなえ」である。今日では「抽象」（abstract）に対して「具象」という美学的な表現があるが、これは concrete の訳語で、「具」の本来の意味からは少しはずれるように思われる。Abstract は解体されたばらばらの状態を示し、これに対して concrete は固まって特定の形象を持つ状態をいう。形がなければ「具」にならないから、「具象」という用法が間違っているわけではない。しかし、わたしの語感では「抽象」の対語としては「物象」の方が見合っていると思われる。

というわけで、「具」とはなにかの目的にそなえる「もの」の状態を指す、ということのようである。そなえものは、多くの場合に一個ではなくて集合的である。そして、「そなえる人」と「そなえる対象」がなければならないから、そこには主体と客体が必要で、目的に対して用いる手段的存在が「具」であるということになる。

ここまでの話は「具」の基本的な性質を導き出すために「質」「物」「品」などを援用したにすぎず、あまり意味のあることではない。

「もの」を表す表現には「調度」「器用」その他いろいろあるが、これらは省略する。考えてみたいのは「具」についてである。

2　「具」にはどんなものがあるか

汁物には「具」が必要である。味噌を湯で溶いただけでは味噌汁にはならない。大根や豆腐を入れる必要があり、気のきいた吸物ならば小鯛などの魚介類であったりする。

わたしたちは慣習的に「吸物を飲む」と表現するが、それは椀に直接口をつけるからである。よく英語の勉強で教えれるように、西洋人にとって「スープは食べる（eat）もの」である。よく考えてみると、わたしたちの場合も酒・お茶・コーヒーは「飲み物」であるが、味噌汁は「食べ物」で「飲み物」でない。「食べ物」であるのは、「具」が箸を使わなければならない「形を持つもの」として加わっているからである。それでは「具」がどんな熟語を作っているか、辞書から引き出してみることにする。

するとまず「具上・具文・具申・具有・具案」などがあって、これらは「細かく・ととのえて・そなわっている」ことを表している。「具足」も「そなわる・たりる」の同義反復であるが、これらとは反対に、「具」が下につく熟語も多い。『角川中漢和辞典』を一瞥すると「工具・文具・不具・雨具・夜具・祭具・装具・敬具・寝具・農具・漁具・道具・器具」などが出てくる。これらのうちの「不具」は単なる反対語である。「器具」は「具足」と同様の類似語の反復と思われる。それ以外の、たとえば「雨具」は「雨にそなえるもの」、「夜具」は「夜にそなえるもの」である。そのように見ていくと、そなえるべき対象を上につけるのが決まり事であるようにみえる。

そうであるならば、「道具」は、「道にそなえるもの」となる。しかし「道具」はカバンや履物ではないから、「雨具・夜具・祭具・農具・漁具」などとは、少し異なる用法であるということになろう。

この点について次に少し考えてみたいと思う。

3　『四民往来』ではどう扱われているか

すでに示したように、今日的な意味での「道具」は「人の手（身体）の延長である」、あるいはその発展型であるなどと理解されていることが多い。

しかし、それは西欧的な物質文化論の影響を受けたものであって、tool（対象に作用をおよぼすもの。具体的には刃物を指すと考えられる）の意を含んだ訳語として用いていると思われる。そうであるならば、それは近代に追加された新しい「道具」解釈であるといってよく、過去の「もの」観を踏襲した考えではない。だから、前述のように和英辞典で「道具」を引くと、appliance・instrument・implement・utensil・tool・paraphernalia などが該当する訳語として登場し、toolについては（刃物）と括弧つきの注釈が付属している。

そして、ここに出てくる英語をそれぞれもう一度日本語に置き替えてみると、applianceは「器具」、instrument・implementも「器具」もしくは「器械」、utensilは「用品」、toolは「工具」と約した方が適切ではないかと思われる。また、先の文脈からいえばparaphernaliaは「具」そのものを指すものであると考えられる。見方によっては、この語は「道具」の持つ集合的な一面に見合っていると思われるが、原意は「身の回りのもの」であるから、その点では「民具」の定義に似ている（ただし、これは集合的な用法で個別の具体を指すのではない）。用例としてあがっているものもparaphernalia of a circus, camping paraphernaliaのような集合体で、サーカスの用具・キャンプ用品である。

このように見ていくと、結局のところ、わたしには「道具」の語感にうまく適合する英語はないのではないかと思われる。そして、その点からも、「道具」は「身体的な延長である」という「道具」の使い方は本来のものではないと考えるのである。このことは当然ながら、「道具」は「道（みち）」の観念と結びつく語と指摘されてきたことに関わる。そして、その古い用例は「衣鉢（三衣什物）・道具」であるから、ここでは「仏道（学道）」にそなえるものが「道具」であって、やはり身体的な延長論とは適合しない。ここでの「道」は特定の（定まった）生き方、「道具」はその生き方を具体的に表象するもので、toolのようにアクティブなものではないのである。

このような観点から「道具」の用例を探っていくと、「人生の並木道」のような「道（みち）」の観念の歴史的な展開を辿れそうに思われる。事実、これまでも文芸や芸能を対象にして、旅や道を考察した研究は決して少なくなかった。

その場合の「道（みち）」は、「倫・歩み・営み」などと同じことになろうが、具体的には特定の、あるいは個別の生き方を指していて、「ひとのみち」「おんなのみち」「もののふのみち」「ほとけのみち」「かんながらのみち」などの様々な「みち」を思いつく。漢字にすれば「人道・婦道・武士道・仏道・神道」などである。そうであれば、「茶道」に対する「茶道具」のように、「人道具」「婦道具」「武士道具」「仏道具」などが存在してもよいことになる。しかし、実際にはこれらの「道具」は存在しない。「みち」が直に「道具」を必要とするというわけでもなさそうである。

さてそこで、「道具」の実際の用法を見ておかなければならない。

わたしの考えでは、これにはふたつの側面があるように思われる。まずそのひとつは、なんらかの「道」につながる「道具」である。それを手習い本「往来物」から見ていくことにしょう。

「往来物」は平安時代後期の手紙模範文の集成から始まったものであるが、近世には新奇のものが種々派生して多様・細分化し、それが版本として普及した。「百姓往来」「商売往来」「女往来」などがその例であるが、それぞれの生活に必要な文字・知識を教える字引（なかには絵引き）の役割を果たすとともに、分に見合った固有の行き方（たぶんそれが「みち」である）を説くものでもあった。「百姓往来」は農村旧家に残されていることが多く、農民の日常生活に影響を与えたと考えられるが、「商売往来」は商家を対象にし、「女往来」は女性の生き方を説くものであった。

明治時代には「商社往来」「世界商売往来」などが出版されて、海外の新知識（外国事情）を教えるものとして普及したが、それは同時に外国語の簡易辞典でもあった。そのような多様なもののなかに「諸職往来」「四民往来」の系統も含まれている。

「諸職往来」「四民往来」の系統の古い例のひとつに『諸職往来』(1)がある。これは「士農工商（四民）」をあつかって四民の相違を具体的に説くものであるが、実際の記述は「諸職（工）」に重点が置かれていて、諸職が生き方のひとつとして大いに関心を持たれるほど拡大した時代を表わしている、とも考えられるが、それとは別に、古くから伝わる「職人歌合」「職人尽」などに見られる職人に対する好奇心を継承する側面もあったのかもしれない。

はじめの上段前半には、四民の生き方（社会的役割・職分・心得など）の相違を示すために「正徳御制礼御式目」が掲げてあり、「四民」が官許の封建的な秩序観に基づくものであることを表わす（上段後半には、「武家用字・農業用字・工職用字・商家用字」が続いている）。

下段には、儒教的な職分のありようを説きながら関連する述語を列記して、識字に役立つように作られている。最初は、当然ながら「武士」である。

まず「武門ハ頭於庶民能守　仁儀礼智信之五省　以文武治国　以忠孝斎家　以系図彰先祖　以感情伝功名　是武家之所以」と武士のあるべき姿を説いてから、勤役座列を「家老・用人・城代・目付・奉行・物頭・旗本・近習・虎徒・代官・与力・同心・祐筆・徒歩・足軽・若党・中間」（ルビは略）と書き連ねて、武家に生まれた者の学ぶべきことは「第一弓馬剣術兵法軍学書」であって、それによって「加増立身父祖裔孫之面目」をうることができると結論づける。

つぎは士農工商の二番目「農民」である。「農夫《のうふ》は春耕《はるたがやし》・種蒔《たねまき》・苗代《なわしろ》・鳥追《とりおい》・田植《たうへ》・草取《くさとり》・秋は苅田《かりた》・稲扱《いねこき》・籾磨《もみすり》・掛唐風車《とうみかけ》・俵拵《たわらこしらえ》」に尽力すべきであるとして農作業の記述が続き、後段には「農具ハ鋤《すき》・鍬《くわ》・犂《からすき》・鎌《かま》・連枷《からさお》・水檐桶《みずたんご》・竜骨車《りゅうこつしゃ》」などの農具が書き上げられている。そして最後は、農本主義的な「農業は生民乃大本也」ということで終わる。

つぎは「職人」で、初めに登場するのは大工である。「工匠乃輩《こうしょうのともがら》　先巧工《だいく》・釿《てうの》　初以南蕃曲《なんばんがね》・水盛《みずもり》・以準為規矩《くき》・柱立《はしらだて》・棟上《むねあげ》・撰吉日《きちじつ》　良辰《りょうしんをえらぶ》」などと技術的な記述があり、つづいて「御殿《ごてん》　神社《じんじゃ》　堂塔《どうとう》　伽藍《がらん》　見世店《みせだな》」などの建物類が列記されて、最後に「持扱道具《もちあつかうどうぐ》　釿《てうの》・鉋《かんな》・鑿《のみ》・柊挨《さいつち》・錐《きり》　小刀《こがたな》・鋸《のこぎり》・挽回《ひきまわし》・金槌《かなづち》・鐁《やりがんな》・曲尺《かねさし》・墨斗《すみつぼ》・捴《すみさし》・釘貫《くぎぬき》」が記述されている。

次に屋根葺きとなり、「檜皮《ひわだ》・枌板《そぎいた》・竹釘《たけくぎ》」といった材料、「台切《だいきり》・片包丁《へぎほうちょう》」といった加工具が登場し、壁塗では「鏝《こて》」、鍛冶では「鞴《ふいご》・鉄床《かなとこ》・合挺《あいつち》」がある。続いて「太刀屋・柄巻・研屋・鎚工・鞘匠・塗師・漆刷毛・筆結・硯屋・紺掻」（ルビは略）と色々な職種が並ぶが、加工具の記述はない。

その後に呉服などが並び、ふたたび「烏帽子折・扇屋・経師・表具師・屛風襖匠・翠簾屋・絵簾屋・絵莚屋・花毛氈・畳刺・珠珠挽」（ルビは略）と色々の職種と製品が列記されて、最後に「凡《およそ》諸職《しょしょく》之人《のひと》　受領《じゅりょう》之官名《のかんめい》　申賜《もうしたまわり》験名誉事《めいよをあらわすこと》　其身之手柄《そのみのてがら》　旦暮無油断《たんぼゆだんなく》　可励勤者也《はげみつとめるものなり》」となる。ここでは「受領之官名」が目的である、とされるところがたいへんに興味深い。

士農工商であるから、最後は「商人」である。「商人者《あきんど》　以帳算盤《ちょうさんばんをもって》　左右之信《さゆうのしんとなし》　毎日考相場《まいにちそうばをかんがえ》　売買駆引《ばいばいかけひき》　可廻機転《きてんをまわすべき》」と続いて「正直之誠《しょうじきのまこと》　陰徳陽報《いんとくようほう》　験然無疑者也《けんぜんうたがいなきものなり》　以而如件《もってくだんのごとし》」で終わる。

さて、ここで農民の用いるものは「農具」で、職人の持ちるものは「道具」と対比されている点に注目したい。武士については「弓馬剣術兵法」とはあっても「武具」「武道具」の表現は出てこないし（実際には「武具」「具足」などがあった）、商人についても、「帳算盤」という表現はあっても「道具」とは表わされていない（実際には「帳場道具」のような言い方が流通していた）。

後に出板された『頭書絵抄　諸職往来』(2)では頭書きに「農具・○《板カケ》を作るなどもちいる道ぐ」と記入されているから、ここでは「農具」は「道具」でもある、あるいは、実用の「もの」を総称として「道具」という言い方がすでにあった、ということであろうか。

『再板増補　士農工商　諸職往来』(3)では、「農具」の種類が増加して「鋤《すき》・鍬《くわ》・犂《からすき》・鎌《かま》・連枷《からさお》・水櫓桶《みずたご》・竜骨車《りゅうこつし》・戽桶《なげつるべ》・桔槔《はねつるべ》・筒車《みずくるま》・畚《もこう》・筺《かご?》・碓《ふみすき》・礱《からうす》・舂臼《つきうす》・挽臼《ひきうす》・千石埒篩《せんごくどうし》・杵《きね》・簸簾《ひごとおし》・蓑笠《みのかさ》・蘿《ふご》・檋《かんじき》・橇《そり》」になり、工匠では「先為首《まずはじめをなすは》　番匠也《ばんしょうなり》　棟梁《とうりょう》　大工《だいく》　小工《しょうく》」の「持扱道具《もちあつかうどうぐ》」に「鼠歯《ががり》・斧《をの》・鐇《まさかり》・玄翁《げんのう》・鑢《やすり》」が追加されている。

鍛工（鍛冶）は後段に移されて「鍛工《たんこう》ハ俗鍛冶云《ぞくかじという》　釼物《こしのもの》・打物作《うちものつくり》　為上工《じょうこうがなす》」と、「此外　薄刃《うすば》・出刃包丁《でばほうちょう》・鋏《はさみ》・鑷子《けぬき》・小刀《こがたな》・鉈《なた》・釘鋲《くぎびょう》等　雑品《ざっぴん》の鉄匠《てっしょう》」の二種類に区分される。

少し退屈な引用であったが、ここでは儒教的な一般道徳を披露することが目的ではない。「四民」を表象する「もの」を示したかったのである。そこには、いくつかの「具」が若干の相違を持って登場する。

農民の用いるものは「農具」、大工の場合は「道具」であるから、「大工道具」は比較的に早くから職人の「道具」の代表的な例であったようである。農民が用いるものは一般には「農具」と記述されているが、前述のように、時には「道具」に置き換えることができたようである。

たとえば『百姓伝記　巻五　農具・小荷駄具揃』[4]には「士民常に用る農具の内に、国々里々の者このミあしく拵えさせ、またうたせ、つかふについゑ多きあまたあり。またその国其村のかじにも、品々をこしらゆるに、上手と下手あり。徳を得ることをかんかえ、諸道具をこしらへ可遣者也」とあり、ここでも「農具」は同時に「道具」でもある。だが、よく見ると、ここでの「道具」は武士の「諸道具」である「たち・かたな・鑓・長刀」、あるいは諸職人の「道具」に対比して、「農具」は農民の「道具」であるとして、農民の生き方が示しているのである。

> たとえハ御武家に兵法達者の人、太刀・かたな・鑓・長刀を遣ひて、万一の御用のため朝暮に御事わさを被遊方ハ、諸道具をかろく御取りまハし、しかも御手のうちいたます、御徳を得給ふ。御たしなミあしけれハ、その道具共の拵やうよからす、剰さびくさり、折角の用にたちがたし。土民のすき・鍬ハ、つねに土付故、さびくる事はやし。ミかき洗いて毎日水油をぬるへし。また町人、そろはん・はかり・升にごミたまりてよごすものハ、身を持ちそこなふ。諸職人家々の道具をさバし、たしなミあしきものハ、細工も下手にて、終にハ身をさバすなり

興味深いことは、「御武家ハ御家に備わりたる弓・刀・鉄砲・鑓・長刀・太刀・かたな・馬具其外一つも武道具のかけさるように御たしなミあるもの也」とあって「武道具」という表現もあることである。

以上の点からとりあえずいえることは、一般的には武士の「武具」・農民の「農具」・職人の「道具」であるが、時には武士の「武道具」・商人の「帳場道具」・職人の「道具」と対比して、「農具」もまた「道具」と扱われることである。

以上のようにここでの「道具」は、「もの」を職分の表象としてあつかっているから、確かに「道具」は「道（すなわち職分）」の概念に結びつくものである、と納得できる。

さて、「道（職分）」はそれを示す居住地域・言葉・装束・立ち振舞い・仕事、そして「道具」によって外側から把握できる。『百姓伝記』では、百姓仕事を整理・秩序づけて、より有効にする農具とその使い方を示し、それを全うすることによって百姓の本分が成り立つと諭して、「百姓道」を推奨するものである。

一方、このような外からの見解とは別に、自己認識として自覚的な「百姓道」や「大工道」がどの程度成立していたかとなると、それはなかなか推測できるものではない。百姓も職人も多種多様な存在だからである。

だが、職人に限っていえば、武士・百姓・商人とは異なり、具体としての「職人一般」はありえず、実際の職人仕事は多くの職種に別れてそれぞれが特徴を持っている。であるから、それぞれの職種ごとに固有の生き方があり、それが内側から自己認識を支えていくということは大いにありうる。そして、その「道具」が自己意識・自己表出のひとつの手段になりやすいのである。だから、「職人の道具」は総称としては成り立っても、実際には「大工道具」であったり「左官道具」であったりする。

これらの「職人の道具」は、主として刃物を用いる仕事において見ることができる（この点は前述の英語の tool のありかたと類似する）。

それは、大工の鋸・鑿・鉋、料理人の庖丁、カリスマ美容師の鋏などであるが、それらは職人技の卓越を示す指標として用いられ、「道具をみれば腕がわかる」あるいは「道具を使いこなしてこそ職人」ということの証明として、高価な刃物を用いるのであるが、このことは、逆に「下手の道具道楽」ということにもなる。優れた「道具」を揃えているから優れた職人であるとは限らない、ともいえるのである。

さて、このような表象としての「道具」は、職分を表わす場合に限られているわけではない。そうではなく「衣鉢・道具」のように特別な生き方（この場合は仏道）を表象するものが本来の「道具」であって、職人の場合は、それが世俗化した新しい一例であるというべきかもしれない。

以下ではもうひとつの側面をみていくことにしたい。

4　「御道具」とその系譜

『葉隠』(5)は、「武士道」を説くものとして有名である。武士の生き方の一面を極端に強調したものだからであろう。たとえば「我等が一流の請願、一、武士道に於ておくれ取りまじき事…（略）…一、大慈悲を起し人の為になるべき事」は「滅私奉公・忠義」の理想的な見本である。その「聞書第一」には、「図に當らぬは犬死などといふ事は、上方風の打ち上がりたる武道なるべし…（略）…毎朝毎夕、改めては死に〳〵、常住死身になりて居る時は、武道に自由を得　云々」とある。この部分で特に注意しておきたいのは、「武士道」と「武道」とは必ずしも同義ではないとしていることである。

著者には「武士道がそなわって、はじめて武道が生きる」との考えがあって、「武士道」は武士の生き方あるいは倫理、「武道」は技術ということであろうか。そこで、「道具」について書かれたところをみると「御道具仕舞物、主君の御魂入れられたる物を我々の家内の道具に使ふ事、勿体至極もなき事ぞかし」とあって、ここには「御道具」と「道具」が登場する。この「御道具」には「御祝言御道具」も含まれている。

そして、「御道具」は主君のものであって「道具」は自家のものであるから、拝領した「御道具」は「道具」として使用するものではなく、大事にしまっておくべきである、というのである。

ここでの「御道具」は、配下の者が主家の「もの」を指す時に用いる言い方で、この場合には主家の魂の入った拝領のもの、すなわち主家を表象するもの、それが「御道具」なのである。

この他にも、この書では茶の湯の「道具」と大工の「道具」とが出てくる。

大工の「道具」は次のようなものである。

直茂公のご前で美濃柿を食べた時に、密かに柿の実を畳のあいだに押し入れた者があった。直茂公は「台所に大工は居らぬか、道具を持ち罷り出でよ」といわれて、畳をはずさせて「柿の実を捨て、元の如く敷をはめ候え」と命ぜられた。この場合は大工道具そのもので、前述の「職人の道具」を指している。

このように、この書には、主家の魂の入った拝領の御道具・前者に対比できる自家の道具（具体的にそれがなにかは書かれていないが）・職人の道具（この場合は大工道具）、そして茶の湯の道具と、それぞれ異なった性質の「道具」が記述されている。

しかし、「武具」については「尤も武具一通りは錆をつけず、埃を拂ひ、磨き立て召し置き候」というが、しかし「武具を立派にして置くは、よき嗜みなれども、何にても数に合えば済む事なり。深堀猪之助が物具の様なるものなり」とあるように、「物具」と称することはあっても「道具」の範疇には入れない。「武士の魂」といわず、むしろ「数に合えば済む」実用のものとして捉えている。この点は前述の『百姓伝記』と扱いが異なるのである。

『百姓伝記』の場合は他の身分に対比する言い方であるから、鑓・刀を武士の「道具」と位置づける。鑓・刀に対して、「武士の魂」とする「道具」的な考え方と、「何にても数に合えば済む事なり」とする「実用」的な考えの両極があったということであろうか。

いずれにしても『葉隠』に出てくる主家の「道具」や家内の「道具」は、実用の「武具」とは別のものを指していて、武家には「武具」以外に「道具」がある、ということなのである。

さて、この「御道具」であるが、これを具体的な「もの」の分類上から捉え直すと、それは今日いうところの「大名道具」である。佐藤豊三がこれを簡潔に整理しているから参照しておきたい(6)。

大名道具を大きく分類すると「表道具」と「奥道具」になるという。この「表道具」と「奥道具」は、さらにそれぞれの下位を分類することができて、「表道具」には「武器武具類・飾り道具・数奇屋道具・能道具・祭祀道具」が含まれるという。この場合の武器武具類は、武家の公式の贈答品である刀剣などのコレクションを指し、家格を表現するためのものであったという。ここでは「家格を表現する」ことが重要であって、前述の実用的な武具と同類ではないことに注意しておこう。

飾り道具（便宜的表現であろう）とは、より具体的には書院飾りの唐物類を指している。唐物類は足利将軍家以来の武家故実にしたがったコレクションであり、これがあって初めて書院が成り立つといえる、きわめて公的側面の強いものである。

数奇屋道具とは、より具体的には茶の湯の道具を指しており、それは、よく知られているように書院飾りを受け継ぎながら、それをより自由に変化させたものであるが、だからといって「表道具」としてあつかわれる場合には、数寄屋もまた決して私的領域ではなく、儀礼的なものであった（したがって、茶の湯もまた儀礼的な接待形式のひとつであった）。そして、このような「表道具」は大名の儀礼空間を装飾・演出するばかりではなく、贈答に用いるものでもあり、時には家臣が拝領するものでもあった。

今さらながらとも思うが、『山上宗二記』[7]をみる。

これによると、「御道具」を構成する「唐物」「名物」「道具」はほとんど同じ内容を意味しており、「珠一紙目録」によれば、「唐物は（中略）御床に厳る御道具を名物と云う」とあって、簡単に言えば床飾りのことである。

そして、真松斎春渓『分類草人木』[8]によれば、「茶の湯の道を数奇と云うは、数の寄するなれば、茶の湯には物数を集むる也。（中略）諸芸の中に、茶の湯ほど道具を多く集むる者これ無し」となっている。このように、ここでの「道具」は茶の湯の様々な場面設定を演出する「もの」のコレクション（物数を集むる）を指しており、その多寡・価値水準は家格を表わすものであった。「表道具」とはこのようなものであるといってよい。

「大名道具」のもうひとつは「奥道具」である。こちらは表道具ほどに格式ばった定めはなかったようである。しかし、「奥」は「表」をそっくり裏返しにしたものであるから、「もの」の基本的な性格にそれほど大きな相違が生じるはずはない。したがって、奥でも表と同様に床飾り・掛物以下の「道具」が用いられていた。

佐藤の分類によれば、「奥道具」には、①調度・衣装・装身具類、②香道具・楽器・遊戯具、③絵画・書が含まれるという。この意味での「道具」は、まさにparaphernaliaに対応するが、それとても儀礼的・有職的な色彩に彩られていることを無視することはできない。

以上のように、「大名道具」は武家が必要とする「もの」の総体を指しているのではなく、儀礼化した個別の生活場面を表象する個々の「もの」のコレクションを表わしている。言いかえれば、いわゆる「道具立て」と言った表現に使われる「道具」である。今風の言い方をすれば「インテリア・グッズ」の一形式である、ということになり、この使い方は芝居の「大道具・小道具」という言い方に受け継がれている（だから、この場合の「道具」はparaphernaliaに通じるのである）。

以上のように、「御道具（大名道具）」は武家の格式ないしは儀礼的な生活（「奥」の生活をふくめて）を演出するものであった。

そして、この儀礼的な世界は、公家の和歌・茶・花・能・香などにつながるもので、やがては茶・花・能・香などにも鑑定や批評が生まれて、流派が生じ、仕来りが固定されて、「道（みち）」が仕立てられていった。

だから、「御道具」には、結果的に儀礼性と芸能性のふたつが複合的に関わっているといえる。そして、「道（みち）」に関わる後者は、たびたび近代において日本的な芸能論・芸術論として切り出され、論じられてきた。この場合に、これらが「道（みち）」として伝えられる以上、そこに介在する「もの」は単なる「もの」ではなく、当然ながら「道具」である、ということになる。ここでは「御道具」から「道具」へ移行したのである。

この観点が以後の茶道具・香道具などの芸事における「道具」とその観賞法を形成してきた、といってよいが、ここでは見方を多少かえて、もう少し検討を加えていくことにしよう。

『山上宗二記』に戻る。

同書には、「大壺の次第」「天目乃事」以下、多くの「茶道具」の名物が列記されている。そして、そこでの趣旨は鑑定・品定めにあるといってよい。このことは、「道具」とは批評的言説の対象である、あるいは対象にならないものは「道具」とはいえないことを示している。上述の芸事は、いずれも約束事とそれを支えるある種の趣向や論理（哲学・審美学?）を備えており、「道具」もそれによって解釈・解説されるべきものである。主客が相対する場は共通の了解を前提としなければならないから、自分だけの満足といった主観的なレベルを越えた、社交の基盤になる権威的な見識が求められることになる。このことは、「故実」においては過去に精通した権威が、「道」においては審美的な目利きが必要になることを意味する。

このように「批評の対象」としての「道具」を考えると、主として使い手が実用に配慮して価値付づけをおこなうことから始まる職人の「道具」と、権威主義的な価値を前提とする「大名道具」のあいだには少しばかり差異があるように思われる。

もちろん、職人の「道具」においても、外部の批評や価値づけに対する依存がなかったわけではない。すでに指摘してきたように、それは主に客と対面して営業する「職」に見られるもので、客との接点のひとつとして「道具」が位置づけられる。そして、職人の「道具」の場合、主として「道具」を製作した者の力量によって技能的な権威が与えられて、名人○○の作った鉋・××作の庖丁には、「大名道具」のひとつである鑓刀の鑑賞につながるものがある。こうした権威づけが職人の「道具」の「道具」化をさらに進展させることになり、いっそう「道具」の表象機能が高まることになった、といえそうである。

職人の「道具」は、仕事に具体的な結果をもたらす（木を削れば平らになる）。その限りでは、これは『葉隠』の「武具」と同様に実用価値が問われるものであるが、この実用価値は使用者の技量に関わるところが大きく、見かけから善し悪しを判断することは難しい。それにも関わらず、実用価値を外に向かって表象する必要があることは（「あの職人さんはよい道具を使いこなしている」という評判など）根本的な矛盾であって、そのために作者の銘が意味を持ってきたりする。

このようにみてくると、茶の湯・香・花道などの普及が「道」や「道具」といったものの言い方の一般化を生み、その文脈が「四民」の身分的な象徴に拡大されていった時に職人の「道具」と言う表現が登場して、やがて「道具」の階層化が「職」の階層化を示すようになる、と理解すればよいであろうか。そうした面も無視できないが、「道具」概念の普及にはこれとは別の流れもあるように思われる。

5　「嫁入り道具」「所帯道具」「台所道具」

すでに述べたように、「大名道具」は儀礼や付き合いの場に定まった形式を与えるためのものである。それには当事者が価値の基準を共有する必要があって、そこから価値づけや価値の階層性をもたらす論理化・客観化がおこなわれる。

そして、こうした「御道具」の体系的な価値観がより下層の社会にも影響を与えて、庶民のあいだの付き合いや儀礼に及ぶようになると、そこでも、特定の場に形式をあたえる「もの」に体系的な価値が付与されて、その集合を「道具」と認識するようになる。こうして個別・具体的な儀礼（たとえば嫁入り）に必要であるとされたものが「嫁入り道具」となって形式化する。

こうして生じた基準はやがて固定されて箪笥・長持（本当はそのなかの着物）などの具体的な「もの」の集合を指すようになり、それまでばらばらに存在した「もの」が「○○道具」と一括されて、その範囲が少しずつ定まり、やがて固定されて形式化するが、同時にそれは、実用品とは異なる特定の形式をもつようになる。嫁入りはめでたいものであるから、その「道具」はめでたさを表現していなければならず、際限なくめでたい意匠が施される。

前述のように、「武具」や「農具」も、当初は身分的な表象物と意識される場合に限って「道具」と表現されたと考えられるが、やがて自己認識・自己表象のための「道具（自らの存在を表示するもの）」に転化していく。同様に「嫁入り道具」や「所帯道具」も、物的表象の標準化・階層化の進行にともなって「道具」とされるのであって、必要なのは「道具」そのものではなく、その表象機能である、というところにまで至る。

さて、ここからは「台所道具」論である。

今日、一般化している「台所道具」という用法は、これまで述べてきた、外部からみた（あるいは外部へ向かう）表象機能論だけではうまく説明できないように思われる。女性の「道具」の多く（たとえば「化粧道具」など）は、系譜的に奥有職を形づくる「奥道具」につながるものであるが、「台所道具」はそうとはいえないからである。

わたしは、「台所道具」という表記は近世にはあまり使われず、明治時代に入ってから出現したのではないかと考えていた。実際には幕末に用例があるようであるが、いずれにしても新時代の「道具」なのである。

一般に近世の女性教育用の教訓書などに「道具」の記述はあまりない。それにはいくつかの理由が考えられるが、ひとつには教訓書の性格・対象に関わっている。

「道具」が出てくる例は、以下のような躾の対象としてのものである。

衣類道具《いるいどうぐ》、己《おのれ》美麗《びれい》を盡《つくし》、召使《めしつかい》見苦事《みぐるしき》（『女今川錦の子宝』[9]）

人《ひと》の手道具《てどうぐ》杯《など》遣《あつか》ひ、麤《そまつ》にしてかへす事（『女用躾今川』[10]）

総《そう》じて軽道具《かるいどうぐ》にても、片手《かたて》にて持《も》ちあつかふ事（同右）

これらは、行儀（作法）に適った「もの（ここでは身の回りのもの）」の扱い方を教えるもので、使用人に対する配慮、借り物の使い方、片手でものを扱う粗末、についての教訓である。言いかえれば、ここで示されていることは、「道具」には正しい取り扱い方、始末の仕方、という「奥」の生活と「奥道具」的な規範の強調である。そして、こうした教訓書に「炊事」が登場するのは、ごく新しい時代のことなのである。

早い時期の教訓書はいわゆる「奥」様候補を想定したものである。だから、教訓の中心テーマは家内外における身の処し方であって、このことから、ここに登場する「道具」が「奥道具」的なものであるのは当然のことである。そして、「奥」様には「炊事・洗濯」の技術を伝授する必要がまったくなかったから、教訓書の対象とはなりえなかったのである（炊事・洗濯・掃除は下級仕女の仕事である）。

それが、明治期に出版される貝原益軒『女大学』の改訂版以後になると、すこしずつ変化して来る。

> 十歳己上は綿を積み、糸を繰り機を織り、裁縫を心得べし、且飯を焚き飲食の調理法を心得べし（『新撰増補女大学』[11]）
>
> 女は食物を調るものなれば、各其能毒を考え、質《ただ》しいさがにても身に害あるものは用心すべし（『女学必読　女訓』[12]）
>
> 夫は常に外に清潔・美味に慣れぬれば、（中略）夫の好かなふように調て、なるたけ夫の外にて食しいわぬようにすべし（同右）

このように、もうこの時代には、「奥」様も「奥」生活に安住しているわけにはいかなくなって、けなげで実用的な生活戦略が説かれるようになってくる。夫に仕える秩序正しい人間関係の構築とともに、生活防衛的な具体的な技術が必要になった、ということであろう。

そして、ここで想定されている読者は、御屋敷や大店の「奥」様候補ではなくて、自ら立ち働くことが当然であるとされる娘たちに変化した、ということであり、新しく「主婦」と呼ばれるようになった階層の女たちは、自ら炊事・洗濯にあたらなければならない新時代に入ったのである。

こうして「飲食を調ふるは婦人の常識なり。（略）禮は飲食に始るといへば、家の行儀は庖厨を見て知られ、人の行儀は、飲食の調えかたにて知らるるなり」（『新撰女大学』[13]）と説かれて、座敷ではなく台所の様相が「家の行儀」を示す場として重視されるようになってくる。すなわち、奥の中心が奥座敷から台所の方へ移動してきた（あるいは奥座敷が消滅した）、ということであろう。

こうして、台所は主婦の場であって、台所仕事は主婦の受け持つべき主要な技能・行儀である、とみなされるようになる。それはすなわち「台所は女の城」論の発生であって、それが近代的思想として急速に普及することになる。男女共同参画社会の新女性にはとても許せないものであろうが…。ではあるが、これによって新たな「婦道」としての「台所の道」（したがって、それを表象する「台所道具」）が確立した、というわけではなさそうである。

なぜならば「家の行儀は庖厨を見て知られ」る、とはいっても、そもそも台所は他人が立ち入る場所ではなかった。接待においては、いわば楽屋であるから、原理的にみて他人に「見て知られ」ることはないはずであった。だから逆に、他人に「見て知られ」ないところに「道具」は存在しない、という「道具」論の原則からいえば、職人の「道具」の成立と同じように「台所道具」が成り立つためには、台所は、単なる水場から「見て知られ」る社会的な場所に変らなければならない。このように「台所道具」という表現は、はなはだ矛盾の多いものなのである。

『女学必読　女訓』の「註解」はなかなか秀逸である。この本は西欧の家族主義的「家政学」の折衷的導入によって「女大学」を一新したものである。

たとえば、ここでの故事の利用は、織田信長・斎藤道三からイギリス国のイザベラ・ビートン、アフリカ・エジプト国のクレオパトラ、ローマ国のアンコーナに及ぶ広範囲のもので、大仰な教訓はまことに明治的である。このなかのビートンは、『ハウスホルトメネージメント（households management）』なる一書を書いたイギリス女性で、この訳語に「家政」の熟語をあてている。ここにわが国の「家政学」の発生があったといえるが、この本の内容がどの程度までビートンに依存しているかは判然としない。

少し引用しておこう。

『飲食調味』のことは上に云つるビートンの家政書を見るべし。飯をにるにも、おのおの巧拙あり。故にたれにても『煮そこないなき法』を右にしるす。まず米をあらひ、五時の間水にひたしおき、汲おき三日の水にて能あらひ、其水をゆたてにして、上米ならば水一升、中米一升に水九合、下米に水八合、のわりにて煮べし。にえたるとき火をひき、釜のうちの米の升目に応じ、一升ならば水一合二升ならば水二合を茶わんの鉢に入、釜のふたの上におきてよし

実に理にかなった親切な教授である。釜蓋の上に水を入れた器を重しとして置く方法は、当時、奨励されていた新方式であるらしく、他にも時々同じような記述をみかける。

続いて洗濯法・染み抜き・食材の消毒・記帳算用などの実用知識が延々と説かれていくが、それらは省略する。また、これに類似の「新式実用版・女大学」はこのほかにもたくさんあって、それぞれ興味深い記述を含むが、これらも紙面の都合で省略しなければならない。

要するに明治時代以後、実用的な（事細かな?）炊事・洗濯法が女性の技術学として説かれて、そこには西洋の通俗知識の翻案がたくさん含まれており、新しい女性の知るべき知識・技能とされた。「和魂洋才」の女性版とでもいえばよいか、旧「女大学」的な躾・お行儀・徳目では不十分で、実用的な用具の使用法・始末が重要であると考えられたのである。

このように、女性の仕事場として「台所」が意識され始めて、「台所仕事」は女性の職業のようなもの、とみなされるなかで、「台所道具」という表現が徐々に一般化していったようである。

以上のような「西洋家政学」の援用によって、一見、実用的なものに仕立てられた「台所学」は、やがて実験的な裏づけを売り物にする『細君下女　台所問答　台所重宝記』(14)のような珍本まで生み出すことになった。この書の序には、「我が家庭に於て実験せる所を記しものにて余は飽くまで読者に対して親切且有益ならんことを期するのみ」とある。そして、このような「実験的」な「台所学」は、やがては婦人雑誌の実用記事に、さらに今日の新聞の家庭欄、様々なハウツー雑誌、さらにはテレビの料理番組などに延々と受け継がれて、そこから大衆的な台所知識がとめ

どもなく普及していった。

『細君下女　台所問答　台所重宝記』には「道具問答」の章があって、この台所学において「台所道具」が強く意識されていることがわかる。

その「道具問答」の内訳をみると、「鍋を大切にすべき事」から始まって、「ナイフ・引き出し・釜・鉄瓶・飯櫃・

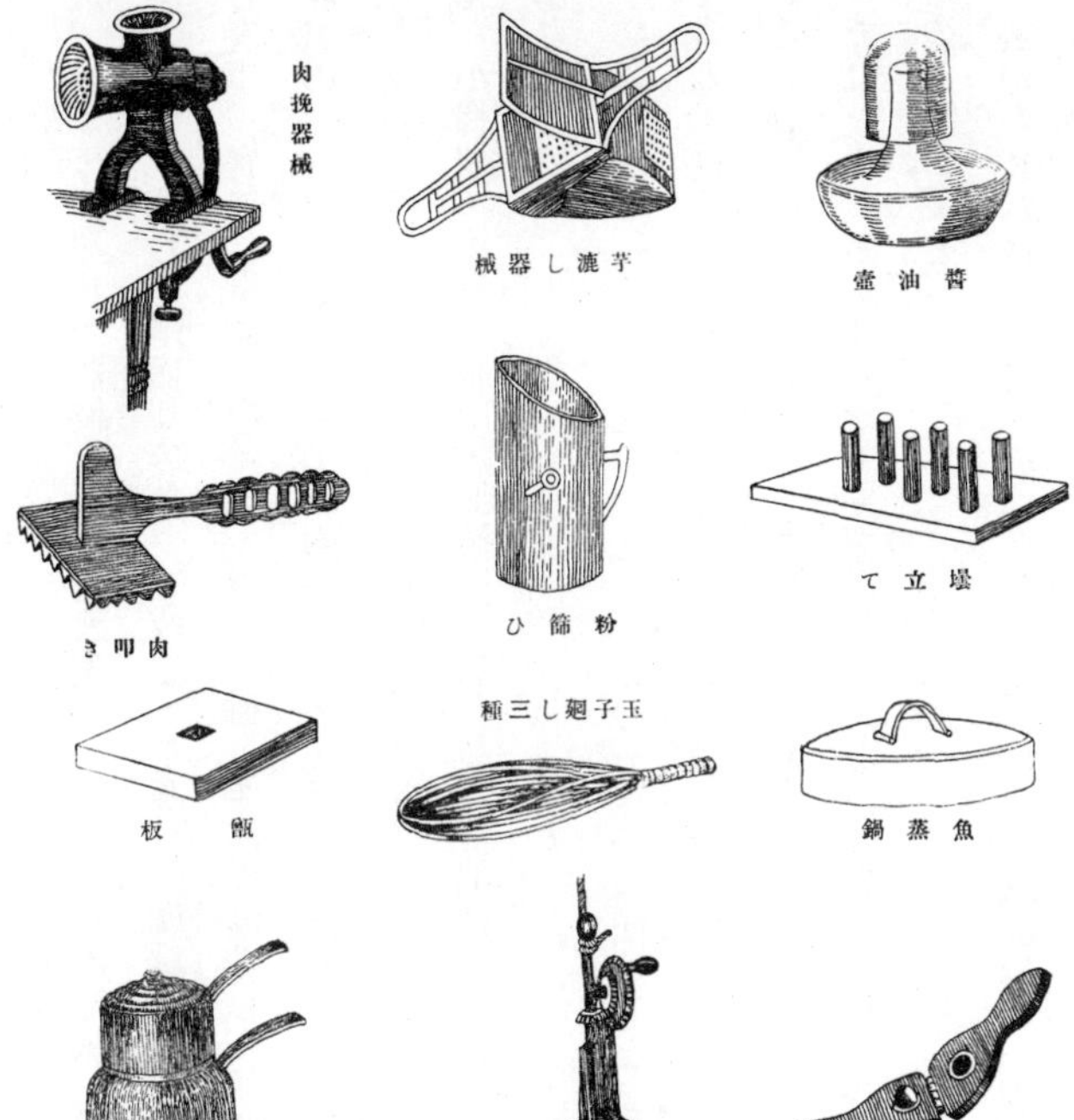

図4　『妻君下女台所問答・台所重宝記』の挿画（村井弦斎著）
ほとんどすべてが新来の機器で，洋式食材の加工に用いるものであることが面白い．本文内容のかなりの部分が旧来の台所技術の改善策（？）であることからして，これらは合理的機器の例として提示されたのであろうか．

裏濾し・匙・煙突・テンピ・ストーブ・肉挽器械・肉叩き・芋濾し器械・粉篩・醬油壷・壜立て・壜サシ・氷箱・敷笊・庖丁・卵廻しの器械・甑板・弐重鍋・肉漿絞りの器械・魚の蒸し鍋・レモン絞り・珈琲挽き・珈琲炒器械・検乳器・ソース漉し・缶切り・コップ抜き・茶漉し・珈琲漉し・パイ展し・骨挽鋸・肉サシ・磨き棒・料理ナイフ・鰻裂き庖丁・食後含嗽器・パイ皿・ベシン皿・西洋風湯沸し・朝鮮鍋・遠山式水漉器械・遠山式消毒釜・牛乳防腐器・西洋風のパン焼き網・穴杓子・卵掬ひ・円杓子・胡桃割り・コロップ締め器・飯焚水加減器・アルミナイト鍋・台所テーブル・ワップル型・チーズ卸し・菓子型・アイスクリーム器械・ソドル壜・瀬戸物・コップ・コロップ・椀・重箱・小楊枝・雑巾・布巾・皿洗い・たわし・醬油樽」の使用方法が、ある種の合理性をともなった技術解釈によって示されている。

ここで注目しておきたいことは、この一覧には伝承的な（近世以来の）炊事用具よりも、西洋伝来の新式機器を多く含んでいることである。だからここでの「台所の道」「台所道具」は、在来の炊事や炊事用具の使用方法を指しているわけではない、ということがわかる。この点は、テレビの料理番組が当たり前の飯炊き・汁の作り方を放映するのではなく、ある種の新工夫を含む、あるいは少し変わった（時には外国の）調理方法を案内する、という趣向であるのと同じであろう。

言いかえれば、ここでの「台所道具」は「実験的」な「台所学」が必要とする器具の集合を指しているのではなく、際限なく多様化し、拡大していく新式器具のことであって、「道具問答」は新製品の「取扱説明書」なのである。だから、実用・便利を説きながら、実際には実用・便利をはるかに越えた、非現実的ではあるが消費的な好奇心を惹きつける「もの」の集合になっている。その点で「数奇屋道具」にみられるコレクション性を受け継いでおり、しかもよく時代を反映しているといえる。

たとえば、ここに登場する鍋は在来の鉄鍋ではなく瀬戸引鍋である。「瀬戸引き」とは、琺瑯加工（一時期は「エナメル」ともいった）のことで、現在のフッ素樹脂加工と類似のものである。鉄鋳物の鍋の内側にこの加工を施して錆びない鍋にする。明治時代の後半にはかなり普及した新しいアイディア製品で、勧業博覧会にもたくさん出品された（後述）。そして、瀬戸引鍋は卵の殻で洗うのが一番、などと始末の方法が紹介されている。

ここに登場する鍋はこれ以外にもかなりの種類にのぼる。列記すると「フライ鍋・煮込鍋・ソース鍋・スープ鍋・野菜鍋・魚鍋（鉄製・ブリキ製）・ジャガ芋鍋・マッシ鍋・焼鍋」といった鍋が記載されていて、「台所仕事」はこれらを巧みに使い分けなければならないのである。

女中が「随分、お高いの計りですネ」というと、細君は「道具は一度買って置くといつまでも使えるから安い物だよ。毎日五合宛のお酒を飲む人が一月禁酒して台所道具を買って御覧。それこそ家中の人が何んなに調法するか知れません」と、今日の主婦連中とまるで同じ言い分である。

ここで面白いことは、「酒は飲んでしまったら無くなる」が「鍋は一度買っておくといつまでも使える」、だから「買う」という発想で、これこそ「台所道具」のコレクション性を見事に表わしている。使うかどうかは別として、台所にはたくさん鍋があることが重要なのである。であるから、「台所道具」はまさに主婦の「コレクション」である。

実は、台所の「鍋のコレクション」は、日本に限ったことではないようである。西欧でも結婚プレゼント用の鍋セットが大小一〇個も大きなボール箱に入れてデパートなどで売っている。西欧にはピカピカに磨いた鍋を描いた静物画が少なからずあり、たくさんの鍋を吊るして飾っている台所も多い。同様の鍋は銅合金製の多いアジアの各地でも見られる。問題は、こうした「コレクション」が芸能・芸術に結びつく、究めるべき「道」にそなえた「道具」ではなく、まったくの実用品であることにある。実用品であるから、「それこそ家中の人が何んなに調法するか知れません」といえるけれども、実際に調法するのは細君だけであって、決して「家中の人」すべてではない。フライ鍋から焼鍋まで九種類も買い揃えると、小家族ではそれを使い分けることもいたって難しい。

こうして、実用を越えた「鍋のコレクション」が台所に持ち込まれて、あたかも「台所の道」の「道具」であるかのような扱いを受け、その使い方を権威から伝授されることになる。しかし、ここに立ち至ることになった「道具」観はもはや「道」とは無関係である、といってよい状態となる。もちろん「衣鉢・道具」のようにひとのあり方を限定するものではなく、「大名道具」のように故実を保存するものですらない。「道具」を使いこなす職人の自己主張としての「道具」でもない。その意味で「台所道具」はまことに珍種なのである。

そして興味深いことは、ここでの「台所道具」の評価の重要な観点が、「故実」や「道具」作りの技能などにあるのではなく、「新奇性」にあることとである。それは、『細君下女　台所問答　台所重宝記』の冒頭の挿画が「肉挽器械・肉叩き・芋漉し器械・粉篩ひ・醤油壷・壜立て・玉子廻し三種・板篩・二重鍋・魚蒸鍋・レモン絞り・珈琲挽き・珈琲妙器械」である点にも表れており、以下のアルミ鍋の記述にも示されている。

女中《マヽ》「此節は瀬戸引鍋だの、アルミニーム鍋だのと色々の鍋がありますが極く上等のは何でしょう」

細君「近頃新発明のアルミナイト鍋が一番上等だよ、そこに在るその瀬戸物の様な薄いお鍋だからよく御覧なさい。それは一人前のスキ焼鍋で五十銭だよ」

この「スキ焼鍋」は、日本で初めて陸軍砲兵工廠が火薬入れのアルミ缶から製作したアルミ雑貨、お座敷数奇焼き用のアルミ鍋であった（後述）。

おわりに

本章では「道具」観念がどのように継承されて（あるいは変容しつつ）今日に至ったかをトレースしたかったので

あるが、明治時代の末葉でストップである。以後は、さほど新しい展開はなかった、ということかもしれない。

ここで重視したかったことは、「台所道具」という概念の登場によって、「道具」は「便利なもの（したがって、使い手が習熟を要しないもの）」になったことである。次はこの便利で「新奇」の「台所道具」が台所の「近代化」を推進する話になるのであるが、それはガス器具・電気器具の普及、生活改善運動、モダーン・キッチンなどを経た昨今の状況までの道筋である。

註

（1）寺田正晴撰　享保五年（一七二〇）『諸職往来』『往来物大系・七一・産業科往来』大空社
（2）錦屋喜兵衛　年代未詳・江戸時代後期『頭書絵抄　諸職往来註抄』同前
（3）享和三年（一八〇三）『再板増補　士農工商　諸職往来』同前
（4）『百姓伝記　巻五　農具・小荷駄具揃』日本農書全集一六　一九八一年　農文協
（5）山本常朝　享保元年（一七一六）『葉隠』和辻哲郎・古川哲史校訂　一九四〇年　岩波文庫
（6）佐藤豊三　一九九四年「徳川美術館における大名道具の保存と展示」『美術館学芸員という仕事』日比野秀雄編著　ペリカン社
（7）山上宗二『山上宗二記』横井清訳注『日本の茶書』林屋辰三郎他編註　一九七一年　東洋文庫二〇六　平凡社
（8）真松斎春渓　永禄七年（一五六四）『分類草人木』同前
（9）田村よし尾女　元文二年（一七三七）『女今川錦の子宝』日本教科書体系一五　一九七三年　講談社
（10）著者不明　享保十三年（一七二八）『女用躾今川』同前
（11）萩原乙彦　明治十三年（一八八〇）十二月『新撰増補　女大学』今津美之助板　同前
（12）高木義甫　明治七年（一八七四）『女学必読　女訓（一新女大学）』協力舎蔵板　同前
（13）西野古海　明治十五年（一八八〇）『新撰女大学』片野東四郎板　同前
（14）村井寛著　大正四年（一九一五）『細君下女　台所問答　台所重宝記』元版『実地体験台所重宝記』明治三十八年（一九〇五）報知社出版部　村岳書屋

Ⅱ　ものとわざの伝播

一　箱　鞴

――火を熾す装置――

技術（あるいは技能）は伝播・伝承することによって様々の「もの」を生み出し、文化を継承してきた。

しかし、一言に伝播・伝承とはいっても、その具体は多様かつ複雑で、実態はなかなか追究しきれるものではない。これまで技術史などで扱われてきた通時的な記述は、時に伝播を発生の契機ととらえて、伝承をその継続的な発達・発展としてきた。技術は単純なものから発達・発展して、より複雑な仕組みへ変化・進展するという、いわば規則的な過程をたどる発達モデルを前提にしていた。

もちろん、こういう考えにうまく適合する場合も多々あったに違いはないが、必ずしもそうばかりとはいえない。時には、かつては一般に存在していたものがまったく実用されなくなって、しばらく経つとその記憶が消滅してしまうことがある。これがたまに文献などに登場すると、まるで珍奇なもののように扱われて実用の経験・記憶に欠けるために大きな誤解を生むことがある。

ここで取り上げる箱鞴《はこふいご》（鍛冶屋の送風装置）は、ほとんど忘れられていたものである。近世後半に大阪で作られた製品がひろく全国を席捲して、これが明治時代以後も受け継がれたから、相当の遠隔地においても、箱鞴といえば大阪から取り寄せるものであった。

以前に、少しばかり農鍛冶の箱鞴を調べる機会があったが、事実、多くのものに製造元「大坂・鞴町」を示す焼印が押してあって、坂物（大阪製品）であることを示していた。それらは、ものによっては後に踏み板を加えて、底に板ガラスを敷くなどの改良があるが、箱鞴そのものの板材・寸法は縦長の断面を持つ正確な規格に基づいて作られている。側板には杉の柾板を用い、板厚を部位によって少しずつ変えて胴の張らみを制御し、息継ぎが長くなるように作ってある。この細工によって風が途切れず微妙な風量の調節ができる。刃物の焼入れをする場合に、正確な温度を静かに制御できるように入念に仕上げられている。このような規格の統一と品質の確保は量産よってはじめて可能になったものである。

また、この種の箱鞴は座位の横座の左方に設置して、左手で押し棒を操作するようにできている。だから、正面から鞴をみると、右側にピストンが付いている。逆向きのものはない。

こうした坂物の箱鞴は日本中に及んでいるから、いわば箱鞴のスタンダードであったといってよく、山間地などでたまに見かける木地師や石工が自製した鞴の場合にも、これをそのまま模した様式になっている。そして、この形式から外れた箱鞴は、近世以降たくさん描かれた鍛冶屋・銅精錬・金山などの絵画資料には登場しない、まことに画一的なものなのである。

わたしはこの形式の鞴が四枚の弁と風箱に外づけにした風導路を持つことから、仮に「四弁式箱鞴」と名づけてきた。しかし、この形式以外の箱鞴がまったくなかったわけではなく、鋳物師関連の技術書にはたまに異なるものが描かれている。この鋳物師関連の箱鞴の特徴は長いストロークを持つ（したがって長箱になる）ことである。ピストンの断面は正方形で、三枚の弁（左右二枚の吸風弁と中央に両振りの出風弁がある。合計三枚）を持っている。風導路は外づけで、中央の出風弁は風導路のなかに仕組まれている。すこし以前まで中国でひろく一般に用いられていたものに類似する。

そして、これと同様の弁構造を持つものに（ただし風導路は、風箱の内側に組み込まれている）、古く『東北院職人尽歌合』の鍛冶師の挿画があって、これは中国の技術書、宋応星著『天工開物』に登場する箱鞴の多くと同じ形式になっている。坂物を中心にする前述の一般的な箱鞴とはまったく系譜を異にするのである。

この形式の箱鞴も、記録が残っている以上、頻度はともかく、日本でもかつては使用されていたに違いないが、もうすっかり忘れられた存在になっていた。だから、実物が存在するとはほとんど考えられなかったのである。

ところがこれが東北地方・福島県の浜通りの山間において、ごく近年まで鉄精錬（軟鉄製造）に使用されていたことが分かった。以下はそれを紹介したものである。

1　箱鞴の弁構造

以下で伝承的な冶金（鉄精錬）に用いた箱鞴の一形式を紹介して、それについての若干の知見を述べる。

かなり以前のことですでに出所すら忘れてしまったが、かつて中世の絵画資料（たとえば「八幡縁起絵巻」・「東北院職人歌合」・「喜多院職人尽絵」など）に描かれた箱鞴の構造について、いくつかの見解が公にされたことがあった。そのなかで特に違和感を持った「古い時代の箱鞴には送風弁がない」とする説があった。

それは、内的な技術発達史観とでもいう見解を背景にするもので、日本的技術の独自の発達・展開によって、後に送風弁を持つ箱鞴が開発され普及した、とするものであった。

弁を持たない鞴がないわけではない。いわゆる皮鞴（小牛・山羊などのなめし皮を丸ごと使う）は操作するひとの腕が弁の役割を果たすが、これには風溜まりがひとつしかないから連続送風にはならず、送風側に弁を付ける必要もない。木製シリンダーをふたつ縦に並べて、水鉄砲のように上から相互に押棒を操作する東南アジア型の鞴の場合には、ピストン（押板）の部分が鶏の羽根毛などで出来ていて、風を押し出す操作では羽根毛がはらみ、風を取り込む時にはすぼむように編み込まれており、それが弁の役割を果たしている。一般には送風弁はないが（風を取り込む時

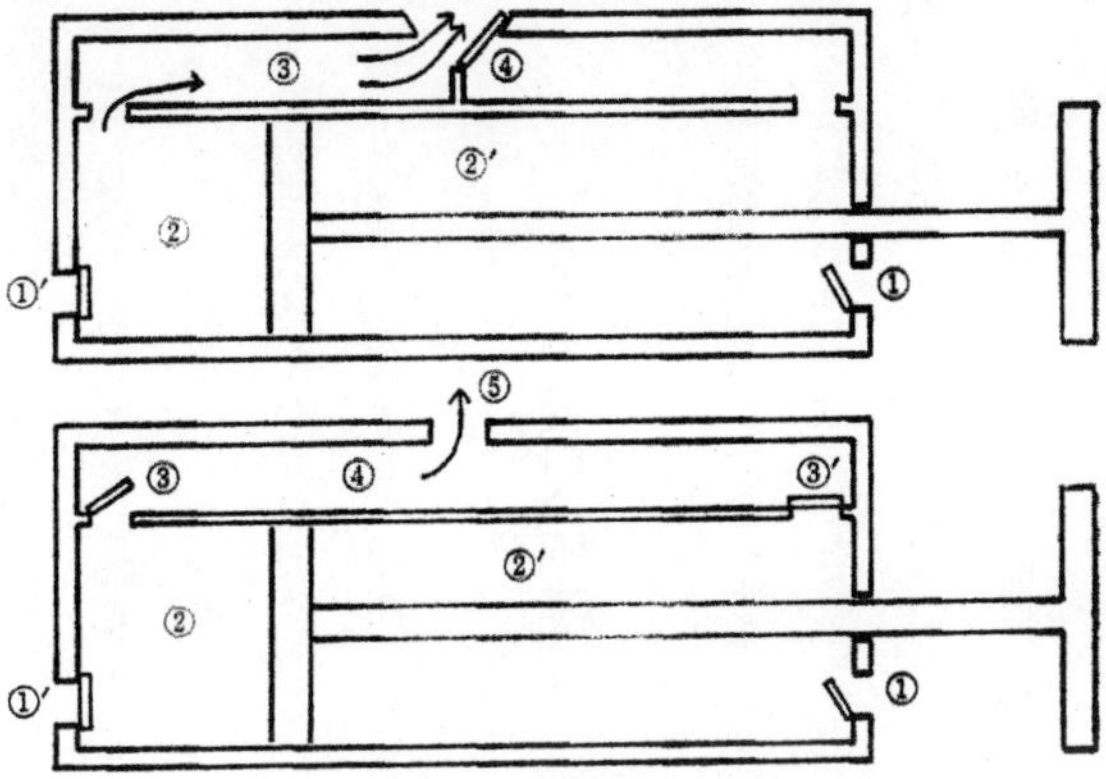

上：三弁構造（中国の大半の箱鞴）
①吸入弁（開）
①′ 同（閉）　②空気室（出）
②′ 同（吸）　③風導路
④出風弁（右開）

下：四弁構造（日本の大半の箱鞴）
①吸入弁（開）
①′ 同（開）　②空気室（出）
②′ 同（吸）　③出風弁（開）
③′ 同（閉）　④風導路
⑤出風口

図５　箱鞴の送風機構の概念図

の羽根毛の抵抗が少ないので逆流が生じない)、後述の三弁式の出風弁が使われている場合もある。

さて、先の「古い時代の箱鞴には送風弁がない」とする考えは、絵画資料に描かれた中世の箱鞴には、「外形的」に近世以後のものと異なる様式が含まれていることによる。この異形のものには完全な弁機構がなかったとして、以後に弁機構が発達して近世型の「四弁式箱鞴（今日伝承しているもの）」が発明されたと仮定するのである。この説には、古いタイプの箱鞴に送風弁がないことを積極的に示す論拠はないが、近世以後の送風弁の機構からして、送風弁があるとは想定しがたいとしていた。なぜならば、これらには外づけの風導路が描かれていなかったからである。

この点について、筆者は『鉄製農具と鍛冶の研究・技術史的考察』（法政大学出版会　一九八六年）において若干の考察をおこない、中国では箱鞴などの送風器に古くから弁機構が用いられており、その場合の機構は一種類には限られないことを指摘したのであった。そして、その結論は、中国で存在した形式のいくつかが日本にもたらされた可能性が高く、そのうちには「外形的」に高松宮家本「東北院職人歌合」の鍛冶図の箱鞴に類似するものがある、ということであった。

すなわち、「古い時代の箱鞴は送風弁を持たない」とする推論は的をえたものではないことを指摘して、高松宮家本「東北院職人歌合」の箱鞴は

「近世型とは異なる形式の送風弁を装着していた」と推測したのである。

しかしながら、わたしの立論の弱点は、このような形式を持つ箱鞴を実物の伝承によって証明することができなかったことである。いわゆる近世型（四弁式箱鞴）とは異なる弁機構を、『大砲鋳造法』などに記載された図像資料によってしか示せなかったのである。

以下はその続編として記述したものである。

2　長尺箱鞴・三弁式踏鞴

先の拙著で論じた点をいま少しトレースしておくと、日本で伝承的な形式とされてきた箱鞴の送風方法は、近年の中国においては一般的でないこと、中国における送風形式にはこれとは異なるタイプがあり、そのうちのいくつかはかつて日本でも用いられていた可能性が高いこと、そして『大砲鋳造法』（日本科学古典全書　第十巻）の「櫜籥図」の箱鞴は、通常のものとは使用目的が異なることを考慮に入れておく必要がある、ということであった。

『大砲鋳造法』は荻野流砲術家に伝来した鋳造砲の秘伝書であるから、この箱鞴も鋳造の送風に用いるものとして記録されている。同じ『大砲鋳造法』に記載されている「秘伝鋳法」は、巻末に「荻野砲術其名高　右者大西五兵衛伝来秘書也　相伝上原平蔵昌茂口訣筆記」と奥書があり、三枝博音の考証によれば天保年間の終わりごろに書かれたものであるとされる。ここで昌茂は「たたら寸法の事」の書き込みで「櫜籥にては大方のかね目はわかし得がたし、尤も手もくゑ添木をなし大ふいごを大ぜいにて致せどもたたらより仕にくし」と記しており、これが「櫜籥図」の箱鞴を指していると考えられる。

「櫜籥図」の書き込みによると、その大きさは長さ三尺八寸・内法高さ一尺・幅七寸八分で、鉄棒の「手もく（撞木・押棒）」に添木が施してある。長さ三尺八寸のロングストロークであるから、前後に歩きながら立位で操作するものであった。この形式は後述する中国に伝来の箱鞴の一形式によく類似している。

以上の点をもう少し細部に及んで検討するためには、箱鞴に仕掛けられている弁の構造に注目しなければならない。

箱鞴の弁の機構形式には四弁式と三弁式とが考えられる。この違いは送風弁によって生じるが、日本で伝承的とされているものは、四弁式（吸風弁が二個・送風弁が二個）である。この形式の場合は、送風弁を風導路の左右端にうがった風導口の内側に垂らすために、弁の取りつけや修理を風導路側から行わなければならず（風箱の内側からはおこなえない）、このために、必要に応じて風導路の外側板を取り外せるように作っておく必要がある。そこで、日本の伝承的な箱鞴は風導路を送風口側（はぐち側）の外部に取りつけて、その外側板が取り外せるようになっている。その結果、この形式は「風導路が外側につく」ことになり、これが外形的な特徴のひとつである。

一方、三弁式は二個の吸風弁と両方に振る一個の送風弁（中国では「舌」という）で構成されており、送風弁は羽口につながる送風口に接して垂直の軸（鉄ピン）に

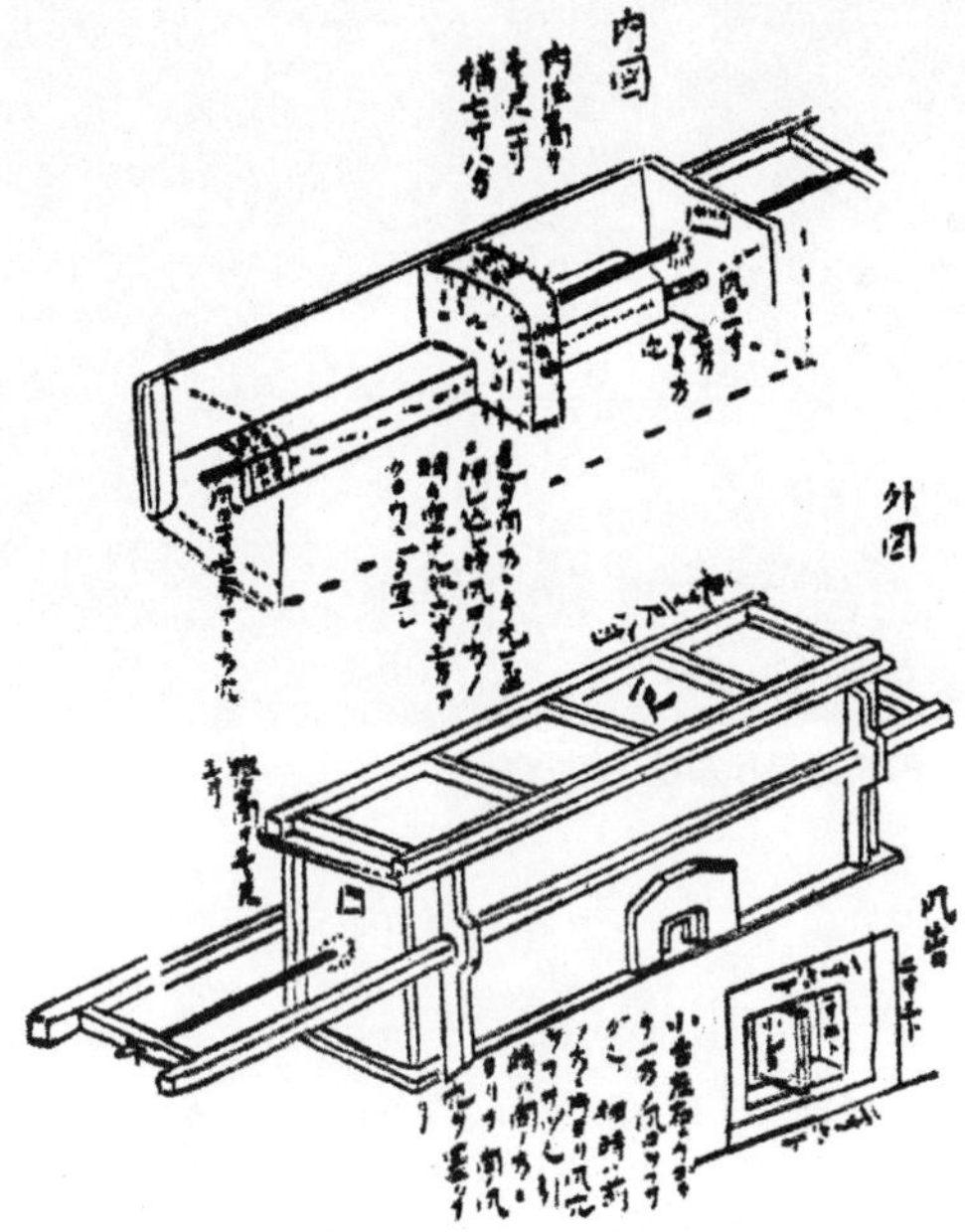

図6　日本の三弁構造の箱鞴（「大砲鋳造法」より）

中国の箱鞴とまったく同じ形式の三弁構造を持つが，向きは日本に一般の左差しになっている．風押し棒（鉄棒）に2本の添木がついている．

写真1　円筒型長尺箱鞴（四川省）

よって止められている（底部からピンを抜くと弁がはずれる）。だから、この送風弁を持つ場合には、送風口の周辺だけ開口できればよく、風導路を内付けにすることも、外付けにすることも可能である。

こうして三弁式の箱鞴は、「⑴風導路を外側につけたもの」と「⑵風道路を内側につけたもの」の二つの形式が成り立ち、両者ともに現に存在する。

⑴風導路を外に付けたもの

①長尺の丸木の芯を抉り抜いた円筒型の風箱

②円筒に組んだ結桶を用いた結桶型の風箱

③板を組み合わせて断面がほぼ正方形の箱状に作った風箱

円筒ないしは方形の風箱にピストン（押板）を仕込み、両端をふさいでそれぞれ入風弁を設けて、風導路を外づけにする。この形式の場合、風導路は風箱の中央に並行に付き、その両端に設けた穴によって内部につながっている。また、風導路の中央に送風口をあけて、両振りの送風弁（舌）を一個設け、これを左右に振らせて風を切り替える。

この形式は、ホムメルの『中国手工業誌』（国分直一訳　法政大学出版局　一九九二年）で、鋳物屋や鍛冶屋の仕事場の写真として記録されており、今日も中国ではよく見かけるものである。特に、①円筒型はかつて村営農具工場が経営されていたころに鍛冶用の箱鞴として奨励されて、四川や雲南ではいわば標準形式であったといってよい。ストロークが長い（立位で前後に移動しながら操作するので、日本の伝承的な四弁式のように腕の長さによる制限がない）から、比較的に多量の送風を必要とする場合に使用するもので、小規模の青銅鋳造にも用いていた。

わたしが『インドネシア西ジャワ州スカブミの鉄製農具発達小史』（『沖縄民俗研究』第九号　沖縄民俗学会　一九八九年）で取りあげたものは、このうちの③箱型に相当するものである。

一般には、火炉の高さが、横座が立位で手を垂らしたくらいの位置にくるように風箱を設置する。その上で、鞴指しが立位で前後に移動しながら操作できるように、風箱を少し傾斜させて設置してある。また、押板を押し引きする押棒は細い鉄棒で作り、しなりが入るようにしていることが多い。このしなりによって一定の高さで押し引きできるからである。

(2)風導路を内側に付けたもの

基本的な送風機構は(1)と変わらない。風箱の断面を縦長の長方形に作って、風箱の下端内側（送風口側）に風導路を設ける。鋳掛屋などがこの形式を用いるのは、直接に地面上に炉を築くために、地面の高さで風を送る必要があるからである（鍛冶屋・鋳物師が用いる「(1)風導路を外側につけたもの」の場合には、風導路を風箱の中央の高さにつける）。

(2)は風導路を下端内側に設けるから、これによって風箱の内部断面は、長方形ではなく下端内側が欠けた鉤型になる。したがって押板も鉤型になり、この部分は「橐籥図」の箱鞴とまったく同じ作りである。

そして、風導路を風箱のなかに設ける(2)の箱鞴は、『天工開物』の鐘の鋳造図に描かれているものでもある。ここには、この形式の鞴を二個重ねて上下対称に組み合わせたと考えられる、高さが倍になる大型のものもある（したがって風導路が風箱の下端ではなく中央に位置する。そして、押板は中央内側が欠けたものになる）。

また、『中国手工業誌』に出ている鋳掛屋の箱鞴もこれと同じ仕組みの小型のものである。なかには風導路を仕込むために風箱の下端全体を仕切り分けて、下端外側がデッドスペースになっているものもある。

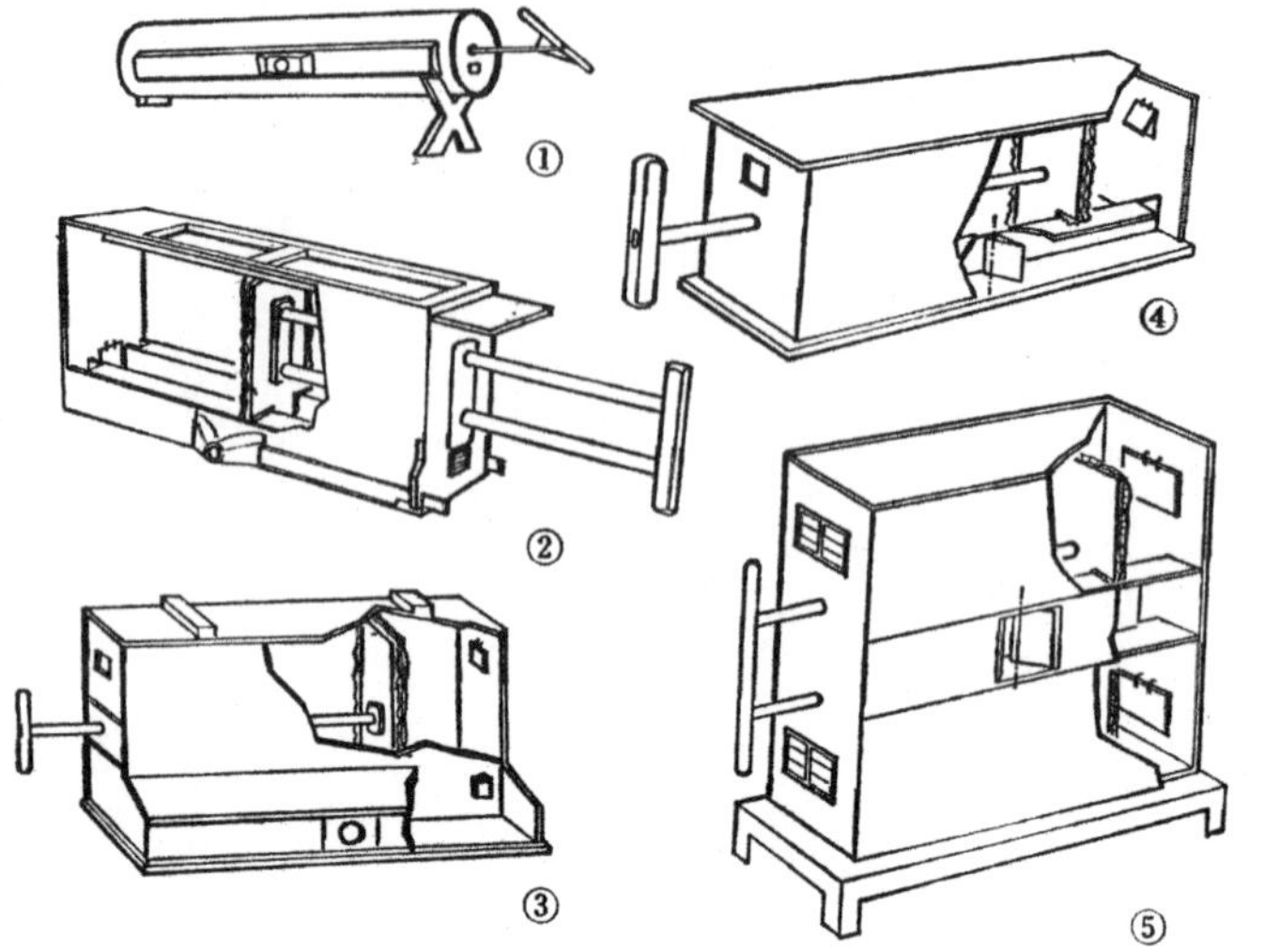

図7　**各種の箱鞴**（拙著『鉄製農具と鍛冶の研究』より）

箱に弁を仕込んだ鞴は東アジアで発達したもので，西アジア・南アジアからヨーロッパに多い皮革を用いた蛇腹の鞴と対比される．弁の仕込み方から三弁式と四弁式にわけることができる．形態や操作方法は異なるが，これと類似のものにいわゆる踏鞴があり，これは三弁式であった．朝鮮半島の鍛冶屋ではこの踏鞴がひろく使用されていた．このほかに箱を利用した送風器に風扇式のものがあったが，日本には伝来しなかったようである．

①「円筒型長尺鞴（桶のように板を結って作る場合と，丸太を繰り抜いて作る場合とがある）」中国で鋳物屋・鍛冶屋がひろく使用してきた．風導路を外づけにした三弁式である．板で作った同じ動作原理の角型もある．操作の向きが日本の場合と逆になっていることに注目したい．

②「中国の箱鞴」上蓋がスライド式になっている．風押し板には鶏羽をとりつけており，下段に風導路を設けた三弁の構造を取る．両側面に風出口を持ち，スライドシャッターの開閉によって必要な方から風が出せるようになっている．したがって，左差し・右差しのどちらからでも使用できる．（「CHINA AT WORK」による）

③「日本の一般的な箱鞴」四弁の構造を持ち，風導路が外付けになる．それぞれ風導路の両端に弁が付く．現物は見ていないが，同様の仕組みを持つものが中国にもあったと言われている．

④「日本の三弁式箱鞴」『大砲鋳造法』に記載の鋳物鞴と同じ形式であるが，ただし風導路を内側に持つ．この点を除くと中国で一般的な「長尺箱鞴」と異ならない．『東北院職人歌合』の挿画に描かれて，俵国一「古来砂鉄精錬法」が東北地方の大鍛冶が使用，と指摘している．

⑤「天工開物の二段式箱鞴」風導路の側板に目地が描かれており，側板が外れるようになっていることがわかる．この点だけからみると，四弁構造であることもありうる．事実『中国古代冶鉄技術発達史』には四弁の構造を持つ箱鞴の構造模式図が描かれている．しかし，側板の目地が『東北院職人歌合』の挿画にも同様に書き込まれており，この系統の鞴の表現形式のひとつであると考えられるので，中国に一般的な内付けの風導路を持つ長尺鞴に繋がるものと考えられ，この箱鞴は三弁式としたほうがよいと思われる．

このように風導路を風箱の内側に持つ場合、外形的には凹凸のない直方体の箱に押棒と左右の吸風弁がついているだけで、なかに設けられている風導路は見えず、弁の構成を外見から推測することは難しい。『中国手工業誌』の写真には「舌」が写っており、それによって三弁機構であることがわかるが、描画の場合には絵師が舌の仕組みを知っていたかどうか疑わしいし、たとえ知識があったにしても、この部分を描き込むことは難しい。

写真２　角型長尺箱鞴（スマトラ・メダン）

だからわたしは、これが高松宮家本「東北院職人歌合」の鍛冶図の箱鞴の形式であり、「送風口のなかに舌を設置している。無弁ではなくて、両振りの送風弁を持つ」と推論したのである。

以上のように見てくると、日本でも四弁式箱鞴のほかに三弁式箱鞴がどの程度使用されていたかに関心が生じるが、前述のように一般的には見掛けることがなかった。

しかし、箱鞴から少し離れて送風構造一般について考えると、三弁式のものがなかったわけではない。むしろ、ひろく実用されていたのである。いわゆる「踏鞴（タタラ鞴）」が三弁式の機構を持っているからである。

復元された踏鞴（たとえば大阪府枚方市立旧田中家鋳物民俗資料館の例）を見ると、踏板（タタラ板）の左右の吸風口に付けた吸風弁は再現されているが、送風機構・送風弁の仕組みは判然としないものが多い（なぜならば、多くの場合に踏板一枚だけが残っていることが多く、ここから踏板の様子は分かるが、送風側の機構は残っていないために、仕掛けがよく分からないからである）。鋳物師の道具や装置のなかで踏板が残りやすいのは、それが鋳物師を象徴すると考えられてきたからである。出吹き（鐘のような大型鋳物を現場で鋳造すること）をおこなう時には踏板を運んで、現場に設置した甑炉の横に長方形の穴を掘って風洞をこしらえて、その上を踏板で覆って踏鞴とした。

前述の『秘伝鋳法』には「ふいご〈箱鞴〉は持運ぶとも、たたらは其所に至りドテを仕立、扇板はふた一切持往こととなり」（〈　〉内は筆者追加）と記述されている。箱鞴は一個の器物であるが、踏鞴の風洞は地面に掘った穴であり、踏板（ここでは「扇板」）はその蓋にすぎない。だから、この板が鋳物師の送風作業を象徴していたのである。

こうして踏板は、長らく操業を停止していた仕事場の隅に立て掛けられたまま残っていることが多かった。そして、踏板を中央で支えて天秤に動かす軸棒は失われていることが多い。また、送風口からコシキ鼻までの風導路（木呂竹）に相当する部分も残りにくかった。だから、踏鞴を復元する場合に送風機構を再現することは難しかったのである。

実際、踏鞴の送風機構はどれも同じではなく、ものによって若干の相違があった。わたしの知っている限りでは、甑炉側の軸棒の延長上に土手の一部を利用して作る場合と、軸棒（責木ということが多い）に仕掛けを作り込んでいる場合とがあった。

『秘伝鋳法』に記載の「たたら寸法の事」には、踏鞴の弁機構が詳しく説明されている。次のようなものである。

軸棒（責木）は、樫・サイカチなどの樫木で作った一本棒で、送風機構として蹈鞴板の外部に設けた左右に両振りする「弁（ここでは「コジタ」という）」がついている。この場合、弁の軸（回転ピン）を受けるために、扇形の板を用意して、これを土中に埋けて、そこに弁の軸を刺し（下端にはベアリングとして一文銭が通してある）、両振りの動作ができるようにする。このように、板以外は小さな扇形の板・弁・軸があるだけであるから、そんな小さなものが紛失しても不思議はないし、残っていたとしても、この仕掛けが分からないと再現することは難しい。そして、この弁を機構の上からみると、三弁式の箱鞴の送風口に設ける両振りの弁（舌）とまったく同じなのである。

また、『大砲鋳造録』（嘉永四年　今川忠靖写　東京国立博物館蔵）には、これとは異なる仕掛けの踏鞴が描かれている。この場合は、太い軸棒（責木）に両方の風胴から風を受け入れる風導路を彫り込んで、ふたつの風導路が出会う点に両振りの弁（「小板」とある）を組み込んでいる。『秘伝鋳造』の踏鞴に比べるとかなり手の込んだ細工で、責木自身に送風機能を仕組んでいるから、踏板とこの責木さえあれば、どこに行ってもすぐに蹈鞴ができるようになっている。

また、類似の技術書に同様の仕組みでさらに精緻なものも記載されており、送風弁の設置にはいろいろな方法があったことはわかるが、弁の機構原理から見ればいずれも変りない。踏板の両側に作られたふたつの吸風弁と、送風口付近に設けられた両振りの弁によって成り立つ三弁式なのである。

もちろん、四弁式にする（送風弁をふたつ作り込む）こともできるわけで、そのような機構を持つものがまったくなかったとは言いがたいが、その例は見かけたことがない。

繰り返すと、踏鞴は吸風弁を二個持ち、送風弁として「小舌」（あるいは「小板」）が付くもので、これを基本的な送風機構としていたのである。そして、このような機構を持つ踏鞴は、朝鮮半島では日本よりもはるかにひろく使用されてきた。朝鮮半島では製鉄・鋳造に踏鞴を用いるばかりでなく、李朝時代には小型のものを鍛冶鞴として広範に使用していた。鍛冶鞴の場合には、踏板の両脇に柱を立てて棒を渡し、小僧がこれにつかまり踏板を左右交互に踏んでいた（日本の鋳物師が用いる踏鞴が二人で操作するものであったのに対して、これは踏板の中央に立って一人であつかった）。その様子は李朝時代の絵画資料に散見され、この踏鞴を用いる限り、鍛冶作業は地面上でおこなうものであった。だが、この方法は近代には廃れて、炉を高く設置するようになって、同時に箱鞴を使用するものに変わった（わたしが調査した時には中国系ならびに日本系の箱鞴がともに使用されていた）。

そして、この三弁式送風機構を持つ踏鞴が、日本で実用されるようになったのは、相当に古い時代のことである。

古代日本の踏鞴の風洞遺構の出土例は決して少なくはなく、福島県相馬地方などが知られる。遺構のみであるから、そう詳しいことは分からないが、図面を見た限りでは完成度が高く定まった形式が確立しているから、これらも三弁式の送風機構が採用されていたものと考えられる。したがって、古い時代の箱鞴に三弁機構があってしかるべき、と考える方が自然なのである。

3　箱鞴と踏鞴

箱鞴の基本的な利用目的は、火熾しと燃焼の制御で、特に高温を必要とする場合に用いられた。

近年まで中国では、民家の竈の火熾しに箱鞴を使っていた（石炭に点火する場合に必要不可欠である。多くは電動ファンに変わっているが、竈の隅に小さな箱鞴がそのまま残っていることがある。同様に朝鮮半島でも、火付きの悪い練炭には鞴を用いた。また、チベットなど中国周辺の高地では、酸素が不足するから火が熾きにくく、なんらかの鞴を用いる必要があった）。だから、鞴の具体的な使用範囲は相当に広いと考えなければならないが、日本では通常の火熾しにはもっぱら火吹竹・団扇を使用しており、わざわざ箱鞴を用いることはなかった。日本では鞴は日常の器具ではなく、金属加工（精錬・収蔵・鍛造）に従事する専門職人が使用する特別のもの、と考えられてきたのである。

そして近世以後、これらの職人（鋳物師・鍛冶屋・石工・木地師など）は、毎年十一月八日（沖縄では十一月七日）に金山様を祭り、鞴祭をおこなうことになっていた。石工・木地師なども鞴祭をおこなうが、それはかれらも自分自身でノミやカンナの刃を直すために小さな鞴を使用したからであった。鞴はこうした職に従事するひとびとの生業神を象徴するものであった。

そして踏鞴が鋳物師（鋳造職人）を象徴したように、箱鞴は鍛冶（鍛造）を象徴するものであった（例外的に鋳物師に属する鋳掛屋は小型の箱鞴を用いて銅鉄を熔解した）。

だから箱鞴は、鍛冶屋の活動の場が拡がるとともに広範に普及したと考えられる。これを逆にいえば、鍛冶屋が広く活動するためには箱鞴が容易に入手できなければならなかった、ということになる。

これまで訪れた鍛冶屋のなかには、たまには身近にいる大工に依頼して作らせた素人作りの鞴を使用していた例もなくはなかったが、それはまれなことであった。箱鞴は気軽に自製できるものではなく、安定した長い息つきを持続して微妙な焼入れ温度を保つような使い方に耐えるには、ただ箱であればよい、というものではなかった。だから、ほとんどの鍛冶屋は専門の鞴職人が製作したものを購入して使用していたのである。たとえば秋田の辺鄙な内陸盆地で使っている箱鞴を見せてもらうと、大坂鞴町の焼印が入っており、箱の蓋には購入した年月日が墨書されていた。

かれらは「素人の作った風箱（箱鞴）ではうまく風が出ないから仕事にならない」というが、それは単に使い勝手のよしあしを意味するのではなく、「専門職人は専門的な道具を使用する。だから素人とは異なる」という主張でもある。箱鞴は前述のような職の表象機能を持っていたからである（割烹人の包丁・大工の鑿鉋・髪結いの道具などと同様である）。

それに加えて箱鞴は、他の道具とはもう少し異なる側面を持っていた。それには、近世鍛冶仲間の株が「鞴株」であったことに関わる。よく知られているように、年季明けの職人は親方から道具一式を授かる風があったが、鞴は独立して仕事場を持った（株仲間に入った）者だけが所有できるもので、営業権を表わしていることが多かった。

鍛冶仲間制度では、鞴を取り上げられることは営業停止処分を意味した。だから、鞴を質に入れる、譲渡するなどもおこなわれて、これも営業権の移動を意味した。近代の話でも、鞴を譲ってもらって営業を開始した、という話を聞くことがあったほどである。このように、鍛冶屋は鞴（すなわち鍛冶場を持つこと）によって客を持つ独立した存在（親方）であることを示したのである。

このようにみると、箱鞴によって営業が保証される仕組みが「鞴株」という株仲間制度であったといってもよい。そして、多くの場合にその株数は限定されていた。

だから、株仲間制度の要になる箱鞴は、大小が規格化されて、すべて基準にしたがった一定の形式を持つものに製作されるべきで、品質が統一されている必要があった。このことから、誰もが作れるものではなく、専業的なものになっていったのである。これが大阪で集中的に生産された四弁式箱鞴で、長らく鍛冶屋の用いるものとされて、全国的に普及していた。

この標準化・規格化は、はじめに金銀銅などの金属精錬場にあって定型化したといわれてり、それが鍛冶屋にも及び、やがて後に主に鍛冶屋が用いるものになったのだと考えられる。その過程は別に論じなければならない。

それでは四弁式の古い例は、どの程度まで時代を遡ることができるであろうか。

わたしの知る限りでは、有名な『喜多院職人尽絵』の「鍛冶図」の箱鞴が、まず間違いなく四弁式の古い例、である。日本の箱鞴の特徴のひとつに風箱の上端が載せ蓋になっている点がある（これによって何時でも上蓋を開けることができる）。そして、蓋が浮かないように、その上に重しを置いていることが多いが、この鍛冶図にもそれが見られる。

また、遡って『八幡縁起絵巻』（サンフランシスコ・アジア美術館本『新修日本絵巻物全集』別巻二　在外篇二）に登場するものも同じ機構を持つようである（風導路が風箱の下端に外付けされている）。

『八幡縁起絵巻』にはいくつか異本があるが、いずれも主題は一致するというから、「鍛冶する翁と箱鞴」の場面は他本にも描かれているであろうが、まだ比較する機会がない。これには康応元年（一三八九）の奥書があって、画風から当時の作と考えられているから、少なくとも十四世紀後半にはこの形式の箱鞴が存在していたことになるだろう。この形式を元にして、近世において規格化が進行したものと考えられる。

4 精錬用箱鞴

『佐渡金山絵巻』の金精錬などに描かれている箱鞴は、前述の四弁式の形式を備えている。この形式は底部に風導路がつき、風導路の高さが羽口の高さでもあるから、これを地面に据えると炉高は地面と同じ高さになり、押棒の高さはほぼ肘高と一致する。したがって、この形式の鞴は座位で押し引きするものである。こうした座位の作業については、後に概略を検討するが、箱鞴の形式によって作業姿勢が規制されるのは当然のことである。

座位で鞴を操作する場合、片腕の伸縮範囲（おおむね肩から手首までの長さ）に対応するストロークが基本になるから（風箱の寸法をこれ以上長くしても操作しきれない）、ここから一伸縮で発生する風量は制限される。だから、この形式の箱鞴を用いる鍛冶屋の作業形態がおどろくほど画一的にみえるのも、この制限のためである。

わたしがおとずれた鍛冶屋の多くは、村々で鋤鍬の製作・修理にあたるいわゆる野鍛冶であったから、その製品は大きなものでも開墾鍬であった。そして、その作り方は大きな鉄塊から打ち延ばして作るというよりも、部分的な鍛接を繰り返して形を作り出すもので、それほど大きくはない風量とそれに見合った火炉、そこから生まれる限定された火力によっていた。だから、むしろ微妙な火力調節の可能なもののほうが都合よかった。

また、この業態の鍛冶屋は、熔解や精錬を頻繁におこなうわけではないから、通常は大きな火力を必要としなかった。例外的に大きな火力が必要になるのは金床の成型と焼入れであるが、これはめったにおこなうものではないから、必要な時には、鞴を二丁掛けにするなどの方法を用いて対応していた。

だから、親方が座位で鞴を操作するという用法には、日本の四弁式箱鞴が適していたことになるが、このことを逆にいうと、そのような作業形態が一般化するなかで、箱鞴の形式も確立していったことになる。

さて、そうであるならば、伝承的な箱鞴はすべて四弁式に統一されたのであろうか。確かに前述のように絵画資料や鋳物師技術関連の資料には三弁式が紹介されており、それは立位で操作する甑炉への送風に用いるものであった。通常、鋳物師は踏鞴を用いたが、踏鞴の使用は鋳物師仲間の特権で仲間外の使用は制限されたから、仏具のような小物ばかりを鋳る業種では規制外である箱鞴を用いることがあった。

甑炉で熔解する場合に、釣鐘などの大型製品の製作と小物の量産とがあるが、いずれにしても甑炉の熔解能力に合わせた鋳型をあらかじめ用意しておき（小物の量産の場合には多数用意する）、一日がかりで吹き上げる（鋳造し終える）ものであった。だから、踏鞴にくらべると絶対的に送風量が少なく、多量の熔解に不向きな箱鞴は、このような甑炉による熔解には普通は使用しなかった（秀吉が方広寺の大仏建立の時には、多量の箱鞴を用いたという）。このために仏具師の箱鞴の使用は、規制外であったということらしい。近世高岡の銅鋳物は、踏鞴と甑炉を使用する「鋳物師」と、踏鞴の使用が禁じられて箱鞴だけが使用できる（たぶん坩堝熔解である）「仏具師」とに分かれていたというが、これなどはそのあたりの問題点をよく示している。

高岡仏具師が用いた箱鞴の形式が四弁式であったか三弁式であったかを明らかにできる資料はないが、わたしは鍛冶屋の箱鞴（四弁式）の転用ではなかったかと考えている。とすると、三弁型の箱鞴は比較的に新しい時代にはもう途絶えていたことになるのであろうか。

わたしはかつて、三弁式箱鞴は主に鋳物師が補助的に使用したもので、近世後半以後はほとんど使われなくなったのだろうと推測していた。それは、鍋・釜・鉄瓶などの量産によって鋳物師の操業規模が拡大して、その結果、規模の小さな生産が減ったからであろうと、考えたからである。

それが最近偶然に、鍛冶屋の四弁式の箱鞴とはまったく異なる、また、記録に残されている鋳物師の箱鞴とも異なる、独自の様式を持つ三弁式箱鞴が最近まで実用されていたことがわかった。実は本項ではそのことを報告しようとしたのであった。

以下にこの三弁式箱鞴を紹介しておきたい。

福島県の浜通り地方の内陸部は、近年おこなわれた発掘調査の結果、古代から製鉄・鉄鋳造が活発であったことが明らかになってきた。現在、南相馬市・原町火力発電所と鹿島歴史民俗資料館には、発掘結果を示す製鉄遺跡が復元・展示されており、白河の福島県文化財センター・白河館「まほろん」にも製鉄炉が復元展示されていて、その一端をかいまみることができる。

その上、この地域から茨城県北部にかけては、近世においても南部から銑鉄をえて鉄精錬・鍛鉄製造をおこなっており、鉄滓の散乱する場所をあちらこちらで見ることができる。いわき市の北方・双葉郡の山間地域・葛尾村もかなり後まで（具体的な下限は語られていないが）鉄精錬をおこなっていたところで、近隣には鉄精練で財をなして建てた御殿跡という場所があり、鉄の運搬に用いた道を辿ることもできるという。そして、村の公民館には精錬道具が保存されており、装置の一部を復元・展示している。

このあたりでおこなわれた鉄精錬は、中国地方などにみられる規模の大きな大鍛冶場ではなく、冬期に限っておこなう農閑稼業であったらしい。展示に用いられている道具や装置は、農家の屋根裏に保存されていたものであるというが、実際に使用した経験者がいるわけではなく、詳しいことはもう分からなくなっているらしい。装置の復元は火炉を中心におこなわれている。

この公民館の保存資料のなかに大ぶりの箱鞴が数個含まれている。これらも農家の屋根裏に残っていたものである。それを取り出してみせてもらった時に、すぐに通常の鍛冶屋の箱鞴（四弁式）ではないことに気がついた。外付けの風導路がなく、ただの直方体の箱に押棒と送風口がついているだけである。この鞴も上蓋式になっているので、開けて風箱のなかを覗くと、推測の通り片側下端に風導路が作り込まれていて、風導路の両端に、風箱本体につながる通風口があいている。

四弁式の弁構造を持つものであれば、この風導路の両端の穴には、それぞれ吊り弁が付いていなければならないが、これはただ穴があいているだけである。そこでさらに各機構部分を観察していくと、風導路の中央にあたる部分に、外側から送風口（羽口に繋がる）があいていることがわかる。四弁式の場合、この送風口は羽口や羽口に繋げる竹管・鉄管を挿入して風導路に接合するための穴である。しかし、これはそうではなかった。外から覗くと、弁は破損したのか、見あたらないが、弁が左右に振れすぎないようにする触れ止めが、下部にハの字型に組み付けてある。裏からみると、底に弁の軸を打ち込む穴があいている（軸は紛失している）。確かに三弁式の構造なのである。

このうちの二個体を借用して研究室に持ってきて実測・作図をしたものが図8である。

ふたつの箱鞴は微妙に大きさが異なり、部分的に補修が入っているが、形式は同じであるといってよい。鞴と羽口を連結する木製の角型パイプ（木呂竹に相当する）も借用してきたが、これはどちらの鞴の送風口にも接合できるようになっている。このことは、必要な部分の規格がしっかりできていることを表わすと思われる。

そこで、試しに角型パイプを鞴の送風口に接合してみると、鞴の立面に対して直角には付かず、一三度ほど下向きに傾斜するようになっている。

この傾斜は「伯耆都合山大鍛冶場」（『古来の砂鉄精錬法』俵国一編　丸善　一九三三　複刻　慶友社　二〇〇〇）の実測断面図の羽口の傾斜角度（約一四度。「本場四度・下場一八度」の書き込みがある）とほぼ一致している（図9）。

ここから、葛尾村の箱鞴は銑鉄から軟鉄を卸し鍛える、いわゆる大鍛冶に専用されたものであったことが、ほぼ間違いないことになる。と同時に、羽口の傾斜角度の厳密な一致を考えると、山陰など先進地域の技術と無関係に存在したものではなさそうに思われる。こうして、この小規模の大鍛冶場と三弁式の箱鞴が結びつくことになる。

それではこの箱鞴はいつごろ使用されていたのであろうか。あるいは、この村の大鍛冶はいつごろからいつごろま

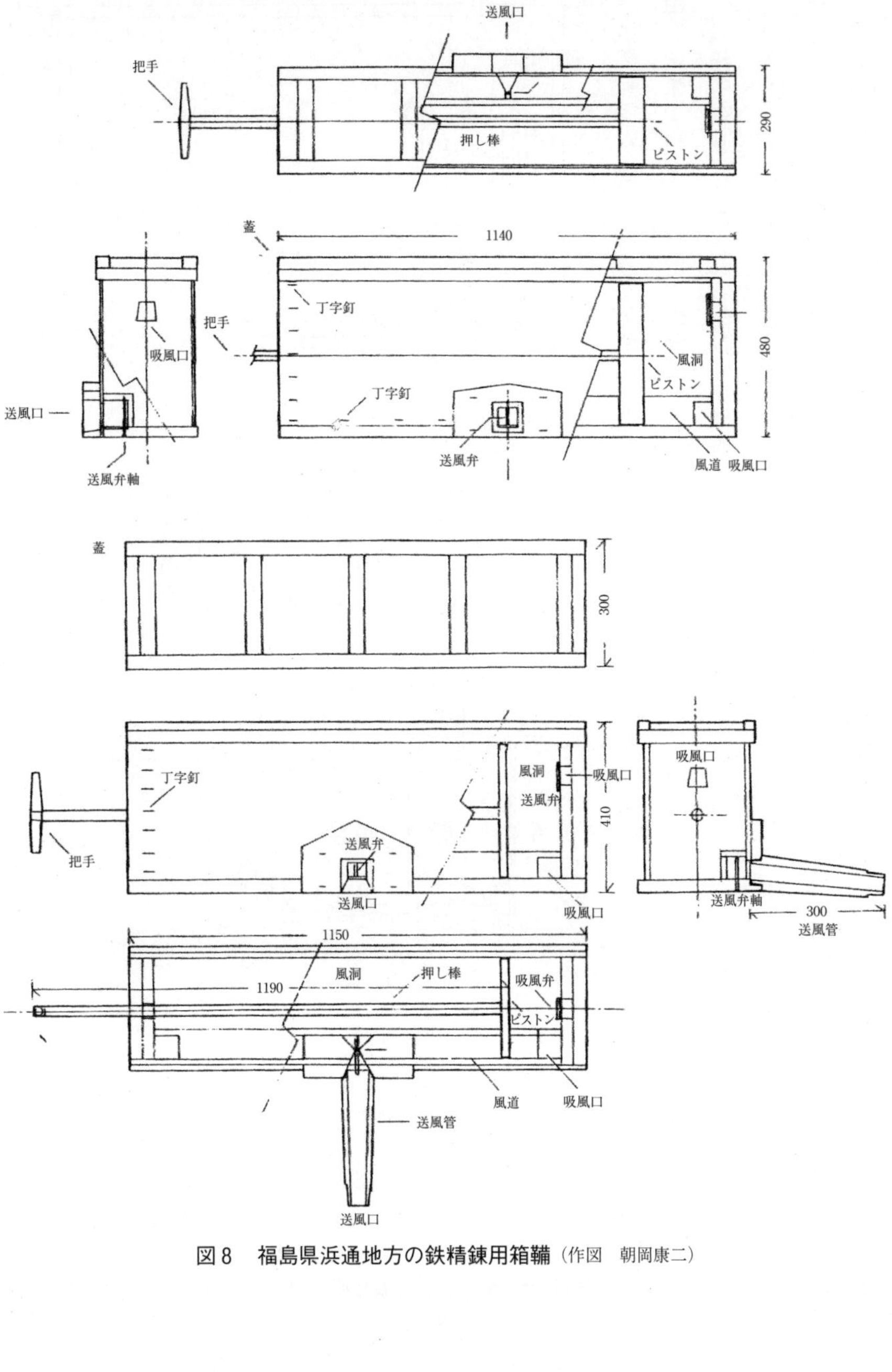

図 8　福島県浜通地方の鉄精錬用箱鞴（作図　朝岡康二）

で操業していたのであろうか。この点を知るには、この村について詳細な聞き取りをおこなう必要があるが、箱鞴の実測結果からもある程度の推測はできる。

箱鞴の実測からえられる結論は実に簡単である。このうちの一個はあまり使用されず残ったようである（ピストンの移動にともなう内部の摩擦痕が少ないことから推測できる）。その上でこの箱鞴はすべてメートル法で採寸されていることがわかったからである（図9）。

日本におけるメートル法の国家的な採用は明治二十四年の度量衡法の設立によって始まるが、それ以後、長い過程

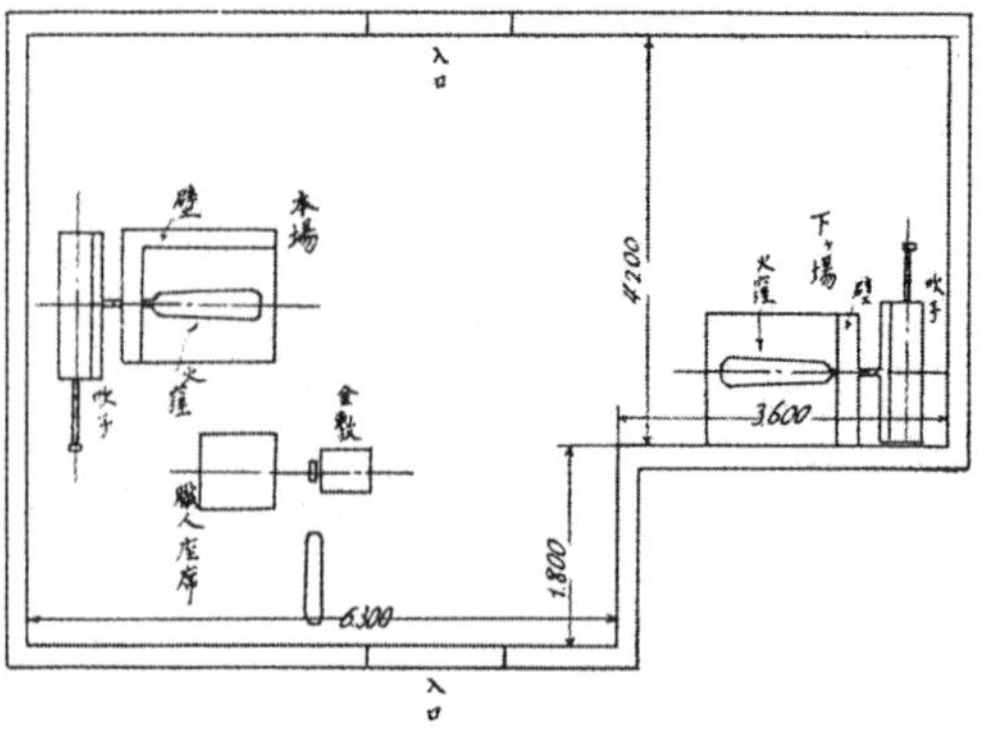

1：作業場配置図

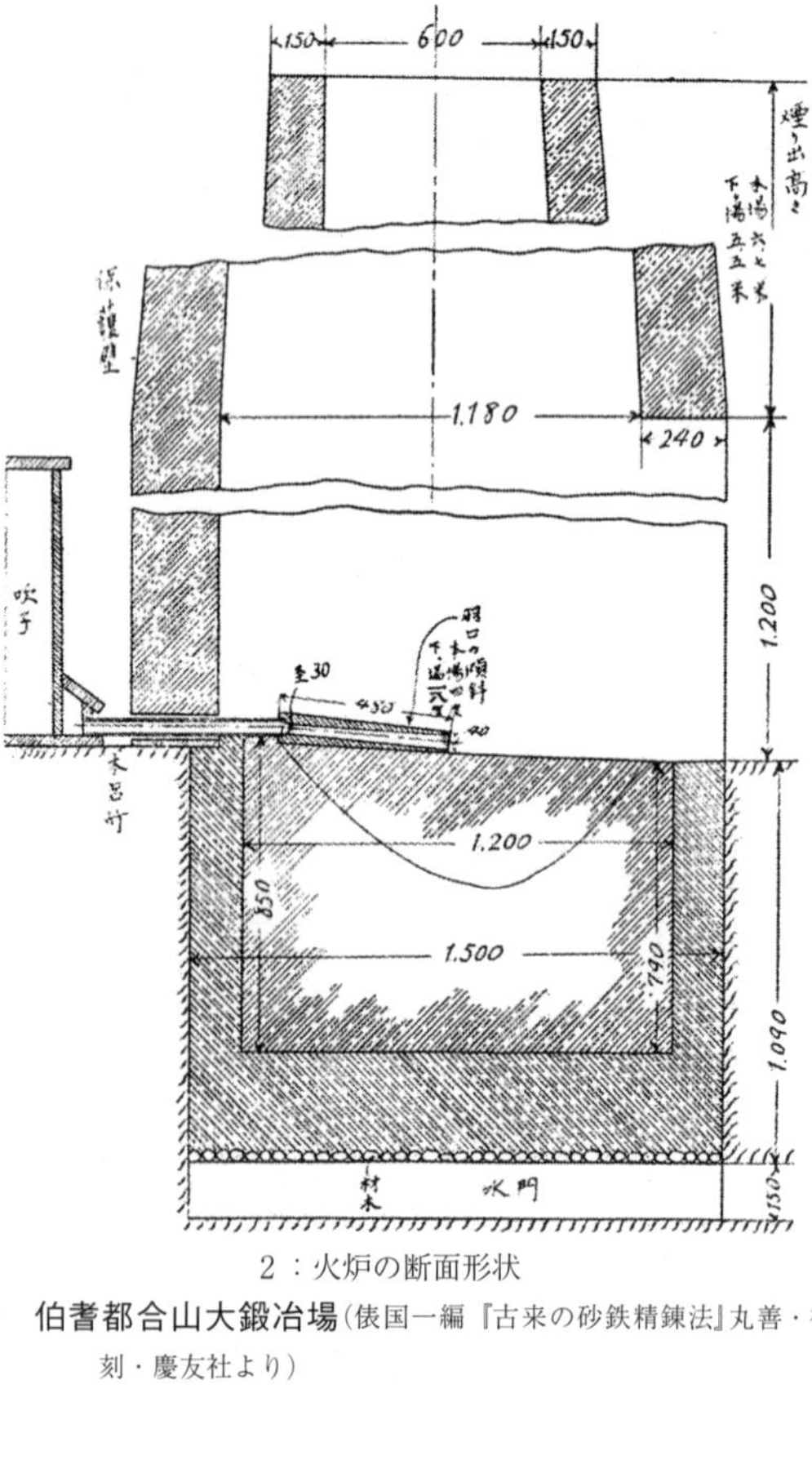

2：火炉の断面形状

図9　伯耆都合山大鍛冶場（俵国一編『古来の砂鉄精錬法』丸善・復刻・慶友社より）

をへて普及したものである。

『日本メートル法沿革史』（メートル法実行期成委員会編 日本計量協会 一九六七）によれば、一般的な普及は大正十年の改正以後のことであるという。昭和八年以来メートル法への統一に反対する尺貫法存続運動があり、この運動は戦後まで継続するが、それにも関わらず昭和十年代以後にはメートル法の普及は加速したという。これには軍需産業や統制経済が関係していたらしい。そして、戦後は昭和二十六年に新たな計量法が公布されて翌年には施行され、昭和三十三年以後は尺貫法の使用が禁止されることになった。

したがって、メートル法によって採寸されているこの箱鞴は、早くとも大正時代の後半おそらくは昭和期に入ってから製作・使用されたものであることになる。そして、戦後にこの地域で鉄精錬をおこなっていたという記憶はないから、操業されていたのは遅くとも昭和十年代かぎりのことになる。

このことを確かめるには現地調査をおこなう必要があるが、それはかなわないので、あえて推測的にいえば、戦時下に伝承的な産業技術が一時的に復活することがあったが、そのような状況に関わるのではないかと思われる。

いずれにしても、これによって三弁式の箱鞴を昭和時代まで実用していた地域があったことがわかる。そして、その形式はある程度規格化の進んだ完成された様式を持っているから、メートル法を採用しているにもかかわらず、伝承的なものであると考えることができる。採寸方法だけをメートル法にして製作したのである。

ここまでの推測はそれほど的はずれではないと思うが、この箱鞴がこの村の農閑副業として長らく伝えられてきた銑鉄卸しの精錬技術を受け継いでいるのか、それとも昭和十年代の一時期になんらかの理由によって他所から導入されて新しく実施されたものかは判然としない。今後追求すべき課題である。しかし、東北地方の一地域において三弁式箱鞴が昭和時代まで実用されてきたことだけは確かめられるのである。

おわりに

福島県浜通り地方に伝承的な四弁式箱鞴と形式の異なるものが残存していたことはたいへんに興味深い。この形式の箱鞴が銑鉄卸し以外の用途にも使用された可能性も検証する必要があるが、それには今後の課題である。

箱鞴の弁の形式などまことに瑣末な事象で、どうでもよいことともいえるが、筆者には精錬・鋳造・鍛造といった技術の意味づけや相互の比較をおこなう上で、あるいは、伝承技術に一貫する特色を把握する上で、基礎的な要素になりうると思っている。

また葛尾村の例は、比較的新しい時代にもおこなわれていた伝承的な生産活動を、もう少し詳しく知る必要があることも示している。

付記

大鍛冶における箱鞴の使用例は、前述の『古来の砂鉄精錬法』の「第六章　錬鉄（包丁鉄）製造法」にも出雲国内田のものが作図・記録されている。外側に導風路を持つ四弁式で、寸法採りにセンチが使用されている。

また、同書の「附記一　奥州に於ける錬鉄製造法」には「仙台・南部両藩共に製鉄業を奨励せるもの、如し。之等は明治初年に至り其跡を絶ちたるがごとくし僅《わず》かに古老に就き其一端を聞き得たのみ。」となっており、「送風するため天秤鞴《てんびんふいご》を用ゐず、吹指鞴《ふきさし》（箱鞴・引用者註）二台を使用せりと。」とある。そして、岩手県陸前国気仙沼郡世田米村大字大股《おおまた》字金成《かんなり》所在の鍛工場を調査して、「著しく近代製鉄技術の影響を受け改良せられたる観あり」としながらも装置の作図を残しており、そのなかに銑卸しに用いた吹指鞴の図面が含まれる。

これには「両振りの舌」が描き込まれているから明らかに三弁式である。ただし、寸法採りに尺寸を用いており、前出の福島のものに比べると、胴が長く、低く、幅が狭くと、プロポーションが少し異なる。

二　アルミ鍋の受容

はじめに

ここで取り上げるものは、少し唐突であるが「アルミ鍋の受容」についてである。なぜアルミ鍋に関心があるのかには、それなりの理由がある。

かつてわたしは日本の煮炊器具（鍋釜）の変遷について調べたことがあるが、それは主として前近代における様々なあり方とその継承を対象にして、日本における歴史的な展開を通時的に示し、同時に東アジアにおける製造技術や使用方法の類似と差異について検討し、この地域に卓越した鋳造鉄器の技術文化の特徴を抽出し、周辺地域への影響をも示すことが目的であった。だから、そこでは近代における新しい形式の煮炊器具を中心にした生活文化の変容（あるいはガスと電気による台所の成立）を考えるところまでは及ばなかった。

そこでこの延長上に、近代の「鍋釜」がどのような変容をとげて今日に至ったかを知りたいと考えた時に、近代技術によって生まれた新素材であり、直接に現在のわたしたちの生活に繋がるアルミの利用について調べる必要に気がついた、というわけである。

こうして、「アルミ鍋」を主題にした拙文をいくつか書いてきたが、実はその過程で、当初の興味とは少し異なる問題に気づくことになった。なぜならば、このテーマを手掛けた時期がちょうど二十世紀が終了して二十一世紀に入る頃のことで、過去の一〇〇年におよぶ近代的事象に一区切りをつけるという趣旨にそった、いくつかの論述が求められたからである。もっとも、こうした企画のなかには、二十一世紀への慌ただしい進行に追いつくことができず計画倒れに終わって、草稿のまま手元に残ってしまったものもある。

　そこでこの際に、これらの重複を整理してひとつの記述にまとめようと考えたのだが、実際に試みると、書き始めてからかなりの時間が経過していることもあって、案外に難しいことがわかった。

　さて、六〇年とか一〇〇年とかの時間単位を一区切りにしてなにかを論じることに意味があるかは、検討を要することであるが、本章は、二十世紀の一〇〇年間になにが生じたかを日常的な「もの」の変容から見ようとした試みである。結論からいえば、ここであつかう「アルミ鍋」はまさに近代（二十世紀）の日用品を象徴するものであったといえる。

　明治三十年代すなわち十九世紀末の日本には、来るべき新世紀に対する強い期待が溢れており、これからの文明的な生き方を意識して、「二十世紀人」という表現がもてはやされたという。少し前にわたしたちが二十一世紀を迎えた時のうわついた気分と同じものだったのであろう。

　しかし、世紀の境を越えてみると、驚くべき変化はなにも生じなかったという。生方敏郎の『明治大正見聞史』(1)は次のように述べている。


　二十世紀も（略）喧々諤々と問題にされたものだが、さていよいよ二十世紀になって見ると、何の変わったこともなかった。

　とは言うものの、やっぱり気持において幾分変わらないことはない。貧乏でもお正月を迎えて気分が改まるように、二十世紀を迎えるとやはり何だか日本の文明が進み、自分たちも幾らかえらくなったような気がした。


　要するにそれはただの気分であった。そして、わたしたちはそれ以後一〇〇年の果てに暮らしているのであるが、確かにこの一〇〇年にはおびただしい事件とおろかな悲劇がびっしりと詰まっている。そのなかで、わたしたちの日常はどのような変容を遂げて、どのように現在に及んだかということになり、この時期に生まれてこれ以後に継承・発展していく「もの」の様相からどんな姿が描けるかに興味がもたれたのである。

今から一〇〇年ほど前にあたる明治三十年代の前半は、日清戦争が終結してやがて日露戦争が予兆されるふたつの戦争の谷間であった。当時、知識人や学生のあいだにはキリスト教や西洋伝来の新知識が溢れかえっていたが、一般庶民の日常生活には断片的な洋風事物がようやく及びはじめた時代であったという。

たとえば、東京市内の繁華な場には「勧業場」という雑貨店がはやって、安っぽい品物ばかりを集めて売っていたが、それでも日夜たがわず大勢の客を引つけていたという。今日の一〇〇円ショップの隆盛と同じようなものである。「勧業場」の新しい商品の多くは、単に珍奇なものにすぎなかったが、それでもどこかに西洋風・アメリカ風の香りがただよっていて、それが来るべき近代を象徴するものとして歓迎されたのだという。この風潮は都会に止まるものではなく、生方敏郎の生地である上州・沼田のような田舎町にまで及んでいた。それは次のような様相であった。

それ〈下関講和会議〉から萬三年の間に東京の製菓会社で出来る安ビスケットが田舎まで来るようになり、また、乾いた安パン菓子も来て、旧来の金平糖や花がけや役者の紋章―三升だの長者守りだのの紋のついた集花糖などを市場から追々駆逐した。コーヒー入り角砂糖も下〈高崎・前橋方面〉から着たが、無論名前ばかりのコーヒーで、実は豆の黒焼だった。（略）

このように西洋の文化は私たちの田舎までは這入って来ず、たまたま西洋風の仮面を冠って入って来る品は、ことごとく粗悪な和製品だった。（略）あの頃の地方民の生活程度、知識の程度では、到底、西洋の文物典章を全く理解すべくもなかった。（〈　〉は筆者註。前掲『明治大正見聞史』）

このように二十世紀は「西洋風の仮面を冠って入って来る品」によってもたらされたが、それが以後どのような変容をとげながら現在に至ったのであろうか。

ここから一〇〇年のあまり時間を経たが、その両端を切り取って比較すると、そこに横たわる大きな相違には目を見張る。その相違はひとびとの日常生活の全般、あるいはその隅々に深く浸透して、こまごました生活の細部に及ぶものであり、社会の指導的なひとびとの意識や思想に反映しているばかりではなく、庶民の生業の推移、行動の仕方、家族の構成、嗜好や娯楽などに及んでいる。いわば「日常卑近のもの」、一着の着物、一枚の皿、一足の履物ですらこの影響の外にはない、そういう変化であった。

そこで、この一〇〇年が家庭のほの暗い炊事場の片隅にどのような光をあてて、どのような力を発揮して、その結果どのように今日に至ったかを振り返ってみたいのであるが、どうも入手できる資料が限られていて、なかなか整理がつかない。

1　変容をうながす力

家庭の炊事場は、そこをより所に生きた女性たちの感覚、そこで炊事された食材や調理技法、それを食べて成長した子どもたちなどが関わり、この周囲に生起した変容は多方面に及ぶが、それらを過不足なくそれなりに体系的に位置づけることはなかなか難しい。炊事をめぐる一〇〇年は、これまでたびたび議論されてきた「家」や「家族」の姿に繋がり、「共に食べる」ことの意義に関連している。食事空間の拡大（外食の一般化）、新しい食材の普及と多様化、流通の変化、加工食材と食品加工の工業化などの影響を強く受け、同時に「家族」のあるべき姿といったイメージとも関わるからである。

たとえば、明治時代初期の裏長屋九尺二間の暮らしには台所など存在せず、せいぜいのところが通り土間に竈を設えて炊事をする、といった程度であったと考えられ、この時期の本格的な台所とは御屋敷（御殿）や表店などの大勢が寄り集まる暮らし方に付属する施設であって、いわばケータリング（給食）設備といってよく、後に普及する小家庭の台所とはまったく性質の異なるものであった。その中間にあたるものといえば、農家では水場・竈などのある土間、あるいは囲炉裏まわりの板間などであるが、これらが炊事場として意識されていたとは考えにくい。日本では中国・漢族の伝承的な生活における「竈―所帯」のような、共に食事をする関係に基づく所帯の単位化（竈分け）が進んでいないから、炊事をめぐる場の状況は多様であったと思われる。

それが明治時代になると、都会では勤め人などが飯炊き女を雇う風が一般化して、小規模の賄いが増える一方、中間階層の主婦＝奥様を中心とする新生活が語られるようになって、その基礎になる洋風キッチンを模倣した一定の形式を持つ台所が登場・普及していったのである。

その背景には女学校における新しい婦女子教育があり、そこでの新しい台所は、割烹着と家庭調理という新風俗を背景にしたものであった。明治時代後期・大正時代には『台所重宝記』(2)などの素人炊事・調理のノウハウ本がたくさん出版されて、婦人雑誌は家庭婦人の調理能力を磨きあげる記事を載せ続けている。

このように都会の小家庭で、小規模だが技巧的な調理・炊事が求められるようになると、それには重厚な竈と大きな鉄の鍋釜を組合わせた伝承的な炊事用具は不向きで、より軽量・簡便・快適な新しいシステムが求められるようになる。

その結果、都会生活者の増加は、竈や囲炉裏に替わる七輪・焜炉の需要をもたらすことになり、七輪・ガス焜炉・流し台・食器戸棚・布巾かけ・箸立て・蠅帳・アルミ鍋・ヤカンなどを構成要素とする、台所の規範的なイメージが生まれることになった。そして、在来の鉄鍋釜に対比できる新しい器具としてアルミ鍋が必要不可欠のものになり、このイメージは昭和三十年代まで生き続けていたように思われる。

しかし、典型的なアルミの両手鍋は、電子レンジ・冷蔵庫・食器洗浄器で成り立つ今日の都会のダイニングキッチンでは、すでにあまり見掛けることのないなつかしい器具になって、いわば絶滅寸前のようなものである。店頭にはこれに替わるしゃれたデザインの夥しい鍋類が溢れており、インバーターヒーターのような熱源が普及して、アルミでは不都合な場合も増えているからである。だから、硫酸アルマイトをほどこした両手鍋は、今では郊外のホームセンターなどで二個まとめて一、〇〇〇円以下でも買えるような、もっとも庶民的な煮炊器具になっている。

このように、一〇〇年という時間を挟む煮炊きの風景を思い描いてみると、今日のシステムキッチン・電子レンジ・冷蔵庫・磨きたてられた鍋類・ピカピカの蛇口・レトルト食品、それにエプロン姿の明るい奥さんといったダイニングキッチンの食事風景に対して、女主人の指示・差配のもとに女中・奉公人が忙しく立ち働く大店の炊事場の様子や、棟割り長屋の七輪ひとつ鍋ひとつの煮炊き、飯炊き女が炊事をする飯場の炊き出し、囲炉裏をかこんだ農家の食事など、さらにはそのひとつひとつに地域的な相違が加わるものを、同じように意味づけて対比させて、一括りに整理出来るわけがない。逆に、画一的なダイニングキッチンのイメージと時々テレビの実況などで露わになるその実態こそ、むしろ特異な今日の姿を浮き彫りにしているのではないかと思われる。このように考えるならば、一〇〇年の変容とは、実は「多様なもの」から「画一なもの」へ変化していく過程であったと考えればよいかもしれない。それが今ようやく明らかになり始めたように思われる。

ここで話が飛躍するが、食物加工や炊事の外部化について、ちょっとした個人的な経験にふれてみたい。

昭和三十年代、即席ラーメンが急速に普及しつつあったころであるが、東北地方に調査にいくと、米どころの農家で即席ラーメンを競って食べていると聞かされたものである。「このごろの百姓は米を売ってラーメンばかり食べていて、それなのに町のひとには米を食えという」と少し揶揄をおびた物言いに接したものであるが、当時の即席ラーメンには人を惹きつける新しい力が籠っていたようにみえる。以後もこれに類似する現象を、変貌激しい中国・朝鮮半島・東南アジアでたびたび接することがあったから、日本だけに限ったことではなかった。「お米を売ってラーメンを買う」という図式は、なかなか興味深かい問題であると思う。

このような生活の変容は、必ずしも合理的とは言いがたい側面を含みつつ進行して、「非合理から合理へ」といった生真面目な生活改善・新生活運動の目指す方向に向うとは限らない。そして、ひとびとはこうした変容を、無意味や矛盾や無駄を含めて喜んで受け入れてきたようにみえる。一方で伝承や伝統を語りつつ、その一方で変化を求めて新奇を好んできたのである。

確かに新奇を求める気分は、たとえば薪炭・石炭からガス・液体燃料へ（今日でいえば石油から自然エネルギーへ）、あるいは電気・水道の普及などの近代的なインフラの整備をもたらす力のひとつであった。

七輪の豆炭・練炭からガスコンロへ移行した都市の小家庭、囲炉裏に改良竈が追加されて、やがて改良竈から薪ストーブ・石油ストーブ・石油焜炉・プロパン焜炉へ替わっていった農家など、個別にみれば変化の実態はまことに多種多様、ひとつひとつの変容から読み取れる事柄も多義的である。

しかし、少し乱暴な言い方ではあるが、これらを総合してみると、つまるところ一〇〇年の変化とは、繰り返し立ち現れるものに目がくらみつつ推移した、単なる新奇の積み重ねであった、ということになるのかもしれない。少し時間が経つと揺り戻しがくる、そんな付和雷同の結果のようにも見えるのである。

そこで少し触れておきたいことがある。

本章であつかう炊事場の変貌は、あつかう時間の長さ（例えば一〇〇年）が個人的な経験・記憶を超えるものであるから、客観的な記録に頼る以外に事実を確認することができない。

しかし、同時に「知る・分かる」ということは、客観的な数量の変化ではなく、個人の経験や記憶に基づいて「確かである」と納得することを抜きにしては成り立たないから、ここには解消しがたい矛盾がともなう。だから、ここでは量の夥多による網羅的な事実には頼らず、限られた個人的な経験や記憶に照らして変容の意味を考える、ということにしたい。それは当然にかなりの限界をともなうものである。

そこで年配者ならば、経験と記憶によっていくらかは知っている事柄から見ていくことにしたい。

電気炊飯器・ガスレンジ・冷蔵庫、それに続いて普及した「システムキッチン」や給湯設備は、昭和三十年代以後の「生活の近代化（あるいは「生活革命」）」の例としてよく引き合いに出される。これらは「清潔・便利・合理的」という近代的なイメージをふりまき、同時に義理・人情などの古い価値観をともなう「家」に対して「明るい家庭」というメッセージ（あるいは宣伝文句）を持っていたように思われる。そこで起きたことは、これまで全面的にひとの働きに依存していた生活要素を、部分的に電気・ガス・石油に置き換えて、ひとの関与から除外することであった。言いかえれば「省人力」的な生活の推進といってもよいが、それは同時に、生活を構成する要素を少しずつ剥ぎ落としていくことでもあり、このような削ぎ落しの結果「明るい家庭」が生まれたどうかはまことに心もとない。

それにも関わらず、これほどの短い期間に都会ばかりではなく農山漁村の隅々にまで、この「生活革命」が及んだのはなぜであろうか。疑問はなかなか消えないのである。そしてこの「生活革命」を断片的な記憶に重ねて推察すると、実はこの「生活革命」はなにも昭和三十年代に開始したものではなく、アルミ鍋の登場する一〇〇年前の時代から断続しつつ継承したものであった。いわば富国強兵の時代に生じた変容を受け継いで、今日に至ったのではないかと思われるのである。

2　鉄鋳物・琺瑯・アルミ

現在、日常的に使用している鍋はアルミのプレス製品がもっとも多く、そのほかにステンレス・鉄（主としてプレス製品）・琺瑯（瀬戸引き）、わずかではあるが銅製品も含まれている。この状況は明治時代後半以来の変容の結果を示すものである。

それまで、多分は中世後期から一般化して、近世・明治時代前半におよぶ期間を通して煮炊器具として広く実用されていたものは、一部の地域に土製（瓦器・素焼き）の堝釜もなかったわけではないが、鉄製品が主なものであった。それもフライパン・天ぷら鍋・中華鍋のように鉄板を用いてプレスや絞り加工で製作したものではなく、銑鉄（ズク）を熔解して砂型に流して固めたいわゆる鉄鋳物であった。だから、生活に関わる鍋釜は明治時代を挟んで大きく異なるものになったのである。

前近代の日本の鉄器には鍛造製と鋳造製とがあり、針金を作る線引きなどもおこなわれていたが、ローラーを用いて鉄板を作り、それにプレス加工をほどこして形状を得る技術は確立していなかった（帯板作りなどは鍛造技術の延長にあった）。だから、鉄材料の利用は鋼を用いて鍛造する刃物や農具作り、銑を用いて鋳造する鍋釜の製作などに限定されていた。前者を担った職人が鍛冶屋で、後者に従事した者が鋳物師である。

このうちの鋳物製品は炊事に使う鍋釜が中心で、他に塩釜・風呂釜、湯沸かし用の鉄瓶・茶釜などがあり、西日本ではこれに農耕用の犂に用いる犂先が、東日本では踏鋤の刃先が加わる。また藩によっては近世末期に鉄銭の鋳造もおこなったが、それは限定的で、幕末には鉄製大砲の鋳造に苦労したこともよく知られている。そして、鍋釜が重要であったことを反映して、鋳物師が集まって住む町に「鍋屋町」の名をあてていることも多かった。

明治時代に入っても鍋釜の製造は、しばらくはこの伝承的な技術に基づいて製作されていた。それは次のようなものであった。

明治三十六年（一九〇三）の第五回内国勧業博覧会の『第七部　製作工業・第三十一類　金属製品』[3]の筆頭は「鋳造品」であるが、その「監査報告」には「鉄製品　本品ハ（略）鍋類釜類其他厨房用ノ器物トス　将来技術ノ改善ヲ勉メ清韓両国ノ居住風俗ニ適スルモノヲ探求シテ適切ナル物品ヲ製作シ其需要ニ応スルコトヲ努ムヘシ」と記されている。「出品目録」から鉄鋳物の中心的製品である鍋釜は、大阪・奈良・福岡その他多くの地域で分散的に生産されていることが分かるが、ここでは朝鮮半島・中国への輸出が意識されており、別に「ようやく朝鮮へ輸出の途がひらけた」とも記されている。当時の朝鮮半島には固有の鉄鋳造技術とその製品とがあり、それに取り替わることは容易ではなかったと思われる。それは中国においても同様である。

このような鍋釜の製造に特化した鋳造技法は、直ちに大砲や建築関連金物や機械部品を製造する近代鋳造技術に連続するものではなかった。近代工業として鉄鋳造がおこなわれるには、生型を用いる洋式技術とそれに見合った洋銑《ヨウズク》の導入が必要であったが、当時この新来の産業技術は、生活技術である鍋釜鋳造とは異なるものとして併存する状態であった。このような伝承技術に支えられて近代を生きる鍋釜が、今日のようなノスタルジックなものに変化したのは、日用の煮炊器具がアルミ製品に置きかえられていったからである。

周知のことであるが、アルミニウムの精錬法が確立して実用されるようになるのは、明治十九年（一八八六）のホール・エルー法、同二十一年（一八八八）のバイヤー法の発明によるから、アルミはいわば「近代の金属」そのものであった。

金・銀・銅・鉄・亜鉛・錫のように古くから使用してきた「伝承的な金属」は、生活習慣に結びつくさまざまの文化的な要素を引きずっている。たとえば中国雲南省西部、チベット族地域、あるいはインド・ネパールのような南アジア諸地域には、今日も広く銅鍋・銅甕が普及しており、市場の一隅に高く積み重ねて売っているのを見ることができる（これには鍛造製と鋳造製がある。また、錫や亜鉛の含有量を変えて違った材料性質を得る使い分けもある）。この場合の鍛造製の銅鍋・銅甕は、圧延した銅板から製造するのではなく、熔解して作った銅塊から打ち出して作る（板の存在を前提とはしない）のが基本である。一方、南アジアには鉄器も多いが、それはドラム缶を開いた鉄板から作るもので、銅器とは異なり、そこにははっきりとした相違ないしは使い分けが見える。鉄を銅と同じように塊から加工しようとしても、展性に劣るから人力では困難である。だから、鍛造製の鉄鍋が普及するには、安価な鉄板が手に入る必要がある。そこで廃品化したドラム缶を再生して、それに絞り加工をほどこす新しいタイプの材料・加工・製法が登場するのである。

このように銅と鉄の間の素材と製品の違い、そこから来る使用方法の差異には、長い年月にわたる技術文化の反映があって、材料が変われば製法もその担い手も変わり、当然ながら形態も変わり、使用目的・使用方法も違ってきて、それが様々な生活変容をうながすことになる。

日本の鍋釜もこのような伝統的・固定的な素材と製法によるものであったが、新しく生まれたアルミニウムは過去に繋がるものがなにもない、まさに新しい金属であり、そのイメージは「近代」以外にはありえない、それ自体がそのまま新しさの象徴となりうるものであった。そして、事実、この「近代の金属」の力は以後ひろく生活の隅々に及ぶことになり、今日、身辺を見回すと、なんとたくさんのアルミに囲まれていることかと驚かされるほどである。こうして日用の煮炊器具は、重くて錆びやすい鉄製の鍋釜から、時には赤く染めた蓋がつき、あるいは華やかなプリント模様もあった、いつもぴかぴか金色に光っていて、軽く錆びないアルミ鍋に移行して、今日の生活スタイルを生みだしたのである。

しかし、もちろんその過程には、いつもの偶然を含む推移があり、一本道の「生活革命」があったわけではない。その変遷を少し詳しく調べてみると、あまり気がつかない事実を知ることができる。以下では、そのうちのいくつかを、製造会社の「社史」やインターネットで知ることのできる「会社沿革」などを参照して、見ていくことにする。

さて、明治時代に新しく加わった日常食器・煮炊器具はアルミ製品ばかりではなく琺瑯製品（瀬戸引き・エナメルともいった）もあり、これも重要な役割を果たした。

琺瑯製品とは、プレス加工（あるいは絞り加工）によって作った鉄器具に、釉薬（ガラス質）をかけて焼き、腐食しにくくしたものをいう（他に、鋳鉄・銅・アルミをベースにしたものもあり、装飾に用いる金銀に加工した七宝細工も同様の技法である）。この琺瑯製品は、今では日常的に目につくことが少なくなったが、まったく使用されなくなったというわけではない。工業用の燃焼機器や流し台のトップ・耐食性壁材・浴槽、日用の食器・保存容器などがある。わたしたちの記憶に残っているものには水差し・歯磨き用のコップ・病院の洗面器・衛生器具があって、かつては屋外のプレート看板・標識の類にも多用されていたことを思い出す。

中国・東南アジア・インドでは、ごく近年まで日用の食器として使用していることが多かったから、頻繁にお目にかかったものである。日本の場合は、陶磁器が早くから普及していたから、琺瑯製品が食器などに用いられることは少なかったが、ひろく発展途上の地域を見ると、ガラスとともに実用範囲が存外に広く、にも関わらず具体的な普及史には、分からない点が多いのである。

日本エナメル株式会社（現タカラスタンダード株式会社）によれば、日本で本格的な琺瑯製品を製造・販売するようになったのは、東京帝大工学部卒の技師であった北畠安五郎がドイツに渡って琺瑯に接し、帰国後の明治四十二年（一九〇九）に「北畠琺瑯工場」を開いたのが始まりであるという。そうであるとすると、アルミ製品の開発に若干遅れて国産化されたことになるが、実際は板金琺瑯製品の普及のほうがアルミ製品よりも早かったのである。この分野の中心的なメーカーになった日本エナメル株式会社は、この「北畠琺瑯工場」を受け継いで明治四十五年（一九一二）に創設され、ドイツから技師シュベルトを招いて操業を開始して、翌年末にはヨーロッパ製品に比するものを製造するようになったという。しかし、不況下の当時、国内の需要は思うほどには生まれず、中国・東南アジア・インドなどに輸出して、そこで欧州製品と激しい市場競争をおこなったといわれている。(4)

この説に従うなら、国内市場に国産琺瑯品が本格的に登場するのは明治四十五年前後ということになる。しかし

「第五回内国勧業博覧会」(5)・明治三十六年（一九〇三）の出品製品にはすでに琺瑯鉄器が含まれており、すでに実用技術として知られていたのである。

たとえば、秋田県南秋田郡五城目町の北畠綱三郎は「琺瑯焼鍋」を（この北畑綱三郎と前出の北畑安五郎の関係は不明）、石川県金沢市の武村弥吉は「洋銑　琺瑯引一升五合鍋」を、三重県桑名の広瀬与左衛門（後述）は「琺瑯引鋳物鍋　料理形一升」を、愛知県豊川の中尾十郎は「洋銑　無鉛琺瑯引　木瓜耳　大形料理鍋」「同　無鉛製　琺瑯引弐升炊」「同　壺鍋」を出品している。これらは「洋銑を使用」とあることから鋳造製品であり、同時に当時すでに在来の和銑《ワズク》よりも洋銑使用の製品のほうが高級であると認識されていたことがわかる。琺瑯を引くに材質の均一な洋銑のほうが好都合だったのであろう（和銑は材質にむらがあり、剥離やピンホールが生じやすかったという）。

これとは別に、今日の琺瑯鉄器と同様に鉄板にプレス加工・絞り加工をほどこして器形を作り、それに琺瑯を掛けた大阪府の池田邦松の「瀬戸引鉄板瓶」も記載されている。鉄板を用いた板金琺瑯製品はこの一件だけであるが、明治三十年代にはようやく一般化しつつあったといってよいであろう。

明治三十三年（一九〇〇年）に有鉛琺瑯の製造が禁止されたことを契機に琺瑯は無鉛化するが、そのころから大阪周辺に鉄板をプレス加工して、それに琺瑯をほどこす工場が族生して、以後大正時代にかけて板金琺瑯は輸出軽工業として急成長していった。前出の日本エナメルもそのような状況のなかで生まれたのである。

このように概観すると、二十世紀への移行期に在来形式を受け継ぐ鋳物琺瑯から、洋風の板金琺瑯へと移行していったことがわかる。琺瑯鉄器もアルミ製品と同様に、新しい生活様式を導く近代的な日用品として販路を広げていくのである。

琺瑯資材メーカーである東罐マテリアル・テクノロジー株式会社のホームページ（http://www.eco-union.jp/summary/booklet/vol43/open43_1.html）に記載されている同社・濱田利平氏の『琺瑯の歴史について』よると、明治五年

（一八七二）から鋳物琺瑯の製造・販売がおこなわれており、すでに「第二回内国勧業博覧会」・明治十四年（一八八一）に鋳物琺瑯鍋が出展されていたという。

また、三重県史編さんグループのホームページ（http://www.bunka.pref.mie.lg.jp/rekishi/katsudou/index.htm）によると、桑名の広瀬与左衛門が「明治の初年西洋鋳物に琺瑯質の附着せるを見て之が製造を企て、刻苦多年漸く明治二十一年に至り、之が製造に着手」（『三重県事業史』）とあり、その後、さらに研究を重ねるとともに販路を拡張し、工場も新たに建設して明治四十年（一九〇七）には、琺瑯鉄器株式会社が設立されたという。それが現在の株式会社MIEテクノである。この記述によると、広瀬与左衛門は明治二十一年に製造に着手、とされているが、これでは前出の「第二回内国勧業博覧会」には間に合わないから、すでに他でも開発が試みられていたのであろう。

なお、MIEテクノのホームページ（http://www4.atwiki.jp/sysd/pages/3421.html）によると、琺瑯鉄器株式会社はスウェーデン式ホーロー鉄器の製造を目的として設立されたといい、大正時代には輸出向琺瑯鉄器の専門メーカーとして中国・東南アジア・アフリカに販売して「イーグルブランド」の商標はひろく知られていたという。現在はステンレス・チタンなどの継手メーカーである。

以上のことには諸説あるようで、『日本琺瑯工業史』(6)にはもう少し詳しく記載されているから、以下に抜粋しておこう。

同書によれば、日本の琺瑯製造は慶応二年（一八六六）に前出の広瀬与左衛門が万古焼の不透明釉薬を錆び止めとして鉄鍋の内部にかけて製造したのが始まりであるという。また、明治三年（一八七〇）にドイツよりゴットフリード・ワグネル（Gottfried Wagener）がお雇い外人として来日したが、この時に琺瑯（七宝）の技術指導もおこなっており、後に東京・銀座にアーレス商会を設立してその普及に努めたという（この七宝は装飾品であったらしい）。

明治五年　小路佐野三四郎が鋳物琺瑯鍋を製造して、金沢開化新聞に広告を載せる。

明治十年　大阪の五雲堂弥塀兵衛も鋳物琺瑯鍋を製造したという。以後、あちらこちらで鋳物琺瑯鍋の製造が始まったようである。

明治十七年　鉄板プレス製品に琺瑯をかけたものを大阪天満橋筋の石川栄吉が製造開始。明治十八年　これを受け継いだ小田新助の小田琺瑯工場が本格的な操業を開始した。

明治二十二年　海軍大臣・西郷従道が海軍食器の見本製作を下命する。

明治二十二年　小田新助は皿・碗・コップの見本を海軍に納入する。

明治二十七年（日清戦争の開始）琺瑯製の皿・碗・コップが海軍用食器として使用された。

明治二十八年　田中寅吉などが琺瑯工場を設立、外国製ドラム缶を材料として、銅器の鎚起細工（手鍛ち）技術によって鉄板を加工したという。

明治三十一年　石川琺瑯工場で洗面器の製造を開始。東京で鑞付による琺瑯弁当箱の製造を開始。

明治三十二年　瀬戸引き飯燕器の製造開始。

明治三十三年　有鉛琺瑯の製造禁止。無鉛釉薬を開発。

明治三十七年（日露戦争の開始）陸軍から六寸丸鍋を八万個受注。これは鉄兜を兼ねており、軍帽の下に被ったという。

明治四十三年　朝鮮・中国に本格的な輸出開始。

明治四十五年　前出の北畠琺瑯工場を受け継いだ日本エナメルが誕生した。

以上のように、琺瑯製品は大正時代以後は洗面器をはじめとする日用品（茶瓶・飯蒸・縁付鍋・丸鍋・弁当箱）、ガス器具・工業用貯蔵容器などに拡大したが、輸出産業としても発展して、大正末期から昭和初期にかけての輸出製品は、洗面器・皿（スープ皿・肉皿・ライス皿）、石鹸入れ・痰壺・便器・コップ・ミルクパン・ソースパン・蓮華匙・

コーヒーポットなどの多岐に及んだ。

以上のように、琺瑯製品は大正以後輸出産業としての性格を強くしていくが、この状況をライバルであったアルミ業界からみると、次のようになる。

株式会社・日本アルミの社史である『社史・アルミニウム五十五年の歩み』(7)には、琺瑯製品は明治三十三年(一九〇〇)ごろにはすでに「家庭日用品として幅を利かし」ていたと記されており、また明治三十五年ごろのこととして、「まだアルミニウム製品は琺瑯器物の世界の一分野に喰入って少し認められ出し、云々」とされているように、琺瑯製品市場はアルミ製品にとって当面の標的、と意識されていた。いわば琺瑯製品は、近代的な日用品としてアルミ製品を先行するものだったのである。そして、アルミ業界が置換を目指した琺瑯製品は、在来の鋳物の鉄釜・鉄鍋に琺瑯をほどこしたものではなく、西欧伝来の技術に支えられた洋風の日用品であった（以下では『社史・アルミニウム五十五年の歩み』を『社史』とする。アルミに関する多くの記述はこれによる）。

このように、琺瑯製品もアルミ製品も明治時代後期以後に新たに日用の器具となったもので、いわば二十世紀の生活スタイルを具体的に示すものであったが、これら以後、両者は少し異なる経緯をたどったようである。琺瑯メーカーも第二次世界大戦末期には軍指定工場になる場合があったが、それは琺瑯技術によるというよりも、金属一般の加工工場としてであった。また琺瑯製品も、一時期は海軍食器や軍用鍋として採用されたが、それ以上は軍需品として発展せず、もっぱら日用品の輸出に活路を見出していった。

これに対してアルミ工業は、戦時色が強まるとたちまち軍需的な色彩を帯びて、その結果、民生品の生産は縮小ないしは停止してしまう。逆に戦争特需が終了すると、軍需によって拡大した生産能力を民生品に振り向けて新しい製品を開発・販売促進をおこなうことになる。このことの繰り返しを経て日常生活のなかに埋め込まれ、普及していったのである。

3　アルミと陸軍砲兵工廠・内国勧業博覧会

アルミニウムが最初に実用材料になったのは十九世紀のヨーロッパである。ボーキサイトからアルミ地金を採集するアルミ精錬法の確立は、化学的精錬法と電気的精錬法のふたつが明治十九年（一八八六）のホール・エルー法、同二十一年（一八八八）のバイヤー法によって生まれたことによる。

それが日本に紹介されたのは日清戦争前後のことで、ヨーロッパで実用化し始めた新材料として陸軍砲兵工廠が実験的に持ち込んだものらしい。当初は青銅に添加して強度を上げることを目的にしていたといわれる。

従来の日本の青銅は、鋳造時に地金の流動性を高めるために鉛を添加していた。鉛を添加することによって確かに鋳造性は改善されるが、過大に入ると材料強度が下がり、また腐食要因になるから、これをアルミに置換するために研究されたのであろう（今日では強度が大きく腐食に強い「アルミ青銅」が船のスクリュー・バルブ・軸受などに実用されている）。ちなみにヨーロッパでは、青銅鋳物に早くからアルミニウムを混入する方法を用いていたという。

前掲の『社史』によれば、初めて少量のアルミ材料が輸入されたのは明治十九年（一八八六）であるが、実用品の加工は明治二十七年（一八九四）に大阪陸軍砲兵工廠で軍用の帯革・剣吊・負革の尾錠を作ったのが最初であるとされる。当時、ヨーロッパでは、すでに軍用のアルミ製飯盒・水筒が実用されていたから、この軽量金属が日清戦争のさなかに軍用携帯品として注目されたのは当然のことである。

すでに述べたように、海軍は同年に琺瑯食器を使用し始めたが、これは船上食器として用いたのであろう。一方、陸軍では携帯が容易・軽量・丈夫なアルミが最適であると考えて、砲兵工廠では尾錠などに引き続いて、飯盒・水筒の試作をおこなったが、これはドイツ軍の模倣であったといわれている。

当時の技術水準では、アルミの機械的な圧搾（プレス）はたいへんに困難であったから、初めは在来の「手打ち技法（銀・銅を用いて花瓶などを打ち出す伝承的な鎚起細工）」によってなんとか試作品を作り、さらに研究を進めることになったという。こうして軍用の飯盒・水筒が日本で初めて作られたアルミ製の容器となった（西欧の軍用飯盒・水筒には、アルミを使用する以前に錫合金〈ピューター〉製があったらしい。また、古くから水筒に類似の「フラスコ〈アルコール飲料を入れて持ち歩く〉」が銀合金・錫合金で作られていた）。

明治二十九年（一八九六）には、圧搾機（プレス機械）や旋盤をドイツから輸入して、同三十年から本格的な飯盒・水筒製造を開始した（同三十一年からこれらの製品は実用されるようになったらしい）。東京砲兵工廠では水筒を、大阪砲兵工廠では飯盒をと区分けして製作することになったという。こうして軍用食器のアルミ化の第一歩が始まったのであるが、以後は大阪砲兵工廠を中心に開発されていったようである。

水筒・飯盒に続いて、大砲の砲弾用の火薬を入れる扁平な火薬缶を製造するようになった。

当時の大砲は直接に砲弾に火薬を入れるもので、火薬を戦場に運搬する必要があった。そのためのブリキの火薬缶は重く腐食しやすい欠点があり、これに比べてアルミは、軽くて腐食しにくい点に特徴があるから採用されたのだといわれる（当時すでにヨーロッパ各国の軍隊で実用されていたようである）。このアルミ製火薬缶がどの程度作られたかは判然としないが、ここから本格的なアルミの量産加工が始まったのである。

さて、それまで軍隊で使用していた弁当箱や戦場食糧について少し触れておこう。

弁当箱のひとつは、「飯骨柳」や「菜骨柳」と言う柳行李で（第二次大戦においても気温・湿度の高い南方戦線で使用した）、これに飯や菜を詰めたらしい。また、ブリキの弁当箱も使われたというし（ブリキではなく、鉄板琺瑯製であった可能性がある）、「飯包布」と言う麻袋も使用していた。

大塚力は、食糧産業研究所長・川島四郎の『軍需品科記第50号別冊付録・飯盒物語』を引いて、東北地方で稗飯を入れて弁当にした「粮袋」に類する麻袋が西南戦役から日清戦争まで使用されていたという[8]。当時は風呂敷に包んで袈裟掛けにしたから、背負いやすいものが中心だったのであろう。

このほかに西南戦役・明治十年（一八七七）には、兵隊食糧として大阪の商人から官軍に甘煮の缶詰が送られたといい、ここから軍用食品としての缶詰の利用が始まるが、その一方、同年には北海道・石狩市に石狩缶詰所が設置されて初めて鮭缶の生産を開始したという。それが十月十日であったから、日本缶詰協会はこの日を「缶詰の日」に指定しているらしいが（http://www.jca-can.or.jp/handbook/hand00.htm）、そうすると、西南の役の甘煮の缶詰は軍用としての嚆矢には違いないが、輸入製品であったのかもしれない。

また、西洋式兵隊食の代表である「乾パン（「クッキー」ともいった）」も早くから利用されていた。第二次長州戦争・慶応二年（一八六六）において、大村益次郎指揮下の洋式軍制による長州・奇兵隊が石見口で幕府軍と戦うが、その時に萩焼の窯で焼いたパンを携行したという。それがどんなものであったかはわからないが、西洋風軍隊食を積極的に導入しようとしたことを表わしているのだろう。それはやがて民間の食事にも影響を及ぼしていく。缶詰は第二次大戦時の（あるいは今日においても各国軍隊において）もっとも重要な兵隊食糧で、北洋漁業が支えていたのであるが、民間においても鮭缶・蟹缶はながらく高級保存食とみなされてきた。

さて、兵隊の携帯食器としてアルミの飯盒・水筒が開発・採用されてから以後、砲兵工廠には各連隊から火薬缶や食事皿などの注文が次々と入るようになり、それに応える体制を整えてアルミ製品を量産するようになった。アルミ製品はこうして実用の道を歩むようになるが、それにともなって砲兵工廠では、民間の日用品の試作に取り組むことになったという。

砲兵工廠の正式業務に日用品の開発が含まれていたかどうかは分からないが、多様な民生用の金属加工もおこない殖産興業の役割を担っていたようで、この点はなかなか興味深いことである。そして、大阪砲兵工廠で最初に作られ

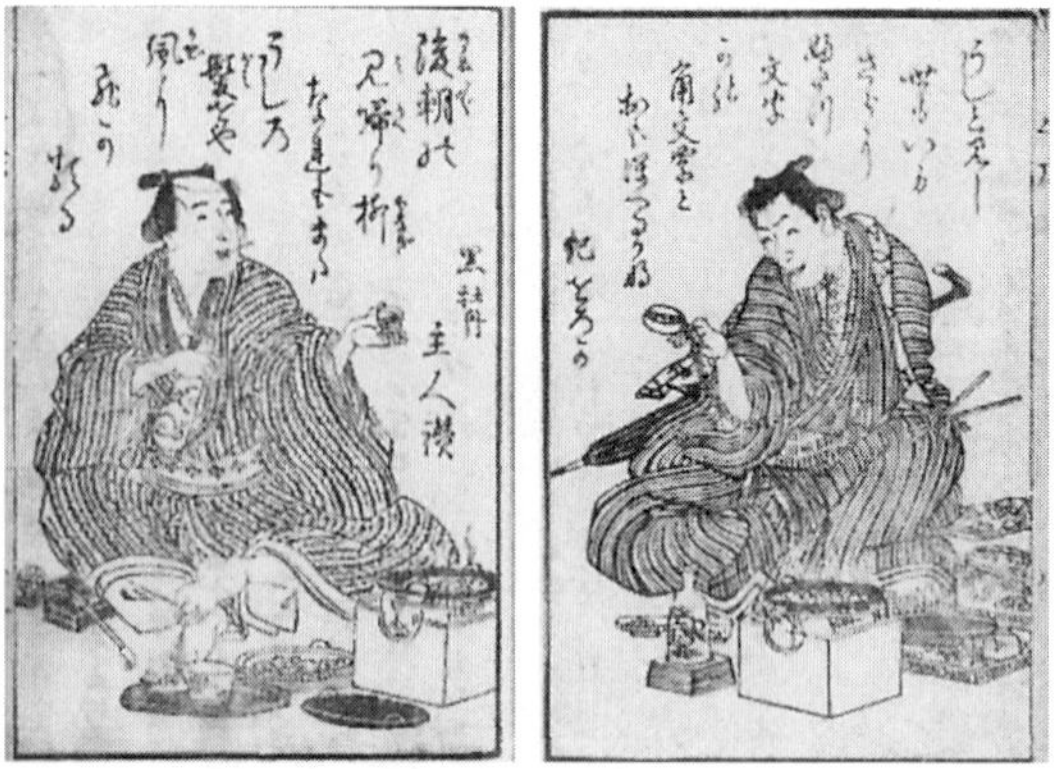

図10　牛店雑談　安愚楽鍋・仮名垣魯文の挿絵（国文学研究資料館・近代文献情報データベースより）
右：西洋好の聴取・西洋かぶれが鋤焼き鍋を前に「牛は至極高味でごすネ」と牛肉を賛美している
左：堕落個の廓話・同様に怠け者が鋤焼き鍋で杯を傾けている

たアルミ製の日用品は鋤焼に使う鍋であったという。

実はこの鋤鍋は、先に述べた火薬缶の蓋の中心を凹面にプレスして浅鍋に仕立て直したものであった。

日本アルミの『社史』によれば、「火薬入れ容器の蓋が落込み蓋であったため、この中央の一部を直径二寸位の円さに押出すと「鋤鍋」ができた」（同書「日本のアルミニウム厨房用品第一号」）というのである。火薬缶を製造していたことを考えるとこの程度の加工はそれほど難しくはなさそうであるが、ともかく、これが日本で製造した「アルミ鍋」の第一号であった。

ここで注目しておきたいことは、この「アルミ鍋」の第一号が、炊事に用いる実用的な煮炊器具ではなく、鋤焼用の鍋という特殊な利用を想定したものだったことである。

その当時の鋤鍋の使い方のおよそは、仮名垣魯文『牛店雑談／安愚楽鍋』に付された挿画によって、知ることができる。挿画は新しもの好きが胡坐で一杯やっている様子を描いたもので、「西洋好の聴取」の表現を加えながら概略を述べると、次のようになる。

男は、朝夕石鹸を使っているようで色つやがよく、頭はこれから撫つけか総髪にするつもりであるか、月代を剃らないで伸ばしており、オーデコロンを使っているかにみえる。はだけた襟からみえる更紗の紛いもので作ったシャツの裏は張り替えで、縦にボタンがならぶ。懐中時計（本文では「袖時計の安物」。鎖は「金の天ぷら（金メッキ）」）を襟から取り出して時々みているが、それは見せかけにすぎない、という風情である。脇にはカナキン（金巾－木綿布・

西洋カナキンの意）の蝙蝠傘が放ってある。袴をつけた徳利は、染付の瀬戸物（磁器）、木箱に入った小火鉢の上には黒い平鍋（鉄鋳物）が乗っていて、鍋のなかで牛肉が煮えたぎっている。

このような新し物好き、西洋かぶれが牛肉を食べるために専用の鍋（それは座敷で用いる一人用の鍋）を用いるという時代の気分を反映して、アルミの鋤鍋は考え出されたのである。

この鋤鍋に続いて、軍用食皿の両端にアルミ線を曲げた把手を鋲づけにしたものを「丸鍋」と名づけて作った。適当な大きさのアルミ皿の両端に把手をつけて、皿が鍋になったというだけのことであるが、これらを実用試験のために砲兵工廠の職員・工員に配布して使用させたという。

職員・工員の家庭での試用結果がよかったのか、これらのアルミ鍋の本格的な生産が開始されて、さらに引き継いて丸弁当箱・角弁当箱・水呑み・コップ・牛乳沸かし・酒燗容器のような鉄板琺瑯製品に類似するものがたくさん開発されていった。このうちの「丸鍋」は、熱の吸収をよくするために底に漆を焼き付ける工夫をしたが、これが戦後まで習慣的におこなわれていた鍋底の処理方法で、今とは違って長らくアルミ鍋の底は黒かったのである。もっとも、この処理は熱吸収に役立つというよりも、実は単に旧来の鉄鍋を模しただけではないかと思われる。

こうして生まれたアルミの日用品がどの程度一般に知られていたか、どの程度実用されていたかとなると、それはわからない。明治三十二年に、大阪砲兵工廠の提理・太田徳三郎が欧米視察に際してヨーロッパ各地でアルミ市場を見て帰り、その指示によって、翌年から大阪砲兵工廠製造のアルミ製品が民間に払い下げられることになったという。

この大阪砲兵工廠の払い下げ品を、出入り商人から買い入れて販売にあたったのが、大阪・平野町の高木鶴松商店（鶴丸印・現「株式会社・日本アルミ」）であった。この明治三十三年（一九〇〇）は、日清講和条約調印の五年後にあたり日英同盟協約・東京株式市場大暴落の二年前、そして日露戦争開始の三年前という時期であった。だから、戦争

図 11　明治 33 年ごろの大阪・平野町の高木鶴松商店（日本アルミウム工業株式会社『社史—アルミニウム五十五年の歩み』より，以下では『社史』という）

と戦争に挟まれたわずかな時期に軍需工場で作ったアルミの日用品が、初めて商店に登場したというわけである。

これに続いて明治三十四年には、高木鶴松商店を中心にした民間のアルミ加工工場が発足して、砲兵工廠の技術を受け継いで厨房器具の製造を開始することになった。そして、早くも翌年に高木鶴松商店は「軽銀（アルミの和名あるいは商品名とした）」の特色を書き上げた製品価格表を作って大いに宣伝を始めており、それには次の三三種類の器具が記載されている。

七寸・六寸・五寸両手鍋、五寸片手深鍋、五寸両手浅鍋、五寸片手浅鍋、大鋤焼鍋、小鋤焼鍋、コップ、大コップ、大磨コップ、水呑、コーヒー呑一組、角弁当、丸弁当、小手塩皿、中手塩皿、小丼鉢、中丼鉢、銅壺杓、中杓子穴付共、小物穴付共、小サジ、木柄杓子、小蓮華杓子、角箸、丸箸、中洋皿、中洋皿模様入、小洋皿、小洋皿模様入、玉子焼き、牛乳沸、七寸蓋、六寸蓋、五寸蓋

これによると主要な製品は鍋・弁当箱・皿のようである。煮炊鍋には両手鍋・片手鍋の二つの形式があり、弁当箱や皿以外に杓子・サジ・洋皿・コーヒーカップなどもあって、いろいろ作れるようになっていたことがわかる。ここに見られる鍋の以外のものは、これまで陶磁器、ガラス、木などで作っていた器具をアルミに置き換えたものが多いが、同時にハイカラな洋風製品を含んでいることも分かる（洋皿、卵焼、牛乳沸、ソースパン、フライパン）。最後に記されている三種類の「蓋」は、鍋用の木蓋でアルミ製ではなかった。これがアルミの蓋になるのはかなり

後のことである（後述）。ここには三つ入子弁当・タタミ弁当・菓子鉢・水差・湯沸・急須・茶入・巻煙草入れ・丸型茶托なども刷り込まれているが、これらは発売予定であった。

高木鶴松商店は、その後に東京に支店を設けて、銀座の有力な雑貨商店「相庄」に製品を並べるようになった。そして明治三十六年には、全国の特約販売店が二八店を数えるまでになる。その内訳は、東京六店、横浜二店、名古屋二店、京都二店、その他に金沢、福井、神戸、姫路、岡山、広島、下関、門司、博多、佐賀、佐世保、長崎、熊本と、西日本の全域に及んでいる（当時、東京にはもうひとつ有力なアルミ製造所として「那須アルミ〈現・新日軽〉」があり、このことが特約販売店が西日本へ偏っている理由かもしれない）。いずれにしても、このような販売網の広がりは、アルミ製品に対する一般の関心が高まり、新しい日用品として商品価値が認められてきたことを表しているのであろう。

そして、明治三十六年（一九〇三）には、大阪で第五回内国勧業博覧会が開催された。既述のように、この勧業博覧会には鋳物珐瑯鍋・瀬戸引鉄板瓶が出品されているが、アルミ製品の販売促進を図る高木鶴松商店も大量に出展することになった。

「内国勧業博覧会出品目録　第七部　製作工業」(9)には、高木鶴松が出品したアルミ製品の一覧が掲載されており、その内訳は次の通りである。

水差、湯沸、茶卓、珈琲呑、錘、コップ、茶托、磨湯沸、角弁当、丸弁当、組立弁当、同小、小手塩皿、丸弁当蓋磨、中手塩皿、小洋皿、同磨模様入、中洋皿、同磨模様入、大洋皿、洋皿磨模様入、大丼鉢、中丼鉢、小丼鉢、盃、角箸、丸箸、小杓子、中杓子、木柄杓子、同中、フライ鍋、ソース鍋、手塩、菓子鉢、小盆、中盆、小丸鍋、同中、同第、縁付鍋、大スキ鍋、小スキ鍋、耳付スキ鍋、小丼鉢、同模様入、片手鍋

日本アルミの『社史』では、この勧業博覧会にアルミ製品を出品したのは、高木鶴松商店だけであるとされている

が、実際はそうではなった。住友吉左衛門（十五代住友家当主・友純。住友伸銅所では明治三十一年〈一八九八〉からアルミ圧延を開始していた）も出品していたし、砲兵工廠も直接に出品したのである。住友の場合はアルミ製品だけを出品したのではなく、銅・真鍮のプレス製品（盥など）が主な出展製品で、それにアルミも加わえたということのようである。住友は銅の圧延装置を利用してアルミ圧延を始めており、圧延金属全般の宣伝だったのである。

その内容は次の通りである。

機械製銅金盥大、同中、同小、同真鍮金盥大、同中、同小、同ニッケル鍍金金盥大、同中、同小、機械製真鍮嗽茶碗、機械製アルムニーム鍋《ママ》、同アルムニーム皿、大中小、同盆大中小、同鍋大中小

このように、住友の出展製品はわざわざ「機械製」であることと特記しているところに特徴がある。圧延技術を基にして、人力ではなくプレス機械を用いて加工したという点を強調しているのである。このことは逆に、高木鶴松商店の製品は、まだ人力に頼る在来の鎚器細工を受け継ぐところが多かったことを表わしていると思われる。

このような両者に対して、「第五回内国勧業博覧会審査報告　第七部」[10]は次のように評価を下している。

アルミニユム製品ハ　数年前ヨリ　砲兵工廠ニテ　軍用飯盆、水筒等ヲ製作スル傍ラ普通ノ日用器具ヲ製作シ之ヲ民間ニ払イ下ケ来タリシモ　民業トシテハ近年ノ創始ニ係ルヲ以テ　出品者ハ大阪府ノ住友吉左衛門　及高木鶴松ノ二人ニ過ギズ　前者ノ出品ハ僅ニ鍋、皿、盆ノ三点ニ止ルト雖モ何レモ　其品質製作共ニ良好ニシテソノ設備充分ナルヲ知ルニ足レリ　後者ハ皿、盆、コップ、コーヒ呑、鉢、茶托、匙、杓子、箸、弁当、鍋等百余点ヲ出品セルモ　其製作ハ前者ニ及バズ　今ヤ、アルミニユム製品ノ益益用イラレルニ当リ、斯業ノ起スルハ大イニ賀セルベカラス　只望ム所ハ其適用ヲ過ラズ実用ニ適スル堅牢ナル物品ヲ製出スルニアリ（後略）

この「審査報告」では、アルミ製品についての部分とは別に、薬缶・金盥のところでも「本品類ハ鍋釜ニ比スレハ進歩ノ跡ヲ認メ得ヘク」と評価し、続いて「然レトモ之ヲ製作スル方法各地トモ専ラ手工的ニシテ機械ヲ用イルモノ

少ナク（略）大阪ニ於テスラ機械力ニ頼ルモノノ極メテ少数ナルハ遺憾ノ極ミ」として機械力の導入を推奨しているから、こうした観点が住友の「機械製」に対する高い評価になったのであろう。

しかし、高木鶴松商店は、華麗な展示ブースを仕立てるとともに、会場の内外で積極的な宣伝即売もおこない、「小物（弁当箱・匙・杓子などを指すようである）」製品が博覧会見物の土産や記念品としてよく売れて、相当の売上記録を残している。その結果、最終的には栄誉ある宮内庁御買上になり、一等銅賞牌を受賞することができたのである。

以上のように、内国勧業博覧会を積極的に宣伝の場とした高木鶴松商店の戦略は見事に成功して評判をとり、これを機会にアルミの日用品は広く知られるようになったが、このことは同時に、当時の世相が「新しいモノ」を強く求めていたことを表わしている。

こうして日清戦争のさなかに軍事目的で導入されたアルミニウムは、この時点で殖産興業のひとつに組み込まれるとともに新しい文明的な生活イメージを示す日用品のひとつとして、ひろく認知されはじめたのである。

『社史』には当時の関係者のエピソードを、次のように記述している。

私の親戚に宇田川米吉という者があって（略）アルミニウムの丸弁当箱を大阪土産に私に贈ってくれた。これはなかなか軽くて美しく、今までの、割れ易く重くて不便だった瀬戸物の弁当箱に比べると甚だ勝れたもので、なにしろ和歌山も市外の学校のことでまたたくまに「平川の弁当箱」と評判になった。

ここから当時の学校の弁当箱は陶磁器（実際は鉄板琺瑯製もあったか？）が多く、珍しいアルミ製の弁当箱が大いに注目を集めたことがわかる。このようにして目にまばゆい銀色の弁当箱が少しずつ知られるようになったのである。

第五回内国勧業博覧会以後、ここで獲得した評判に乗ってアルミ製品は急速に普及していったかというと、実はそうはならない。日露戦争が開戦するとともにアルミ加工業の中心は、軍隊用品に戻らなければならなかったからである。

4　軍用食器・弁当箱・錦鍋

その間の推移を『社史』は、明治三十七年の初めのうちは「民需品も今までと同じように作られ、売られてもいたが、戦局が進むにつれて生産能力の点からも社会情勢の変化からしても、漸次、水呑コップや軍用食器などの軍需品だけの生産になって行った」として、日用の厨房器具は生産中止に近い状態に追い込まれたと述べている。

当時の高木鶴松商店は、兵士用の腰下げ水呑み（把手付きのコップに鎖をつけて、その先に腰バンドに差し込むヘラが付いていた）を開発して軍に採用されて、大量発注を受けていた。さらに兵士用の飯椀・汁椀・携帯用鍋の注文が多かったという。当時の軍用アルミ食器は民間からの買い上げと砲兵工廠での製造が並存していたが、高度な製造技術が必要な飯盒と水筒はもっぱら砲兵工廠で製造しており、飯盒・水筒が民間業者に発注されるようになるのは日露戦争終結後のことである。

明治三十八年（一九〇五）の講和後も「講和反対」が声高に叫ばれる世情にあって、軍用アルミ製品の受注はますます盛んであったという。そして、明治四十二年（一九〇九）に陸軍が、アルミ製品を「歩兵須知」に採り入れて制式軍用食器に指定した。以後、多くの連隊が木椀・瀬戸物を廃して官給品五点セット（飯椀・汁椀・箸・皿・湯呑）をアルミ製に切り替えていったのである。こうして、近衛連隊からは「近衛飯盒」、習志野の騎兵隊からは「騎兵弁当（箱）」が発注された。このように、後々の「兵隊さんは……、かねの茶碗にかねの箸」という標準化が進行する一方

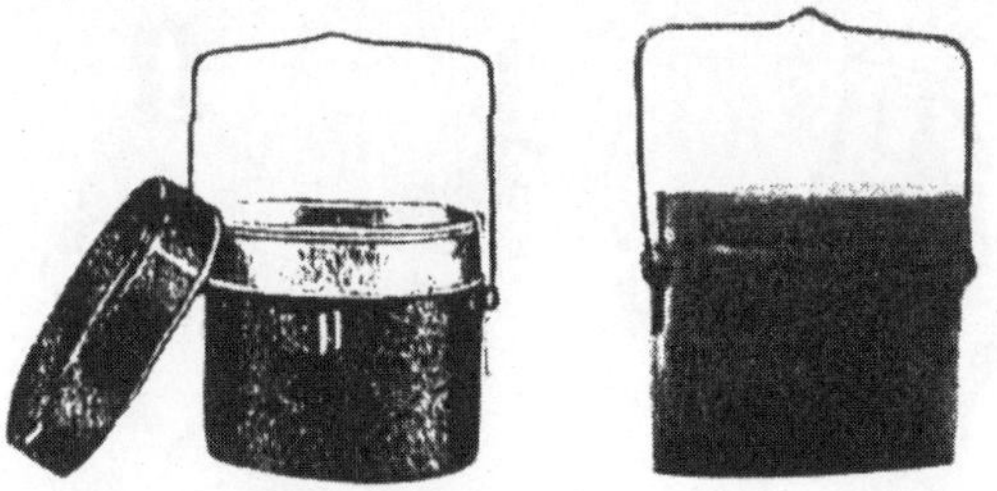

図 13　アルミ製の軍用飯盒

飯盒はなんどか制式改定があったらしいが詳しくはわからない，この飯盒は当初の陸軍砲兵工廠製とされている（『社史』より）

で、「将校私物」である将校飯盒ならびに将校水筒も多量受注するようになった（兵隊水筒と将校水筒は区別されていた。「将校私物」の水筒には布覆いが着き、口金の作りが異なった）。

ただし、海軍からの発注は舞鶴鎮守府から受けた「配食器」と「配食盆」が最初で、陸軍にずっと遅れて大正三年（一九一四）からのことであった。

一方、戦後の不況下にあって民間のアルミ需要を喚起したものに、将校・兵士の戦場でのアルミ体験があったという。将校・兵士がアルミ製品を「軽くて美しく、便利で衛生的」と評価したこと、除隊時に官給食器の下賜

図 12　制式採用された陸軍の兵隊食器（陸軍五器）（『社史』より）

陸軍が「歩兵須知」に取り上げ制式とし、民間に発注したのは明治 42 年（1909），麻布の第三連隊が五器（飯椀・汁椀・菜皿・湯呑・箸あるいは食匙）を注文してきたのが始まりであるという．近衛連隊は特に「近衛飯盒」，習志野騎兵隊は「騎兵弁当（丸飯盒）」であったという．

1：砲兵工廠型飯椀　2：砲兵工廠型汁椀　3：砲兵工廠型菜皿　4：湯呑　5：軍用丸箸　6：軍用食匙

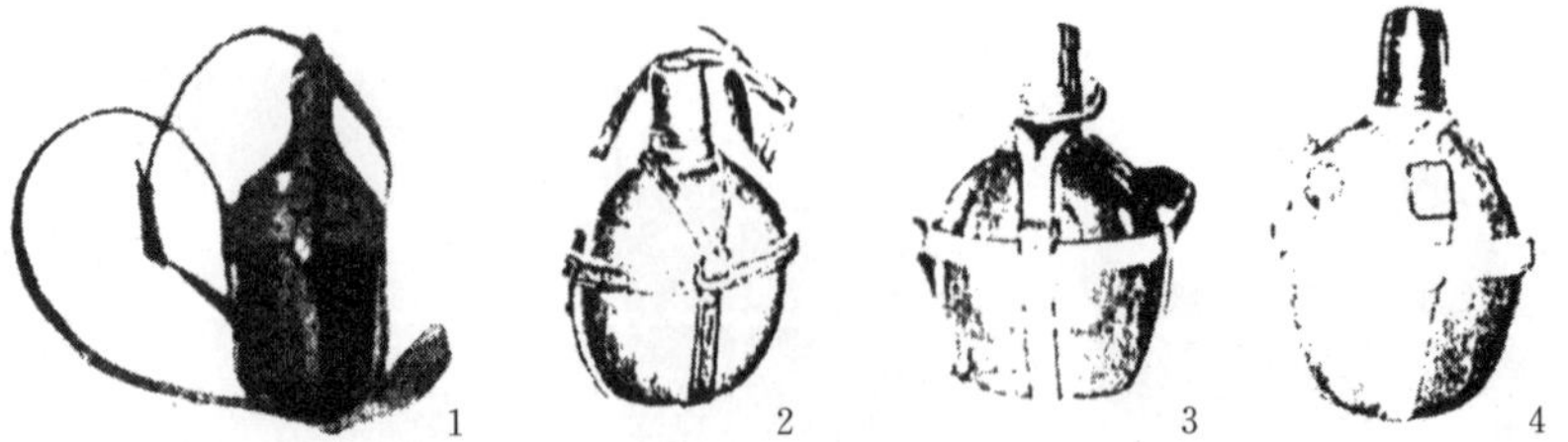

図 14　アルミ製の軍用水筒
1：当初の陸軍砲兵工廠製とされているもの（『二十年史』より）
2～4：第二次大戦時のものらしいが，これにはいくつか制式があったようである（『社史』より）．沖縄などに残る残存品をみると，日本アルミ・那須アルミなどの製品がまざっている．なお，水筒には官給品である兵隊用と将校私物（普通は布着せになっており，兵隊用とは口金が異なる）の区別があった．

図 15　海軍の配食器（『二十年史』より）
大正 3 年（1914）に舞鶴鎮守府から注文が来た海軍関係の最初の器具

があったらしいこと、その結果、大衆的にアルミ製品に触れる機会が生じたことがひろく需要を掘り起こしたようで、明治四十一年（一九〇八）の好況時に入ると、大阪のアルミ製品の生産高は前年の二倍強になり、この時点で日本アルミニューム製造所（現・株式会社・日本アルミ。旧高木アルミニューム製造所・高木鶴松商店の直営工場）の販売種目は二〇〇種類以上になっていた。それには薬缶・急須・飯蒸・盃・徳利などが含まれる。なかでも需要が大きかった弁当箱には、大角弁当・中角弁当・相中角弁当・小角弁当・角形菜入・筍形弁当・二重入子弁当大々・同大・同中・大タトミ弁当・掛子付中・同小・丸弁当大・同中・同小・四重弁当・入子三重弁当などのデザインがあった。このことはアルミ製弁当箱が本格的に普及し始めたことを表し、それは同時に腰弁の時代であったことを反映しているのであろう。たとえば次のようなものであった。

　当時砲兵工廠は失業者の収容所であった。田舎で土地を失った百姓の子弟が、今日東京に出て電車の車掌になるように、当時の失業者は大部分砲兵工廠に身を寄せた。賃金は相変わらず安いもので、初めは日給二十五銭、よくなって三十五銭位のものであった。わたしの郷里のひとびとも幾人か砲兵の職工になっていた。律儀な人はその給料から相当の貯金をして資本を造った者もあった。何と言っても今よりも生活が楽だったのだ。

また、官吏は官吏で、退庁時間になると南は霞ヶ関のあたり、北は内務省から、文部省あたりまでの掘端道を、官吏たちの匆惶としてテクテク行くのが見られた。ここいらの道を当時のひと呼んで腰弁街道といった（前掲『明治大正見聞史』）。

以上のような明治時代後期のアルミ製品の普及史を整理してみると、次のようになる。

日清戦争のさなかに軍用品として導入・開発されたアルミ製品は、戦後に日用品として民間に登場した。それは斬新なイメージで衆目を集めるが、当時はまだ珍奇かつ高価なものにすぎず、その生産技術は貧弱であった。次いで日露戦争が起こると、急遽軍用食器の必要が増大して生産規模は拡大するが、その影響から日用品の生産は大きく落ち込むことになる。しかし、戦後は再び民需に転換して、好景気時に一気に需要が拡大して、大衆的な日用品になっていった。

このような推移の結果、大正五年（一九一六）に出版された「三都比較　大阪研究」[11]には、日本アルミニユーム製造所が記載されて「金属製の諸器具、陸海軍軍需用品、食器品、内地官庁及び民間一般の需要に応じ、更に拡張して、満州・朝鮮・支那・印度及び南洋方面に迄も輸出し、商運時と共に勃興せり」とされるまでになっていた。この短い記述からも、軍需と民需のはざまにあって、戦時と平時に臨んでそのベクトルを一八〇度転換しながら、その都度に量的拡大を遂げていったことがわかる。それがやがて国際的な需給関係に翻弄されるようになっていくのである。

第一次世界大戦下には以下のような展開をたどった。

欧州大戦の勃発とともに、ヨーロッパ諸国は一斉に、軍事物資としてとみに重要性が高まったアルミ地金に対して禁輸政策をとった。このためにアルミ製品がようやく普及し始めていた地域（中国・東南アジア・南アジアなど）では深刻なアルミ材料・アルミ製品の不足が発生した。これに応じて日本のアルミ業界は、アメリカから輸入したスクラップアルミを再熔解して作った製品によって、この地域に急速に進出して大変な特需景気に浴することになった。

インドからはサークル（現地で器具加工に用いる円形アルミ板。業界ではこの輸出景気を「サークル景気」といった）・鍋（現地の名称を用いて「デグチー」といった）・ボール・コップの注文が殺到して、太平洋諸島からはラバーカップ（ゴム採集用のコップ）、中国からは水筒などの大量発注が相継ぎ、生産は激増した。半製品であるサークルなどは、問屋の倉庫に溜まっていた国内向け在庫製品を買い戻して、これを鋳潰して板に作り変えて出荷するほどであったという。

その結果、大阪府下のアルミ製品の加工工場は、大正八年（一九一九）には一五工場を数えて、生産高七二五万円余にまで伸張した。もっとも、このような戦時特需はアルミ業界に限らずあらゆる日用品・軽工業の分野に及んだものであった。たとえば新潟県三条の刃物もヨーロッパ（主としてドイツ）製品に替わって大量に南アジアに輸出されて、ここにも一大好景気をもたらした。また、琺瑯製品も同様で、『日本琺瑯工業史』によれば、大正六年（一九一七）に琺瑯鉄器は重要輸出品に指定されて大正七年から輸出が拡大するが、以後、この業界は国内向けではなく、洗面器などの日用品の輸出に依存するようになる。

しかし、アルミの場合にはこの輸出景気は長くは続かなかった。大正八年に大戦が終結すると、翌九年にはヨーロッパ製品がアジア各地に再登場して輸出はまたたくまに半減してしまったという。その一方で、国内市場は厳しい金融恐慌・戦後反動不況下にあって激しい販路競争に突入することになった。

当時、日本アルミニューム製造所には、インド向けの鍋（デグチー）の見込み生産品が多量滞貨しており、その処

1

2

図16　錦　　鍋
1・2：添付の商品名が横書で縦一字ではないから発売当初のものではなく，戦後の製品のようである．細部はともかく全体は今日までほとんど変化していない（『社史』より）

分をなんとか考えなければならない状態であった。

デグチーは円筒形の本体にアルミの共蓋を被せる形式の鍋で（今日のシチュウ鍋に類似のものだったようである。ただし把手は付いていない）、一六インチ（約四〇・六センチ）から二四インチ（約六一センチ）までの大きさがあった。そこで考え出されたのが、この輸出用製品を日本の家庭で使う日用の鍋に仕立て直して販売することであった。試みに鍋の両側に把手を、蓋にはつまみを付けて、順慶町（大阪・南船場）の夜店で売り出してみたところ思いがけずよく売れたという。それまでのアルミ鍋は在来の鉄鍋を模したものであったから、外広がり・丸底の器形で、それに木蓋を乗せて使用するものであった。だから、これとはまったく異なる円柱形の鍋形に金属の蓋が付く西洋風（と見える）のデザインが、モダン好みの人々の目を強く引きつけたのであろう。

その後にこれに若干の改良を加えて、本体と蓋の外縁を巻き込み仕上げにした。こうして伝承的な丸底の鋳物の鉄鍋を受け継いだそれまでのアルミ鍋とは、見た目が異なる独自のデザインが生まれたのである。これが以後の日本のアルミ鍋の定番となった「両手鍋」の原型である。

この両手鍋の登場も、初めて砲兵工廠で鋤鍋を作り始めた時と同じように、計画的に作られたものではなく、ちょっとした思いつきから生じたに過ぎなかった。しかし、この鍋型は家庭の調理方法によく見合ったからか、これ以後、定番商品となって今日に及ぶ。今日でも金物屋に並んでいるから、以来九

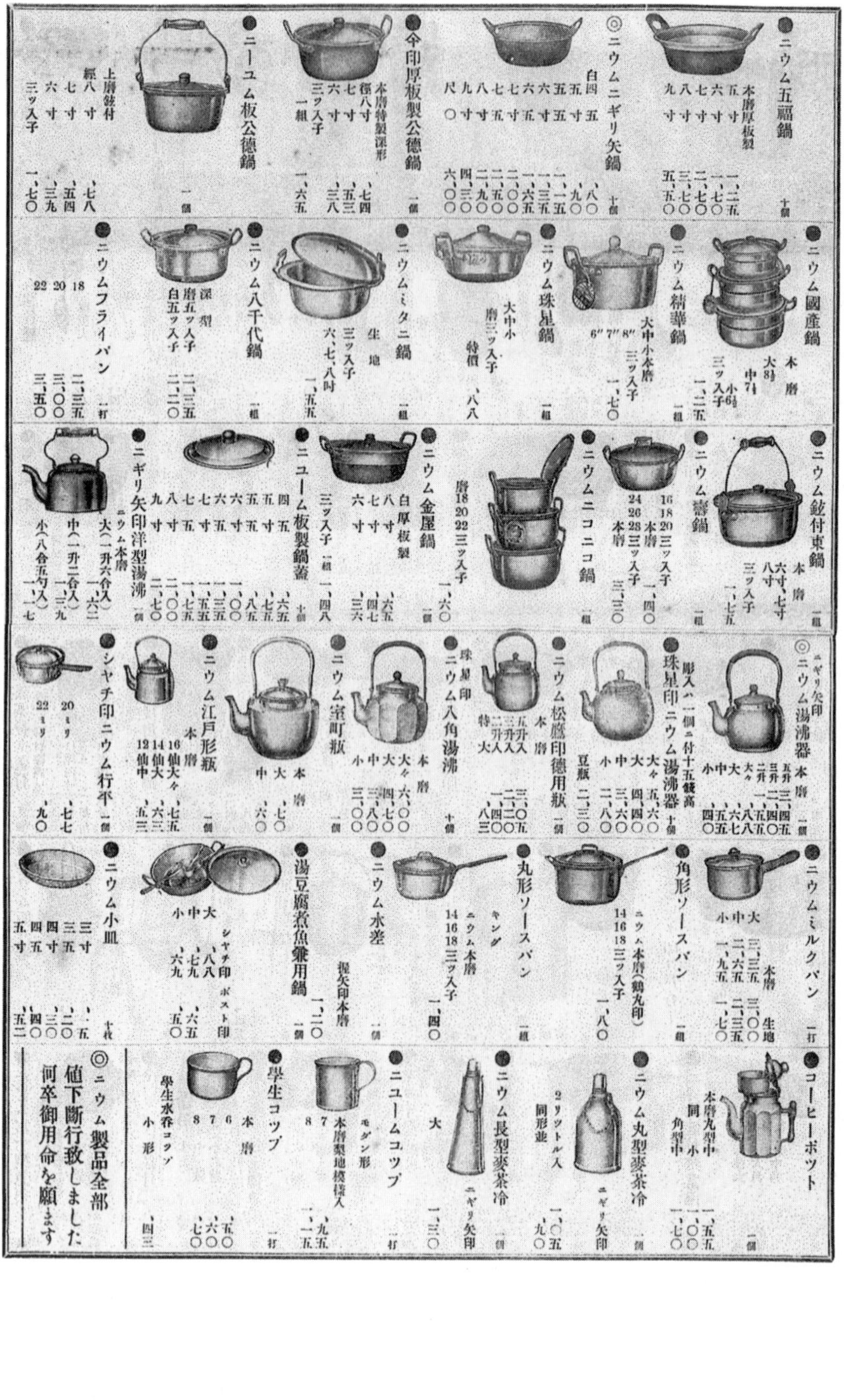
●ニウム五福鍋 十個
本磨厚板製
五寸 一、二五
六寸 一、七〇
七寸 二、七〇
八寸 三、七〇
九寸 五、五〇
◎ニウムニギリ矢鍋 十個
白四五 、八〇
五寸 、九〇
五五 一、一五
六寸 一、三五
六五 一、六五
七寸 二、〇〇
七五 二、五〇
八寸 二、九〇
九寸 四、三〇
尺〇 六、〇〇
●令印厚板製公徳鍋 一個
本磨特製深形
径八寸 、七四
七寸 、五三
六寸 、三八
三ッ入子一組 一、六五
●ニーユム板公徳鍋 一個
上磨鉉付
径八寸 、七八
七寸 、五四
六寸 、三九
三ッ入子 一、七〇
●ニウム國産鍋 一組
本磨
大8½ 中7¼ 小6½
三ッ入子 一、二五
●ニウム精華鍋 一組
大中小本磨
6″ 7″ 8″ 三ッ入子 一、七〇
●ニウム珠星鍋 一組
大中小
磨三ッ入子
特價 、八八
●ニウムミタニ鍋 一組
生地
三ッ入子
六、七、八吋 一、五五
●ニウム八千代鍋 一組
深型
磨五ッ入子 二、三五
白五ッ入子 二、二〇
●ニウムフライパン 一打
18 二、三五
20 三、〇〇
22 三、五〇
●ニウム鉉付東鍋 一組
本磨
六寸、七寸
八寸
三ッ入子 一、七五
●ニウム壽鍋 一組
16 18 20 三ッ入子 本磨 一、四〇
24 26 28 本磨 三ッ入子 三、三〇
●ニウムニコニコ鍋 一組
磨18 20 22 三ッ入子 一、六〇
●ニウム金屋鍋 一個
白厚板製
八寸 、六五
七寸 、四七
六寸 、三六
三ッ入子 一組 一、四八
●ニユーム板製鍋蓋 十個
四五 、六五
五寸 、七五
五五 、八五
六寸 一、〇〇
六五 一、三五
七寸 一、五五
七五 一、七五
八寸 二、〇〇
九寸 二、七〇
●ニギリ矢印洋型湯沸 一個
ニウム本磨
大(一升六合入) 一、六二
中(一升二合入) 一、三九
小(八合五勺入) 一、一七
◎ニギリ矢印 ニウム湯沸器 本磨 一個
五升 三、四五
三升 二、四〇
二升 一、五五
大々 、八八
大 、六七
中 、五五
小 、四〇
●珠星印ニウム湯沸器 十個
彫入ハ一個ニ付十五錢高
大々 五、六〇
大 四、四〇
中 三、六〇
小 二、八〇
豆瓶 二、三〇
●ニウム松鷹印徳用瓶 一個
本磨
五升入 三、〇五
三升入 二、二〇
二升入 一、四〇
特大 、八三
●珠星印 ニウム八角湯沸 十個
本磨
大々 六、〇〇
大 四、七〇
中 三、八〇
小 三、〇〇
●ニウム室町瓶 一個
本磨
大 、七〇
中 、六〇
●ニウム江戸形瓶 一個
本磨
16仙大々 、七五
14仙大 、六三
12仙中 、五三
●シヤチ印ニウム行平 一個
20ミリ 、七七
22ミリ 、九〇
●ニウムミルクパン 一打
本磨 生地
大 三、三五 三、〇〇
中 二、六五 二、三五
小 一、九五 一、七〇
●角形ソースパン 一組
ニウム本磨(鶴丸印)
14 16 18 三ッ入子 一、八〇
●丸形ソースパン 一組
キング
ニウム本磨
14 16 18 三ッ入子 一、四〇
●ニウム水差 一個
握矢印本磨
●湯豆腐煮魚兼用鍋 一個 一、二〇
シヤチ印 ポスト印
大 、八八 、六五
中 、七九 、五〇
小 、六九
●ニウム小皿 十枚
三寸 、一五
三五 、二〇
四寸 、三〇
四五 、四〇
五寸 、五二
●コーヒーポット 一個
本磨丸型中 一、五五
同 小 一、〇〇
角型中 一、七〇
●ニウム丸型麥茶冷 一個
ニギリ矢印
2リットル入 一、〇五
同形並 、九〇
●ニウム長型麥茶冷 一個
ニギリ矢印
大 一、三〇
●ニユームコップ 一打
モダン形
本磨梨地模様入
7 、九五
8 一、一五
●學生コップ 一打
本磨
6 、五〇
7 、六〇
8 、七〇
學生水呑コップ 小形 、四三
◎ニウム製品全部
値下斷行致しました
何卒御用命を願ます

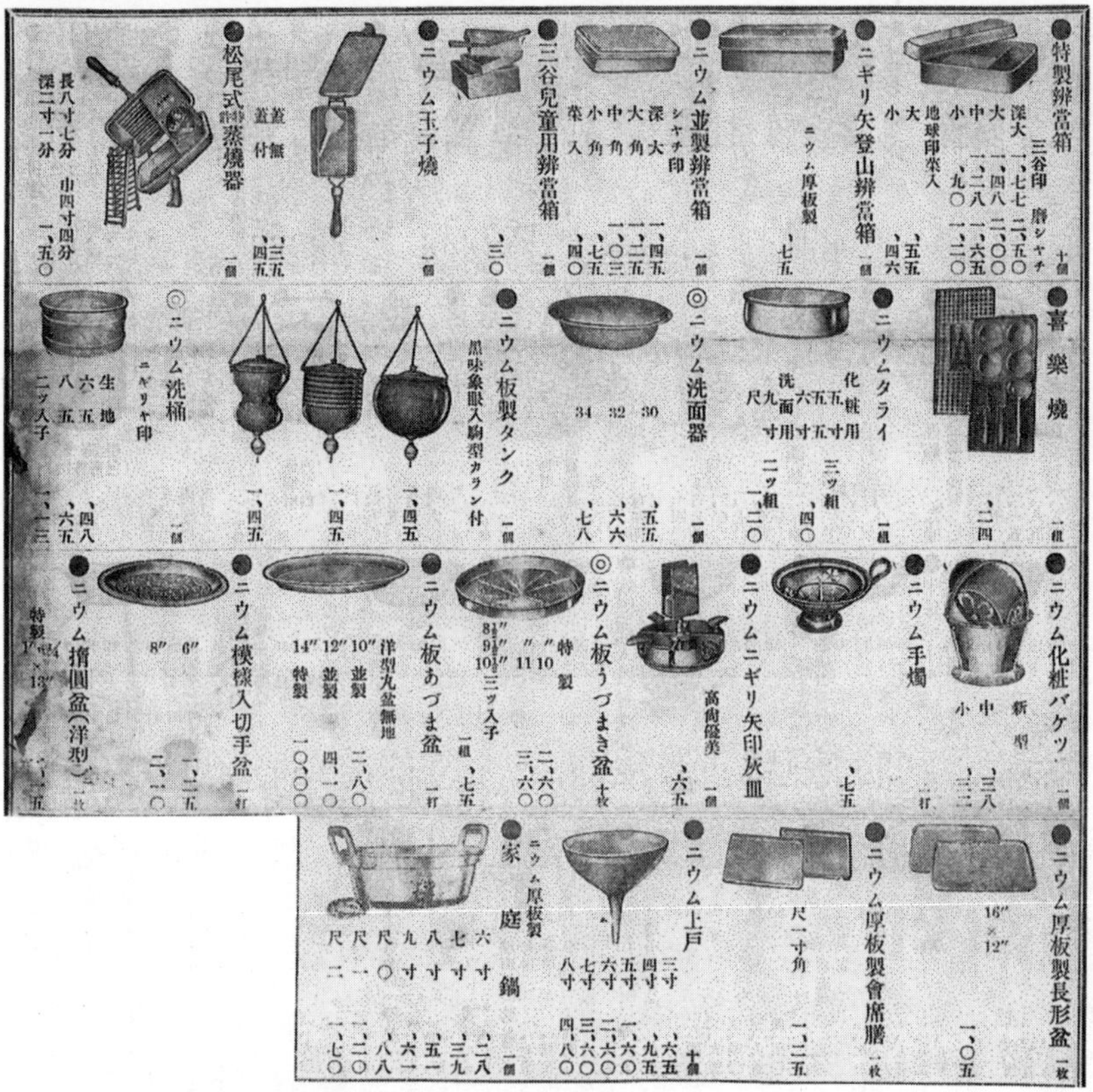

図 17-1　商品カタログに記載されたアルミ製品（『加藤金物百科商報・第四号・ニウム製品乃部』昭和5年（1930）8月より）

「同商報」は横浜の諸国金物卸商「加藤房二商店」の通信販売部が発行したもので，丁兆・錠・引手などの「建築金物乃部」，竈・ダンロ・火鉢・鍋（揚鍋・料理鍋・三徳鍋・平釜）・五徳・釜（小釜・中釜・大釜・茶釜）・風呂（鉄砲風呂・長州風呂・オンブ風呂・銅壷・鉄瓶・火入れ・手押しポンプ・門扉・瓦斯器・半鐘などをふくむ「鉄鋳物製品乃部」，裁縫鋏・花切鋏・植木鋏・羅紗切・出刃・蛸引・薄刃・大和守ナイフ・海軍ナイフ・手斧・薪割・喰切・金鎚・チョッパー・バリカン・安全剃刀などをふくむ「打刃物類乃部」，宣徳火鉢・炭取器・銅丸型湯沸・手提台重・砲金火のし・銅真鍮打出タライ・真鍮板洗面器・徳利・榊立・火燈・燈明台・御神酒の口・三宝・鈴・花立・鈴などをふくむ「銅真鍮製品乃部」，大型バケツ・雑巾バケツ・丸揚釣べ・タライ・米櫃・洗米器・石炭バケツ・土丹お丸・石油ポンプ・武力カンテラ・折畳傘立て・モグラ取・瓦斯火起・移植コテ・さつきアイロン・小町アイロン・電気アイロン・お召しコテ・富貴コテ・武力香取線香立て・アンチ煙草セット・モダン煙草セット・魔法瓶・コーヒーポットなどを含む「雑品乃部」のほかに，「ニウム製品乃部」と「琺瑯引製品乃部」がある．

「ニウム製品乃部」には約九十種のアルミ製品が記載されており，図の一覧の通りである。なかでも多様な鍋，各種弁当箱（女学生弁当箱・箸付き弁当箱・特製弁当箱・登山弁当箱・児童用弁当箱），蒸し器，化粧バケツ，などに注目したい．

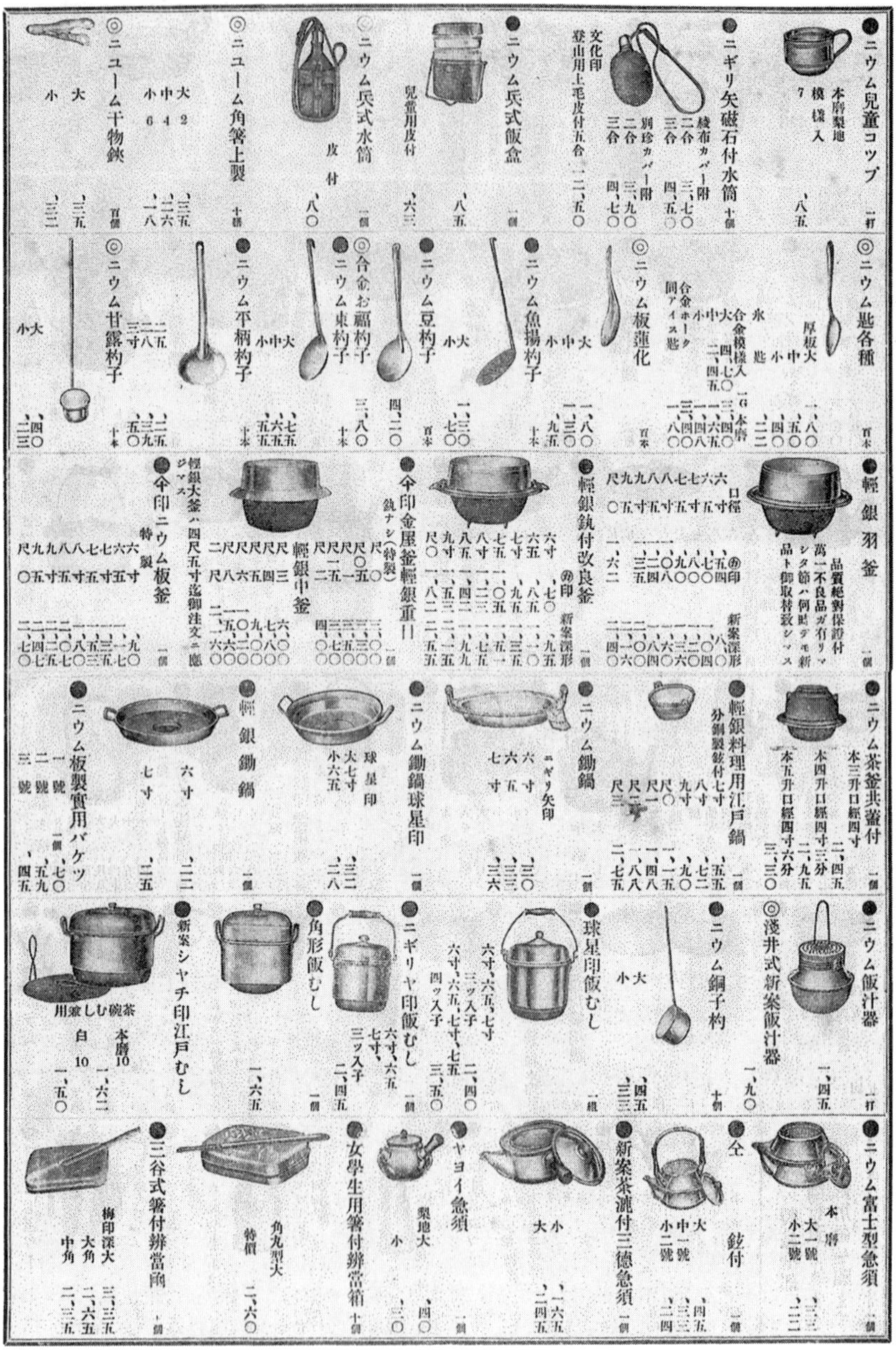
ニウム兒童コップ
ニギリ矢磁石付水筒
ニウム兵式飯盒
ニウム兵式水筒
ニューム角箸上製
ニューム干物鋏
ニウム匙各種
ニウム板蓮化
ニウム魚揚杓子
ニウム豆杓子
合金お福杓子
ニウム東杓子
ニウム平柄杓子
ニウム甘露杓子
輕銀羽釜
輕銀鍔付改良釜
令印金屋釜輕銀重ね
輕銀中釜
令印ニウム板釜
ニウム茶釜共蓋付
輕銀料理用江戸鍋
ニウム鋤鍋
ニウム鋤鍋球星印
輕銀鋤鍋
ニウム板製實用バケツ
ニウム飯汁器
淺井式新案飯汁器
ニウム銅子杓
球星印飯むし
ニギリヤ印飯むし
角形飯むし
新案シャチ印江戸むし
ニウム富士型急須
仝　鉉付
新案茶漉付三德急須
ヤヨイ急須
女學生用箸付辨當箱
三谷式箸付辨當函

図 17-2

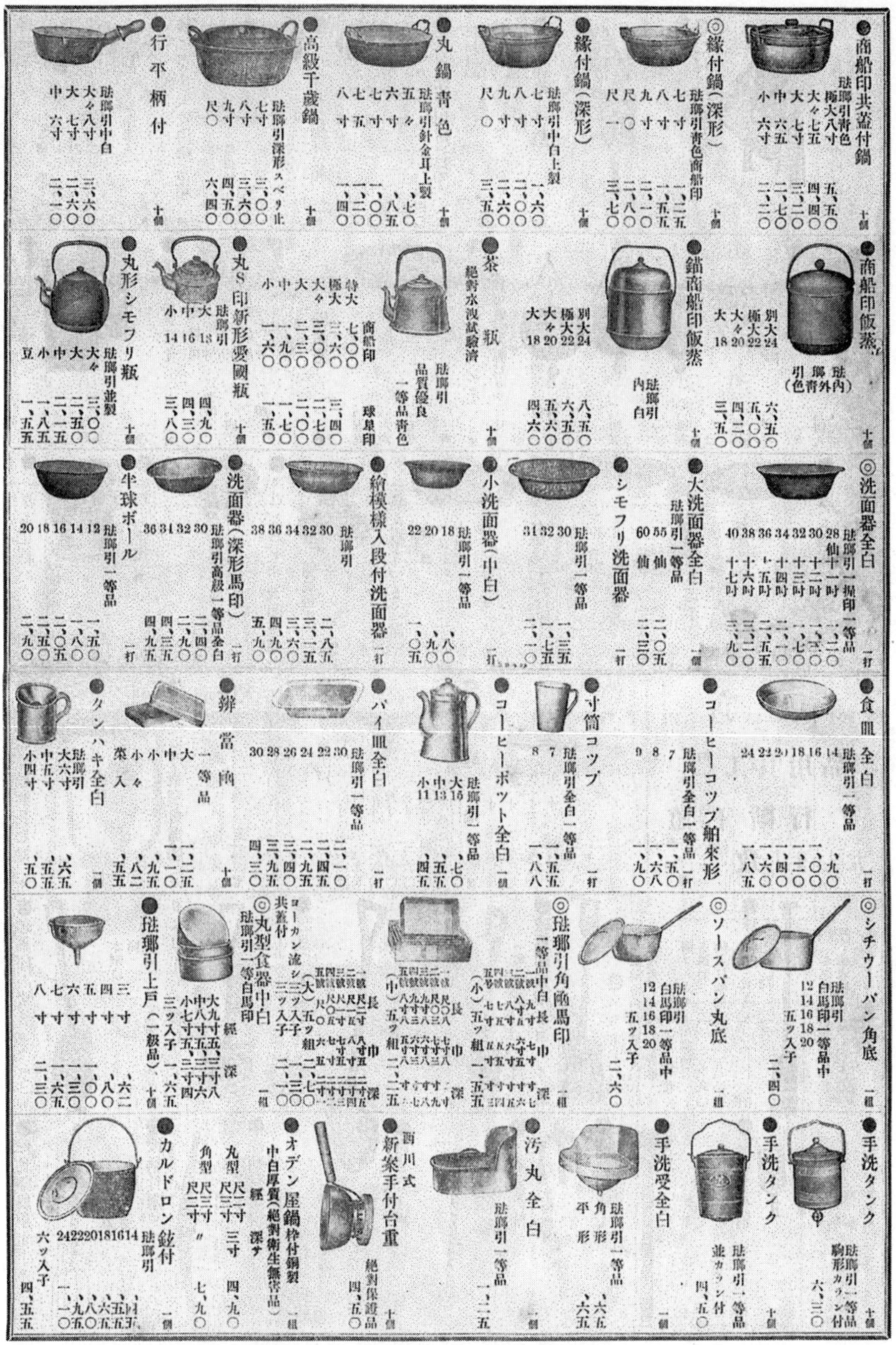

図 18　商品カタログに記載された琺瑯製品（『加藤金物百科商報・第四号・ニウム製品乃部』より）

琺瑯製品は 30 数種類を示し，鍋類・洗面器・タライなどがアルミ製品と競合しており，この時点まで琺瑯の需要も少なくはなかったことを示す．

〇年ちかく実用されてきたのである。

この新しいデザインの鍋を「錦鍋（大阪城を指す「錦城」に由来するという）」と名づけて大々的に売り出すと、大変なヒット商品になった。まさしく瓢箪から駒の出来事であった。

この鍋がなぜヒットしたのか、どのような台所で歓迎されたかは、詳しく調査・分析してみる価値があろう。たとえば「錦鍋」を率先して購入した人々の階層、インフラ（燃料・竈・給水など）の整備状況、当時の家庭での調理の実際、主婦の役割や生活感、様々のことがここに反映していると考えられるからである。それには婦人雑誌の台所の扱い方や、調理指導書、広告、モダニズムの風潮など見極めるべき問題はたくさんあるが、それは別の機会に考えることにしたい。

大正十年（一九二一）に、「錦鍋」は大阪・三越百貨店に登場して進物用のパッケージに作られて、贈答用品として人気をうるなど、様々な販売方法が採られて一段と普及することになった。

その上で、鍋の胴を少し上広がりなるように傾斜をつけて、入れ子で梱包できるようにするなどの輸送上の改良もおこなわれた。さらに一個の価格が五十銭以下を目標に低廉化を図った結果、販売対象は主婦全般に拡大してすっかり大衆的なものになっていった。

この「錦鍋」の成功は、「新しいモノ」の普及が単なる素材の置き換えによって生じるのではなく、新しい生活スタイルの提案を含むデザインイメージが必要であること、それは同時に大衆の好みを意識する必要があることを教えた。こうして、これから以後に都会向けの新商品の考案・改良が次々とおこったのである。

たとえば、女性が銭湯に持っていく石鹸や手拭いを入れる入れ子の「二重バケツ」に花模様や歌舞伎役者の紋を刷って「化粧バケツ」と称して売り出したが、これもヒット商品となってたいへんな評判をえたという。このことは当時、町の銭湯が大衆的なファッションを生み出す場として重要であったことを示している。確かに銭湯は、派手な門構えやペンキ絵の富士山、タイル細工、露天風呂風の作りなど、次々に新しい集客の工夫を重ねてきたものであった。

この「化粧バケツ」はわたしの記憶にはまったく残っていないが、戦後、昭和三十年代あたりまで販売されていたというから、戦争を挟んだ息の長い商品であったらしい。しかし、さすがに昭和四十六年（一九七一）に作られた「商品一覧」[12]には含まれてはいない。だから、昭和四十八年に流行した歌謡曲「神田川」で「小さな石鹸、カタカタ鳴った」と歌われたのはプラスティックの石鹸箱・洗面器でのことであった。

この時期（大正時代後半）には、この他に飯蒸し器、湯沸し器、卵焼き、漏斗といった色々な新奇のアルミ雑貨が登場して、今日も見られる炊事用のアルミ製品のほとんどが出そろった。こうして鍋をはじめとするアルミ製品は、都会の小世帯の台所の主人公になっていったが、それが決定的に普及したのは、新式アルミ鍋のブームから少し後の、関東大震災とその復興期においてであった。

震災の後の東京には、アルミ鍋だけでなく、ありとあらゆる日用品が軽工業の中心地・大阪からピストン輸送されたが、東海道線が不通になっていたために、それらは北陸・信越線経由で運ばれたという。こうして大阪砲兵工廠周辺のアルミプレス工業は震災後の東京を販路として大いに生産を拡大したのである。

関東大震災は、食事時を襲って大規模な火災を発生させた。だから、復興都市は、在来の都会を再現するのではなく、災害に強い近代的都市の建設を目指し、鉄筋コンクリート建築がたくさん建てられたが、それは家庭の台所の火の管理にも及び、新しく生まれかわった住宅には都市ガスが普及し、竈は築かれなかった。これにともない在来の鉄鋳物の鍋・釜は用いられなくなって、代わりにアルミ化が進行したのである。

それを別の側面からいえば、都市の大衆社会化にともなう小家族の増加でもあった。

この流れにそったアルミ鍋は、大正末期から昭和初期にかけて、新東京の風に従って急速に全国の町々に普及し、昭和十年代の初めには、どこの家の炊事場でもアルミ鍋を七輪・焜炉に掛けて使う状況になっていた。デグチーを改造したアルミ鍋のブームからわずか二〇年たらずで、都会を中心にして台所はまったく様変わりしたのである。

その一方で、家内工業的な零細アルミ加工業者が急増して（この点は琺瑯製品にも当てはまる）、それにともなう日用品の乱売合戦が生じてアルミ製品の値下がり傾向が続いたが、そうしたなかの昭和四年（一九二九）に、欧州のアルミ・カルテルとアメリカ・カナダのアルミナムの間で激しい販売競争が発生して、アルミ地金・アルミ板ともに価格が大きく下落した。欧州大戦中に軍需目的で増産した地金が大量に滞貨して過剰供給に陥ったからである。その結果、二十匁の弁当箱の材料原価が八銭以下になってしまい、その当時流行した「十銭ストア（今日の一〇〇円ショップ）」にアルミの弁当箱がずらりと並ぶ状況になったという。

こうしてアルミの弁当箱はどの家庭にもあるありふれた日用品となったが、それはまた、弁当箱が日の丸弁当の梅干ですぐに腐食するといった粗悪品の時代でもあった。

同じ理由で、大正時代には一個五十銭以下を目標に製造していたアルミ鍋が、この時期には容易に三十銭で売り出せるまでになり、ついにアルミはブリキ製品の分野にまで代替品として進出するほどの状態であった。

永井荷風の『濹東綺譚』(13)に、「女は茶棚の中から沢庵漬を山盛りにした小皿と、それからアルミの小鍋を出して、ちょっと蓋をあけて匂をかぎ、長火鉢の上に載せるのを、何かと見れば薩摩芋の煮たのである」とある。この記述は当時のアルミ鍋が、わびしい玉の井の暮らしのなかで薩摩芋を煮るのに用いる、ごく日常的なものになっていたことを表わしている。アルミ製品は大正後半から昭和初期のわずかな期間に驚くべき速さで低価格化が進行し、大衆的なものになったのである。それはまことに急速な変化で、戦後の家庭電化の大波と変わるところがない生活革命である。というよりも、それは戦後の大衆生活の変化を先取りした現象ではなかったかとも思われる。

この頃からアルミの工業用途の開発も徐々に始まって、人絹製造機械の部品（ロッドキャップ）などの需要が生れてきた。また、大正十五年（一九二六）には中島飛行機・川西飛行機から注文を受けて、航空機部品の生産も開始されてようになる。しかし、当時の日本アルミニューム製造所の生産割合は、家庭日用品四二％、軍需二〇％、紡織人絹五％、化学工業三％、輸出三〇％であったというから、実際にはまだ日用品が大きな割合を占めていた。それが昭和時代に入ると各種のアルミ合金が実用化して、軍用品（とりわけ航空機部品）の需要が急激に増加するようになる。

5　アルマイト・ジュラルミン・洗濯盥

その後、昭和五年（一九三〇）に欧米のアルミ精錬各社がカルテルを結んで価格調整をおこなうようになると、アルミ地金は再び値上りを始めることになった。日本の加工業界はこれに対抗するためにスクラップ輸入を積極的におこなったために、昭和六年にはスクラップと新地金の輸入がほとんど同量となり、それ以後はスクラップ輸入が増加して新地金輸入を凌駕するようになったという。

なお、その間も兵隊食器の生産は順調に伸びて、飯盒・水筒・汁椀・湯呑み・菜皿・配食器・杓子などは、いくらか改良がほどこされながら継続生産されて、昭和五年に「昭五式水筒」「昭五式飯盒」の改正制式が決定すると、その後もこの製品が引き続いて量産されていった。

こうしたなかで理化学研究所が開発した、アルミの表面に酸化被膜を形成するアルマイト（蓚酸アルマイト）の実用化が図られて、昭和七年に日本アルミニューム製造所のアルマイト工場が稼働を開始した。

当初は、アルマイト処理を施すことによってアルミの銀色が失われて「軽銀」の魅力が損なわれないかと懸念されたという。そこで実験を重ねて「金色」に仕上げられるようになったので、この処理を施して生産・販売を開始することになった。最初は京都・大丸百貨店で展示即売会を開催、これが評判を得ると、順次各百貨店があつかうようになり、昭和七年には大阪第四師団の納入品にアルマイト製品が採用され、昭和八年には呉海軍工廠でも採用されるなど、徐々に普及していった。

アルマイト加工は大きな電力を必要としたから、製品価格は未加工製品に比べて五割ほど割高になった。それにも関わらず「金色」に輝く新製品は大変な歓迎を受けることになったという。アルマイト加工も新しい近代的な生活感覚によく見合ったものだったのである。これに続いて、東京の那須アルミニューム製造所もアルマイト処理に着手し、またアルマイト加工を専門におこなう理研アルマイト工業株式会社が発足して、その他の業者の製品にも同様の加工をおこなうようになって、これ以後、アルミ製品といえばアルマイト仕上げ、と考えられるほどになった。

確かにアルマイトをほどこすと、表面硬度が増して耐久性も高くなる。しかし、こうした材料学的な改善がアルマイトブームを生んだ要因ではなく、これまで「軽銀」と称した鈍い銀色とは異なる、ピカピカ光る「金色」に変わったことが重要であったかと思われる。今の人から見るとさして魅力的とは思えない、むしろ安っぽく見える蓚酸アルマイトの黄色が、当時はとても新鮮な未来を予感させる文化生活にふさわしいものに見えて、大いに購買意欲をそそったのだと思われる。価格が低迷してアルミ純度の低い粗悪品が少なくなかった時期に、これまでとは異なる価値を明瞭に示したことで、「金色」を選択した戦略は見事に成功したのであろう。

その後に硫酸アルマイト処理が登場して元来のアルミ色に近い製品が普及するが、アルマイト化の最初の成功経験は以後も長く記憶されて、昭和三十年代には染色アルマイトがはやって、鍋蓋が赤くなったり黒くなったりしたが、その次には合金アルミによる新しい発色方法が開発されて、視角的効果がさらに追求されていくことになった。アルミの窓枠ひとつをとっても色々の外観が用いられて、近年は硫酸アルマイトのアルミ色ではなく、焦茶色・白・黒などが普及して、こうした表面的変化が消費を喚起する手段として繰り返し用いられてきた。色の変遷はまことに激しいのである。

昭和十二年には、大阪のアルミ加工会社五社が共同で実用新案・改良型二重簀飯蒸器を発売した（アルミ製蒸器はこのころから重要な商品のひとつとなる）。これが戦前最後の新案製品で、これから以後は航空機部品を中心にする軍需の必要性が急増して、アルミ加工業はもう一度軍需品の生産ばかりをおこなうものになっていく。

昭和十三年には公定標準価格が設けられて統制強化が開始された。こうして、圧延工場に対する民需用アルミ地金の供給は従来実績の四～五割に制限されることになり、それ以来日用品の生産は著しく低減して、昭和十六年のアルミ鍋の生産量は昭和十年の水準の一割程度に減少し、これ以後は敗戦まで、日用品はほとんど生産・供給されない状態が続くことになる。アルミ製品が急速な生産・需要の拡大によって大衆化した時点で、アルミ加工業の民需と軍需の繰り返しの歴史がもっとも大きな波となって現れて、突然かつ全面的に、軍需一辺倒になってしまったのである。

これ以後の戦時下の生活に関わることには様々の資料があり、ことさら鍋に限って細々と述べても仕方がないから省略する。また、敗戦後に軍需品をつぶして日用品に作り直したことも、すでにたびたび語られてきたことだから、これもごく簡単にトレースするに止める。

「株式会社・日本アルミニューム製造所」は戦時下の再編で、昭和十九年（一九四四）に三菱の傘下に入って、社名を「三菱軽金属工業株式会社」に改めて軍需会社の指定を受け、その後に敗戦を迎える。

敗戦直後の九月、三菱軽金属工業株式会社の三国工場では、倉庫に仕舞いこまれていた鍋などの金型を引き出して「錦鍋」や弁当箱を、続いてこの年の暮には、飯蒸器、鋤鍋、盥、汁椀・菜皿、米櫃などの製造に着手した。この時に「民需品製造転換許可」を得て、いわゆる「平和産業」として再生することになった。昭和二十一年には社名も「日本アルミニウム工業株式会社」に変更した。

工場にはかなりの量の航空機用アルミ材料が残っていた（敗戦直後に国内には十五万トン内外のアルミスクラップがあり、それらは航空機用のジュラルミンが多かったという）。これを用いて鍋・弁当箱・湯沸などに加工・販売すると、廃墟のなかで飛ぶように売れていったという。他の多くの航空機関連工場もいっせいに台所用品などの生産を始めて、ジュラルミン（航空機用の合金。強度はあるが腐食しやすい）やシルミン（鋳造用合金）を用いたアルミ鍋やパン焼器がたくさん生産された。

そのなかで大ヒットとなった商品に、昭和二十年の暮に売り出した洗濯盥であった。このアルミの洗濯盥（金盥）は昭和二十一年から二十三年にかけてもっとも旺盛な需要があったといい（戦前は洗濯桶であった）、焼け跡の器不足のなかで普及して、昭和三十年の秋（一説に三十一年の春）に日本アルミは「盥壱百万個突破記念売出」とおこなうまでになった。わずか一〇年で一〇〇万個も販売したのである。もちろん一社だけが製造していたわけではないから、その総数はたいへんなものであったと推測される。これによって在来の木製洗濯桶と洗濯板の時代と電気洗濯機の普及する時代とのあいだに、もうひとつ「金盥の時代」があったことがわかるのである。

なお、昭和二十八年、朝鮮動乱の休戦による世界的な景気後退のなかで、アルミ業界の販売競争はふたたび激化して新製品考案が求められて、梯子兼脚立・水桶・新型水筒・食卓・水桶・ランチボックスなどが次々に売り出されていった。

『社史』は昭和三十二年四月の発行であるから、以後の状況については、昭和四十六年に発行された『最近20年史—創業七十周記念』が受け継いでいる。それには高度成長期の様相が描かれているが、ここではその前史までに止めておきたい。

6　まとめにかえて

本章は、『社史』を用いてアルミ鍋の普及史を描く試みであったが、日本近代生活史の概説からいくらも出られなかったようである。それはたぶん、アルミを日常生活に受け入れてきた生活者、それも台所での働き手である女性たちの、意識や感覚の変容を十分に汲み取る方法が欠けていたからであろう。また、『社史』から分かることは都会に限定されて、アルミ製品が農漁山村にどのように普及したかとなると、まったく別の資料を探し出さなければならない。その点でも方法的な限界があった。

しかし、開き直っていえば、ここに見えるアルミ鍋の普及史は、日本の近代の歩みを実に率直に表現しているといってよい。なんども繰り返された非常時と平時、軍需と民需のオールターナティブなパターンはまことに興味深い。そして、非常時と平時の交代の時期が「モノ」の姿を大きく変える機会になっていたことにも注目しておきたい。生活が極端な不連続に直面した時、以前の様式へ回帰するのではなく、新しい生活様式への強い志向を生み出してそこに「新しいモノ」が登場する。この点はもう少し実証的に検証する必要があるが、それは今後の課題である。

最後に、新日軽株式会社、株式会社・日本アルミ、株式会社タカラ　スタンダード、東罐マテリアル・テクノロジー株式会社の広報担当の方々にたいへんにお世話になったことを記して謝辞にかえたい。

註

(1) 生方敏郎『明治大正見聞記』一九七八　中公文庫

(2) 村井　貫『細君下女　台所問答　台所重宝記』大正四年（一九一五）村岳書屋

(3) 「内国勧業博覧会出品目録　第七部　製作工業　第二」『明治前期産業発達史資料　勧業博覧会資料　二五』一九七三　文献印刷

(4) 「日本のホーロー技術を先導した80年の春秋」別冊貿易の日本『タカラ　スタンダード』一九九二

(5) 前掲註（3）

(6) 『日本琺瑯工業史』昭和四〇年（一九六五）日本琺瑯工業連合会

(7) 『社史—アルミニウム五十五年の歩み』一九六七　日本アルミニウム工業株式会社

(8) 大塚力『べんとう物語』物語歴史文庫一一　雄山閣　一九七一

（9）前掲註（3）
（10）同右
（11）「大正初期の大阪の著名商工業」『近代庶民生活誌』七　生業　三一書房　一九八七
（12）『最近の二十年史　創業七十年記念』日本アルミニウム工業株式会社　一九七二
（13）永井荷風『濹東綺譚』岩波文庫　昭和十二年（一九三七）

Ⅲ　くらしの場の変容と記憶

一　沖縄の「町」の形成

那覇に勤務していた時に、沖縄の近代をめぐる問題を考えるいくつかの機会があった。一般に沖縄近代史は、琉球処分、沖縄戦、アメリカ支配、祖国復帰などによって語られる政治的経済的な問題やエスニシティ（あるいはローカリティ）に関わる文化変容などが取り上げられてきたが、わたしはそうした文脈から少し離れて、日常の商いやモノの流通がどのように生活の場を作り変えてきたか、そこにどのような地域的な特質が反映していたかに関心を持ち、日常生活のなかから沖縄の変容を見ていこうと考えた。そこには、かつて調査した朝鮮半島の定期市、ジャワ・スマトラのパサール・華僑街、ネパールのバザール都市・ネワール街などについての知見が多少は反映しており、さまざまな動機に基づくひとやものの移動がなにを残し、なにを変えてきたか、などを見ておきたかったのである。

こうして、近代沖縄において「マチ」や「マチヤ」から展開する市場・商店・商店街の形成史を追究することにしたが、調査不足から必ずしも十分なものにはならなかった。しかし、比較的早くに店が生まれて、街・路が確立する中国の城市や、日本本土の町の成立とは異なる形成過程をたどった沖縄の事例は、商工のありようを考える時に重要な観点を与えてくれるのではないかと思う。

ここで取り上げた「マチ（市場）」におけるひとびとの繋がり方は、現在も沖縄の各地で日常的に観察できる仕事や商いのありかた、あるいは生活の様相に直接に結びついている。たとえば、ものを販売するネットワークは女性たちの小規模の日常的グループ活動につながり、「マチヤグヮー（小商店）」は至るところに見ることができる。いずれにしても、これらは見知らぬ他人に対してものを売るのではなく、親族を含めた時間のかかった「付き合い」を前提にした商いなのである。

その後に、この関心の延長として、那覇のフルジマチ・新天地市場、コザの銀天街、石垣のサカナ町・十八番通、宮古の西里などについて、ひとびとの記憶を集める調査をおこなうことになり、また、一時期、鰹漁の基地として繁栄した伊良部の佐良浜や石垣の新川、本島の泊、本部などの漁港と、そこに寄りついて暮らした鰹船の乗り手たちへの関心にもつながっていった。

1　沖縄の商業街区

ここでは沖縄諸島における「町」の形成過程を把握して、そこに表れる様相を近代のひとの移動に関わる側面から考察しようとする。

沖縄の島々において、王城のある首里や対外貿易港であった那覇が、今日的な意味における都市的な骨格を獲得したのは、第二尚氏時代のことである。特に十五世紀中葉から十六世紀前半にかけての尚金福王〜尚真王代には、琉球列島全域にわたる首里王権の伸長と権力の集中を背景として、首里・那覇に都市的な設備・機構が次々と整備されて、この地域の空間配置の基礎が固まった。

この時に形成された首里・那覇の機能分担、すなわち、王都である首里と港湾都市である那覇がそれぞれ固有の機能を分かち持ちふたつの中心をなす空間配置（これに泊を含めて三極構造と考えることもできる。王府時代にこの地域を示す場合、「首里・那覇」あるいは「首里・那覇・泊」と表現した）は、両者を結合する海の道（長虹堤）・坂の道（首里大道）を介して眼鏡型の空間を形づくり、以後いくたびかの王府権力の消長にともなう部分的な変容あるいは改編を受けながら、近代に至るまで基本的構造に大きな変化を生じることなく継承・持続してきた。

それはこの地域の自然地理的な条件（丘陵の首里・浮島の那覇・河口の泊）に基礎づけられるものであるが、同時に、王府の権力形態を空間的な秩序として明示するものでもあった。図式的に述べるならば、沖縄本島支配の中心としての首里、対外貿易・外交拠点である那覇、離島支配の根拠地である泊と、それぞれ王府権力の根幹を体現するものであった。

このような全体の枠組みの下に首里・那覇・泊は、それぞれ異なった機能を分かち持つ個別領域として存在したが、そのことは同時に、それぞれの領域における空間配置とそれを支える物質的基礎においても、大きな変容を経ずに近代まで持続・保持してきたことを意味している。

そして、そこで営まれてきた日常生活の具体的な様相も、この空間的・物質的基礎に規定されて（王府の支配形態の特異性を反映しつつ）、日本本土の一般的な都市（あるいは町）の様相とは異なる側面を示してきたのである。

これを端的に表現するものが、商工業とそのあり方である。

そして、この点を「町」の形成に引きつけていえば、首里・那覇・泊の「町」は、職人町や商人町を主要な空間的・物質的な要素として積極的に生み出すことなく、それらをほとんど欠落したまま近代に至ったという点に特色がある。

そこで検討してみたいことは、都市的な機能・空間的な基礎構造を比較的早い時期に獲得して、それ以後も数百年にわたって絶えることなく存在し続けた首里・那覇でありながら、ついに固有の商工街区を形成することのなかったこの地域が、近代に至ってどのようにそれを実現したのか、ということである。ここでは特に商業的空間に着目してみていくことにしたい。

初めに那覇・首里・泊の位置づけとその概要を示す。

2　那覇の空間構造

沖縄における都市の形成は、既述のように尚金福王〜尚真王時代以来、那覇・首里を中心にして目覚ましい進展を遂げた。尚真王時代には、按司を首里に居住させて中央集権を確立する一方で、南海貿易の拠点である那覇港を充実させて、その周辺に各種の都市的な設備・装置を造営したから、この時期に王都としての首里、港湾都市としての那覇の機能がほぼ確立したといってよい。その具体的な様子は、『球陽』その他を通じてある程度知ることができるが、こうして作り上げられた首里・那覇の都市構造はそれ以後も受け継がれて、沖縄戦で首里・那覇が壊滅するまで継承されてきた。

この段階での那覇は通称して「浮島」と呼ばれて、安里川と久茂地川の河口に広がるカタバル（潟原・潮入地）に囲まれた島であった。このために尚金福王代に長虹堤を築いて潮入り地に道を拓き、崇元寺（国廟）を経て安里から首里大道に接続して那覇と首里を結合したのである。

ところで、那覇は「首里三平」に対して「那覇四町」と呼ばれるように、行政的には那覇港を中心にして左右に展開する東町・西町と、島の西北に位置する若狭町および久茂地川の対岸の飛地である泉崎町からなっていた（王府時代にはこの行政区分を「マチ」といいつつ、東村・西村・若狭町村・泉崎村と記して、「士族」と「町百姓」の居住区域としていた）。しかし、「那覇四町」とは区別されてきた久米村も空間的・機能的には那覇のうちに含んで考えるべきものである。

久米村は中国・福建からの移住民、久米三十六姓（唐栄ともいう）の居住地とされて、松尾山・内兼久山を背後に、前方に久茂地川を望む浮島の中心に設けられていた。

東村と久米村の境には広場があり、その周辺に天使館（冊封使の宿泊所）・両天妃宮（媽祖宮）・親見世など各種の施設が相次いで設置されたが、これらの施設はいずれも海外通商や海上交通に関わるもので、この地域が通商外交のための公的な空間であったことを表わしている。薩摩入り以後に黒糖が重要な産品になると、砂糖座が天使館の並びに設けられ、港のある渡地に面して仮屋（薩摩在番奉行所）が置かれていた。

この広場の背後に久米村が設置されていたのであるが、久米村の居住者（久米士族）は、外交官僚としての性格を持ち、中国語に通じ、中国的な教養・文化を身につけた者が多く、彼らをとおして中国文化の諸要素が沖縄に流入してきた。一方、東村・西村の居住者は、「那覇士族」あるいは「町百姓」で、久米士族とは支配を異にし、比較的下級に位置づけられていたようである。

波之上宮から久米村を貫通する久米大道の南端には「クニンダウフジョウ（久米大門）」が設けられていたが、ここから前述の広場にかけて、すなわち機能を異にする久米村と西村・東村との境界の空間が、沖縄戦で那覇が壊滅するまで公的空間の核であるとみなされてきた。

久米村の背後の松尾山の裏側、島の西北岸には、主として職人などが居住する若狭町村があった。伊波普猷によれば、当初の若狭には相当数の外来者が居留していたというが[1]、以来、那覇の商工平民（町百姓）の居住区と位置づけられてきて、羽地朝秀によって作られた遊廓・辻町（辻村）とともに、表の公的な空間である東村・西村に対して、裏の日常的な空間としての役割を受け持ってきた。しかし、若狭町村の具体的な歴史は必ずしも明らかではなく、今後の研究を必要としている。

以上のような対外貿易拠点としての那覇に対して、宮古・八重山など域内の交通に使用されてきた泊港が、那覇の北方に設けられて、ふたつの港は公的に使い分けられてきた。この泊から首里に至る道は、崇元寺（国廟）近くで那覇道と出会って（泊街道は当初国廟の門前を通っていたが、後にその裏を迂回するように改められた）、安里を経て首里の坂を登ったが、那覇の北端のイベガマからは、カタバル（潟原）を横切る泊往還道がつくられて、泊高橋を渡るとその先は本島北部につながっていた。

これを逆にたどって、イベガマから那覇の町なかに入る道筋は、松尾山を久茂地川にそって南に迂回して久米大通に出る久茂地大通と、若狭町にそって北側から西武門に至る若狭大通があった。すなわち、表道としての久茂地大道に対して、裏道としての若狭大通が対比されていたのである。

以上のような空間構造は、薩摩入り以後もその基本は変わることなく継承されてきた。というよりも、以後に生じる社会・経済的な諸条件がもたらす物質的・空間的環境の整備は、むしろ過去を継承するこの空間構造を補強・持続する方向に作用してきたように見える。

薩摩支配以後、南海・中国貿易の総体的な衰弱にともなって、王府は域内生産に依存する近世的な国家経営をめざして諸制度を改革、新たな体制を整えていくが、その際の都市政策として、首里・那覇・泊・久米に周辺の農民が移入することを禁じてその商工民化を阻止し、公用職人の徴用を那覇・首里・泊に限り、その一方で町住みの者（町百姓）に対して丁銀を免除し、あるいは報償によって商工の育成を促すことなどが行われた。それは同時に、困窮した無禄士族の職人化を公に認めて奨励・推進するものでもあった[2]。

このような一連の処置は、首里・那覇・泊・久米に近世的な町の性格を与えて、農村との役割区分を明確に保持しようとするものであったが、その一方で那覇の商工の担い手に士族身分を持つものが増加して、士族・町人（町百姓）の階層的な識別がしだいにあいまいになっていく結果をもたらした。このこともひとつの要因となって、本土の近世都市にみられるような固有の町人階層を生み出すことがなかったのである。

こうして、那覇は王府の直接経営による対薩摩・対中国交易の港湾・外交都市の骨格を受け継ぎながら、同時に、周辺の農漁村の食糧消費地として、あるいは、商工業製品を供給する物産流通の基地としての性格を併せ持つことになり、首里往還・泊往還は公的な街道の性格に併せて、日常的な生活道の機能をより強く持つものになっていく。

　こうした那覇の機能的拡大を反映して、若狭町村は分村を潟原方面に拡大して「ミンダカリ（新村梁）」を拓き、これにともないイベガマに「マチ（後述）」が立つようになる一方、久米村も久茂地川沿いの荒地を開発して久茂地・深地の分村をつくっていった。(3) 言いかえれば那覇の市街地は潮入地・荒地を開拓しながら東へ拡大していったのである。

　このように東に向かって市街地が拡大していく傾向は、近代以後も継続的に進行して、崇元寺側からも潟原の埋立てがおこなわれるようになる。これが現在の前島地区であるが、その結果、那覇と泊とは陸続きになって、もはや那覇は浮島ではなくなった。

　戦後はさらに久茂地川対岸の市街化が進行して（これには米軍の軍政が関わる）、市街地は真和志村（真和志間切）に連続して今日の那覇の形態が完成した。

　以上のスケッチは、長い時間をかけて那覇の市街地は少しずつ東に拡大していったが、にも関わらず、旧那覇地域の基本的構造には大きな変化が生じなかったこと、そこで営まれてきた日常生活も同じ構造のもとで継承されてきたことを示している。そして、この那覇をもっとも大きく変えたのは沖縄戦と戦後復興とであった。

　以上に略述した那覇の空間的な変容は、この都市の商工の様相と内的に関連するものである。

3　首里・那覇の「マチ」

　首里・那覇の商業の特徴のひとつとして、長らく露天商いが中心であったことがあげられる。以下にこの点を見ていくことにする。

那覇の商業は自然発生的な露天市から始まったものとされており、その様子は冊封使節の残した記録などから断片的に知ることができる。そして、そこから推測される状況は、それ以後もそう大きく変わることなく受け継がれて近代に至ったのである。

この商業形態を端的に示す用語として、「マチ（町）」あるいは「マチグァー（町小）」が用いられてきた（地図などの表記には「市場」の文字をあてることがある）。この場合の「マチ」「マチグァー」とは、ひとの寄り集まる特定の空間を商業的側面から示すもので、「グァー」はその規模が小さいことを表す。

別の言い方をすると、「マチ」「マチグァー」は、「マチヤ（町屋）」「マチヤグァー（町屋小、あるいはマチャグァー）」とは異なる意味を持ち、区別して使用されており、沖縄在来の商業空間を示す語として意図的に使われてきたものと考えられる。以下では『球陽』『由来記』などの古記録類と『那覇市史・史料編二・中・七　民俗編』(4)に採録されている民俗調査報告などに依拠しながら、その概略を述べることにしたい。

沖縄在来の商業的空間としての「マチ」は、『李朝実録』に収録されている朝鮮人の漂流記や、蕭崇業『使琉球記』のような札封使節の残した記録から、少なくとも十五世紀には那覇・首里に存在しており、その後も継承されていたことが分かる。

また、薩摩入り以後についても、東村の天使館周辺に空地があって、ここに毎日午後に女たちが笥を携えて集まり、商品を地面に並べて商っている様子を描写した記録があり、これをそのまま受け継ぐものが大正時代まで継承されていた。

この「マチ」「マチグァー」を簡単に定義すると、空地・辻・道端などにひとの寄り集まる場が自然発生的に生じて、それが時間を限って商業的空間になる、そのような場を指している。

それは本土における「市」の原初的な形態に類似すると思われるが、「マチ」「マチグァー」は基本的には毎日、お

図 19　旧那覇市街の復元地図

1：通堂（那覇港）　2：天使館　3：久米大門　4：西武門　5：美栄橋　6：崇元寺　7：三重城　8：奥武山　9：泊高橋　10：波の上宮　11：カタバルマチグァー（潟原町小）　12：泉崎　13：カチヌファナマチグァー（垣花町小）　14：上天使宮　15：下天使宮　16：中毛　17：フルジマチ（古着市）　18：ナファヌマチ（東町市場）

濃い網目は現在の海面・湖面・川を表わす，　薄い網目は旧潮入地を表わす，　点線は首里往還道を表わす．　実線は若狭大道・久米大道・久茂地大道である．

よその時間を限って開かれており、市日を限定しているものではなかった（例外については後述する）。そして、このような「マチ」の立つ場を個別に命名して、「○○マチ」としたのは、このひとの集まる場が特定的・恒常的・固定的であると考えたからである。

古く那覇の天使館の付近で観察された「マチ」は、以後「ナファヌマチ（那覇のマチ）」と称するものに発達して、明治・大正時代には、東町の北側から久米大門の前道に蝟集する露天市に受け継がれていた。

一八七七年（明治十）発行の伊地知貞馨著『沖縄志』に付属の市街地図[5]には、天使館前の広場の南端に「市場」の書き込みがあり、公的な施設に取り囲まれたこの広場が、同時に「マチ」の中心でもあったことを示している[6]。この「市場」がすなわち「ナファヌマチ」であるが、一九一八年（大正七）に公設化されて、地域を限定した「東町市場」として整備された（全国的な公設市場設置の一環であったと推測される）。こうして新しく整理された「東町市場」では、市場のなかが製品ごとにある程度区画されていたようで、その様子は『那覇市史・史料編二・中・七　民俗編』の市場の地図からも伺うことができる。それらは「イシゲーマチ（据筲市）」「クマムンマチ（小間物市）」「ヌイムンマチ（塗物市）」「チブヤマチ（壺屋市）」「クミマチ（米市）」「ンムマチ（芋市）」「トゥブシマチ（松明市）」などであったといい、大きな「マチカサ（町傘）」をたてて、その下に置いた木台や篭などに商品を陳べて商うもので、その様子は古い写真に残されている。

王府時代には、民間の傘の使用は規制されていたからまったくの野天市のはずであるが、絵画資料等を見ると、かならずしもそうではなかったようでもある。

一九三五年（昭和十）ごろからは、この「マチカサ」に変わって「トゥータンヤー（トタン葺きの小屋）」が登場して、徐々にこれに変化していったという。しかし、「東町市場」となってからも、「ナファヌマチ」の実質はそれほど変化することなく持続して、沖縄戦による壊滅まで、いや戦後の新しい商業空間においてもそれは継承されてきた。

図 20　「那覇及久米図」（伊地知貞馨『沖縄志』1877 年に所収）
砂糖座・親見世・天使館の南に「市場」が書き込まれている

言いかえれば、歴史的に「ナファヌマチ」が作りあげた仕組みは、現在のように「公設市場」がコンクリート造りの恒久的な建物になり、その周辺を商店が取り囲むようになっても、「『マチ』は通いの商い場で、住む場ではない」とする職住分離の原則が、古い時代から現代の「公設市場」とその周辺まで、一貫して継承されていることに表れている。

また、「ナファヌマチ」は年寄りから年少者まで女ばかりが参加する世界で、男が従事する業種は「シシマチ（肉屋）」などごく一部分に限られていた。この点も「マチ」の顕著な特徴になっている。

「マチ」を担った中心的な女たちは、士族出身者であったという。

「イユマチ（魚市）」には特に泉崎士族が多く、それぞれ世襲的な権利を持っており、「イユウイガシラ（魚売頭）」など、各種の「役」が決まっていた。たとえば、魚介類は「ハンシー（年長の女）」が言い値で糸満の魚売り女から買い付けて、これを仲間の「アッチネーサー（販女）」に売らせていた。こうして、糸満からやってきた女たちは、直接には、周辺で売れ残りの小魚を商うことしかできない仕組みになっていたというのである。

以上のように、もっとも発達した段階の沖縄の「マチ」は、「アッチョードー（仲買女）」と「アッチネーサー（販女）」による組織的な仕組みを持っており、その主役は士族出身の女たちが受け持っていたが、こうした女たちが階層を作る一種の統制的組織は、今日もこの地域の様々の商業分野に見られて、同様に機能している。「東町市場」は沖縄戦によって破壊されて、戦後の那覇の「マチ」はガーブ川沿いの平和通・牧志公設市場・開南の農連市場などに場所を移動したが、こうした変化にも関わらず「ナファヌマチ」の内実は今日も受け継がれている。

このような「マチ」の比較的に古い様子は、一八九六年（明治二十九）六月刊の『風俗画報』臨時増刊の「沖縄風俗図」に次のように紹介されている（前段は「フルジマチ（古着市）」のことであるらしい。当時の「フルジマチ」は「ナファヌマチ」とは別の場所にあった）。

布帛諸品を売買するは皆女子なり　然れとも古来女子は算法を知らず　縄を結ひて符となし　数万貫の銭といえども皆其法によりて算了したりが（略）国中の互市には女子のみ群集して有無を通す　男子あづからず故に諸物を負担して至るものなし　皆頭に草圏をしき　其上に諸物を載きて来る（略）士の妻も共に出でて交易す　手に尺許の布を持つものは士の妻なりといへり（略）婦女は街衢に相集ちて　日用の物品及び鶏豚魚介を販売し　或は端布漆器を負載して行商し　微毫の利を得て（略）

以上のような「マチ」に加えて「マチグァー」があり（後述）、さらに水売り（男）・薪売り（男）・魚売りの「カミアチネー（行商女）」や、季節的に中部から来る「ムムゥイグァー（桃売娘）」などの行商を加えて、那覇の日常的な交易が成り立っていた。

ところで、明治時代には「ナファヌマチ」のほかに、「フルジマチ（古着市）・あるいはヌヌマチ（布市）」があり、天気さえよければ毎日午後には市が立ってたいへんな賑わいであったという。当時は古着がたいへんに重要な交易だったのである。

東町には「イユグムイ（魚小堀）」という小堀があった。後にこの小堀は埋め立てられて、明治末期にはわずかに「カークシチ（井戸甑・井戸枠の意）」があったのみであるというが、そこに「フルジマチ」が立っていた。「イユグムイ」のことは『琉球国由来記』『琉球国旧記』などにすでに見えて、『那覇由来記』によれば、東町に火事が度々発生したので、「モノシリ（占師）」が「それは天妃宮の灯明の火柱による」、あるいは「道の街火が火の字に似ているから」として、これに備えて小堀を掘ったとあり、『琉球国由来記』ではこの判事（判断）をおこなったのは「地理人（風水師を指す）」となっている。

これについては照屋正賢「首里王府の風水受容について」[7]に詳しい分析があるが、いずれにしても、このような風水上の古い謂われを持つ小さな堀跡が目印になって、その周辺に「マチ」が拡大していったのである。琉球処分以後は、没落した士族婦女から流出する古着が大量に出回るなどして「フルジマチ」は繁栄し、やがては沖縄全域の古着・衣料品流通の中心になった。そして、この流通を取り仕切ったのも士族出身の女たちであったという。

こうして、この地域は「ナファヌマチ」と「フルジマチ」によって那覇第一の商業地域として繁栄するが、これには古着商いにともなう「アッチョードー（仲買女）」の「マチヤ（町屋・倉庫を兼ねる。後述）」が発生して、それがこの地域に集まったことも関係していると思われる。当初の「フルジマチヤ（古着町屋）」は、単に住宅の一間を倉庫として利用して、在庫の古着を保管して置くといったものであったらしいが、こうした家屋の利用方法が、後述の「ヤマトゥマチヤ（大和町屋）」に受け継がれて、東町一帯を新しい商業地域に作り変えていったのである。

以上のような「ナファヌマチ」に対して、首里にも「シュリヌマチ（首里のマチ）」があって、両者は対比されるものであった。

首里の有力士族は、自分の支配地の農民から直接に農産物を得ていたというから、この「マチ」を利用したのは下級士族や平民であったろう。「シュリヌマチ」は、首里・龍潭池の西側、現在の城西小学校のあたりを指していた。『球陽』の一七一五年（尚敬王三）には、「首里市地の南に、小店を創設し、並びに市の南地を広闢す」(8)とある。ここで「小店」とは小さな屋台店を指していると思われる。この時に「小店」の営業を許可して、同時に「マチ」となる空地を南に拡大したというのである。前述のように、王府はこの時期に首里・那覇の「町」化を積極的に促進しており、この件もそうした政策の一環と推測されるから、同様の処置は「ナファヌマチ」に対しても採られたと考えられ、ここでも「小店」が認められるようになったのであろう。

この「シュリヌマチ」の売り手は周辺の農村からやってきたひとびと（たぶんは女たち）で、ここでも商工民の集住化ないしは職住一致を促すような政策は認められず、その後の「マチ」に引き継がれる職住分離の原型をうかがうことができる。

さて、『球陽』によると、一七二八年（尚敬王十六）に「始めて人宅の、家を以て垣と為し、並びに店を開くことを許す。往旧の時より、本国の人宅、或いは石を築きて垣と為し、或いは竹を栽培して囲と為す。而して家を以て垣と為し、並びに店を開き貿易をするを許さず。是の年に至り、始めて開店並びに家垣を免す」(9)とされ、はじめて家屋を「店」にすることを認めることになったという。この「店」の形式は、後の「マチヤグァー」に継承されるものであるが、それが王府時代の那覇にどの程度普及していたかは明らかでない。しかしながら、明治時代のあり方から推測すると、それほどたくさん存在したとは思われず、「マチヤ」「マチヤグァー」は、近代以後に急速に広まったものであると考えられる。その具体的な様相は後述する。

一七四二年（尚敬王三十）には、「シュリヌマチ」に対して「始めて棚欄を首里市六衢の口に設く。前に市法を定め、人集まりて晩に至るを禁止す。然れども多方の男女聚集して、以て之れを制止難し。是を以て、命じて棚欄門六口を市の左右前後に設けて、以て小民生弊の端を杜ぐ」という処置をとる。

それまで「マチ」の広場にはひとびとが蝟集して夜まで賑わっていたが、この処置によって「マチ」を囲い込み、市門を開閉して時間的な制限を加えることになったらしい。時間を限った空間の商業的な利用である本来の「マチ」の姿に戻したといってもよいであろう。

しかし、明治時代以後の「シュリヌマチ（「町端マチ」。元の位置から綾門大道側に移動していた）」の様子をみると、ここは「ユサンディマチ（宵町）」であるとされており、夕方に活況を呈するものであったというから、この規制が以後も継続的に実行されていたわけではなかったかもしれない。また、「町端マチ」の中心地域には、小屋掛けの店が並んでいて、この小屋はしゃがんでようやく入れるほどの軒の低いものであったから、当然、通い商いであった。小屋掛けといっても、この程度の簡単なもので、本土の商店のような構えを持つものではなかった。

ここで考えておきたい点に、このような「マチ」の商いがなぜ根強く継承されてきたのかということがある。これには貨幣経済の発達状況など、多方面からの解釈がありうるであろうが、ここではひとつだけ、王府の対外政策との関わりによって補強された「マチ」観念が、その後も強く伝承してきたと思われる点である。

すでに東恩納寛惇も触れているごとく、「ナファヌマチ」は冊封使節の渡来に際して、その場所を移動するものであった。

このことは、汪楫の『使琉球雑録』（一六八三年・康熙二十二・尚貞王十五）において、下天妃宮の前、天使館の東に数十畝の空地があって、そこに市が立っていたが、今は「馬市街（「マチグァー」の漢字表記とする説が有力）」に移っている、とされていること、徐葆の『中山伝信録』（一七二一年・尚敬王九）において「現在、市場は辻の海ぞいの堤防の上にある。朝と夕の二回市がたつ」と記述されていることにも関わる。

要するに「ナファヌマチ」は、冊封使節がやって来るたびに西海に面した「辻原」に移動する決まりになっていた。したがって、周煌の『琉球国志略』（一七五七年・尚穆王六）においても辻原に市が立っており、天使館の前にあった数件の店舗もみな移動した、というのである。すなわち、「ナファヌマチ」は、本来は外交目的で設けられた空間を、未使用時に仮に利用していたに過ぎない。だから、この空間が本来の姿で利用されるに際して撤去・移動させられたのである。

このことを言いかえれば、「マチ」が立つ「空地（未使用地）」には「当面の未使用地」も含まれていて、その場合は、「未使用」時に限って仮に「マチ」になることができる。そして、「未使用」時の利用に対しては、なんら公的な干渉はおこなわれない（いわば放置されている）、ということなのである。

後述の「カチヌファナマチグァー」が私有地に立っていて、後に私設市場となったらしいことも、こうした「未使用地」の自由利用という考えに基づくものが、近代に至って変容した結果ではなかろうかと思われる。だから、「シュリヌマチ」に対する前掲の一七四二年の処置も、「マチ」を公権力が管理・運営するという趣旨によるというよりも、単に騒々しいから夜間は本来の「空地」に戻すべきである、としただけのことかもしれない。

このように、「マチ」は未使用の空間を「仮の場」として利用するものとする通念が、為政者のみならず民間においても、以後長く継承してきたのではないかと考えられる。逆にいえば、そこが「仮の場」があれば、原則として誰であれ「マチ」として利用することができると考えられ、出店の権利や義務などに特段の定めなど生まれなかったし、往来の妨げとして追い払われることもなかったのである。

このことは同時に、王府の「マチヤ」政策にも関わっていると思われる。

前述のごとく王府は、一七二八年（尚敬王十六）に「始めて人宅の、家を以て垣と為し、並びに店を開くことを許」したのであるから、それから二十五年ほど後の『琉球国志略』の時代に、天使館の前にいくつかの固定的な店舗があっても不思議ではないが、これも冊封使節の在琉期間には他所に移動させられている。そこから分かることは、たとえ店舗営業が許可されたにしても、それは永続的な商業空間として保証されるものではなく、あくまでも「マチ」のひとつの形態だったらしいのである。実際、東恩納寛惇によれば、「親見世日記」に士族屋敷を「マチヤ」に改造する「願書」が散見され、そこには次のような表現が含まれているという。

私屋敷之儀　東表囲ちねぶ（註、網代垣の事）長三間取除、店構仕度奉存候　為晴立所にては無御座候

この要旨は、「屋敷囲いの一部を取り除いて店にしたいので、目立たないところですから許可して下さい」ということで、本来、「マチ」や「マチヤ」は可視的なものであってはならない、特に公式儀礼などでは妨げになるものだったのである（屋敷囲いの一部を店にする習慣は、後述の「マチャグァー」の一形態でもあった）。

4　首里・那覇の「マチグァー」

これまでに「ナファヌマチ」「シュリヌマチ」を紹介してきたが、那覇や首里には、長い歴史を持ち、それなりに組織化されて、よく知られている「マチ」以外に、自然発生的に生まれたごく小規模の「マチ」がいくつも散在した。

これを規模の大きな「マチ」と区別して、通常は「マチグァー（町小）」と称している。その相違は基本的には規模の大小にあるが、小屋掛けの有る無しが関わっているかもしれない。かつて那覇の町には、久茂地と崇元寺の門前に「マチグァー」があった。

久茂地の「マチグァー」は「クモジマチグァー」といって、久茂地大通のほぼ中央、広場のように広がった辻に立つものであった。ここに物売りたちが集まってきて、周辺に住むひとびとに日々の食料を商い、ひとびとはその日一

日の必要分だけを購入するものであったという。『那覇市史・民俗編』の記述によれば、男は「カタミニー（肩荷担ぎ）」、女は「カミニー（頭上運搬）」で商品を携えて集まってきて、野菜・カントーフ（焼豆腐）・魚介類・肉・味噌・米・油などを売っていたという。肉はもっぱら小禄から来る男たちが、魚介類は糸満から来る女たちがあつかっていた。

崇元寺の門前では、国廟に対してすべての人が車馬から降りて敬意を表する慣習があり、そのために人が集まるから、ここに「ソウゲンジマチグァー」が立っていた。こちらは久茂地よりもさらに規模の小さいもので、夕方に商う「ユサンディマチ（夕市）」であったという。「クモジマチグァー」と同様に魚介類・野菜・豆腐・もやし・砂糖黍などを売っていたが、盆の前に砂糖黍売りが賑わう程度で（盆には仏壇に砂糖黍を供える）、通常は一四・五人が出て、ばらばらと商っている程度のごく閑散としたものであったという。魚売りは泊から、野菜は近辺の農家から、豆腐売りは安里あたりからやってきたものらしい。

このほかに那覇の市街地の南北の境にも、それぞれ「マチグァー」が立っていた。北の境には、潟原側の「イベガマ」に立つ「カタバルマチグァー（「ミンダカリマチグァー」ともいった）」であった。「カタバルマチグァー」は、一八八五年（明治十八）制作の『沖縄県管内全図』(10)に「ナファヌマチ」・「トゥマイマチグァー（泊町小）」とともに、漢字で「市場」と記入されているから、「クモジマチグァー」「ソウゲンジマチグァー」よりもやや規模が大きく、またよく知られた存在であったようである。

「イベガマ」は潟原を渡って泊・首里方面へ行き来する拠点で、通行人が多く周辺の農村と那覇との結節点になっていた。先に触れた「クモジマチグァー」「ソウゲンジマチグァー」がもっぱら町住みのひとびとを対象にして日用の食糧などを商っていたのに対して、ここには朝夕二度「マチグァー」が立って、野菜・芋・豆腐などの食料、あるいは農家向けの小豚・鶏なども売られており、このために「ワァーグァーマチ（小豚市）」ともいった（農家はどこも子豚を購入して育てた)。また、近くに農鍛冶屋(「ミンダカリカンジャー」といった)・線香屋が軒を連ねるなどして、農村の必要を満たす市場であった。(11)

この道の対岸、泊高橋には「トゥマイマチグァー」があり、ここにも同様に朝夕二回の「マチグァー」が立った。朝は近くの農家から農産物が持ち込まれて商われるが、夕方は近所の女たち(泊の漁民)が豆腐や魚を商っていた。泊高橋は中部の浦添方面などとの接点でもあったから、物資の集散地としてなかなか賑わっていたという。

一方の那覇の南端は、垣花が那覇と南部の糸満などを結ぶ接点で、ここにも同様に「カチヌファナマチグァー」が立っていた。これらのうちの「カタバルマチグァー」と「トゥマイマチグァー」は後に公設の市場になったが、「カチヌファナマチグァー」は私営市場として残ったらしい。

首里においても同様に「マチグァー」が立っていた。前述の「シュリヌマチ」から少々離れた平良、汀志良次、赤田などの周辺地域に早くからあったという。

以上のような那覇・首里の「マチグァー」の様相は、南島の「マチ」の基本型をよく示していると思われる。あえていえば、町角に「三人よればマチグァー」ということになる、そういう小規模の商いの場が、生活空間の一部として重要だったのである。

そして、前述の「ナファヌマチ」では士族である「アチョードー(仲買女)」が農漁村の女たちが運んでくる商品を買い付けて、「アッチネーサー(販女)」に分配・販売させる形式が一般的であった(したがって、各種の権利関係が自ずと定まっており、士族は銀簪、平民は木簪と簪によって識別されたという)のに対して、ここでいう「マチグァー」は、商品を「カタミニー」「カミニー」で運んで来て、売り尽くして帰るだけものであるから、なにか特徴を持つ場所(今風にいえば「ランドマーク」がある)が存在すると、そこに時間を限って売り手と買い手が集まってきて、自然発生的な商いがおこなわれる、そういうものである。

さらにいえば、「マチグァー」は、首里・那覇のようにひとびとの集住する町場に限って立つものではなく、村の外れの大きなアコウやガジュマルの木などが目印になるところを指すこともあった。そうした場に「アチョードー（買出し人）」が出掛けてきて村の女たちから農産物を買い入れて、あるいは逆に何らかの商品を販売するといった交易が行われたからである。このような町と村を結ぶ様々の、しかし特定の場における交易が、もっとも原初的な「マチグァー」であったと考えられる。分かれ道・境界・空地・池端・坂などなんらかの特徴・目印を持つところで、ひととひととが出会って交易をおこなうならば、そこがすなわち「マチグァー」なのである。今日も道路端に日傘を差して、通りがかりの車に「アイスクリン」を売っている娘たちを見かけるが、これも現代のもっとも小さな「マチグァー」のひとつといってよいであろう。

王府時代の末期あるいは明治時代の初期には、首里・那覇以外にも「マチグァー」ないしは小規模の「マチ」が各地に発生していたようである。それは糸満の古地図に「市場」と記入されている例などから分かるが[12]、それらが大正時代以来、「公設市場」となって今日に至るのである。

沖縄の商業的施設には、この他に共同売店があるが（今日も主として山原の集落や離島で営業している）、これについては別に調べる必要がある。

5　那覇の「マチヤ」

これまでに、沖縄の「マチ」は本土の「町」とは性格が異にしており、本土の感覚でいうならば、むしろ「市」に類似するものであったことを示してきた。そして、この「マチ」のあり方は、今日も「公設市場」を中心に継承されているが、現在ではこのような「マチ」に並んで、「商店」あるいは「商店街」が存在し、両者が補完しあって複合的な商業空間を作っている場合が多いのである（ただし近年は、大型スーパーの増加、人工的な商業施設・地域開発、などが頻繁に生じて、流通交易の仕組は大きな変化のただなかにある）。以下では「商店」や「商店街」の形成について、概略を見ていくことにしたい。

沖縄方言には既述の「マチ」とはまったく異なる用語として「マチヤ（町屋）」がある。これは家屋に結びついた商いの場、すなわち「商店」のことを指しているが、そのなかで規模の小さなものは、特に「マチヤグァー（町屋小）」という場合が多い。

『球陽』の一七二八年（尚敬王十六）には「是の年に至り、始め開店並びに家垣を免す」と出てくるが、それは宅地の周囲を取り囲む垣の一部を取り払うことを許可して（首里・那覇あるいは八重山・四個などの住宅は四方を石垣で囲い、屋敷の正面には障壁を立てるものであった。なかには柴垣もあったらしい）、垣に沿って離れ小屋をこしらえて（これが「家を以て垣と為す」である）、その道側を開放して店にして、なんらかの商いを行うことを許可したのである。

これによく類似する小商店は、石垣囲いの士族住宅が比較的によく保存されている八重山・四個において今も見ることができる。

多くの例では、屋敷囲いの石垣の正面片側の角（向かって左が多い。連棟住居の炊事屋の手前にあたる）を崩して、南面する道路に接して石垣の延長上に小屋を作る。この小屋を貸店にしたり、家の者が小規模な商いをおこなったりするのである。

首里・那覇のように、戦後復興にともない新しい形式の住宅（規格住宅・賃貸しアパートが多い）が主になっているところでも、この形式を受け継いでいると思われる雑貨屋などが少なからず見受けられる。例えば、アパートの家主（経営者であると同時に、その一部に居住していることがある）ないしはその家族が道路に面した一部屋を店に使っている、などである。独立住宅の場合には、二階家の一階を店にあてるが、家の女が食品・雑貨などをあつかっており、男は別の仕事に従事していることが多い。

ここに共通する特徴は、軒を並べて商店街が形成されているのではなく、住宅地のなかや小道に接してぽつぽつと散在していることである。すなわち、住宅の一部を店にしたのであって、改めて商業的な家屋を造ったというものではない。

だから、方言で「マチヤグァー」という場合には、一般的には住宅の片隅を利用した小商店であるが、とりわけ雑貨屋（食料品・酒・煙草・雑貨などを扱う）のことを指していることが多い。「イッセンマチヤグァー（一銭町屋小）」といえば子供相手の駄菓子屋のことで、多くは学校の周辺や通学路に面して営業している。

また、「マチヤグァー」に類似した店として「ジュウシイーヤー（雑炊屋）」や「スバヤー（沖縄ソバ屋）」などの小食堂をあげることができ、「パーマ屋」もこれに含まれる（これら小食堂も家の女性が経営していることが多い。「パーマ屋」も同様で「愛子パーマ」「ゆかりパーマ」などと店名に女性の名を冠している。これに対して「ダンパチヤー〈散髪屋〉」は男性の仕事である）。このような夥しい数の小店が住宅に混じって散在し、小店のない住宅地はないといえる点が、那覇周辺の景観的な特徴でもある。

このように見ていくと、一七二八年（尚敬王十六）に許可された「店」は、住宅の形式的な変化にもかかわらず、担い手や客層も含めて、今日に受け継がれていると考えられる。その営業形態は職住一致で、にもかかわらず、一家をあげての商業活動といった専業的なものではなく、ただ住居の一部を利用した女たちの商いである点に特色がある。これが「マチヤグァー」の基本的な性格といってよいであろう。

屋敷囲いの石垣を部分的に崩して作った「マチヤグァー」は、石垣四個（石垣市市街地域）では、この地が近代において都市的な性格を獲得していく上で重要な役割を果たしたと考えられる。具体的な様子は後述することにして、ここでは「マチヤグァー」が寄留商工民の大きな拠り所になったという点を指摘しておきたい。八重山開発時代に多

写真3　ヤマトゥマチヤの名残り（那覇市内）　赤瓦・二階家・ペンキ塗りなどが特徴

数の本土商人や沖縄本島から来る自由移民を受け入れるために士族住宅の石垣囲いを崩して仮小屋を作り、それを寄留民に貸す方法が一般化して、それまでほとんど存在しなかった日常的な商業活動の発生・拡大の基礎になったのである。

那覇においても、「店売り」といえば明治時代の中頃までは、前述のように屋敷囲いの一部を部分的に小屋にした店が中心であった。そこにやがてもう少し本格的な「マチヤ」が生まれてくるが、それは、仲買人が自宅の一部屋を倉庫替わりに用いるという住居の倉庫化（ストアー化）から始まったようで、寄留商人も同様の目的で住宅を借りたのである。このことを別の観点から見ると、留め置くことのできる商品が扱われるようになった、ということであり、それは八重山方言で言う「クヤー（小屋・後述）」に繋がるものである。

『那覇市史・民俗編』の記述によれば、那覇には明治時代から大正初期までは「ヤマトゥマチヤ（大和町屋・後述）」以外の「マチヤ」はいたって少なかったという。

「マチヤ」の当初の形式は、石垣囲いの住宅の表座敷（一番座か二番座）に商品を積み上げておき、ジョウ（障壁のある正門）から入ってきた客をこの座敷で接待するものであったという。それがやがて、屋敷囲いの正面の石垣を全面的に取り払って商家構えに作り替えるようになったのだという。この形式の「マチヤ」には泡盛・味噌・醤油などを扱う商店が多かったが、東町から普及していったから、「ヒガシマチヤ（東町屋）」の呼称があったという。

これと同様のもので、鹿児島や大阪などからやってきた本土寄留商人が経営する商店のことを「ヤマトゥマチヤ」

といった。これも当初は石垣囲いの借家の一部屋を店に充当するものであったが、一九一三年（大正二）に東町の半分を焼き尽くすという大火災があり、この災害を契機として、直接に道路に接する大和風の商家構え（戦前、那覇といえば、この形式の赤瓦の二階屋の町並みが知られていた。一階が店で二階が住宅であった）の建造が急増したという。こうして東町一帯には、「ヤマトゥマチヤ」を中心にした本土と同じような商家が軒を連ねる商店街が形成されていくことになり、それが「ヒガシマチヤ」でもあった。そして、この頃から「マチヤ」といえば「ヤマトゥマチヤ」の形式を採る商店を指すようになって、那覇から石垣囲いの屋敷が徐々に消えていった。

『那覇市史・民俗編』の統計（年月不詳。明治時代末期？）は、総数三三五所帯の本土寄留商人を掲載しているが、実際にはこの他にも大勢いたことであろう。そのうちの六割強は鹿児島県の出身者であった。これら本土寄留商人の活動についてはすでに研究されているから、ここでは深く触れないが[13]、強調しておきたいことは、本土との交易をほぼ独占していた本土寄留商人の「ヤマトゥマチヤ」によって、那覇の商店街が生み出されていったことである。商店街区となった地域は石門通・大門通・久茂地大通・見世の前通などで、大正時代後期には、大門前通などはすっかり本土風商店街になっており、大門前通・見世の前通には卸売業が集中していたという。こうして定着した那覇の繁華街は、一九四四年（昭和十九）に空襲で焼失するまで、さほど変化することがなかったのである。

『那覇市史・民俗編』によれば、大門通には六四店舗が営業しており、出身別の内訳は次の通りであったという。

沖縄　出身　二五店舗	徳島　出身　四店舗	兵庫　出身　二店舗
鹿児島出身　二三店舗	奈良　出身　二店舗	広島　出身　三店舗
熊本　出身　一店舗	岐阜　出身　二店舗	

ところで、那覇の商店街に関しては、細かな商店名などを記入した「昭和石版印刷所」作成の石版刷りの「商業案内図（昭和初期・年代不詳）[14]」が残されている。この地図は「買物案内」というべきもので、なんらかの広告料を払っ

た商店を書き込んだものらしいが、この地図から、当時の「マチヤ」の状態をある程度は推し計ることができる。
この地図によると、「マチヤ」がもっとも集中している地域は、久米大門前を横切る大門前通で、次に石門通・見世の前通となっている。そして、大門前通に連なるものとして、以下の商店を挙げることができる。

沖縄買物会館・マーケット・丸山分店・荒水書籍店・丸山号百貨店・古田電設協会・那覇新薬・広島屋本店・平尾本店・イケヤ洋品店・大正動時計店・南洋薬品・坂元洋品店・松栄堂・三木金物店・成清商店・堀口内科・古田蚕種・平岡自転車店・照屋洋服店・美昌堂印房・那覇ラジオ・丸屋陶器店・東京堂洋服店・千田紙店・儀間商店・新文社

このなかで沖縄県人の経営であると思われる店舗は、店名からみて照屋洋服店と儀間商店のみである。同様に石門通とその周辺をみると、ここにも次のような「ヤマトゥマチヤ」が軒を連ねている。

山形屋・昭和堂時計店・野村光世堂・みのる洋品店・平尾本店・旭龍・佐藤商店・佐藤製薪店・服部支店

また、見世の前通とその周辺は次のようになっている。

並川金物店・一与タクシー・勧業銀行・一四七銀行・仲村渠呉服店・池上自転車店・玉井商店・井上商店・中嶋商店・丸善興業（？）

ここには仲村渠呉服店のような沖縄県人経営の店も含まれているが、「ヤマトゥマチヤ」が大半を占めていることに変わりはない。
また、西町にかけては大会社の支店・新聞社などが集まっており、東町市場の周辺は、県水産会を中心に海産物商組合・カネキ海産物・マル玉海産物・テルヤ海産物・ヤマセ魚問屋・ヤマセ氷室・山口海産物などの海産物問屋が集中し、港を背景に本土向けの海産物移出業が営業していたことが分かる。
そこで、この地図に出てくる二〇〇軒近くの「マチヤ」から、改めて沖縄県人の経営と推測のつく商店だけを拾い出してみると、僅かに三五軒程度しか挙げることができない。沖縄県人経営の店舗はその他にもあったが、規模が小さくて記載されなかったのかもしれない。いずれにしても、この地図では全体の二割にも達せず、しかも公営や尚泰商会などを除くと、雑貨屋・醤油店・履物店・看板店・茶舗・洋服店・呉服店・蒲鉾店・仕立屋・指物屋・泡盛店・肥料店のような生活に直結する小売業に限られている。また、その立地も分散的で、いわば前述の「マチヤグァー」の様相に近いのである。

以上のように見ていくと、那覇の商店街は「ヤマトゥマチヤ」を中心にして、比較的に新しい時代に（それも短期間に集中的に）成立して、それが以後この地図の描かれた昭和時代まで継続したものと理解できる。そして、本土から来た寄留商人は、山形屋のような百貨店や各種の専門店を経営して、主として本土から移入する近代的な遠隔地交易品（時計・洋服・洋品・書籍・靴・陶磁器など）を扱っていたことも分かるのである。

このことは、在来型の商業をおこなう「マチ」と、新しい近代的商品の需要に則して生まれた「ヤマトゥマチヤ」による「商店街」は、取り扱う商品の種類において、したがって、生活との関わり方においてまったく異なるものであったことを示している。

以上のように、那覇に近代的な都市に不可欠の「商店街」が成立したのは、移入商品を扱う「ヤマトゥマチヤ」の集合によるものであった。それをさらに単純化して表わすと、那覇には「マチグァー」から「マチ」を経て「公設市場」に到る伝承的な商業空間を継承する一続きの流れがあり、その商品構成は、王府時代以来基本的に変わらない生活に必需の日用品であったが、これとは別の新しい流れとして「マチヤ」「ヤマトゥマチヤ」による「商店街」が形成されて、それは近代的な移入商品の受容を促進するものであった、という二重性をして示すことができる。そして、この二重性は、基本的には今日まで受け継がれており、象徴的には「牧志市場」およびその周辺と、国際通の「商店街」とに対比できる。すなわち、那覇は、近代に至って寄留商人を中心にした「商店街」を生み出して、この新しい商業空間を通して島外の商品文化に結びついていったのであって、それがこの地域の「近代化」であった。

このような那覇の変貌にともない、王府時代から少しずつ「町」的な機能を獲得しつつあった名護・与那原・嘉手納・糸満なども、地域的商工業の中心として類似の推移をたどり、先島の行政中心地である石垣・四個、宮古・平良についても同様であったとみることができる[15]。

以上のことを踏まえて、以下では石垣・四個《しか》に焦点を合わせて、この地での「町」の形成の具体像を追っていくことにしたい。那覇と同様に四個においても、寄留商工民が大きな役割を果したのであるが、那覇とは少し異なる点も含まれている。

結論から先にいえば、石垣においては、本土寄留商人に加えて沖縄本島からの寄留民（「移民」という）、宮古諸島からの寄留民、さらに周辺離島からの寄留民が、それぞれ特定の時期に集中して渡来して、それがそれぞれ異なる役割を果たしてきた、ということである。この点に着目しながら、以下では石垣・四個の商工発展の概略を示すことにしたい。

6　石垣・四個の移住民と商工の展開

八重山・石垣市の市街は、明和の大津波の後にバンナ岳の山麓に復興されて、後に再び海岸段丘の斜面を下って浜際に生まれた四個（登野城・石垣・大川・新川の旧四間切）を中心に成り立っている。

四個は、海岸と新川川に挟まれた蒲鉾形の段丘の南面に位置して、段丘の北面には学校・電力会社などの大規模な公共施設が配置されており、新川川を挟んだそれから先は緩斜面の農地になっている。この段丘の北面は以前は松林が広がる未使用地であったという。四個の東西は、新しい市街地が東側は平得にかけて、西側は新川川の荒引橋を越えて広がっており、海側は港に隣接する地域が漸次埋め立てられ、新たに美崎町・浜崎町・新栄町などが生まれている。この埋立地は、行政施設・飲食店街・旅館街・港湾水産関係地区として、新しい市街中心地を形成している。

以上のような状況が示す石垣四個の空間的な特徴は、海岸線に沿ってほぼ東西（実方位ではなく、海を南、山を北、左右を東西と表す）に横長の楕円状の市街地を作っていることである。そして、その地割は、登野城・石垣・大川・新川の各区域を区分ける、海岸から山手へ向かって緩斜面を登る何本かの道路（旧間切境）と、これにほぼ直行して、段丘をほぼ等高に東西に横切る道路からできている。

こうして、各屋敷地は海を望む側に「ジョウ（門）」を作り（東西を結ぶ道路に接する）、この向きを表とし、山側を裏として建物が建てられている。

このような直行する経緯の道路による井然たる地割は先島の村落・市街地の特徴のひとつであるが、さらに細かく見ていくと、これらの道路や屋敷の方位には微妙なずれを含む場合があり、この点は別に検討しなければならない。

前述のように、四個は蒲鉾形の南面の緩斜面を市街地としているが、その背後の尾根には露岩地域が横たわっており、この露岩に沿って市街地の北進を遮るように、東西に帯状の墓地域が延々と続いている。この墓地域の大方は現在も残っているが、登野城については都市計画事業にともなってバンナ岳山麓に開発した新しい墓地域に移動している。

旧来の四個の墓地域は、この丘陵上に帯状に連なるもののほかに、荒川川を渡ったバンナ岳の裾野にもう一列作られており、新川川を挟んで都合二列になっていた。この二列の相違ははっきりとは分からないが、バンナ岳の裾野の墓地は高級士族のもので、尾根筋の露岩地帯の墓地は一般のものであったといわれている。

この旧来のものに加えて、現在はバンナ岳のもう少し上部のやや急な斜面に、新しく二段の墓地域が作られている。ここでは墓地が農地を浸食しているのである。新しい墓地域のうちの最上段は、前述した都市計画事業にとも

写真4　石垣囲いを崩して作ったマチヤグァー（石垣四個）
石垣の一部と母屋が奥にみえる

なって市が造営したものであるが、なかに民有地の借地が含まれており、そこには郷友会墓地がある。郷友会墓地については改めて紹介する。

いずれにしても、四個の市街地は海岸線と墓地域に挟まれて南北が限定されており、その結果、成立当初の空間的な配置を比較的によく保存してきたのである。

四個は、八重山蔵元に属する諸役人や、四間切の間切役人の居住地区として設けられたところである。

『沖縄県統計書』[16]一八九一年（明治二十四）をみると、この時点で大浜（登野城・大川を合わせる）の居住者がほぼ六〇〇〇人、石垣（石垣・新川を合わせる）が五〇〇〇人、合計一万一〇〇〇人程度であったが、このうちの五〇〇〇人弱は士族であった。この当時の首里や那覇の状態（首里では士族がほぼ六割、那覇では七割。ただし、那覇士族は町人化が進んでいた）に比べると、その比率は決して高いものではないが、それでも四個が士族のための集落であったことは明らかである。

士族の住宅（士族屋敷）は、周囲を石垣で囲んで正面（南向き。東西をつなぐ道に面する）には「ヒンプン（屏壁）」を建て、さらに道路に面して「ジョウ（門）」を作る。格式によって屋敷地の大小はあっても、基本的には同様の構成・配置を持っていた。こうした画一的な屋敷が井然と段丘に並行していることが四個の顕著な特徴であり、この区画の井然性は今日も宮良殿内の周辺や石垣地区で見ることができる。

したがって、登野城・石垣・大川・新川の間切境となる南北を貫く坂道は、屋敷地の側面の石垣に接しているが、この面に「ジョウ」を設けることはなかった。

そこで、近代の八重山開発時代には、この部分の石垣を崩して道際に小屋を作り、小店にする場合が出てきたのである。こうして石垣四個にも「マチヤグァー」が生まれて、やがて坂道に沿った小規模な商店街が形成されていく。そして、この南北の坂道に接する小商店は、東西の道に南面する「ジョウ」や「ヒンプン」を崩して本格的な商家建築の連なりを作った「商店街（現アヤパニモール）」とは異なる展開を示すのである。

わたしの関心は、こうした構造をもつ市街地にどのような経緯をたどって商工業が定着・発展していったか、それを担ったひとびとにはどのような特徴が見られるか、さらにそうしたひとびとが「マチヤグァー」や「商店街」の形成にどのように関わってきたか、といった点にある。

王府時代の四個には、「三遣状（首里王府との連絡文書）」などから大和船と交易する民間の問屋のようなものがあったといわれているが、先に首里・那覇の場合に見てきた「マチ」「マチヤ」に相当するものは存在しなかったらしい。

『明治二十七年五月　第二類　庶務書類綴（下巻）』[17]は、一八九五・六年（明治二十八・九）におこなわれた沖縄県の地方制度改革（後述）のための取調べ調書と推測されるが、それには「市場・問屋・仲買人」について次のような報告が含まれている。

一、市場問屋仲買の事

（1）市場ノ位置

當地ハ市場無之モ　石垣島大川村海岸ニ於テ　本縣下那覇首里地方ノ者及他府縣県下ヨリ寄留者アリテ　群居ヲ致シ戸数七十三戸アリ　商業ヲ営ミ當地ノ市場トモ称スベキ位置ナリ

（2）問屋之種類　数及所在地

當地問屋ヲ設ケタルモノ之無　穀菽類及海産物等ハ商人ノ手元ヨリ汽船及風帆船ニテ即宿ニ運送ス　貢租及貢穀ノ如キハ汽船ニテ運送ス

（3）仲買人種類其原籍別及数

仲買人ト称スルモノ之無　當地寄留之商人ハ概ネ雑商ニシテ　穀菽類私産物等ヲ小買シ纏メテ那覇ニ送ル　之レ仲買人ニ類スルモノトス　其重ナルモノヲ挙レハ左ノ如シ

一穀菽類及び縹草砂糖海産物ヲ買求スルモノ　弐名　内鹿児島縣人壱名　那覇人壱名

一穀菽類及び縹草砂糖及海産物ノ内　海人草　海鼠等ヲ買求スルモノ　八名　那覇人

一漆料ノ紅露買求人　壱名　鹿児島縣人

一薪炭木材買求人　弐名　各那覇人

右之外　商人ハ僅少之賣買者ナルニ付之ヲ省ク

要するに四個には決まった市場のようなものはなく、大川の海岸に他府県・沖縄本島からの寄留者が群居して七三戸もあり、ここが市場のようになっていた、というのである。また、問屋らしいものもなく、仲買をおこっている商人には鹿児島県人と那覇からきた者がいた。

この記事の数年前、一八九〇年（明治二十三）に塙忠雄が八重山に来島して、八重山全村落を調査して詳しい村絵図を残している。[18] そのうちの四個の図には、[19] 石垣の東外れの浜から大川の前浜にかけて、小さな建物のようなものが五〇戸以上書き込まれており、そこに「小屋」と付記されている。また、四個を間切りごとに個別に描いた「石垣村之図」「大川村之図」にも、これに相当する長屋のようなものが描かれており、これらの小屋が「大川村海岸ニ於テ本縣下那覇首里地方ノ者及他府縣県下ヨリ寄留者アリテ　群居ヲ致シ戸数七十三戸」を具体的に示していると考えられる。

そして、一八九〇・九一年（明治二十三・四）の『沖縄県統計書』によって八重山の「出入調査」の結果をみると、一八九〇年には、大浜（大川・登野城）・石垣（石垣・新川）をあわせて、他府県から来た者が七一名、他地方（主と

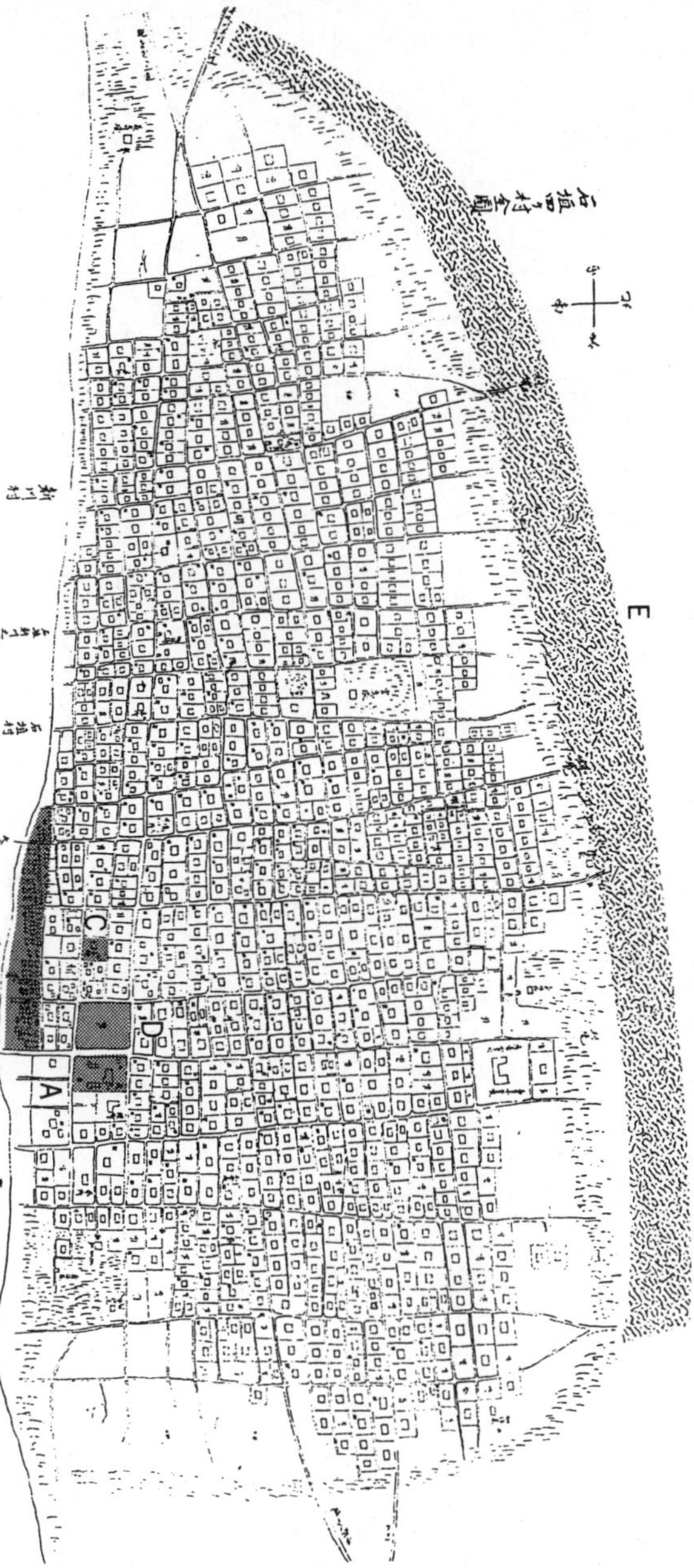

図21　明治時代の石垣四個（塙忠雄作成「石垣四個全図」に加筆）
A：蔵元跡（前八重山支庁）　B：大川地先浜の小屋．この浜が魚介類取引で賑わっていたことが分かる　C：大川番所跡（現在の公設市場）．この時点では登野城・大川・石垣・新川の各間切番所が残っている　D：現郵便局所在地．この時点では「明」と記入されており，空き地であったことが分かる　E：墓地域．

して沖縄本島）から来た者が二六〇名、周辺離島から来た者が一七九名、と数えられている。

このうちの他府県からの移住者は大浜に集中しており（本土から来た官吏・商人などを含むと考えられる）、これに対して、他地方（沖縄本島）からの寄留者は石垣の方に集まっている。後者には糸満漁民が含まれているから、彼らが石垣の前浜から新川方面に定着していたことを示すと考えられる。町の中心にあたる大川・登野城には本土出身者が多く、石垣・新川には本島出身者が多いことは、両者の立場の違いを示していると見ることもできる。

続く一八九一年には、他府県からの寄留者は一〇〇人を越えて、本島出身者もほぼ三〇〇名に増加しており、この時期に本土および沖縄本島からの寄留が活発であったことを表わしている。しかし、この時点では周辺離島からの寄留者はほとんど増加せず、宮古諸島から来た者もごく少人数であったようである。

それでは以上の状態の四個が、この時期以後、どのように「町」を形成して都市的な景観を持つようになっていったのかを、商業の興隆という側面から検討していくことにしたい。

そこで、今日の石垣市を構成するひとびとを出身地域ごとに分けて、その特徴を見ていくことから始める。取りあえず、次のように区分することができる。

第一のグループは、蔵元の役人あるいは間切役人層につながる旧四個以来の居住者で、当然ながら、かれらの多くは旧士族身分を持ち、本来の四個はこの階層のひとびとの居住地域として作られたものであった。このひとびとがどのように商工業に関わったかは、後述することにしたい。

第二のグループは、石垣・四個以外から移住してきたひとびとであるが、これらのひとびとを通称して「寄留民」と称している。そのなかには本土出身者・本島出身者・宮古諸島出身者・周辺離島の出身者が含まれるが、現在もっとも人口が多く有力集団を作っているのは宮古諸島（宮古本島・池間島・下地島・多良間島など）の出身者であるといわれており、それに次いで周辺離島からの移住者がいる。

これらのひとびとが四個に移住してきた時期は時代的に前後がある。簡単にいえば、廃藩置県後に四個に寄留してもっとも早く商業活動を始めたのは、本土と沖縄本島からの移住者であった。これに対して宮古諸島や周辺離島のひとびとの移住は遅れて、かれらが四個に多数居住するようになったのは昭和に入ってから、それも主として戦後のことである。本土からの寄留民については後に具体的に示すことにして、ここでは沖縄内部の人的な移動から見ていこう。

(1) 本島・首里・那覇からの寄留

初めに沖縄本島からの移住者の特徴を概観しておく。

沖縄には一八七九年〈明治十二〉の廃藩置県後に本土資本が殺到するが、八重山についても一八八五年〈明治十八〉の三井による西表炭坑の採鉱開始（一八九五年〈明治二十八〉以後は大倉組の経営）を、その一例として挙げることができる。

また、一八九一年〈明治二十四〉に制定された「八重山開墾規則」を受けて、本土から八重山への開拓移民も各種実行されて、こうした開拓団を基にして製糖事業が開始される。こうしたなかで、本土資本の進出に対抗するかのように、尚家を中心とする沖縄本島資本も鉱業・開拓事業・海運業などに乗り出して、八重山ではスーナ〈椎名原〉などに開拓農場を設けることになり、旧首里士族を募って一八九二年〈明治二十五〉には二七〇余名が入植することになった。[20]

このうちの四〇余名がマラリヤに倒れるなどして、開拓計画そのものはやがて頓挫するが、『琉球新報』一九〇五年〈明治三十八〉八月三日によれば、その後も留まった者がこの時点で二三戸あり、すでに一村の状態になっていたという。[21]

周知のように一八九四・九五年（明治二十七・八）の日清戦争後に、台湾が日本の領有に帰し、それにともなって地理的に台湾に近い八重山は本土のひとびとの注目を集めることになり、一方、一八九五・九六年（明治二十八・九）に沖縄県の地方制度の全面的な改革が実行されて、[22]この時期からひとの移動が急速に活発になってきた。こうして、八重山は南の新天地とみなされて、冒険心を持つ本土・本島のひとびとが八重山に渡り、各種の商工活動に従事するようになった。

『琉球新報』一九〇四年（明治三十七）三月三十日付の「八重山の開墾に就き[23]」には、次のような記述が見られる。

首里那覇辺の人にして四ヶ辺に来住し商業等に従事する者少なからされとも開墾等に従事する者は「スーナ」原開墾人位に過きす。首里那覇辺に於て相当の労役に耐えるものなれは八重山の四カ村辺に来住して働けは楽に暮らし得るのみならす相応の資産を作ること容易なりと或人の談なり。成程無一物にて来住し、今や多大の資産を揃え八重山に於て財産家として指を屈する者一、二に止まらす。

また、同新聞の一九〇五年（明治三十八）九月五日の「八重山群島（十五）[24]」には、次のようにも記されている。

現今本島（石垣島）の商界は石垣島大川村の海岸近き一部落を以て其の中核とし此処に他地方他府県より来たり商業を営むもの百戸内外各々居を構へ専心斯業に従事せり。

而して従来本群島に於ける商営業者は大小となく概して成効せるもののごとし。

今その一例を徴せんに当時郡内第一流の実業者と称せらるゝ某の如き去る明治二十六、七年の頃までは僅かに牛馬骨の取引を為し以て漸く渡世の煙を立て居たりし人なるに経営其宣しきを得て漸次資を増し産を殖し今や十年の今日に至りては自ら第一流の資産家を任じ人亦栄称を許すに至れり

このような風説・評判の下に本島からやってきたひとたちの営んだ業態には、反物屋、鍛冶屋、雑貨商、泡盛販売などがあって、それなりの成功を収めた者が少なくなかった。

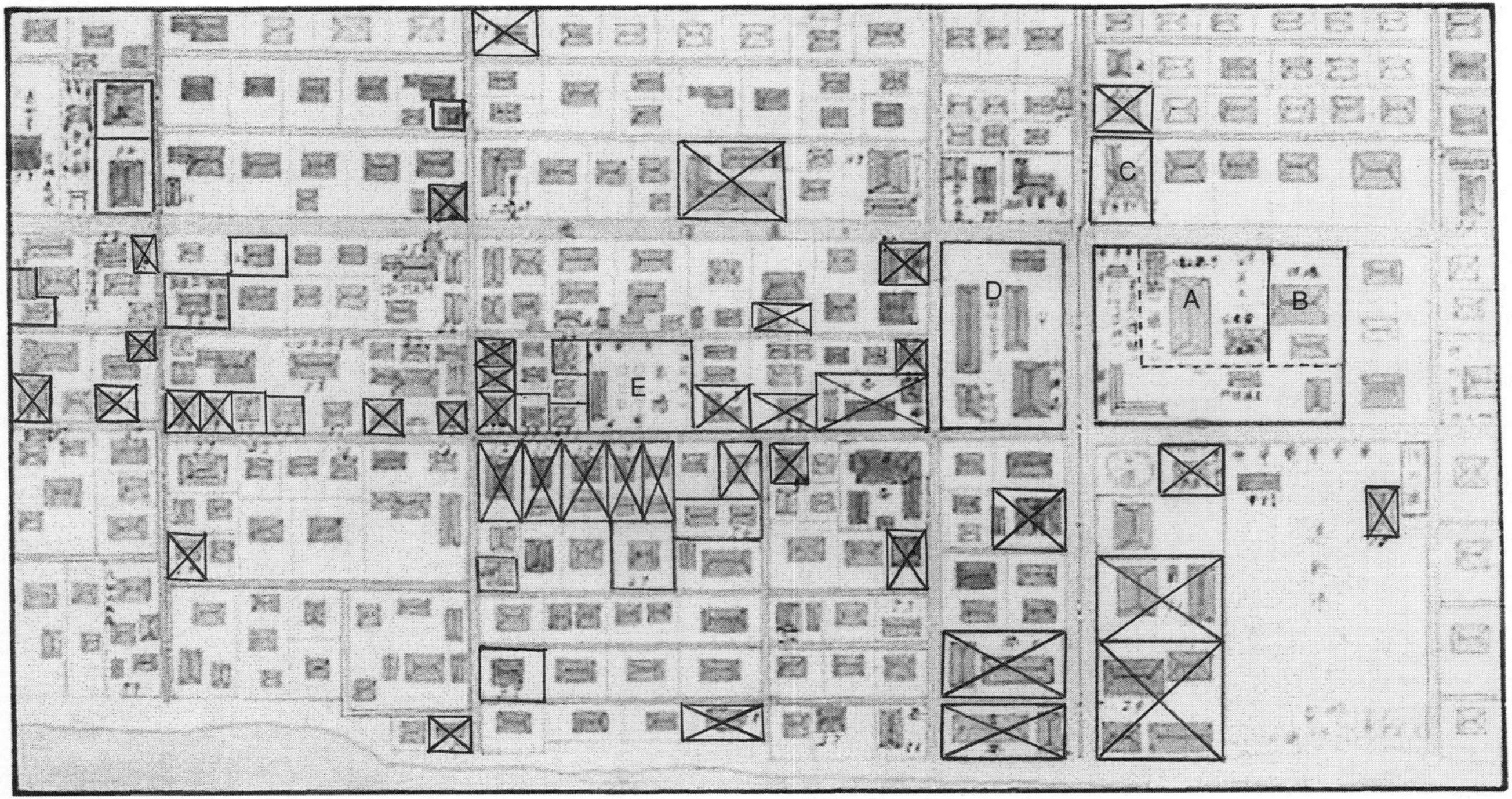

図22　四個の明治・大正時代の寄留商店分布（大田正義画「明治大正時代・大川を中心にした商店街の見取図」に加筆，石垣市立八重山博物館蔵）

A：蔵元跡（前八重山支庁）　B：登野城番所跡（役場）　C：警察署　D：郵便局　E：大川番所跡（市場）　☒：ヤマトゥマチヤ

□：ウチナーマチヤ

原図には「市場」の西側に肉売り場である小屋が，空き地のなかほどに魚・野菜を置いて売る連台が描かれている．

先に引用した一九〇五年の新聞記事には、四個の商業機関・店舗として「商業市場・仲買取引商即ち海産物取扱所・汽船取扱所・輸出品取扱店・理髪所・銭湯屋・獣肉魚肉の売場・諸工業・製造家・料理店・宿屋・豆腐屋・その他の各種小売店」を挙げているが、その多くは本島出身者が経営しており、やがてこの地域の商工業の基礎になった。しかし、このような沖縄本島からの商工寄留民は、事業が成功した後も引き続いてこの地に定住する者は少なく、ある程度成功すると事業を畳んで本島に引き揚げていった。かれらが相次いで引き揚げた時期は、大正時代から昭和の初期にかけてであるといい、この当時、四個の商工民の一部に入替えが生じたらしいのである。

(2)　糸満からの寄留漁民

前述の商工寄留民とは別に、沖縄本島南部・糸満出身の漁民たちが漁場を求めて八重山にやってきて、やがて定住したことは広く知られている。

糸満漁民が最初に石垣に渡来したのは明治時代初期のことであるといい、上原某が二人連れで到来して、大川の浜地に小屋掛けをして潜水漁に従事したのが始まりであるという。大田正議の地図（図22）には、大川の前浜に面した大田正松の屋敷地に「糸満発祥の地」と記入があり、この屋敷地の一部を借りて小屋を作ったのが定住の始まりであったという。

先に大川の地先の浜の市場に言及したが、この浜の市場も糸満漁民と関わるものであろう。この当時の石垣の漁業の中心は、潜水漁による海人草・海鼠・貝類などの採取であった。このことは先の一八九四年（明治二十七）の資料に、海人草・海鼠が特記されていることからも分かるが、塙忠雄の地図に描かれた大川や石垣の前浜に集まるたくさんの小屋は、こうした海産物の乾燥加工や取引にかかわるものだったらしいのである。

それ以後、糸満漁民は本島から次々と「ヤトイングァー（雇用民）」を呼び寄せて、潜水漁から追込み漁に移行しながらこの地域の漁業を発展させていった。そして、明治三十年代以後は鰹漁・鰹節製造業を中心に盛期を迎えることになる。(25)

ところで、糸満漁民は固有の生活習慣を伝承しており、それを比較的によく保存してきたことで知られる。だから、八重山居住の糸満漁民も現在まで「ハラ」に示される親族組織を介して、故郷とのあいだに強い結びつきを保っており、八重山の糸満系譜の者はすでに数世代を経ているにも関わらず、現在も石垣に墓を作ることはないという(したがって、寄留民墓地を持たない)。かれらは焼骨(以前は洗骨をした)を糸満に持って帰り、「ハラ」墓に埋葬する習慣を持ち続け、この点が首里・那覇などの出身者と大きく異なるところである。

(3)　宮古諸島・周辺離島からの寄留民

比較的新しい時代に(主として戦後)移住してきたのが、宮古諸島・多良間島あるいは周辺離島の出身者たちである。これらの島々から八重山に移民した契機はさまざまであるが、戦前は決して多くはなかったという。

戦後、一九四九年(昭和二十四)より「自由移民(自由意思によって移動すること)」として八重山へ移住したのが始まりで、一九五二年(昭和二十七)に琉球政府が発足すると、この年より「政府計画移民(「計画移民」という)」の入植が開始されて、それ以後しばらく、この「計画移民」による西表島などへの開拓入植が続いた。(26)しかし、これらのひとびとのうちには開拓を放棄して再度移住し、四個に出て暮らすようになった者も多かったという。

また、「自由移民」には宮古諸島出身者が多かったといわれているが、かれらは開拓農業に従事するとは限らず、むしろ建築・土木業などに従事する者が多く、その生業は当初から多様であったという。

周辺の離島では、戦後の帰郷者(軍人や台湾・南洋からの引揚げ者)の増加によって、人口は島・集落の保持力を極端に越えてしまい、本島の那覇・コザなどに再び転出する者が増えることになったが、この時に四個にも多数の離島

写真６　宮古墓　宮古からの移住者が作ったはじめての共同墓であるが，今は使用されていないという

写真５　多良間郷友会の墓　戦後，四個に移住してきたひとびとは，宮古の平良や諸集落をはじめ，各離島ごとに郷友会墓地を持ち，多くは共同墓も建てている

出身者が移住・定着した。

四個に人が集中する傾向は、その後に町と島のあいだの経済や生活利便の差が拡大するにともなって、ますます強くなっていった。現在、四個で暮らしている離島出身者に移住の動機を聞くと、離島における子どもの教育、病院などの生活環境の不備、仕事（職種）の不足などを挙げることが多い。島の生業は限られており、子どもは高校に進学すると、四個の学校で寄宿生活をしなければならなかった。

こうして、四個で暮らす同郷者がある程度まとまった数になると、生活扶助のための「郷友会」が組織されて、居住地も決まった地域に集中する傾向が生じたようである。そして、生業の選択にも出身地ごとの特徴が生まれてきたという。たとえば、竹富島出身者は商業に従事している者が多い、宮古諸島・与那国島の出身者は土木建設業界で有力である、黒島出身者は警察官、小浜島出身者は官吏が多い、などという。これら四個における離島出身者の様相は、もう少し確かな調査に基づいて改めて考えてみるつもりである。

以上のように、新しく四個に移住してきたひとびとは、出身地ごとに郷友会を組織して相互連帯を計り、これを通して出身地とのあいだに一定の関係を保持してきたことが多い。しかし、その一方で本土や首里・那覇からやってきた寄留民と異なり、これらのひとびとが再び出身地に戻る意思はほとんどなく、石垣の町に定住する傾向が強い。この定住指向を反映して、特異な「郷友会墓地」「郷友会共同墓」が設置されるようになる。

那覇の識名霊園においても、郷友会ないしは職能集団（これも出身地を共通することが多い）を基にして共同購入した「模合（モアイ、催合の意）墓地」が見られるが、四個の「郷友会墓地」は、これとは少し異なるようである。「郷友会墓地」の設営方法は、郷友会幹部の名義で市有地・個人所有地を借り受けて、これを整地して墓地域にあてたものである。沖縄の一般的な墓地観からいえば、墓地は個人または門中が所有すべきもので、墓地の売買はあっても借地上の墓は成り立たないはずだというから、その意味でなかなか異色なのである。

「郷友会墓地」は、借り入れた借地を決まった規格の区画に割って、ごく僅かな費用で個々の郷友会構成員に貸し付けて、墓そのものは各自が自由に作るものである。八重山では兄弟が墓を異にする習慣（長男が親の墓を継いで、次男以下は新しく築墓する）が行き渡っているから、構成員が次男以下のことが多い郷友会にとって（長男は相対的に出身地で暮らす可能性が高い）、墓の獲得は重要問題であった。その解決策として考え出されたのが「郷友会墓地」なのである。

また、郷友会墓地には「共同墓（納骨堂というべきか?）」が付設されていることがあり、構成員が個別の墓を作れるまで、仮に遺骨を納めておくものである。というよりも、そもそも「郷友会墓地」は、郷友会が作った「共同墓」から始まったものであるという。それは戦後そう経ない時期にできた宮古島出身者の「共同墓」が最初であったという、この「宮古共同墓」は、すでに墓としての機能を失っているが、現在も産業道路の脇に残っている。

この種の「郷友会墓地」には、竹富島・波照間島・鳩間島・西表島・網取（西表島の廃村）・新城島・多良間島・与那国島などのように周辺離島ごとに作られているものと、宮古の平良・伊良部・砂川・比嘉・長間・七股のように細かく集落ごとに分かれている場合とがある。この他に、台湾からの移住者たちも台湾式の埋葬法による台湾墓地を作っている。[27]

(4)　本土からの寄留民

石垣四個には多数の「ヤマトゥンチュー（本土出身者）」が生活していた。なかでもこの地域に強い影響をあたえたのは、西表炭坑の開鉱や開拓移民の集団渡来であったが、これは直接に四個に関わっていたわけではない。それよりも開鉱にともない、炭鉱へ物資を持ち込む出入り商人たちが来島して、四個に「ヤマトゥマチヤ」を作って商工に関わり、[28]この地域の商業の主要な担い手となったことが、今日の石垣の町の形成に大きな影響をあたえたと考えられる。それには古賀商店・浜崎商店などがあり（後述）、これらのひとびとの活動があったから四個は町になりえた、とさえいえそうなのである。

しかし、本土からの寄留民で八重山に永住したひとはそう多くはなく、大方はやがて島を離れて、本土に帰っていった。これについては後に具体的な事例を示すことにしたい。

(5)　移住民の定着傾向

以上のように、出身地ごとに区分けして見てきた四個の寄留民は、その定着度の強弱からも類別できると思われる。このなかでもっとも定着率が低かったのは、本土出身の寄留商人たちであった。しかし、四個の露岩地域の一般墓地を見て歩くと、家名の刻まれた墓（古い墓は家名や埋葬者の氏名などは彫られていない。地元の墓の家名・人名の記載・刻印は石碑の建立とともに新しく普及した習慣である）のうちに、案外に本土人の姓が刻まれた本土式の墓（個人墓のようである）を発見することがある。その後に遺族が移住してしまっても、死亡したひとの墓は生活した場に残ることが少なくなかったのであろうか。南洋にも日本人墓地が残っているようであるから、放置されたようにみえる墓が、なにを意味するかは興味深いことである。

次に定着度が低いのは、沖縄本島の出身者である。

当初に本島（主として首里・那覇。その後は山原出身者などが増える）から寄留してきたひとびとは、ある程度蓄財できてそれなりの年齢に達すると、家族一同を伴って本島に戻っていくことが多かった（四個の女性と結婚した場合などの例外はある）。山原出身者の場合には、本島に戻るとはいっても山原の故郷に帰省するのではなく、多くは那覇に移住して余生を暮らして、識名などに墓地を作る場合が多かったようである。このことから見ると、本島出身者は八重山に骨を埋めようとはしなかったといってよいであろう。

もっとも、新しい時代に計画移民として来島したひとびとのなかには、離島出身者と同様に定着する傾向が見られると聞く。だからといって本島出身者が独自の郷友会を作り、墓地を持っているという話は聞かなかったし、わたしの歩いた新しい墓地域に本島出身者の墓だけがまとまってあるところはなかった。

一方、四個の一般墓地のなかには本島出身者とみられる姓が刻まれた墓が少なからず残っているから、離島出身者と異なる点は、個人がそれぞれ墓を建てている点にあるらしい。山原出身者も郷友会組織を持っていることがあるが（大宜味村の一心会など）、だからといって「郷友会墓地」を作っている例はないようである。

さらに糸満漁民の場合はまったく異なる。かれらはすでに数世代にわたって八重山に住み、日常的には新川・登野城・新栄町にすっかり定着しており、今では海で生きているというよりも、すっかり町の住民になっているが、それでも死亡したら糸満に戻るものと考えているようである。だから、糸満漁民の寄留は生きている限りのものである。

最後に、周辺離島の出身者は出身地（あるいは出身島）ごとに「郷友会」を作っているが、にも関わらず、実際の生活の上では徐々に出身地とは疎遠になっていくようで、その分、四個に定着しようとする傾向が強まっていると思われる。だから、「郷友会墓地」は、郷友会の紐帯を保ちながら、出身地から相対的距離を置く、そのような離島出身者のあり方を示している一例と思われる。また、さらに新しい世代になると、異なる出身地の者同士が結婚する場合が増えて、出身地からの距離はさらに遠くなる（結婚した異なる出身地の者は、当該郷友会の準会員になることが多く、その結果、郷友会の二重所属者が増えているという）。

また、東京・大阪・那覇などには、出身地の住人の数十倍ものひとびとが暮らしていて、かれらもまた郷友会を組織して活発な活動をおこなっているが、多くの本土の地方出身者と同じく、すでに基本的には都市生活者で、四個の居住者もこうした都市生活者を縁者に持つことが多く、子どもたちが東京・大阪・那覇に暮らしているという例も多い(29)。

こうして現在では、出身地に残してきた先祖の墓を廃して、自分たちの居住地に墓を移動してしまう（本土の大都市周辺に見られる現象と同様である）という場合も出てくる。

以上、見てきたように、四個の「寄留民」の様相は、出身地が多彩であると共に、寄留の契機・その後の変遷あるいは四個の変容にどのように関与したかなども様々で、たぶんは帰属意識も多様なのである。

以下では、聞き取り調査を資料で補いながら石垣の変容の具体像を筆者なりに整理しておきたい。

7　記憶のなかの石垣・四個

既述のように、明治時代後半以来、石垣・四個は少しずつ町的な機能と形態を獲得してきたが、その過程を知る手がかりとして新聞記事があり、石垣市史編集室によって『石垣市史・資料編・近代』として三巻にまとめられている。

また、より具体的な様相を知ることのできるものに、一九〇四年（明治三十七）生まれの大田正議氏が、記憶をもとにして、明治時代末期から大正・昭和時代の四個の状況を復元した絵画資料とその解説がある。これは一九八七年に石垣市立八重山博物館において『絵で偲ぶ大田正議の我が島「バガスマ」展』として公開されて、その際に同名の図録が出版されている（以下「図録」と表記する）。

一九九〇年に、「図録」に収録されている石垣商店街の地図とその解説を手元にして、大田氏から直接詳しくご教示をいただいた。ここでは「図録」に記載の内容にあわせて、大田氏からお聞きしたこと、さらに他の聞取り調査も加えて当時の様子を示してみることにした。ここで「記憶のなかの石垣・四個」としたのは、主に大田氏の記憶に頼っているからである。

以下ではこれまでの記述とは順序を変えて、本土からの寄留商工業者から見ていくことにする。

(1)　本土寄留民の商店（ヤマトゥマチヤ）

「図録」には、大田氏が制作した商店街地図が「明治・大正時代大川を中心とした商店街の見取図」（図22）として収録されている。ここには総計八一軒の「マチヤ」（八重山では「クヤー（小屋）」という。この地域の商店が前述の海岸に集まった海産物取引の小屋から始まったからであろう。ここでは那覇の表現に統一して「マチヤ」を使用する）が書き込まれており、明治時代末期から大正時代初期にかけて急速に町化が進行して、かなりの商店があったことが分かる。（この商店街の見取図には、病院・造船所・倉庫・公共浴場・鉄鋼所・マラリヤ防疫所・第百四七銀行代理店なども含まれており、必ずしも狭い意味での「商店」に限定されているわけではない）。

そして、ここに書き込まれているもののほぼ六割（約五〇軒）は、本土出身者が営業する「ヤマトゥマチヤ」であった（病院などを除いた純粋な商店に限定すると、その比率はさらに高まる）。そして、この「ヤマトゥマチヤ」には、浜崎商店・古賀商店・野添商店など、よく知られている有力な寄留商人が含まれるが、今ではほとんど忘れられてしまった小商店がかなりあったことをも示している。

浜崎商店は鹿児島・指宿の出身者が経営するもので、那覇と八重山のあいだに浜崎丸を就航させて、雑貨・壺瓶類などを移入していた。沖縄から持って来たこれらの商品を、雇人を使って村々に売り捌く一方、煙草の元売店にも指定されたが、後には鰹節製造業に進出して、当時の石垣の商工業の中心的な役割を担っていた。

古賀商店は海産物取引で成功して、併せて砂糖取引業もおこなっていた。

前出の新聞記事には「古賀辰四朗氏の如き本島（石垣）に於いて熱心に此業（海産物取引）に従事し巨利を博いつ、あり。同氏の大阪博覧会に出品せし本島産の貝細工の如きは時に非常なる高評を博し、云々」とあって、具体的な移出対象となった貝の種類として夜光貝・高尻貝を挙げている。

その他の有力な寄留商店も類似の商法によって島外との交易を支配していくが、こうした有力な寄留商人たちは、港に近い大川の市街地の中心に土地を入手して、そこに本土風の商店を建てて営業していた。

明治三十年代には八重山でも鰹漁がおこなわれるようになり、大川に続く石垣の前浜には、季節的に鰹節加工をおこなう浜小屋が建てられるようになったという。それが明治時代末期から大正時代初期にかけて、富崎観音堂の先のフナジ石近くに工場を移して本格的に稼働するようになり、以後、鰹節加工業はこの地域の重要な地場産業になっていく。

このような鰹節加工業の経営者には、糸満の漁民出身者と本土出身の寄留商人が含まれており、当初の経営者は、宮崎治三郎（本土出身）、玉城三良（ヒジャグァー、糸満出身、玉福丸の船主）、大城加那（糸満出身・白銀丸の船主）であったという。糸満の出身者は鰹船の船主で、そこから加工業に進出したのであるが、本土出身の加工業者は漁民から鰹を買い取って加工していたようである。これらの鰹節加工工場は、再度、新川川の河口近くに移動して、その規模をさらに拡大していった。

「図録」には、新川に移動した段階の加工工場の本土出身経営者が六名記録されており、浜崎商店をはじめ、坂田商店・川勝商店・宮崎商店など、他業種で成功して加工業に進出した「ヤマトゥマチヤ」が名を連ねている。かれらは、当初は日用雑貨・反物・酒・茶などを本土や沖縄本島から移入したり、醤油の醸造にあたるなどして、日用品を地元に販売する業態であったが、やがて砂糖・鰹節・八重山上布など、八重山の主要産品の本土への移出を手掛けて、それらの生産を実質的に支配することで有力な商店に成長していった。それは同時に、四個の中心地域（海岸近く）を本土風の商店街に作り替えていくことでもなった。

前述のように、このほかにも小規模の本土寄留商人が相当営業していたが、かれらは屋敷地の一部を借りて、その石垣を崩して小屋を作り、それを店にしていた（すでに沖縄本島・那覇について触れた「マチヤグァー」と同じものである）。一方、地主がこうした小商人を目当てに屋敷地の角に小屋を建ててこれを貸す場合もあり、こちらの方は本島出身の者が利用する場合が多かったようである。

この他に、早くから本土出身者が、四軒（大石料理店・浜の家・谷口料亭・青柳料亭）の「サカナヤー（本土形式の料亭）」を経営していたが、大正時代からは、後述の市場前につながる通りに接して料理屋・飲食店が集中するようになった。これがいわゆる「十八番通」で、八重山の代表的な繁華街になって第二次大戦後に受け継がれるが、戦後は経営者のほとんどが地元のひとたち（一部は本島出身者）に変わって、「サカナヤー」といわれた時代の本土色はすっかり薄まったという。これについては後述する。

(2)　沖縄本島からの寄留

四個で商工に従事していた地元出身者は大正時代あたりまではほとんどいなかった。前述の本土出身の商人とsame

に、沖縄本島から渡ってきた者たちがこの時期まで商工の担い手だったのである。

「図録」に登場する本島出身者はおよそ三〇名で、代表的なものとして川上商店がある。かつて四個で「クヤー（マチヤ）」といえば、浜崎商店とこの川上商店を指すものであったといい、この二店がもっとも有力な商工業者であった。

川上商店は当初は沖縄織布（本島産の琉球織）の行商販売をおこなっていたという。当時、八重山では苧麻が日常的な衣料であったが、色鮮やかな沖縄の織布が歓迎されたのであろう。状況からして、この沖縄産の織布が新品であったとは考え難く、川上商店は那覇の「フルジマチ」に繋がるのではないか、そして、川上商店が取り扱った沖縄織布は、解きほどいて布に戻した古着ではなかったかと推測されるのである。

この時期に沖縄全島に古着が広く流通していたことは、那覇の「フルジマチ」のところで指摘したことであった。日本本土においても、古着が日常衣料であったのは近世以来のことで、古着行商から呉服屋が生まれた話は、全国いたるところで聞くことのできるごく一般的なことであった。八重山でもその可能性が高いのである。

興味深いことは、川上商店は琉球織を商っていたにも関わらず、八重山産上布のような八重山の製品を買い付けて、本島に移出する仕事はまったくおこなっていないことである。これは貢布制度が引き続き継続していたことも関わるであろうが、沖縄本島で販売して利をえられる八重山産品があまりなかったことを示すのかもしれない。このことは本土の寄留商人が、各種の本土商品を持ち込んである程度資産を形成すると、今度は八重山産品を本土に移出して利益を得る方向に向かったことと対称的である。

前述の浜崎商店は浜崎丸を運行して本土・本島産の商品を移入・販売し、後に煙草の元売商となり、また鰹節製造業を併せておこなう。野添商店は本土産の日用雑貨・反物の販売をおこなうとともに醤油製造業を始めて、貢布制度が廃止されると、八重山上布・砂糖の買付け・移出業をおこなうようになった。坂田商店は、茶の販売業とともに鰹節製造業に乗り出して、田中商店も茶の販売業に併せて葉煙草の買付け業をおこなっていた。このように本土の寄留商人は、マーケットの小さな八重山での本土商品の販売から、一転して八重山の産品を取り扱って移出業を拡大していく。こうしたなかで川上商店は、沖縄本島からの一方的な商品移入・販売に終始したのである。いずれにしても、代表的な本島出身者の「クヤー」であった川上商店は、昭和初期に一家をあげて本島に引き上げて行った。

後に一覧（二一八頁参照）で示すように、本島出身者の活動はいずれもこれに類似した特徴を持っており、八重山産品の島外移出には積極的に関わらず、沖縄本島産の商品を移入して商い、あるいは首里・那覇に伝承する技術を八重山に持ち込み、本島の伝承的なものの製作・供給に従事してきたのである。

そうした商品には、先に触れた琉球織布・泡盛・壷屋焼の「ジーシガーミ（厨子瓶）」・壺・瓶などがあって、この他に漆器・指物・下駄・線香・盆提灯、あるいは素麺・菓子の製造、泡盛の醸造など、日用品や食品をあつかっていた。また、職人仕事には、鍛冶屋（通称して「ヤンバルカンジャー（山原鍛冶屋）」）・大工（八重山の大工には大和大工・沖縄大工・地元大工の三系統が併存していたという）・畳屋・漆喰作り・漆喰塗（瓦を漆喰でとめるもので、実際は瓦葺職人。瓦葺きは近代に入って普及した）、ブリキ細工・「ジーファー（簪）」の製作などが含まれている。

このなかには、沖縄芝居の興業とともにきた役者・座付き台本書きといったひとびとの転業も含まれている。屋部商店も比較的に古くから営業していた本島系の店であるが、芝居の役者として来島したひとが始めた店であるという。屋部商店は壺屋焼の瓶・壺、板線香、ウチカビ（紙銭）などの販売をおこない、それ以外にも色々の雑貨類をあつかってきたという。

以上のことを要約すると、次のようにいうことができる。

本島から来た商人たちが取り扱う商品は、在来の沖縄の生活文化（首里・那覇を中心とする）に関わるものに限定されていた。本島から来た商人の手によって本土製品が入って来ることはなく（それは本土商人があつかうものであった）、首里・那覇の暮らしぶりを伝えるものを中心に商業活動をおこなっていたのである。言いかえれば八重山では、ようやくこの時期に至って、本島出身者の商業活動により沖縄の産品が入手できるようになった、ということなのである。

本土からの寄留商人は、本土産品である伊予絣や有田焼を移入して、国旗・大漁旗を持ち込んで普及させ、あるいは洋式楽器・文房具・時計・小間物などをもたらした。

一例をあげれば、一九〇一年（明治三十四）四月十一日の『琉球新報』には、大川に出張してきた者が「玉振・懐中・八角・目覚」などの各種の時計を月賦で販売するという広告が掲載されている(30)。当時はもちろん、時計を購入できる人などごく限られていたであろうが、こうして八重山のひとびとは、在来の八重山・沖縄のものとは異なる本土風のもの・さらにはヨーロッパやアメリカなどから入ってきた近代的な商品文化に接触していったのである。

これに対して、本島出身の寄留商人の果たした役割は、王府時代以来の伝統的な沖縄文化を改めてこの地域に普及・定着させる点にあった、ということになる。

そうした本島文化のなかで、特に目につくものに首里の泡盛醸造技術の伝播がある。これには一八九八年（明治三十一）の自家用酒製造の全面禁止（西表島・黒島・波照間島・与那国島など一部の離島は、大正年間まで特別に許可されていたという）にともなう市販泡盛の需要の増大が影響していると考えられるが、新垣酒店（首里出身者）をはじめ、玉那覇酒店（本島出身者）・浦添酒店（地元出身者）が、次々と首里から専門の醸造職人を呼び寄せて、八重山に本格的な泡盛醸造業を起こすことになった。やがてその技術が地元の職人に伝授されて今日の「島酒」になるのである(31)。

また、前述のように、尚家の椎名原などの開墾事業にともなって移住してきた旧士族の農民のうちには、やがて四個に出てきてなんらかの商業活動をおこなう者たちが表われた。

かれらは開墾地で使用人を雇って耕作させながら、自らは四個で野菜・芋・穀物などの販売に従事するようになった。この時期まで八重山の一般農家は野菜を栽培して販売することなどまったく考えもしなかったといい、自家で消費した残りを四個に運んで商う程度のものであったが、ここに専業の農作物販売業が生まれるのである。

改めて後述するように、そもそも四個には、前近代において沖縄本島の首里・那覇の「シュリヌマチ」「ナファヌマチ」のような本格的な市場は成立しておらず、首里の上層士族が配下の特定の農家から野菜などを納めさせていたのと同様に、四個の士族も自家の菜園を利用するほかは決まった農民から直接に得ていたという。だから、農作物販売は旧石垣士族を対象とするというよりも、新たにやってきた官吏・寄留民などの新住民が対象だったのではないかと思われる。

椎名原農場の出身者で野菜販売に従事した者には、亀谷・島袋・与儀・翁長などがいたというが、子どもが教員になって八重山に残った者がいるほかは、いずれもやがて本島に帰っていったという。

(3)　市場の設立と地元民の商業

「図録」に含まれる「明治・大正時代大川を中心とした商店街の見取図（以下では見取図と表記する）」には、大川の中央にある空地（旧「オーセ〈大川番所〉」の跡地である）に「市場」と書き込まれている。これが現在の石垣市の公設市場に受け継がれている。

「図録」には、この市場の簡単な素描が付け加えられており、そこに付された説明によると、この敷地の西側に肉売場である板葺き小屋（後に瓦葺きになる）が設けられていて、東側には魚売場と野菜売場・豆腐売場があった。魚売場・野菜売場には小屋のような施設はまったくなく、ただの広場があるにすぎなかったという。そこに簡単な板台を持ち出して、魚や野菜を載せて商うといったものだったのである。ここに商品を持ち込んで販売したのは、周辺の村から芋・野菜などを運んでくる農家の女たちや、魚介類を商う糸満出身の女たちであった。

ところで、塙忠雄の残した村絵図のなかにある四個の絵地図（図21）では、この場所には「番所」と記入されている。したがって、村絵図が作られた一八九〇年の時点では、ここはまだ市場になっていたわけではなく、大川間切の番所だったのである。それが市場になるのは、一八九五・九六年（明治二十八・二十九年）におこなわれた地方制度の一連の改訂によって、旧間切番所のひとつである大川番所が廃止された結果であると推測される。

この時点で石垣・四個の行政単位は再編されて、大川・登野城が合併して大浜間切（登野城番所扱い）となり、石垣・新川に名蔵を加えて石垣間切（石垣番所扱い）となった。その結果、旧大川番所の跡地が「市場」として利用されることになったのである。

しかし、大川番所跡地に「市場」ができるまで、四個には市場らしいものがまったくなかったのかというと、そうではない。先に引用した『明治二七年五月　第二類　庶務書類綴（下巻）』では、大川の前浜の寄留地を市場に見立てているが、それは遠隔地向けの海産物の集荷・取引を指しているにすぎず、日常の生活物資の供給・販売をおこなう「マチ」とは性質を異にする。そして、これとは別に日常生活に結び付く萌芽的な「マチ」といえるものが、現在の郵便局所在地付近に生まれていたらしいのである。

一八八二年（明治十五）に八重山役所内に設置した郵便局は、やがて一八九七年（明治三十）に「二等郵便及び電信局」となって、この時点で専用の建物が建てられたようである。

大田正議の「見取図」には、旧蔵元（王府の出先行政施設）の西に隣接する広い区画の南端に「旧電信局・郵便局」と書き込まれており、この区画の中心に「郵便局」および「郵便局官舎」が描かれている。この地図上の「旧電信・郵便局」がおそらく一八九七年に開設した郵便局で、その後に新しい「郵便局」「郵便局官舎」を建築・拡充したのであろう。実際、この区画はそのまま現在も石垣郵便局に受け継がれている。

一方、塙忠雄の地図では、この区画は広い空地のままで、それを示す「明」の字が記入されている。

王府時代にはこの区画の道を挟んだ東側が蔵元（元沖縄県石垣支庁）で、北側が一八七九年（明治十二）に廃止された在番（現石垣市立文化会館）であるから、この区画にも蔵元に関わるなんらかの公的な施設があったと推測されるが、それが何であったかは調査がまだ及んでいない。

いずれにしても、一八八〇年（明治十三）に八重山に初めて小学校が開設されると、その時にこの区画が利用された。しかし、一八八六年（明治十九）に尋常小学校と高等小学校が分離して学校は移転、その後は空地になっていたらしいのである。

そして、一八九七年（明治三十）に「二等郵便・電信局」がこの区画の南東の端に作られたが、区画の大部分はそれ以後も引き続いて空地のままであったと推測される。

また、「図録」の解説によると、明治時代中期以後に旧大川番所跡地が市場として利用されるようになるまで、「電信局」の南に板張りの小屋があって、ここで肉を商っていたという。後の旧大川番所跡地の「マチ」と同じように、ここでも板張りの肉屋の周辺に、各種の農産物・魚介類を商うひとびとが蝟集していたものと推測される。

そうであるならば、八重山で最初に「マチ」の機能を持つことになったのはこの学校跡地であって、それは明治二十年代のことであったであろう。そして、郵便局がこの区画いっぱいに拡充された時に、市場は大川番所跡地に移動したのである。

四個の市場は以上のような過程を経て、やがて公設化されて今日に至る。現在の公設市場は、二〇年ほど前に新しい近代建築に建て替えられて、その周辺はしゃれた名称を付けたアーケード街（「アヤパルモール」という）に変わっている。

次に、「図録」に登場する地元のひとびとの経営する商店の状態をもう少し詳しくみていくことにしたい。「図録」に登場する商店などの総計は、一三〇店弱（支店も一軒と数えている）であるが、そのうちの沖縄県人（本島出身者および四個の住民）が経営する店は半分に足らない六〇店程度である。この数のなかには医院も含まれていて、地元出身の医師が五名いる。また、芝居小屋と公民館的な要素をもつ八重山会館も数のうちに入っており、これらを除くと、四個の住民が経営する商店は僅かに一五軒程度になり、本島出身者の経営する商店の半分にも及ばない状態である。

大田正議の解説によれば、そのなかで最も古いものが石垣呉服店であるという。この店は元教員をしていた者が大正時代に開業したのだという。したがって、四個の住民が「マチヤ」を営むようになるのは大正時代以後のことで、明治時代末期まで地元のひとびとの経営する商店は存在しなかったことになる。

石垣呉服店は穀物・酒類・日用雑貨・衣料品などを取り扱ったが、それらは主に本土の産品であった。平尾商店を経由して入手するほかに、大阪から直接に商品を仕入れるなどもしており、同時に八重山上布を買い集めて大阪に出荷することもおこなっていたという。だが、その一方で、沖縄本島からも首里の泡盛・素麵・茶・板線香などを移入して、台湾米（蓬莱米）も取り扱っており、一時期は鰹節製造業にも進出したが、これは後に廃業したという。こうして地元商店の代表的なものになったのだが、逆にいえば、例外的な存在でもあったといえる。

このほかの地元商店に薬剤店・菓子店・日用雑貨店などがある。これらはいくつかの例外を除くと、島外から仕入れる商品はほとんどあつかっておらず、主に四個の近辺で入手できるものに限定されている。したがって、その顧客の範囲も店舗自体も小さく、永続性に欠けるものが多かった。そして、規模が小さいという特徴は、「見取図」に記載されているものを選り出してみるとよく分かる。一軒家は少なく小屋借り・間借りなどによって営業している小商いが多い。すなわち、「マチヤグァー」なのである。

ところで、先に「サカナヤー」について触れたが、「サカナヤー」の集中した地域（市場前通りの石垣側の延長上）は後に「十八番街」と呼ばれるようになった。ここに飲食店が増えるのは大正時代以降のことで、「図録」には一二軒の飲食店が挙がっており、十八番料亭とその支店が本島出身者の経営で、宮崎亭が本土、よかろう亭が与那国出身者であるほかは、地元のひとびとが経営していたという。この時期には、当初にあった本土出身者による「サカナヤー」はすでに大半が撤退していたようで、その後は地元のひとびとが中心になっていった。

「十八番街」は戦後に最盛期を迎えるが、それは壊滅した那覇の辻（遊廓）から女たちが大勢やってきたからであるという。宮古島の平良・西里の社交街は辻言葉の通用する世界であったというが、四個にも辻から流れてきた女たちが盛り場を支えた時代があったのである。

しかしながら、港に接した埋立地に美崎町が拓かれると、旅館・料理店などが次々に開業して新しい繁華街が生まれ、町の中心はそちらに移動して、それとともに「十八番街」は廃れていった。そして、埋立地に新しく生まれた旅館・料理店を経営したのは地元のひとびとではなく、戦後に宮古島や周辺離島からやってきた新しい寄留民であった。

8　石垣・四個の明治・大正時代の商店

以上に見てきたように、石垣・四個の「町」は、経営者の出身地によって商売の領域や規模が異なり、また時代によって入れ替わりがあり、それがいくつかの節目となって今日の形態を生み出してきたといえる。以下に「図録」を整理して商店の一覧を示しておく。

(1)　「見取図」に記載されている商店

A　本土出身の寄留商人の経営

○浜崎商店　鹿児島県指宿の出身。那覇・八重山間に浜崎丸を就航。日用雑貨・穀物・酒類・焼物・瓶・壺等を移入し、行商人を雇うなどして販売。後に川内（現薩摩川内市）に引き揚げる。
○同　煙草元売り店
○野添商店　九州出身？　終戦後まで八重山に居住、孫が沖縄本島に住んでいる。雑貨販売。砂糖・上布の卸売移出業。
○野添醤油製造業　野添商店の一角で醤油製造をおこなった。
○坂田商店（クマダ）　茶・鰹節製造業に従事。
○古賀支店（クガドン）　先閣列島に進出して土地を所有。海産物取引・砂糖委託販売移出業。
○田中商店（シタバーヤ）　鹿児島出身。茶の卸しおよび小売り、香皮・葉煙草の委託販売（移出業）。
○高田仁誠堂　薬種の販売。
○三島鶴亀堂（ミンマクワシャー）　大阪出身。菓子販売業。
○平野商店　船具類・ロープ・ペンキ類の販売。
○川勝商会　名蔵に製糖工場を持つ。砂糖委託販売業・鰹節販売業。
○井上プーカー堂　日用品・雑誌・小間物・プーカー（?）などの販売。
○頴川（エガワ）　日用雑貨・穀物・木炭委託販売。
○前田商店　瀬戸物・焼物販売。広運社代理店。
○田村森太郎商店　旗類（内地式の大漁旗・芝居の幕）・衣類・糸類の販売・染物業。
○田村春馬商店　日用雑貨・穀物販売。
○宮崎商店　日用雑貨・鰹節製造業・料亭経営。

○田淵商店　蓄音機・洋楽器・ラッパ。
○延商店　日用雑貨・衣類。
○弓削菓子店　妻は宮良の出身。菓子製造。
○時任商店（トキトウ）　日用雑貨・船具・船釘販売。
○元木商店　下駄・草履製造販売。公共浴場の経営。
○シンビ屋　日用雑貨・駄菓子販売。
○下栗商店　日用雑貨販売。
○網亀吉商店（アメカメ）　日用雑貨・伝馬船による海上運搬業。
○鶴田商店　「横浜ますだや」の番頭であった。日用雑貨・漬物卸業。
○石本商会　海産物・貝・海草・海人草の移出販売業。
○大山染物店　大阪出身。衣類の新調染め・染直し業。
○高木商店　国旗の製作。洋服仕立・修理。日用雑貨・履物の販売。
○木村商店　文房具・売薬販売。
○奥田商店　八重山上布取次・移出販売業。
○有馬商店　日用雑貨・文房具・教科書販売。
○石井商店　日用雑貨・木炭卸・小売業。
○田島商店　日用雑貨・酒類。西表炭坑への野菜供給。石炭委託移出販売業。
○大石仕出屋　巻寿司・稲荷寿司・バラ寿司・料理の仕出し業。
○頴川商店　倉庫。木炭保管。

○田中商店　　倉庫。香皮・葉煙草の保管・荷造り。
○時任造船所　　伝馬船・発動機船の製造。
○野添砂糖倉庫　　野添商店の倉庫。砂糖販売委託移出業。
○浜崎商店倉庫　　浜崎商店の倉庫。鰹節加工用具・漁具収納。
○小村造船所　　木造船製造。
○川原鉄工所　　器具修理・発動機船の機械修理業。
○池端回漕店　　大阪商船荷客取扱い。池端運送店代理。

B　本島からの寄留民の経営

○川上商店（カーカン）　本島出身。浜崎商店と並ぶ古い創業であるが、昭和初期に離島。沖縄織布（琉球織り）の行商販売を行う。
○真喜屋商店　　本島・首里の出身。子どもが在島する。日用雑貨・小間物・壺・瓶・農具販売業。
○与儀菓子店（ユーギヌクワシヤー）　本島・西原の出身。借地に店舗。菓子製造・素麺製造・薪販売・海上運送業（与儀丸を運行）。
○屋部商店　　本島出身。元は芝居の役者。妻は宮良の出身。子どもが在島する。本島製の瓶・壺・線香・打紙（紙銭）など日用雑貨の販売業。
○大謝見塗物店　　本島・那覇若狭町の出身（若狭には大謝見漆器店があったから、その別れか?）。妻は宮良の出身（ただし本島の血筋のひと）。指物・塗物（箪笥・朱塗）の製作販売業。
○島袋商店　　本島出身。昭和十年代（?）に離島した。日用雑貨・首里泡盛の販売業。

○高志武商店（タカシブ）　本島出身。終戦後に離島した。日用雑貨・壺・瓶・擂鉢・焼物（那覇・壺屋の製品を移入）。沖縄から移入した陶器はもっぱら糸満出身者が用いるもので、地元・四個のひとは厨子瓶は購入したが、日用雑器は本土から来たものを使用した。
○国頭商店　大工道具・釘・金物などを販売業。
○伊知商店　日用雑貨・小間物の販売業。
○翁長商店　本島出身。椎名原開墾事業に参加して来島。農産物・野菜・芋類の販売業。
○新垣商店　穀物卸・小売業
○船越商店　本島出身。借家で営業する。日用雑貨の販売業。
○真栄里鉽力店　本島・那覇の出身。大正時代に来島してブリキ加工・修理に従事。
○又吉鉽力店（ガンガラヤ）　本島・那覇の出身。妻は与那国出身。大正時代に来島して、ブリキ加工・修理、箸の製作に従事。
○松本（元カ?）商店　本島出身。沖縄織布（琉球織り）の行商販売業。後に伊予絣もあつかう。
○宜志富商店　本島・那覇若狭町の出身。借家で営業。もともと下駄職人（那覇では若狭下駄が知られていた）で、下駄（白木下駄・塗り下駄）の製造業。
○与那原商店　借家で営業。日用雑貨・穀類の販売業。
○備瀬商店　本島出身?　日用雑貨・小間物の販売業。
○応次商店　本島出身?　文房具の販売業。
○亀谷商店　本島出身（旧士族?）。元は農業に従事。（椎名原開墾〈丸一商店の事業〉で来島か?）農産物・野菜・芋類の販売業。

○牧之医院　本島出身？　内科・外科・眼科。
○山里医院　本島出身？　内科・外科・産婦人科。

C　四個住民の経営、その他の施設

○石垣呉服店　登野城校の教員が退職後に開業する。地元出身でもっとも古い商店。日用雑貨・穀物・酒類・衣類販売。八重山上布委託販売移出業。一時は鰹節製造も行う。
○安谷屋牛乳店　牛の飼育と牛乳販売業。
○譜久村菓子店　菓子製造販売業。
○譜久村医院　医療。
○宮良薬店　医薬品・医療器材。
○宮良長詳医院　八重山で初めての医院。
○回生医院　内科・外科。
○大浜当源医院　外科。
○花城医院　石垣信智宅にて開業する。内科・小児科。
○公共湯屋　もっとも古い共同浴場。
○公会堂　諸行事・マラリヤ防遏所に使用した。
○八重山館　集会・映写会・芝居小屋などに使用した。
○糸満発祥の地　最初に糸満からきた漁民は、大田正松宅に小屋掛けをして漁撈に従事した。この小屋をナカヤグヤーと称して、とても繁栄したという。

(2)　「見取図」に記載されていない大川の商店など

○小村造船所　本土出身？
○川村鉄工所　本土出身？
○長島商店　本土出身？　蝶・蝉の額（お土産用）の製作販売業。
○柴田牛乳屋　本土出身？　借家で営業。牛乳の製造・販売業。
○吉野医院　本土出身？
○田頭商店　本島出身。後に離島する。日用雑貨（タオルなど）の販売業。
○仲宗根商店　本島出身。椎名原開墾事業に参加して来島。野菜芋類の販売業。
○安里鉞力店　本島・那覇の出身。大正時代に来島する。ブリキの製作業。
○新垣酒店　本島出身。八重山で最初の泡盛製造・販売業を始める。
○浦添商店　四個出身。泡盛製造業。本島から職人を雇って製造する。
○大見謝挽物所　大見謝塗物店内にて挽物製作に従事。
○新垣畳店　本島出身？　借家で営業か？　畳の製造・販売業。
○大浜用要店（校長さんのまちや）　四個出身。借家で営業。学用品の販売業。

(3)　登野城・石垣などの商店

登野城および石垣などの商店についても、示しておく。

登野城の西側（大川寄りの一帯）は、現在も蔵元の跡地（旧八重山支庁）を中心に博物館・県立図書館分館などが集まって官庁街を作っており、商業地域にはならなかった。また、登野城の海側にはいくつか工場があって、その裏手は空地であったが、やがて離島からの寄留者が住む地域のひとつになったという。

石垣には、石垣邸をはじめとする旧士族住宅が比較的よく保存されており、店舗は大川番所跡から前浜に近い一帯に集中しているが、本島出身者の経営する小規模のものが多かった。このような傾向は基本的には現在も継承している。

四個の近隣である平得・大浜にもわずかではあるが商店があり、また、新川には鰹節工場が作られて糸満漁民が集住していた。後にその浜側の埋立地に漁民が集まる新栄町が拓かれた。

A　登野城の商店

○木場商店　本土出身？　借家で営業する。日用雑貨・小間物の販売業。
○菊池商店　本土出身？　本願寺の住職？　日用雑貨販売業。後に新聞社を経営する。
○中村鉄工所　本土出身。台湾から移住してきた。機械・器具修理業。
○時任造船所　本土出身。時任商店の経営？
○玉那覇酒店　本島出身。泡盛製造業。醸造職人として来島し、後に醸造業を起こす。
○宮城商店　本島出身？　日用雑貨・食糧品の販売業。
○宮良保備商店（ハイミンヤ）　四個の出身。日用雑貨・文房具の販売業。
○登野城安昌商店（ヤーマンヤ）　四個の出身。日用雑貨・穀物・食糧品の販売業。
○天川製材所　四個の出身。枕木・樽皮（タルガー。砂糖樽用材）その他の製材業。
○天川挽物工場　天川製材所内にて挽物製作をおこなう。

B　石垣の商店

○中村鉄工所　本土出身。台湾から移住しきたが、戦後に本土へ引き揚げる。機械修理・製作業。
○小野商店　本土出身。借家で営業。日用雑貨・食糧品の販売業。
○森本商店　本土出身。借家で営業。日用雑貨・文房具・小間物の販売業。
○近藤商店　本土出身。借地で営業。日用雑貨・食糧品の販売業。
○森永商店　本土出身。借家で営業。日用雑貨・食糧品の販売業。
○遊佐商店　本土出身？　日用雑貨・木炭の卸業・小売業。
○高橋サキ商店　本土出身？　日用雑貨の販売業。
○古見造船所　本島出身？　造船・修理業。
○中村商店（ハークルーバーサン）　本土出身？　日用雑貨・食糧品の販売業。鰹節の製造業。鰹節工場は新川にあった。
○新垣商店（アラカキノタンメー）　本島・首里の出身。泡盛の製造・販売業。四・五名の職人を首里から雇い入れて醸造。
○新垣酒店　本島出身。前出の新垣商店の分かれ。泡盛製造業と養豚業を兼ねる。
○玉那覇酒店　本島出身。登野城の玉那覇商店と同じ。大正初期までは醸造職人であったが、その後に泡盛製造・販売業となる。
○玉城商店（チラブタヤー）　本島・糸満の出身。日用雑貨・食糧品の販売・時計の修理業。
○喜屋武牛乳店　本島出身。借家で営業。八重山で最初に牛乳屋を始める。牛乳の製造・販売業。

○比嘉商店　本島出身。大正初期に来島か？　大正十五年ごろに離島する。蝶・蝉などの額（お土産用）の製作・販売業。
○志良堂商店　本島出身？　大正初期に来島か？　黒木（琉球黒檀）製のステッキ・蝶・蝉の額（お土産用）の製作・販売業。
○与儀商店　本島出身。椎名原開墾事業に参加して来島した。子どもが在島。野菜・芋類の販売業。
○浦添商店　四個出身。大川の浦添商店と同じ。泡盛の製造・販売業。
○石垣長泰挽物工場　四個出身。自宅で挽物製作業に従事する。

C　平得の商店

○真栄城商店　本島出身。精米所を経営する。椎名原開墾事業で来島したか？

D　大浜の店

○大城商店　本島出身。米・芋・野菜の買入れ業（馬で村を廻り買い付ける）。
○東恩納商店　本島出身。米・芋・野菜の買入れ業（馬で村を廻り買い付ける）。
○瀬底商店　本島出身。酒・ビールの販売業。

E　新川の商店

○篠原商店　本土出身。日用雑貨・食糧品・野菜の販売。
○大宜見製材所　本島出身？　大規模な製材所を経営する。枕木を製材して台湾に輸出した。

○石垣長昌挽物工場　四個出身。指物・塗物・挽物を行う。

9　飲食店・料理屋

既述のように四個の飲食店・料理屋は、本土出身者の経営する「サカナヤー」から始まったが、大正時代以後は本島出身者が経営する「十八番料亭」を中心にして、いわゆる「十八番通り」に集中するようになる。そしてこれ以後は地元の人々の経営する店が中心になり、それが戦後まで受け継がれてきた。しかし、美崎町（大川・石垣の地先の埋立て地）・新栄町（新川の地先の埋立て地）が生まれると、歓楽街の中心は浜側に移動して、その経営者も宮古諸島・周辺離島の出身者に置き替わっていったという。時間的な前後関係ははっきりとは把握できないが、以下に列記しておく。

A　大　川

○大石料理店　本土出身。

B　登　野　城

○浜の家料亭　本土出身。

C　石　垣

○谷口料亭　本土出身。

○青柳料亭　本土出身。
○宮崎料亭　本土出身。大正以後に営業を開始。
○十八番料亭　本島出身。大正以後に営業を開始。
○十八番支店　本島出身。十八番料亭の支店。
○東雲楼料亭　地元出身。大正以後に営業を開始。
○花月料亭　地元出身。大正以後に営業を開始。
○松月料亭　地元出身。大正以後に営業を開始。
○菊家料亭　地元出身。大正以後に営業を開始。
○田本料亭　地元出身。大正以後に営業を開始。
○まぶねう屋料亭　地元出身。大正以後に営業を開始。
○武士ちゃう料亭　地元出身。大正以後に営業を開始。
○よかろう料亭　与那国出身。大正以後に営業を開始。

D　新　川

○菊水料亭（ラーメンヤ）　地元出身。大正時代から。

10　そば屋・その他

料理店の開業に先駆けて、そば屋（いわゆる「沖縄そば」。ここでは「八重山そば」と称している）が営業していたという。沖縄本島から来たひとたちが本島の「そば」を普及させたのである。また、てんぷら屋の開業も早かったようで、手軽な間食としててんぷら（薩摩揚げの系統ではなく、本土の天ぷらに類似）が重宝されて、最近まで公設市場近辺に屋台店があった。

○国吉そば店　本島出身。明治期に芝居師として来島して定住。
○岸本そば店　本島出身。大正時代の初めに営業を開始した。
ウシアンマーそば店　本島出身。
崎山そば店　本島出身。明治時代以来営業していた。
具志川小（グシカーグァー）　本島出身。てんぷら屋。
大田そば店　地元出身。

まとめにかえて

南島の「町」は、歴史的な都市や支配層の居住地区を基にしながら、新しい時代において近代化にともなう複雑な過程のなかで展開・発達したもので、それなりの特色を持つ固有の姿を生み出してきた。

那覇の商業は「マチ」あるいは「マチグァー」を基盤にしていたが、その具体的な空間は、道（橋・樹木など特定の目印のある場。なかでも分岐点）・広場（空地。「モー（毛）」と言う）、池端などのように、ある種のランドマークを持つ利用自由の場であった。

「マチグァー」は道の分岐点などに生じた小さな商いの場であるが、「マチ」の規模になると、単なる道端では間に合わなくなり、なんらかの空間的な広がりを必要としてくる。こうして、大道や特定の空地に、あまり境界の明確ではない「ナファヌマチ」や「シュリヌマチ」が生まれたのだと考えられる。
「マチ」がある程度の規模に成長すると、公権力による介入・規制などが生じるが、その結果、「マチ」の範囲が恒常的に固定化されて行政支配が明確になったかというと、そうはならなかったようである。一時期の介入・規制が過ぎると、再び流動的な空間として放置されることが多く、そのうちに使用者（商う者・購う者）の間に種々の権利関係が発生して慣習化し、やがて暗黙の制度のようなものになる、という場合もあった。

近代以後は、本土の公設市場と同じように、周囲を塀建物などで囲んで区画を限定したいわゆる「市場」の形式が採り入れられるようになるが、にも関わらず、牧之公設市場・農連市場・開南周辺、あるいは宮古や石垣の公設市場にみられるごとく、「マチ」は「市場」からはみ出して、無原則に周囲に広がる流動性を今もって失っていないように見える。

戦後の商業空間の成立・展開・現状については、那覇の新天地、中部のコザ十字路・銀天街、センター街、嘉手納ゲート前などを含めて、改めて調査をおこなう必要があるが、ここでは取りあえず、那覇のガーブ川両岸から川面に張り出した掘立小屋を基にして、次に川を暗渠にして、今日のアーケード街が生まれた過程に注目しておきたい（嘉手納ゲート前には印僑の商店が多く、それにはコザ・照屋が米兵相手に繁栄した時代のインド出身の仕立屋が関わるという。また、那覇・市場前通奥の衣料品店には、離島出身者とともに台湾・フィリピン出身者を見かけるし、サンライズ通の裏には、台湾からの担ぎ商人の宿屋がある。戦後の「マチ」では、このような国際的なひとの流入も考えに入れておく必要がある）。

このような自然発生的かつ流動的な「マチ」の性格は、既述の石垣四個の前浜や学校跡地あるいは番所跡地に成立した「マチ」の発生についてもいえる。そして、このことは「マチ」や「マチグァー」の場所割りや差配がどのようにおこなわれていたかに関係すると思われるが、この点はまだ十分に調査をおこなっていない。これに関してよく指摘されるのは、本土の「市」と異なって場所割りなどをおこなう「神農組合」が存在しなかったことである。前述の「マチ」や「マチグァー」が、毎日立って日常の用に備えるものであったのに対して、季節的に一時期に限って開催される「マチ」もいくつかあった。

那覇・首里では、旧暦五月四日を「ユッカヌヒー（端午節の前日）」といい、旧暦七月九日を「クニチマチ（九日市。盆市）」といって、両日はたいへんな賑わいを見せたという。また、暮れの歳末市は「シワーシマチ（師走市）」といった。

「シワーシマチ」は、首里なら綾門通、那覇なら大門通から東町通にかけて立ち、道の両側に商品を並べて商うものであった。首里の場合には上市・下市の区別があって、それが道の左右に分かれるから全部で四区画になり、区画ごとにあつかう商品が異なっていたという。こうした秩序がどのように形成・維持されたかも興味深いことであるが、これも今後の課題である。

以上の諸点を、那覇を例としてもう一度繰り返し要約すると、次のようになる。

那覇の中心地には早くから「マチ」が成立していた。それが後に「ナファヌマチ」となって、さらには「東町市場」となり、現在の「公設市場」に受け継がれた。

一方、那覇の周辺地域には、多くの「マチグァー」が分散的に発生して、なかでも北の境（泊往還・首里往還の起点）には「カタバルマチグァー（ミンダカリマチグァー）」「トゥマイマチグァー」が、南の境（南部往還の起点）には「カチヌファナマチグァー」が発達して、周辺農村部との結合点となっていた。

近代には、那覇港近くの中心地域から「ヤマトゥマチヤ」が発生して、本土寄留商人を中心にしたまったく新しいタイプの商業活動（海産物の移出・本土産物の移入）が始まる。そこから現在の国際通のような（少し以前の、というべきか？　現在の国際通はもはや「観光土産商店街」の様相となっている）「商店街」が形成されてきた。

この新しく生まれた「マチヤ」の商いは、在来の「マチ」や「マチグァー」が近在の農漁村と町住みのひとびととの交易を基本にしていたのに対して、本土から移入した近代的な工業的商品をもたらして、同時に砂糖・反物・鰹節など沖縄特産品の移出を独占するものでもあった。

そして、在来の「マチ」や「マチグァー」がもっぱら女性の領分であったのに対して、「マチヤ」は基本的に男性の従事する商いであったから、担い手においても異なっていた。

以上のことは、南島の「町」の形成には、「マチグァー」から始まって「マチ」を経て「市場」に至る流れと、王府時代の末期に発生した「マチヤグァー」を基にして、実質的には明治時代以後の寄留商人の「ヤマトゥマチヤ」の集合から生まれた「商店街」というふたつの潮流のあったことを示している。

そして、「マチヤ」の商いを担ったひとびとは本土から来た寄留商人、ついで本島内各地・周辺離島から那覇に集まってきた寄留民が多かった。那覇のひとびとも石垣・四個のひとびとも、地元での「マチヤ」商いに積極的ではなかったのである。

最後に本島内各地・周辺離島からの寄留民の商工民化を促したものに、「間切宿」があったと考えられる点を付け加えておきたい。那覇には、明治時代後期に「間切宿」が四〇軒ほどあったといわれている。それは所用で居住地から那覇に出てくるひとびとの宿泊施設であり、同時に通信・連絡基地でもあり、また、移出入する商品の授受の取次所でもあり、現在の郷友会の機能と類似する部分も持っていたといわれる。この点は郷友会の調査と共に、改めて検討する必要があると考える。

以上の視点を、ひるがえって石垣四個に当てはめると、ここでは、空地に拓かれた「マチ」が今日の「市場」に受け継がれていく一方、本土および本島からの寄留商人がつくる「マチヤ（クヤー）」の集合が町化を促進させていった。戦後はそれに、宮古諸島からの移住者も加えて、「町」は埋立地に拡大して、今日の規模と広がりを持つものになったのである。

註

（1）『沖縄考』（『伊波普猷全集四』に集録。四一六頁）において、伊波は『琉球国由来記』『琉球国旧記』を引いて、古く那覇は東村・西村の地域を意味したが、やがて若狭町村・泉崎村が加わって「那覇四町」が出来たとする。これに続いて「名称から判断すると、若狭町はもっと古い時代からの外来者部落であったらしく、同書（『琉球国由来記』引用者注）の『那覇由来記』若狭町小名の項に、トカラ小路（往昔トカラ島、当国ノ御手内之時彼辺ニ宿シタルトナリ。俗ニカク云ウゾカシ）・福町・カメゾ（徳之島の亀津と関係があろう。今ではカミヅの金城或いはカミヅグワーなどの屋号に残ってゐる）と見えてゐるのも、この辺の消息を仄かしている」と述べている。

また、東恩納寛惇によれば「此地はもと那覇町の所在で、旧記の伝ふる所に依ると造梳・轆轤・造墨等諸職人いづれも此地に於て業を始めたようで、特に轆轤は後世まで若狭町職人の専業となっている」『南島風土記』（『東恩納寛惇全集七』に集録。三百八十一頁）とある。

（2）『球陽』に次のようにある。

諸間切百姓詐冒首里那覇泊久米村之民籍。尚敬王六年

十三年免首里泊那覇久米村居民毎名毎月丁銭二貫文已亥年□王受冊封因此府庫一空国用多欠乃取首里那覇等処百姓丁銭起自其次年至是而止。尚敬王一三年

始許士家作絵師包丁諸細工銀見船頭作事五主流仮屋手代

按前規士作此業者賎之為百姓士亦恥之不作而貧窮者衆況今士家繁衍而輪供公事受俸之期漸漸遅延甚難為生于是不惟許作此業亦下令勧貧士修此業以治家道而備國用也。尚敬王一十三年

始禁諸郡邑人為公司匠夫

諸郡邑人依其所長或為畳匠或皮匠或鼓匠或簾匠或鞍韉匠或編物匠或鐵匠或裱匠或馬鞍匠或編糸匠或縫裁匠或彫物匠或玉貫匠等

以辨公用則毎其名免許丁銭矣至于是年山舎之不許為其匠夫但令首里泊那覇久米邑人恒為此業以辧公用焉。尚敬王一六年

始免首里久米村那覇泊等職人之税銭

自往昔時首里久米邑那覇泊等人恒為産業出于其市以為売買者不論男女老若皆致納税至于是年居民日増多穀食日増貴難以日度況女人多為其業堪以軫念由是許免其出税。尚敬王二一年

（3）伊波は、「仲村渠」『沖縄考』（前掲五百二十頁）において「村かれ」について述べて、若狭町村の「新村渠」に触れて「イベガマ」に立つ潟原町小（カタバルマチグァー・伊波は「潟原市小」と書く）について「漸次沖道に沿うて発展し、いつしか美栄橋まで続くようになった」と述べている。また、久茂地については、『球陽』に次のように記されている。

創久茂地邑

唐栄之東有一田圃恒播禾麦曠曠荒野無有居民但内金宮前僅有数家但那覇官所管焉康熙丁未紫金大夫金正春城間親方題請□王命営宅建邑而属于唐栄矣其地嘗有一寺名曰普門寺故叫其邑曰普門寺雍正乙卯之夏改名久茂地。尚質王二十年

なお、雍正十三年の年号をもつ久茂地の屋敷地図が残っており、東恩納寛惇は「那覇」『南島風土記』（前掲　三百八十六～三百九十九頁）において、これを分析している。この地図には焼物製造・鍛冶屋なども書き込まれており、東恩納も「久茂地辺は、表具師・玩具製造・飾職・飛白結等を始め指物・線香製造・粉挽等に至るまで雑然としたる小職人が群居し、その住民は細工勝手（「カッテ」とは特別な技術をもつ者の意。引用者注）として知られていた」と記している。実際、久茂地のうちの深地には、明治時代以後も鍛冶屋や線香屋が並んでいた。

（4）『那覇市史資料編二・中・七　民俗編』那覇市企画部市史編集室一九七九。また、かつての那覇の空間構造は『那覇市歴史民俗地図—文化遺産悉皆調査報告書』（那覇市教育委員会　一九八六）によっても知ることができる。さらに前述の『沖縄考』において、その発展過程が分析されており、「那覇」『南島風土記』には、後述の「那覇町」「東町屋」（前掲　三百三十二～三百三十八頁）など「マチ」「マチヤ」についての要を得た記述がある。

（5）「那覇及久米村図」（伊地知貞馨『沖縄志』所収　沖縄県立図書館蔵）図20を参照。

（6）前掲「那覇」『南島風土記』では「ナファヌマチ」について、次のように述べている。

現在では市役所前にその面影を留めているが、古へはその範囲規模共更に広く、今の山形屋百貨店東角から郵便局付近まで、大道を夾んで、露天商人が居流れてゐた。据筐町・小間物町・塗物町・壷屋町・米町・昆布町・芋町・野菜町・豆腐町・布

町・松明町等各その物質によって名を得、魚町・肉町等の如き生物は、海岸寄りの東下りにあった。

（略）

冊封使張学礼の記事によると、天使館前に、百坪ばかりの空地があって、毎日、午後、婦女老少、筐を携へ、筥を挈げて此処に集まり貿易を為すとある。これが据筐町の事である。

（略）

要するに慶長以前に於て、小規模ながら国際都市の観を呈していた那覇町も、その後は単なる地方市場となったに過ぎないがそれも一時寥々たるものとなり、蔡温以後漸く体裁を整えて来たもののようである。

(7) 照屋正賢「首里王府の風水受容について」『沖縄民俗研究』一一・一二合併号　沖縄民俗学会　一九九二　八十三〜一百四頁

(8) 『球陽』に次のようにある。

首里市地南創置小店竝広闢市南地。尚敬王三年

(9) 『球陽』に次のようにある。

始許人宅以家為垣竝開店

自往昔時本国人宅或築石為垣栽竹為囲而不許家以為垣竝開店貿易至于是年始免開店竝家垣。尚敬王十六年

これは、東恩納が「那覇」（『南島風土記』三百三十四頁）において、周煌の記録を紹介した上で次のように述べている事と関わると思われる。

天明五年（一七八五年・尚穆王三十四．引用者注）頃の親見世日記に依ると、若狭町西村等の住民が屋敷の石垣を取払って二間三間の店舗を開き度いとの請願が出てゐるが、この前後から町屋商売等も次第に殖えて来たものと見える。

(10) 「那覇市街之図」『沖縄間管内全図』一八八五年（明治十八）沖縄県立図書館蔵

この地図には師範学校・警察署・病院の空地に「市場」があり（「ナファヌマチ」である）、この他に潟原と泊高橋に「市場」と記入されており、また、「豚市」が上之蔵通の北に書き込まれている。さらにこの「豚市」の北、辻村の外れの海岸に「屠豚場」が記入されている。この「豚市」について「那覇」（『南島風土記』三百二十三頁）では次のように述べている。

上の蔵、石門通から前道に曲がる処、今の新天地の東角に在った。此の辺一円は最近までも、こんもりした「ウスク」の杜で、その杜の中で仔豚の市が立ち、俗に仔豚町（ウワーグワーマチ）と唱えてゐた。（中略）食用肉の市場も、元は同じ丘続きの辻毛にあったが、屠殺場は裏手の海浜にあった。

(11) 註(3)において「雑然としたる小職人が群居し、その住民は細工勝手として知られていた」とされる久茂地(なかでも深地)や、「カタバルマチグァー」の立つ新村梁などの東に広がった新開地は、主に小商工民の集住地区となったが、これは同時に中部・首里方面の農村との関わりを強化する方向に働いたものと考えられる。

(12) 糸満の「マチ」については、『沖縄縣取調調書附図』(年代不詳。明治期前半? 東京大学理学部人類学教室図書室蔵)に含まれる「糸満村戸数早見表」において、「仲村」の中心地域に「市場」と記入されており、後に糸満市場となった地域に符号する(糸満市史編集室・金城善氏の教示による)。

宮古・平良の「マチ」は、『平良市史七・資料編五(民俗・歌謡)』に「ウヤグスの坂の上あたりにあったが、その発生時期は不明であるという。明治時代末期に、現在の下里公設市場の周辺に肉屋ができて、久松から来る魚売りがあつまって賑わうようになると、こちらに移動して、現在に引き継がれている(百五十六頁)とある。

(13) 西里喜行『沖縄近代史研究―旧慣温存期の諸問題―』(沖縄時事出版　一九八一)、同『近代沖縄の寄留商人』(ひるぎ社　一九八二)などを参照。

(14) 『旧那覇地図』昭和石版印刷所　年代不詳。沖縄県立博物館。

この地図には個別の商店等が総計二百件程度記載されている。十分読み取れない部分もあるが、三三~三四店舗が沖縄県人名を持つ。したがって、過大に見積もっても全店舗の五分の一程度であったことになる。沖縄県人名をもつ店舗と思われるものは以下のとおりである。

与那嶺履物店・金城看板店・アラカキ自転車・島袋医院・赤嶺・具志・伊集・大城○○・照屋洋服店・沖元履物店・許田文具店・我喜屋蒲鉾店・嶺山商店・外間文具店・屋宜商店・テルヤ海産物・宮城商店・宇地嶺製薬所・渡名喜火薬店・尚泰商会・金城指物店・かみや○○○・仲村梁呉服店・屋宜肥料店・友寄仕立屋・当真タクシー・仲宗根仕立屋・友利歯科・比嘉洋服店・料理京屋・高良菓子店・照屋まんじゅう・大田写真館。この他に新聞社・組合などがある。

(15) 前掲『平良市史七・資料編五(民俗・歌謡)』によると、宮古・平良の場合には「マチヤ」の集住地域を「クヤモー(小屋毛)」と称して、船着場である張水の浜に接した空地(モー)一帯を指した。ここに小屋掛けの店がならんでいたが、その小屋は、スキやヤンバル竹で囲い、薦を掛けただけの粗末なものであったという。そして、これらの「クヤモー」は、寄留商人の経営であった。本島からの寄留者はほとんど那覇の出身者で、本土からの者は鹿児島県からが多かったという(百五十六頁)。本島出身者の当初の生業は、牛馬の買継業・泡盛製造などが多かったようである。

(16)『沖縄県統計書』沖縄県立図書館マイクロ本

(17)『明治二七年　第二類　庶務書類綴（下巻）農商務技手原照ヨリ依頼ニ係ル前後取調類目録』「八重山喜舎場家資料三八」石垣市立図書館マイクロ本

(18)『壗忠雄作成八重山島村絵図』恩故学会所蔵。

壗保己一の曾孫として一八六三年に生まれた壗忠雄は、一八八四年（明治一十七）より農商務省に勤務、一八八八年（明治二十一）に沖縄県属として那覇に派遣され、次いで一八九〇年（明治二十三）一月には八重山島役所に転勤となり、同年十二月に県属を辞した。その後、八重山で製糖業・木材伐採業・楊梅皮業・獣骨化事業などの企業化を試み、西表島・南風仲間地方の開拓をもくろんだ。この事業には中川寅之助なども関わっていたが成功せず、一八九六年（明治二十九）には東京に帰京している。したがって、これらの「村絵図」は、壗が八重山に在住していた間に開拓事業を目的として作成させたものらしく、大変に精緻で、当時の八重山の村落の様子を知る上で貴重な資料となっている。壗忠雄については『恩故叢誌』二十六―壗忠雄先生五〇周記念誌―一九七八　恩故学会　に詳しい。そのなかで、斉藤政雄「壗忠雄氏小伝」は壗忠雄の「渡琉日記」（恩故学会蔵）を引きながら、その沖縄・八重山時代を紹介している。

(19)図23を参照。

(20)前掲『沖縄近代史研究―旧慣温存期の諸問題』「第二論文　旧慣温存期の経済過程」に詳しい。

(21)「開墾事業の状況（続）」『琉球新報』一九〇五年（明治三十八）八月五日。『石垣市史』史料編・近代四・新聞集成一・石垣市役所　二百五十三頁　一九七九

(22)一八九五年（明治二十八）に「沖縄地方制度改正の件」を閣議提出。一八九六年沖縄県区制・郡編成の勅令公布。一八九七年「沖縄県間切島吏員規程」を公布、など。

(23)「八重山の開墾に就き」『琉球新報』一九〇四年（明治三十七）三月三〇日。前掲『石垣市史』史料編・近代四・新聞集成一　二百二十頁

(24)「八重山群島（十五）『琉球新報』一九〇五年（明治三八）九月五日　前掲『石垣市史』史料編・近代四・新聞集成一　二百六十四頁

(25)糸満漁民について書かれたものは多いが、上田不二夫『沖縄の海人　糸満漁民の歴史と生活』（タイムス選書　沖縄タイムス社　一九九一）が総轄的な記述で要を得ている。

(26) 一九五一年（昭和二十六）に群島政府が移民計画を策定、一九五二年（昭和二十七）に「政府計画移民」が八重山へ入植活動を始める。一九五四年（昭和二九）五月に「計画移民」三八戸一一六名が西表島古見に移住。六月には一〇七戸一七一名が続く。

(27) 「郷友会墓地」については、稿をあらためて報告するつもりである。

(28) 前掲『沖縄近代史研究―旧慣温存期の諸問題―』・同『近代沖縄の寄留商人』を参照。

(29) 一九九五年一月十五日付の『おきなわの声』（東京沖縄県人会発行）には、新年の挨拶に「関東島尻会」「東京那覇会」「中央糸満郷友会」等の沖縄本島の組織とともに、宮古島の「関東下地郷友会」「関東城辺郷友会」がならび、八重山のものに「関東宮良郷友会」「東京八重山郷友会」「東京大浜郷友会」「東京竹富郷友会」「東京西表郷友会」「東京与那国郷友会」がある。
なお、本土における沖縄出身者と県人会組織（郷友会）について、冨山一郎『近代日本社会と「沖縄人」「日本人」になるということ』（日本経済評論社　一九九〇）があり、主として労働社会学の観点から論じている。

また、沖縄社会における郷友会については、石塚昌家『郷友会社会―都市のなかのムラ―』（ひるぎ社　一九八六）、『郷友会』（琉球新報社編　琉球新報社　一九八〇）などがある。

(30) 『琉球新報』一九〇一年（明治三十四）四月二日の広告。前掲『石垣市史』史料編・近代四・新聞集成一（百二十四頁）に、「三ヵ月以上一〇ヵ月以内の月賦」で売るとして、「大川に出張」となっている。

(31) 『あわもり―その歴史と文化―』五〇頁　沖縄県立博物館友の会　一九九二。「各離島間の輸出入」（『琉球新報』一九〇二年（明治三十五）九月一五日）前掲『石垣市史』史料編・近代四・新聞集成一（百五十三・百五十四頁）には、前年の開運社扱いの各離島への移出状況を掲載しているが、八重山について金額の大きなところを拾ってみると次のようになり、泡盛移入量の大きさが知られる。

泡盛	一六、七〇〇円	素麺	八七〇円
米穀	三、六五〇円	板類	八四〇円
油類	一、一三六円	昆布	六三六円
塩	一、一一一円	刻み煙草	五二五円

二　八重山の村落の変遷

沖縄の村落景観については、すでに仲松弥秀などの民俗学的手法による精緻な調査・研究があり、それに加えて復帰以後の考古学の目覚ましい発掘成果がある。そのなかで先島地方は、本島とは若干異なる変遷をたどってきたことが少しずつ分かってきており、それには、居住地のたびたびの移動が関係している。そして、ここには旧居住地にかかわる記憶・伝承が残されていることが少なくない。

また、旧村落跡とされる石垣の遺構が保存されていることもあり、それらを観察していくことから、旧村落とされる場の構造や性格を知ることができ、また、ウタキ（御嶽・ワーあるいはオンともいう）と村落との関連を理解する糸口も与えられる。この点は波照間島の場合も例外ではなく、いくつかの石垣遺構を残しており、同時にそれと関わるたくさんの口承を伝えている。

またこの島では、天水田による稲作の開始や、村井戸の掘削が村落移動に関わっていると考えられる。それによって生じた頻繁な移動の結果、島の東西から中心部分に居住地域が集中するようになって、現在の村落形体に落ち着いたのではないかと推測される。その過程を具体的に示すことは困難であるが、土地に結び付いた記憶をさまざまな方法で探っていくことから、かつての島の村がどのような性質を持ち、どのように分布していたかをぼんやりとではあるが、浮かびあがらせることができると思われる。

もうかなり以前のことになる。竹富島で島の景観保存に尽力されている上勢頭芳徳さんと四方山話をしていたら、なにかのはずみに彼が「波照間島ももう少し景観保存に努力したらいいのに」とつぶやいた。たしかに東部落の井然たる石垣とフクギに囲まれた家並みは大変に美しいから、今ではコンクリ作りになってしまったトウラ（炊事屋）も昔の姿に戻せるならばよいなあ、と夢想したものである。

初めて波照間に渡ったのは二十数年前のことである。その後もたびたび訪れる機会があったが、そのあいだも島はほとんど変化することなく、歳月だけが過ぎていったように思われる（実際には、耕地整理が進行して周回道路が整備され、淡水化施設ができるなどして、大いに変わっているが）。

時々訪れる者にとって、島の時間は目にみえない速度でゆっくりと流れて、浮世離れしているように感じられる。なぜそのように感じられるのか。このことを自問してみると、いろいろなことが思い出される。たとえば、ひとたび作ったものは、それが不必要になっても手をつけずに放置しておく感覚や習慣がここにはある。

那覇市街地のはずれの小さな居酒屋の入口には、切れた電球がいつまでも（少なくとも一〇年以上）、ぶら下がったままになっていること。神里原のスナックの真っ赤なソファーは、復帰の頃から二〇年を経ても、まだ同じものがそのまま用いられていて、すっかり底が抜けていることを誰も気に止めないこと。平良・西里の飲み屋街も鰹漁で賑わったころとなにひとつ（金払いのよい客は去っていったが）変わらない様子、などである。

明治三十年代に沖縄県属として石垣に渡った塙忠雄は、八重山開発に燃えて開拓地に適した土地を求めて調査をおこなったが、その際に作成した八重山の全村落の村絵図が、現在、財団法人・温故学会に保存されている。その村絵図に含まれる波照間島の集落図を持参して、東（アガリ）部落の南北を散策してみると、この絵図がいかに正確に描かれているかに驚かされるが、同時に一〇〇年の歳月を経ているにも関わらず、村内の道、屋敷の並び、区画など、地図に描かれたものと今日眼前に見るものとがほとんど変わらない状態であることも、まことに印象的である。

そこで、古い時代の居住遺跡の測量調査のかたわら、長年にわたって変わらない景観を持続する村落が、どのようにして生まれ、伝えられてきたかに関心を持ち、過去の居住地の記憶について、村のひとびとにいろいろと尋ねてみることにしたのである。

以下はそれによって知りえたこと、考えたことである。

1 「スク」の名をもつ村跡

那覇の居酒屋と同じというわけではないが、八重山の島々にはたくさんの遺跡がまったく手つかずの（放置されるかにみえる）状態で保存されている。それには、古い時代の陶磁器片をともなう考古学の対象と考えられるものから、ごく最近に住民が立ち退いて廃村になり、前出の塙忠雄の村絵図にはまだ生きた村落として描かれているものまで含まれている。古い時代の遺跡は、遺物が散乱し石垣が残っていることから、確かに村跡であったことが確認できる。

しかし、波照間で島のひとびとから話を聞いていると、明らかな遺物・遺構をともなわない、記憶のなかだけに残された「むら」がたくさんあって、それらは遺跡として扱われることもなく、すでに伝承もおぼろげになっているものが少なくないこともわかってくる。

近年の大規模な耕地整理事業の結果、現在はすっかり客土されて黍畑になっているが、かつては「むら」であった、という話や、祭礼に用いる「カミミチ（神道）」が今では畠の真ん中を通っている、といった話を聞くことが多いのである。

教えられた場所を訪れてみると、見た目に名残はまったく感じられないが、小藪の陰に井戸跡が残っていたりする。そこから、確かにこのあたりにはひとが住んでいたかもしれないな、と気づくのである。東部落の北の海岸近くから前部落の東一帯にかけて、このような「むら」があったと語られる地域が少なくない。

そこで古い時代（少なくとも琉球王府の版図に入る以前）の集落跡と考えられるものや、「オヤケアカハチの乱」以後（いつ頃かを特定することは難しいが）に成立して、後に「むら跡」になってしまったと考えられるものを区分けして、その性質の違いを考える必要が生じてくる。以下ではこの点を検討してみることにしたい。

八重山を考える考古学では、琉球王府が支配する以前に存在したと考える集落跡を「スク村」と名付けている。わたしは門外漢であるから、「スク村」が意味するところを十分に承知しているわけではないが、なぜ「スク」であるかといえば、今日、島に住んでいるひとびとが、それらの遺跡を「スク（底）」と考えてきたからである。

たとえば、波照間島には「ミスク」村跡・「マスク」村跡と東西に代表的な「スク村」があり、また、現村落の祭祀の中心となっているワー（御獄）の名称にも、外（フカ）部落の「アースクワー」、前（マエ）部落の「ブスクワー」、北（キタ）部落の「ミスクワー」が存在する。「スク」の付かないものは名石（ナイシ）部落の「ブイシワー」と南（ミナミ）部落の「アラントワー」のふたつで、この場合は、「スク」が付かないことに固有の意味があるのではないかと考えられる。名石部落の「ブイシ」を漢字で書くと、たぶん「大石」で、南部落の「アラント」は「新本」である。ここから各「ワー」の成立の相違を推測できはしないかと思われるのである。

興味深い点は、「スク」がつく「ワー」が伝説的な英雄の居住地であったとされることである。「ミスクワー」は王府に忠誠を尽くして死んだ「美底（ミスク）シシカドン」の屋敷跡である、との伝承を持っており、そのすぐ脇は「アガタザンガラ（かつてあったという「アガタ（東田）村」、現存する「東田」家に関わるであろう）」の屋敷跡であるとされている（どちらも、琉球王府側について「オヤケアカハチ」と戦った武人であるという）。また、このワーには「アガタのナー（庭）」と称する、「ミスクワー」の「マソメ（御獄の聖地）」とは別に、ふたつの香炉を備える独立した祭祀空間がある（この庭で「巻踊《まきおどり》」を踊る）。

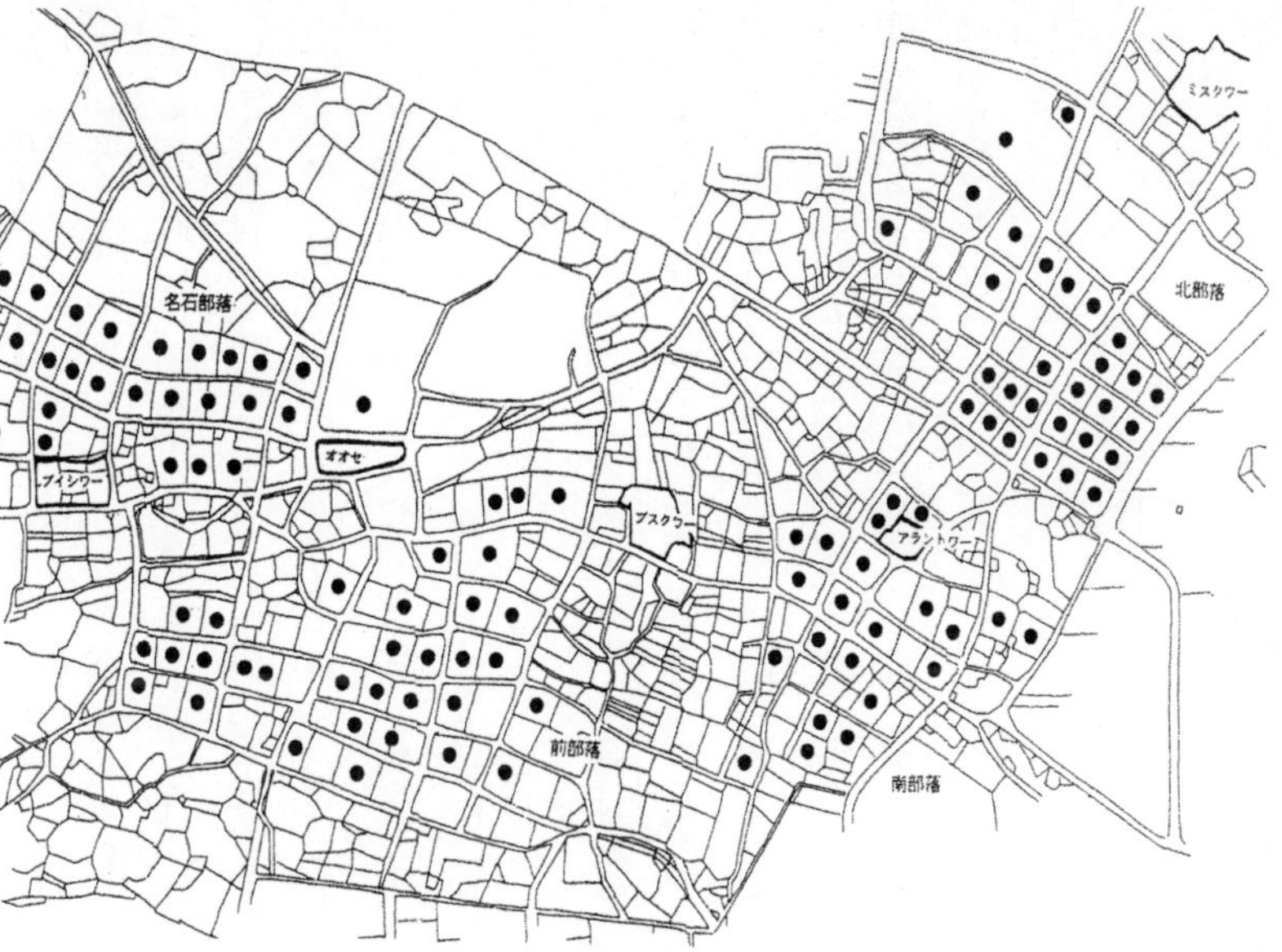

図23　波照間島の東部落・前部落・名石部落のワー（御嶽）と屋敷の分布状況

「スク」とは、「底」あるいは「元」といった意味であるから、ひとびとは自分たちに繋がるもっとも古い屋敷地であったと考えているのであろう。そして、「スク」の付く場は「アースクワー」「ミスクワー」「ブスクワー」のように、各集落の「ワー」になって公的な祭祀の対象にされているものと、「ミスク」村や「マスク」村のような「ワー」ではないが、何百年ものあいだ手を触れることなく意識的に放置してきたと考えられる、「ワー」のようにはっきりした祭祀対象ではないが、そうかといって単なる集落跡でもない、なにか「畏怖を伴う場」と記憶されているものとに、分けることができる。

もっともこれらの一部は、島の祭祀・儀礼にまったく無関係ではなく、なんらかの役割を果たしており、「ワー」とはみなされていないにも関わらず、日常的には近寄りがたい特別な場と考えられている（たとえば「マスク」村跡の中心にある「シシ石」や井戸の周辺などでは祭祀がおこなわれており、いくつかの地点は公有地となっている（八重山で公有地といえば、「旧オオセ（村番所跡）」が学校・公民館・広場などになっている場合と、なんらかの村落祭祀に関わる聖地とされている場所である）。

村の女性たち（「神女（カミツカサ）」を含む）に「マスク」村跡はどんな場所かと聞くと、「恐れ多いところ、神さまのいるところ」といって、「必要なとき以外にむやみに立ち入るものでない」と教えてくれる。また、必要があって立ち入る時には、「神道（カミミチ）」からはずれないように注意して急いで通過しなさい、とも諭される。

戦中・戦後の食糧難のころ、波照間島でもあちらこちらに芋畑を拓いたという。「マスク」村跡の東側、「タカチ」村跡（後述）との境付近の海岸には広い砂地があって、唐芋畑に最適であった。そこで東部落のひとたちはこの砂地を芋畑にして、「マスク」村跡を縦断する「神道」を利用して畑に通ったものだという。しかし、「マスク」村跡とされる場所に畑を拓くことはまったくなく、行き帰りに「マスク」の石垣に立ち入ることもしなかったという。

現在、隣接する「シムス」「タカチ」の両村跡の大方は山羊の牧場になっているが、「マスク」村跡は南部分の石垣の一部が壊されているだけで、大半は手つかずの状態を保っており、「マスク」村跡に山羊が入れることはない。このように、「マスク」村跡と「シムス」「タカチ」の村跡では、あつかいがまったく異なるのである。

なお、このほかに北部落の北方、すなわち「ミスクワー」の西には「カナスク」村があったとされており、ここには「カナスクケー（井戸）」が残っているが、「スク」が付く村跡であるにも関わらずすでに畑地になっており、詳細は明らかでない。

2　王府支配以後の村

以上のような「スク」と名づけられた村跡に対して、それ以外にどのようなものがあったのだろうか。「東（アガリ）部落（それぞれ「ワー」を持つ北〈キタ〉部落と南〈ミナミ〉部落をあわせて成り立っている）」の周辺、あるいは島の東西に存在したとされる村には、次のようなものがある。

○マスク村跡付近

タカチ村（マスク村跡に近接）

シムス村（タカチ村に連続。「神井戸（カミケー）」であるシムスケーを含む）

○ミスク村跡付近

アッタノシイ村（ミスクワーに近接）

タバル村（ミスクワーに南面）

○ブドマリ（大泊浜）付近

スムダ村

○東村付近

アガタ村（北部落の一部）

イランタ村（北部落の西）

ビラ村（あるいはアラチ村。北・南部落の東）

ムゲ村（南部落内）

クシシ村（南部落の西。ブスクワーに近接）

ウォツォウ村（南部落の南）

ジシ村（南部落の南、前部落に近接）

これらのうちのビラ村の北半とアガタ村は、現在、北部落の一部を構成しており、ムゲ村は南部落の中心地域に

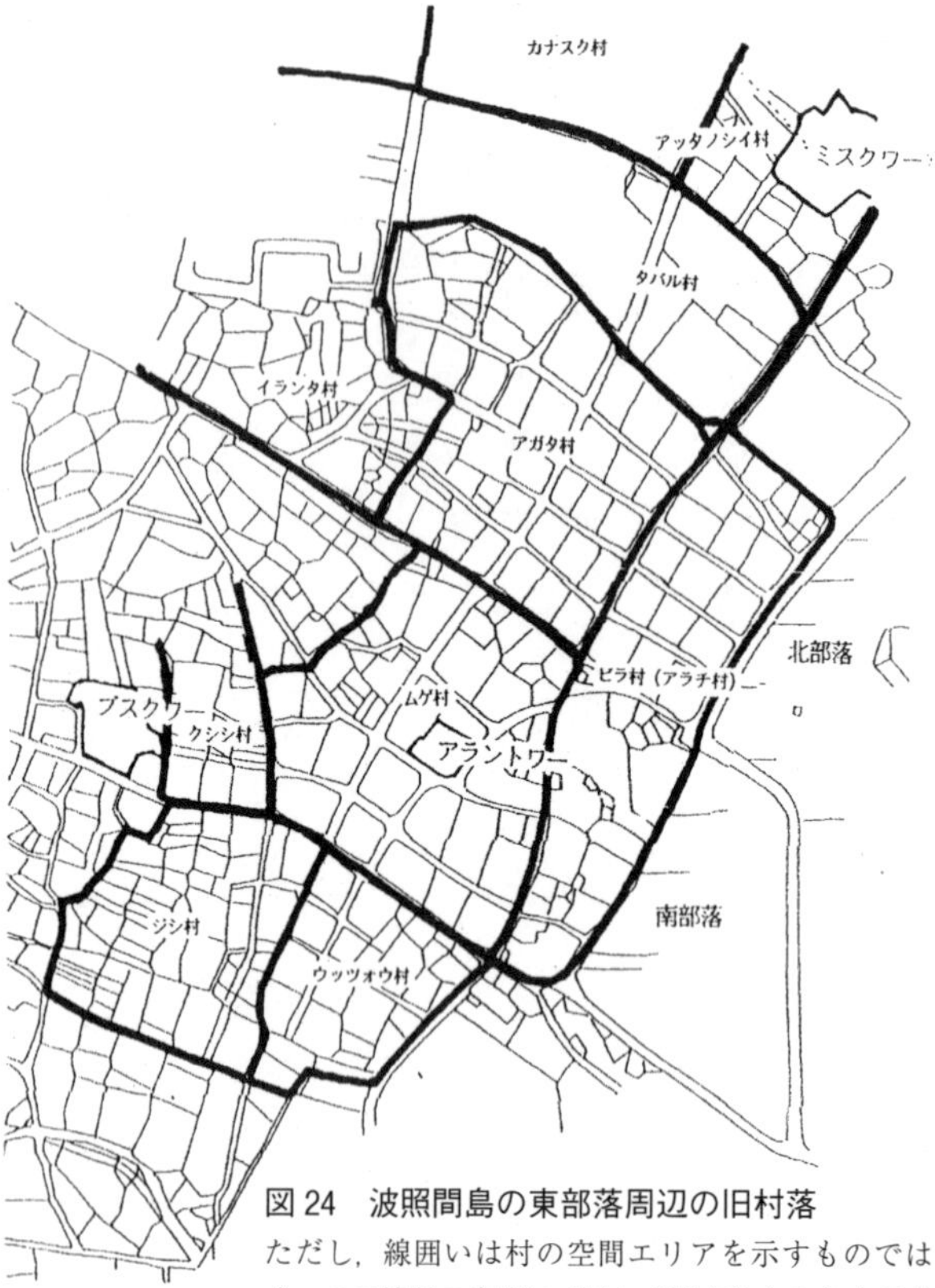

図 24　波照間島の東部落周辺の旧村落
ただし，線囲いは村の空間エリアを示すものではなく，この境界の内側に「村」が存在したことを示す

入っている。また、ジシ村には屋敷の石垣が残っており、現在もジシ村から前部落に移住した家についてある程度把握することができる。

　これらの村と現在の集落との関係は、全体として詳しく把握することはできないが、ジシ村と前部落の一部のように、移住の跡をたどれる場合は少なからずある。

　たとえば、西波照間家はかつてシムス村に住んでいたが、後にビラ村に移住して、その後に名石部落に移った、というごとくにである。シムス村にはオオセ（番所）跡とされている場所が残っており、周辺の旧屋敷地についても、どこにどの家があったかが記憶されており、旧居住者が引き続き所有しているようである（旧宅地の権利継承がおこなわれていることは興味深い）。

「シムス村」跡を訪れると、旧屋敷の石垣が部分的に残っているのをみることができる。かつては、「シムスケー（神井戸）」の周辺が村の中心であったようにみえ、現在も「シムスケー」に関わる祭祀・儀礼は現村落のワーの祭祀と複雑に絡みながら、それとは異なる論理を持っておこなわれている。このことも、かつて独立した集落であったことに関わると考えられる。

近年、一筆ごとの測量を実施して新たに土地台帳が書き変えられた。その地籍図を見ると、現北部落と南部落に含まれる「アガタ村」「ビラ村」の北半や「ムゲ村」の屋敷地では、ほぼ方形に井然と並んだ「一屋敷・一筆」の区画になっていることが分かるが、これに対して「イランタ」村は複雑な形の土地区画になっている。村道が二股に分かれて、道の曲がりが多く、三角地・台形地が密集しており、規則性のまったく感じられない配置である。そして、この不整形地のなかを埋め尽している一筆ごとの規模がまことに小さい。「一屋敷（一区画）・一筆」である「アガタ村」などと異なり、一区画がさらにたくさんの細かな筆に分割されていることに特徴的がある。そして、現在、この地域は未使用の藪地である。

写真７　タカチ村跡の牧場　石垣は砕石機によって粉砕され消滅している

このことは、現北部落・南部落を構成する「アガタ村」、「ビラ村」の北半、「ムゲ村（加えてシムス村も同様と考えられる）」と「イランタ村」では村落の空間構成がまったく異なることを示している。そして、この空間構成の相違は、現村落と「スク」村跡とのあいだに見られる相違に類似するとも考えられる。

国立歴史民俗博物館では、特定研究の一環として「マスク村」

写真8　マスク村跡のなかを通る神道　神行事の際に道掃除が行われている

跡の石垣囲いの現状を測量して、そこにどのような村落空間があったかを検討する資料として、実測地図を作成する作業をおこなってきた。そこで明らかになったことは、「マスク村」の石垣囲いの区画はまことに不規則な形状であること、村域全体を統一する村道がともなわないこと（現在、村域を縦断している「神道」は後に作られたものと考えられる）などから、今日一般に知られている八重山の村落風景とはまったく異なることである。そして、土地台帳を基に復元した「イランタ村」と「マスク村」跡とは、地割の不定形などがほぼ類似しており、「アガタ村」「ムゲ村」「ウッツォウ村」「ジシ村」に見られる現村落に繋がる方形・井然の地割、南面する村道とは、際立った違いを示している。このことから、「イランタ村」が存在した時代以後に、方形・井然たる地割・南面（実際にはやや西に寄る）の道、その道に向かって開かれた門、という今日の村落景観が確立したのだと推測できる。

「イランタ」を漢字表記にすると「平田」となるが、「八重山島絵図帳（一六四七年）」ならびに「絵図郷村帳（一七三六年）」には、「平田村」が「山田村（〈山田ブファメー〉に関わるか？　そうであるならば、前部落の前身と考えてよいか？）」とともに波照間島の村として記載されている。このように「イランタ村」は十七世紀中葉から二つの絵図に登場する比較的に長く存続した集落であったことが分かるが、そこからさらに推測を加えると、少なくとも十七〜十八世紀なかば

（したがって、おそらくは明和の大津波〈一七七一〉まで。この津波の事後策として村落再編と石垣島への強制移住がおこなわれた）の波照間島の村落形態は「イランタ村」の地割から推測できる三角地・台形地の密集する、その後の村落のような規則性の感じられないものであったと考えられる。

なお、「絵図郷村帳」には、波照間島にはこの二つの村落以外に、「村」は存在しないとされているが、その意味するところは不明である。

3　村跡の利用

ところで、前述のように、「イランタ村」の地割は不定形の区画のなかがさらに細分されているが、これに類似する細分地はほかの村跡にも見ることができる。前部落と繋がりが深い「ジシ村」の場合には、現状は村跡が畑になっており、部分的に方形の石垣囲いの名残が認められる。しかし、地籍図を観察すると、この石垣囲いのなかは細かな筆に分かれていて、一定方向に並行に縞状に細長く細分されていることがわかる。同様の細分状態は「クシシ村」跡についても見ることができる。

そこで、なぜこのような区画内の細分が生じているかを考えることにしたい。

八重山の集落を歩いていると、空屋敷の石垣のなかに、唐芋やチンゲン菜を植えて畑に利用しているのをよく見かける。また、同じように道端のちょっとした空地も小さな畑にして、オバー（おばさん）が這いつくばってピラー（耕作用のヘラ）で除草をしているのに出会う。

波照間島にもこうした小さな畑がたくさんあって、そのために屋敷の石垣の一部を壊して、畑に出入りしやすくしていることもある。このような小さな畑を八重山でなんというのかまだ聞いていないが、沖縄本島では「アタイ」といっている。「アタイ」は日常の菜などを作る屋敷に近接した小規模の畑で、もっぱら年配の女性が世話をしている。すでに整地ずみである屋敷跡は、このような畑に利用することが容易だから、空屋敷が石垣囲いを残したまま畑になっていることが多い（今日、八重山の村落は過疎化が進んで空き屋敷が多いが、実はすでに塙忠雄の村絵図にもたくさん「明」と記入された屋敷地がある）。

こうした畑は、今日では日常的な菜の栽培に用いられているが、本来はそうした目的だけではなく、苧麻の栽培にあてられていた。

八重山の旧慣時代は人頭税制のもとにあって、成人した女性は一定量の貢布を王府に納めなければならなかった。この場合の貢布は苧麻を材料にした織物であるから、貢布を織るためには苧麻の栽培から始めなければならず、これも女性の仕事のうちであった。

奄美大島や沖縄本島の場合は苧麻ではなく糸芭蕉の繊維を織ったが、その原料となる芭蕉畑をバサヤマ（芭蕉山）といって、女性から女性へ継承されるものであった。繊維の原料を採る畑は女継ぎだったのである。この点は八重山においても同様で、苧麻畑は母から娘に受け継がれてきたといわれている。その場合、娘たちのあいだで均等に分割されたから、世代を経るにともなって畑の所有は細分されていくことになった（実際の耕作が細分しておこなわれたという意味ではない）。しかも娘は他家のひととなるから、苧麻畑の権利は複雑な変遷をたどり、最終的には旧慣廃止の時点での土地登録において、微細な筆となって婚家に分割された状態で固定した、ということらしい。だから、かつて苧麻畑であったところはいくつかの特徴を持っており、それが地籍図に反映している。

それは、旧屋敷地にはそこに居住していた者になんらかの権利があったらしいこと、次に、それが無住化した後に苧麻畑として用いられてきたこと、それは娘継ぎで相続されたこと、この相続状態が旧慣廃止にともなう土地所有に反映して地籍図に残っていること、などである。

だから、地籍図に微細化して表われる現村落に近接する旧屋敷跡は、現村落においても苧麻畑として積極的に利用されてきたことを表わしており、女性から女性への継承が、過去の村と屋敷地跡を長く記憶に止める理由になったのだと考えられる。

4　ふたつの水

南の島の村落の形成には水が不可欠の問題としてついてまわる。だから、水や井戸にまつわる民俗事象が豊富なのである。

そうした例のなかに、ウブガー（産湯に使う井戸）や村の祭礼に用いる各種の神井戸が含まれるが、波照間においても、各部落の「ワー」に結びつく神井戸のほかに、「ミスクケー」「シムスケー」が祭祀・儀礼を伴うものとして島の東西にある。このような井戸の役割とそれが意味するところは、すでにたびたび、民俗学的な関心を得て議論が繰り返されてきたものである。

そこで以下では、波照間島の水の事情の検討から、この島の村落の形成・移動について考えてみたいが、この場合の主たる対象は神井戸ではなく使い井戸である（かつては屋根や立木から集めた雨水を飲用として、使い井戸は日用の水に用いた）。

波照間島の地質は、浸水性のない岩盤層とその上に重なる浸水性土壌から成り立っている。降った雨が浸水層を通過して岩盤に達すると、ここからは岩盤上を流れ落ちて海に注がれる。岩盤が盛り上がって作る地中の尾根は、島の中央北よりに東西に横たわり、尾根の両端は北に向かって緩やかに曲がって馬蹄形になっている。北の馬蹄形の内湾部分は急斜面を作って海に落ち込むが、南側はなだらかな丘陵になっており、少しずつ下降して海に至る。岩盤に乗

図 25　波照間島・東部落・前部落・名石部落における井戸の分布

この井戸には神井戸（神行事に用いる）・使い井戸（飲用以外の日常に用いる）が含まれ，使い井戸には共同井戸・屋敷井戸がある。外部落とその周辺は水位が浅く，そのためにたくさんの屋敷井戸が新しく掘られているが，この点は未調査である）

る浸水層は北側は薄いが、南側は厚く積層したまま海底まで続いている。北側海岸近くの岩盤の尾根の両端が海に落ち込む辺りに湧水があり、「シムスケー」「ブルブチ」「ミスクケー」などがそれである。したがって、島の北海岸東西に位置するマスク村・ミスク村はこの湧水を利用することを前提に成立した村落であると考えられる。

一方、岩盤の尾根は、現東部落の南端（南部落）と前部落の境界付近がもっとも高く、そこからは西に向かって緩やかに下降していき、外部落・旧「ヤグ村」を経て北海岸に落ち込んでいるが、この岩盤の稜線は、「ミスクワー」「アラントワー」「ブスクワー」「ブイシワー」の神井戸を結ぶ線とほぼ一致している。言かえれば、上記のワーの神井戸は、岩盤の尾根上（浸水土壌層が被らず、地表近くに岩盤があり、この岩盤の窪みに溜まった水が地表近くに留まる）にあり、使い井戸の多くも、この線上もしくはその北側の岩盤の尾根近くに限って存在する。こうして、岩盤の稜線に沿う井戸の列が、北部落の北方の「ウイヌアーリヌケー（上の東の井戸）」から始まって岩盤の馬蹄形に沿って南南西に向かい、「アラントワー」の神井戸でその南下は止まって、ここで西に曲がる。それ以後は直線的に西に進んで、名石部落南西端の「プルケー（竜宮の神井戸）」でいったん途切れるが（ここからは浸水土壌層の堆積が厚くなるのであろう）、ふたたび外部落に入ると、ここにたくさんの井戸が掘られている。外部落の水脈は地上近くまで来ており（浸水層が薄い）、容易に井戸を掘ることができて、このために近代に数多く屋敷井戸が掘られたのである。名石部落・前部落・東部落の場合はそうはいかず、水の得られる地域が限定されている。北部落の中央を南南西に貫く村道は、その南端（南部落の売店近く。この辺りでひとたび水脈から外れる）で西に折れて、そこから公民館（旧オウセ）の前を通り、その先はほとんど一直線に外部落まで続いている。だから、このあたりの村道は、ほぼ岩盤の稜線に沿っていることになり、いわば岩盤の稜線・井戸の連なり・村道の三要素には強い関連があることが分かる。

以上のような点を前提にして、ここでは名石部落と前部落についてもう少し立ち入って観察しておきたい。

名石部落と前部落の村落配置は、東西に少しずれながら、並行する村道と井戸の連なりを挟んで対称的な空間構成を持っている。そして、この対象性は単に外見だけのことではないようである。村道に近い屋敷は、古くからの謂われを持つ有力な家が占めており、道から離れる（その結果、井戸からも離れる）にしたがって新しく移住してきた家が増える新旧の家の空間的配置も共通しているからである。このことを別の言い方で表わすと、どちらの村も集落のなかに井戸がなく、村道に面した旧家だけが屋敷井戸を持っている、ということである。

集落の内部に井戸がないのは、名石部落・前部落に限らず「ウッツォウ村」「ジシ村」「イランタ村」「シムス村」などにもあて嵌まり、もともとは集落から少しはずれたところにある共同利用の井戸を用いるものであったといってよいであろう。こうした集落配置は、島々でごく普通に見ることのできるものである。

しかしながら、ここではもうひとつ特徴が重なっているように見える。

名石部落・前部落・「ウッツォウ村」「ジシ村」は、井戸の連なり（それには屋敷井戸と外井戸がある）と村道が接しているが、集落全体は、掘っても水の出ないところに位置している。そして、名石部落・前部落（あるいは「ウッツォウ村」「ジシ村」も）は、水脈の存在とそれに並行する村道に正面（有力家筋の屋敷が集まっている）を向けて、その背後に集落が接続する構成を持っている（これには、後述の別の理由も考えられる）。こうした村落配置は、それなりの計画と意図を持って作られたものと思われるが、そうであれば、計画された時に新しく掘られた井戸があったに違いないと思われる。そして、村道に沿ってほぼ等間隔に規則的に連なる井戸の配置（「プルケー」まで続く）は、時々の都合で掘られたものの集合であると見ることはできない。必要な間隔を意識して作ったものと思われるのである。

これに対して東部落の場合は少し異なる。村落の中央部分（北部落の南端から南部落の北半）にいくつも屋敷井戸があり、それは「クシシ村」にも散在する。そうなるのは水脈の上に集落が立地しているから比較的容易に屋敷井戸が掘れたことを表わすが、同時に村落形成の過程が、名石部落・前部落とは異なることも表わしていると考えられる。

水をめぐるもうひとつの問題は、農業用水である。

波照間島の水稲栽培は、王府支配時代以前はおこなわれていなかったという。それが以後、水田が拓かれて比較的に安定した収穫をあげるようになっていった。明和年間前後の波照間島は比較的に恵まれた米作の島であったとされている。先に示した塙忠雄の村絵図をみると、現集落を取り巻くように水田が描かれて、その周辺にたくさんの高倉（穀物貯蔵庫）が描き込まれている。高倉には貢稲を保存していたといい、水田は公田であったとされる。

第二次大戦後に島の農業は甘藷栽培一色に塗りかえられて、現在はまったく水田がない。また、耕地整理の進行にともなってかつての田地の位置はあいまいになりつつあるが、それでもどこが田地であったかを聞いて歩くと、集落の周辺地域と北方海岸の大泊浜近くに限られていたことがわかる。大泊浜付近の水田はブルブチ（湧水池がある）から水を引いていたといい、ここの水田農業に従事していた「スムダ村」跡もまだ残っているという。

そして、現集落周辺の水田は天水を溜めて用いるものであった。

言かえれば、田の床がしっかりした岩盤の上にできていて水抜けが生じにくく、雨水が溜まりやすいところしか水田にはならなかったのである。だから、前述の地層の成り立ちからして、島の岩盤の稜線より南は、緩い傾斜面であるとともに深い浸水層が堆積しているから、その結果、湛水性に欠けて、水田に適する地域はまったく存在しない。薮地が広がっていたのはそのためであり、緩斜面という地形から生じる台風による塩害のおそれもあって、長らく未利用地だったのである。これに対して中央稜線付近の岩盤の窪地には水が留まりうる。井戸が容易に掘れることと、水田適地であることとは、浸水層が薄くすぐに岩盤層まで達して、そこに滞留する水を利用することができる、あるいは雨水が滞留しやすい、ということによる。

このように見ていくと、この島で水稲栽培をおこなえるのは、湧水を利用できる北の海岸付近か、岩盤の尾根付近にあたる現集落の周辺しかないことになる。

しかし、岩盤の尾根付近であればどこも水田に適していたというわけではない。村のひとに教えられて水田跡を見て歩くと、水田があった場所は自然に出来た窪地で集落地よりも一段低くなっている。逆にいえば、集落は微高地にあって、その周辺をやゝ低い水田が囲んでいたのである。

そこで再び地籍図を用いて、村落と水田を復元・考察する。すると、ビラ村の南半はかつては村落地であったが、水田の拡大にともなって村落が失われたのだと考えられるし、タバル村もすべて水田に変わってしまったらしいのである。このような村落の水田化は、今日、名石部落や前部落のような「井戸の少ない村落」が居住地域の中心となっていることにもかかわる（既述のように「井戸の少ない集落」に対して、「井戸の多い集落」は外部落や東部落である）。新しい集落は意図的に水田不適地に作られた（適地はすべて水田化した）と考えられるからである。

波照間島の水稲栽培は、住民の食用としてではなく貢租生産が目的であったから、これにともなう村落の編成は、内在的な要因というよりも外側から政策的に行われた可能性が高く、その背後にふたつの水の利用・管理が関わっていると考えられる。

ここで示したことは、八重山の村落景観が現在のような空間配置に至るまでにどんな過程をたどったかを、島を取り巻く諸条件のなかから、あるいはひとびとの記憶のなかから、考えてみたことであった。

これまでも村落空間に関してさまざまな角度から検討されてきたが、多くの場合、伝承的と見られるものを意識や観念と結びつけて、「見えないものを解釈する」ことから説明する場合が多かったのではないかと思う。ここではそうした方法はできるだけ省いているが、だからといって、まったく無視しているわけではない。

わたしの考えでは、ひとびとの意識や観念は環境の変化の結果として生じるもので、意識や観念が変化を生み出し、あるいは変化が意識や観念を直接的に反映しているものではない。そうではなくて、少し前に存在した（あるいは今ある）景観や空間の記憶を紐解いて、繰り返しそれを説明することのなかから生まれるものが、意識や観念であると思う。確かにそこには相当に長い時間（あるいは世代）の記憶が反映しているのである。

初めて八重山の集落を歩いたころ、どこも空間配置の類似した村落であることがたいへんに興味深かった。そのときに、村落の末端行政機関である「オオセ（番所）」、それに結びつく苧積小屋、水田をおこなっているならば村落の周辺に散在する高倉、あるいは砂糖小屋といった、生産と管理に関わる施設についても、御獄・聖地・墓などと共に検討する必要がある、と感じたものである。

たとえば「井戸は集落のはずれにある」とする観念なども考えてみたいことであるが、それは水の共同管理と関わり、ある時期から為政者による村落支配の手段になっていたようにも見える。波照間島の村落空間の様相は、このことをよく示していると思われるのである。

三　浙江の村落をめぐるひとびと

一九九〇年代前半に中国の村落調査に出かける機会が何回かあった。本章はそのひとつに関わるもので、浙江省・寧波から車で一時間程度の、ある村落における聞き取り調査の結果で、村の外から出入りする様々のひとびとを総体として把握できないかと考えての試みである。

そこでは、幾多の社会的な変化のなかで埋もれてしまった事象を、ひとびとの記憶のなかから出来るだけ引き出そうと考えたのであるが、アイディア倒れであった。実際には言葉の厚い壁があり、ひとびとの記憶は言説化に耐えられるほど鮮明であるとはいえず、思ったように聞き取ることができなかったのである。

ひとびとの記憶は、年寄りならば中華民国時代から始まり、人民中国の誕生、大躍進や人民公社時代、その後の文化大革命、さらに改革開放の推進と、繰り返し訪れる社会的変貌の波のなかを漂っており、時間的な前後関係すら判然としない場合が多かった。そして、村を訪れてくるひとびとの変化は、当然ながら社会的な変貌に深く関わっているはずであるが、それを具体的に示せることにはならなかった。結局は、記憶に残っている外来者を個別ばらばらに知ることができた、という程度のことである。

はじめに

本章は、浙江省寧波市北侖区大碶鎮渓東村において、村に出入りするひとびとの来訪・来住・移動・移住などについての聞取り調査の結果である。調査は三年にわたっておこない、異なるひとからの聞取りを重ねて、より正確を期した。

なお、渓東村の地理的・歴史的な位置づけ、村落形態・姓族と生活形態・生産構造などは必要最小限のことに触れるに止める。

渓東村は北侖区大碶鎮の南端、かつての鄮隘郷に位置しており（さらに以前は霊岩郷に属していた）、三方を山に囲まれ北面に広々と水田が広がる人口一三〇〇人ほどの農村である。

かつては、村の廟である「嘉渓廟」に由来する嘉渓村の名で知られていた（たぶん、村の脇を流れる小河川が「嘉渓」である）。この地域は一般に一村一保であったから、嘉渓村は同時に嘉渓保でもあった。

現在の渓東村は、背後の山間にあるもうひとつの集落、鳥石嶴も含む行政村を意味する。したがって、渓東村の中心にある集落が旧嘉渓村ということになり、この集落は、王・楽・朱・陳・邵の五つの姓族によって構成されている。各姓族は、それぞれ一族の堂前（各姓族の祭祀場。姓族居宅の中心に設けられていた。現在は廃棄されている）を中心に住区を形成して村内で棲み分けてきたが、最も大きな姓族である楽氏は、村外の楽姓祠堂（近隣の湖塘村にある）を拝している。

したがってこの村では、村の施設である「嘉渓廟」と、姓族の施設である「堂前」もしくは「祠堂」が個別に存在していたことになる。

村の中央には広場があって、広場の一隅に毎朝小さな市が立つ（かつてここには庵があって、数名の尼僧が暮らしていたという）。ここから村内の四方に道が延び、この道に沿って各姓族の集落が形成されている。この広場が村の中心のひとつである。もうひとつの中心は、村の入口の「嘉渓廟」の近くにあり、村の事務所、老人会集会所、かつてあった村営工場などが集まる一区画である。

集落の左右に分流する渓流には、何カ所か石を敷き詰めて洗い場が設けられていて、女たちが集まって炊事の仕度や洗濯をおこなっている。

三方から迫る山々は、かつては松・杉の植林地で、ここから薪を伐採していたが、現在は山裾を竹林に作り変えている。また、山から水田地帯に続く緩斜面を畑にして果樹（蜜柑・山桃など）や茶の栽培をおこなっている。解放以前には、北面に広がる水田の稲作・裏山の薪木の採集を主たる生業にしていた。

この村は、かつては四〇畝ほどの田地を所有する地主が一名、小地主二名がいたほか、二～三畝を所有して二〇畝ほどを小作する富農が四名、あとの大半は小作農や雇工（雇用労働者）であった。

この地域の大地主は、一般に近隣の町である小港や横河に居住しており、村のひとびとはそうした大地主の土地を小作していた。また、三方を取り囲む山林は湖塘村の地主・笵氏の所有であって、その山を借りて植林し（以前は松、現在は杉に変わっている）、一〇年～二〇年くらい育てて薪に切り出していた。当時、薪は近隣の柴楼村にあった煉瓦工場に、あるいは大碶鎮に運んで販売した。このほかに養豚が盛んであった。

清明節から十月までが農繁期で、もっぱら水田の仕事をおこない、それ以外の時期は山仕事に従事した。

1　出稼ぎの村

この村も人民公社時代・文革時代・改革開放時代と、社会的な環境変化にともない、その様相を大きく変化させてきた。かつては閉鎖的な純農村であったが、現在は、村内を歩くと、老人と若い嫁と子どもばかりが目につく出稼ぎの村になっている。

村をめぐる社会的変化は、様々の生業を生み出して、あるいは消滅させてきた。その結果、この村では、専業の農業従事者が減少して、今では、老夫婦が孫の面倒をみるかたわら、自家消費分を耕作しているという状態である。

一時期は、北侖や大碶鎮に建設労働者（煉瓦工・左官）として勤めに出る男たちが多かったが、現在は減少している。寧波や北侖などの都市には、安徽省などからの出稼ぎ農民が殺到して、周辺の農村出身者よりはるかに低賃金で働くからである。村内には養豚場・電気工場その他の小規模な工場がいくつかあるが、これではとても村の労働力を吸収しきれないという。

それでは、渓東村の働き手たちは現在どうしているであろうか。実は今も、出稼ぎが中心になっていることに変わりなく、年間を通して村外で働き、旧正月（春節）だけ村に帰って来る状態であるという。その多くは「金文字看板」の製作に従事している。「金文字看板」とは、銀行・ホテル・商店などが入口に掲げている金色の文字のことで、真鍮板を切り抜いて裏から打ち出し、それに縁をつけて立体文字にしたものである。

この加工業は、近隣の湖塘村から始まった。他所で加工技術を身につけて湖塘村に帰省したひとが、村内に小工場を作って成功したのである。その後、この工場に雇われて技術を身につけたひとびとが次々と独立して、湖塘村には個人経営の零細な工場がたくさん生まれたという。その結果、村の働き手の八割ほどがこの仕事に従事するようになった。湖塘村は「金文字看板」の製作を主たる生業にする村になったのである。

「金文字看板」が浙江省の町々の商店で流行し始めたのは、最南の温州（福建省に近く、改革開放が進んでいた）からで、それが数年後に寧波に及んで、さらに北上して浙江省全体に広がっていったらしい。それは一〇年ほど前からの現象であるが、この流れに便乗して成功したのが湖塘村の小工場である。そして、湖塘村が繁栄すると、隣村である渓東村のひとびとも小工場に雇われて通い、やがて加工技術を習得していく。

湖塘村と渓東村のあいだには、かねて密接な繋がりがあったから、雇われて通う者も多く技術が伝えられるのも速かった。その後、渓東村にも同じような小工場がいくつか生まれて数年前まで操業していたというが、しかし、現在は、旧人民公社時代の村営織物工場跡の一隅にひとつ残っているだけで、他はすでに廃業している。

なぜ小工場が廃されたのかというと、今ではこの周辺地域（寧波や北侖区）の需要をすっかり満たしてしまって、近隣からの注文が激減したからである。このために今度は、北京や遼寧などの遠方に看板製作の出稼ぎをおこなうようになった。

以前の北京はプラスチックや木製看板が多かったが、この時点（一九九〇年代前半）は、それが急速に「金文字看板」に置き替わり、大きな需要があった。一方、広州でも改革開放の当初はネオンサインが多かったが、ここでも「金文字看板」に替わりつつあって、こちらに出稼ぎに出ている者もいた。

出稼ぎ者は、北京・天津などの大都市の近郊で小屋を借りて小工場を経営するほかに、同郷の者の経営する工場に雇われて働いている場合もある。この仕事は恒常的に需要があるというものではないから、稼げる時に稼いでおこうと、男たちはみな出掛けたのである。

「金文字看板」の値段は一m×一mで三〇元くらいになり、自分で工場を経営する者（出稼ぎ者の一割程度）はたいへんな収入を得て、なかには六カ月で二〇万元も儲けた者がいるという。しかし、雇われて加工に従事する者の場合はそうはいかないようである。

出稼ぎ者の半分は独身であるが、妻帯者の場合には、妻は子どもの面倒を見ながら内職の刺繍などをして留守をまもるのが普通である。しかし、なかには子どもを残して夫婦ともども出掛ける場合もあり、この時には両親が孫の面倒をみながら農作業をおこなっている。

出稼ぎに出た者は、毎月一回生活費を送金してくるが、帰ってくるのは年に一回、正月（春節）の時だけである。そして、村内のあちらこちらに、この出稼ぎ収入によって建て替えられた新しい家が目につく。

このように渓東村の働き手の多くは出稼ぎに出ており、その結果、今度は村内の労働力が不足して、逆に他省からの出稼ぎ農民を雇い入れている。農村が農民を雇い入れて、それに頼って農業をおこなっているのである。

近年の中国の大都市はどこもそうであろうが、農村地域から夥しい数の出稼ぎ農民が流入している。寧波も例外ではなく、清明節のころの寧波駅前は安徽省・湖南省から来た農民が溢れかえって、大変な喧噪であるという。そこに村の責任者が出掛けて、適当なグループを選んで雇い入れる。そのひとびとを「嘉渓廟」に付属する仮小屋に住み込ませて、茶摘みや茶畑の耕作・裏山を拓いた竹の植林・竹材の切り出し、などに従事させている。

安徽省から来るひとびとは男だけのグループであることが多く、山の木を伐採して村まで下ろして、その跡に竹を植林する作業や、成長した竹を刈り取ってくる仕事に従事している。たまに女が一緒に付いてくる場合もあり、その時には賄い係を努めることになる。

湖南省のひとびとは夫婦連れが多く、茶摘みや茶畑の整備に雇い入れる。女性は主に茶摘みに従事するが、茶摘みは一年間に三回をおこなっている。一回目の摘入れは四月～五月の中旬まで、二回目は六月～七月末まで、三回目は八月半ば～十月までである。だから、かれらは四月から十月までこの村で暮らすことになる。自分の村に戻るのは十一月から三月までの冬期だけである。

渓東村では、こうした安徽省・湖南省からの出稼ぎ者を一九九〇年ごろから継続して雇い入れており、多い時には三〇名ほど、一九九四年八月には七名が廟の仮小屋で暮らしていた。茶摘みに雇われてきた女性のなかには、後に村の若者の嫁になった者が数名いるという。

2　もの作りの職人・もの売りのひとびと

前述のように、現在の渓東村はすっかり出稼ぎの村になっており、農業は一部の専業者と老人、他省からの出稼人に頼っている。しかし、それは改革開放下の一時的な状況であり、それまではまったくの純農村であった。それも解放以前は、小作農や雇用労働者（雇工）ばかりが多い貧しい村で、その時代には村内に職人たちはあまりおらず、ものの作りやその他の特殊な技能の多くは、よそから折々訪れてくる村回りの職人に頼っていたという。

この村回りの職人の仕事は、もう見掛けなくなったものも多いが、継続しているものもないわけではない。以下ではどんな業種のひとびとが村内にいたか、村の周辺で暮らしていたか、あるいは遠方から訪れてきたかを整理しておきたい。

初めに、ものの細工に関わる職人から見ていくことにする。同時に、かれらが用いた材料・技法・作った製品についても、併せて簡単に記述しておく。その他の業種については、次に取り扱うことにする。

(1)　木匠（木工職人）

民国時代には箱作りの職人が村内に一名いたが、解放後に増加して一九七〇年ごろ（文化大革命時代）がいちばん多く、二〇名ほどに達したという。これには、一九五六年以来の人民公社の労働点数制度が関わっていると思われるが、詳しく聞くことはできなかった。いずれにしても一九八六年以後は、工場に勤務するなどが増えて独立の職人は減少し、現在は五名ほどである。

かれらは、先輩職人のもとに弟子入りして技術を身に付け、建物の窓枠・扉・椅子・卓・箪笥などを作っていた。しかし、一九八六年（一九八五年に人民公社の解体と郷鎮政府の樹立が完了した）からは小工場ができて（村の外れに小屋があり、現在も営業している。施盤などの若干の加工機械を備えている）、それから仕事の内容が変化して、村外からの注文が多くなり、時には出職をするようになった。

この地方の伝承的な木工製品には、次のようなものがある。

○房前卓　引出し付の卓でベッドの脇などに置く。
○常櫥箱　開き戸棚・引出しがセットになった箪笥。箱の外側を黄色に塗り、戸板と箱の内側は赤色に塗る。嫁入り道具のひとつである。
○馬桶箱　馬桶（おまる）をのせる箱台。縁は黄色、板面は赤色に塗る。これも嫁入り道具のひとつである。
○八仙卓　魯般尺で三・二尺×三・二尺の卓で、主として先祖祭祀などの儀礼に用いる（魯般尺は約一m＝三・三尺　一尺＝二七・五cm）。
○円　卓　日常に使用する食卓。大小があり、特に決まった寸法があるわけではない（一・五m〜八〇cm径）。
○棺　桶　棺桶は、生前に作っておく場合と没後に作る場合とがある。多くの老人は六十歳を超えると、あらかじめ自分で墓と棺桶を作り、死後の準備をする。この村では、夫婦二人分を作って寝室の自分のベッドの脇に保管していることが多いが、地域によっては廟に預けているところもある。生前にあらかじめ作っておく棺桶を「寿材」という。これはきれいに塗り上げて立派に作る。これに対して、死亡してから親族が急いで作る棺桶を「亡材」という。「寿材」は注文を受けて村内の木工職人が作るものであるが、「亡材」は急ぐことが多いので、村外の職人の手を借りることもあったという。現在は大禊鎮の町で既製品を入手することができる。十六歳以下の子どもの場合には、簡単な木箱で間に合わせて棺桶は作らないという。

(2)　円木匠（結桶職人）

村内に三名の桶職人がいたというが、現在は一人だけである。筆者が調査に訪れた時には、この一人も村外に長期の出稼ぎ（金文字作り）に出掛けており、直接に仕事ぶりを見ることはできなかった。

桶職人は湖塘村・新安村・沙堰村からも来たという。注文があると通いで来て製作したが、必要に応じて呼ぶもので、季節を決めて周期的に来るというものではなかった。もっとも、一九八六年以後はプラスチックが普及して桶の需要は半減し、嫁入り道具として誂えるものが中心になった。このために結婚式の前には一〇日以上も通い詰めて作らせることがあったという。

この村の桶職人には会えなかったが、参考までに奉化市渓口鎮・畸上村で調べた桶職人の製品例をあげておく。ここでも桶の多くは嫁入り道具である。

○便　桶（肥桶）　天秤棒で担いで、畑に肥料を運搬するのに用いる。
○馬　桶（おまる）　彫刻が入った朱塗り。嫁入り道具のひとつ。
○茶　盤（茶盆）　朱塗り。嫁入り道具のひとつ。
○同　盤（お数を盛る盆）　朱塗り。嫁入り道具のひとつ。
○鑊　蓋（鍋蓋）　鍋で飯を炊きながら、同時にその上で蒸し物などを作る時に使用する。上部を高く盛り上げた鍋蓋である。
○この他に大小の脚付き桶がある。

(3)　竹籠細工

解放以前には、寧海から男ばかりが五～六名組みを作ってやって来て、村の家を借りて仕事場にし、注文を集めて製作したという。そのメンバーは毎年ほぼ決まったひとびとで、顔見知りになっていたという。

孟宗竹は冬期が細工に向いており、この時期に加工するのが一番良いという。そのために来村する時期は十月から正月にかけてと決まっていた。竹林を持つ人は自分の林から切り出して加工させるが、持たない人は購入した竹を加工させたという。

その後、人民公社時代には寧海から熟練者を呼び寄せて、村内の若者を大勢集めて技術講習をおこなった。その結果、五年ほどのあいだに技術を持つ者が一七名ほどになった。かれらは村内の注文を引き受けて労働点数制のもとで仕事をおこなっていたが、やがて、大碶鎮・余姚・民楽などに自転車で通って、頼まれた仕事をおこなうようになった。しかし近年はこのうちの一名が営業しているだけで、他の者はみな廃業してしまった。なお調査時点では、老人会などが経営する（安徽省・湖南省からの出稼ぎ者を使役）竹林の竹はまったく加工せず、丸竹のままで外部に売り払っていた。

(4)　甕売り

渓東村では陶磁器はすべて購入しなければならないが、種類によって入手・利用の方法に違いがあった。それはこの地域の近くにいくつか甕類の産地があったからである。

○漬物甕（冬瓜を漬ける）　甕に入った酒を購入して、飲み干した空甕を利用する。あるいはザーサイを甕入りで買ってその空甕を用いる。こうした転用が一般的であるが、ザーサイの甕は大碶鎮の漬物屋で空になったものも売っており、これを買って利用することもある。普通品は五年前に三元であったが、奉化（渓口鎮・畸上村）の製品は高級であるから四元以上した。

○醤豆腐甕（ピータン用の甕）　これも中身の入った甕を買って、それを引き続き用いる。必要に応じて奉化まで買いにいくこともある。

○七石缶（水甕）・米缶（米甕）　大甕類は大碶鎮や寧波まで買いにいく。甕類は、用途や大きさによって入手方法に若干の相違があるが、一〇年ほど前までは漬物甕をはじめとして各種の甕を売り歩く行商人が多く、荷車に色々な種類の甕を積んで野菜の塩漬けをつくる時期に回って来たという。これらの行商人は奉化や渓口鎮からやってきたが、船の通っていた宝幢村までは船で運んで、そこで荷車に乗せ替えて引いてきた。その当時は、七石缶のような大きな甕も行商人から買っていたが、これが二〇元ほどで、ザーサイ用の小甕は五元であった。甕類は一度買えば三〇年くらいは使えるもので、七石缶は水甕にするばかりでなく、服入れや穀物入れにも用いる。

この地域の代表的な甕の産地は、奉化市の渓口鎮・畸上村で、渓東村でも渓口鎮・畸上村の製品は特に上等品とみなされている。そこで、甕類の行商について、畸上村でおこなった聞取りの概略を参考までに記しておく。

四明山の山麓に位置する畸上村で甕作りがいつから始まったかは明らかでないが、長い伝統を持っていることは確かである。解放以前には五家族の共同経営による登り窯があったが、この窯は畸上村の重要な産業として村の生活・経済に大きな影響を与えていた。

なぜならば、直接に窯業に関係しないひとびとの場合も、燃料である薪木の採集や製品の運送・販売などに関わるなどして、多くの村民の生業の一端になっていたからである。この村には何代にもわたって甕売りを生業としてきたひとびとがおり、一時期は村の働き手（男子）の四人に一人は甕類の販売に関係し、六人に一人は専門的に従事していたというほどである。

甕類は大きくて重量があり、しかも破損しやすいから移動が困難で、販売手段には工夫が必要であるが、幸いにもこの地域は水運に恵まれていた。畸上村は奉化市に繋がる河川の最上流域に位置しており、甕を焼く登り窯は水運を利用しやすいように河岸に接して築かれていた。しかし、畸上村に川港があったわけではなく、船の入らない浅瀬がかなり下流まで続いている。そのために船の入る后笠というところまで、一連につないだ竹筏にのせて甕類を運び、后笠で河原に荷を下ろして、船に積み替えて運搬する手はずを踏んでいた。この船荷は、奉化からは各地に繋がる運河網に入って、寧波・余姚・紹興・上虞・蕭山・象山などに販売されていった。こうして、寧波を経由して大碶鎮にももたらされたのである。

崎上村の商圏は改革開放後にはさらに拡大していく。慈渓・天台・三門などにも売りに出るようになって、水運に頼るばかりではなく、荷車に積んで新昌・寧海などにも行くようになった。

以前は、海ではジャンク型の帆船を用いた。まず鎮海に出て風待ちをして、北方に向かう時には舟山・袋山をたどって衢山・嵊山まで出掛けて、主に漁民を対象にして魚の塩漬け用の甕を販売していたという。南に向かう場合には象山にまで達した。象山は塩業が盛んであったから、ここでは塩甕してたいへんよく売れたという。

東に向かう時には定海から舟山列島に向かったが、その逆に簫山から杭州まで足を延ばした者もいたという。こうした行商のあいだは、船のなかで寝泊りして暮らしていた。

甕の販売は、販売時期・販売先によって売れる種類が異なっていた。例えば舟山に行くのは、正月から六月までのあいだであった。それはこの時期が漁期で、採れた魚を塩漬けにする甕が必要だからである。

七月～八月は農村に売り先を変えるが、稲の収穫後の十月以降は野菜の塩漬けをする季節で、また正月用の年糕（歳越し餅）を作るために糯米を水に漬けるなど甕の需要が増える季節であったから、特に販売に適していた。

もっとも大きい甕が七石缶で、水甕・堆肥甕・便甕・米甕として用いたが、酒醸造工場でも酒作りに使用した。この系統の甕は一石入りの小甕まで石数に応じて大小があり、もっとも需要の多いのは四石・五石入り（四石缶・五石缶）であった。

これとは別に、もう一系統、甕の大きさを「号」で表すものがあって、最大が一号（三石入り）、最小が五号（〇・八石入り）であった。この系統では野菜漬や雷魚の塩漬けに使用した三号がよく売れた。しかし、寧波市内のような都会では一度に漬ける漬物の量が少ないから、五号以下の「大落雨壺」「小落雨壺」という甕が売れたという。

この近辺の窯業産地はこのほかに奉化と天台にあった。奉化のものは崎上村の製品と類似した黄色い焼き上がりであるが、天台のものは緑色を帯びて器形も異なっているという。

(5)　煉瓦工・左官

解放以前は村内に煉瓦工や左官はおらず、必要に応じて寧海からやってきた職人が仕事をした。しかし、改革開放以後はこの仕事につく村民が増加して、やがて毎年三〇名ほどが北侖港や大碶鎮に出稼ぎに出るまでになった。それも現在は減少して出稼ぎの中心は先に述べた「金文字看板」作りに変わっている。

(6)　墓碑彫刻

寧海から来た者が村内に長年住み着いており、現在も墓碑彫刻に従事している。墓石は舟山から船で運搬してきたものを使うという。

(7)　塗　装　工

椅子・卓・箪笥などを塗る。特に嫁入り道具の需要が多く、赤・黄などを使って派手な彩色に仕上げる。現在も二名が村内で営業しており、ブリキの門扉のペンキ塗りなどもおこなっている。

(8)　炣孟鉄匠（鍛冶屋）

耙（馬鍬）・鋤頭（鍬）・釘耙（金浚え）などの小型農具や大樹刀（大鉈）・彎刀（鉈）・稲剃（鎌）などの刃物を各家が所有しており、鍛冶屋が製作したものを購入した。村に回って来る回村鍛冶屋もいたが、大碶鎮には四軒が営業していた。近年まで残っていたのは一軒だけである。

また、鄔街郷（この村から三・五km）にも鍛冶屋がいて、こちらの方が品質は優れていたという。これらの鍛冶屋から新品を購入して使用するが、破損・磨耗したものの修理は、主に村にやって来る回村鍛冶屋に頼んでいたという。

村に来る鍛冶屋は、毎年、春耕の前（二～三月）にやってきたが、開放前には毎年同じ人が来ていた。刃物を新調する時の鉄は、鍛冶屋に用意させる場合と、家にある廃鉄器を持っていく場合とがあった。回村鍛冶屋は二カ月ほど営業して、五月頃には帰っていった。

近年も鄞県沙堰村（この村から四km）から二名で来ており、この人たちが来ない時には、鎮海県鄔隘から二名来るという。どちらも自分の村で鍛冶屋を営業しており、出職の対象にしているのは渓東村だけである。村に来ると適当な空家を借りて仕事場にする。特に決まった宿はない。

犁・耙（馬鍬）の刃先は鄔街郷の雑貨店から購入した。以前は刃先だけが鉄であったが、後に全部鉄製に変わった。

(9)　補鍋匠（鋳掛屋）

昔はもっぱら鑊（鉄鍋）を煮炊器具として用いていた。鑊の大きさは、現在は直径一・六尺（一尺＝約三〇cm）が一般的であるが、以前の飯炊き用は一・八尺が普通であった。また、副食の調理には一・四尺を使用して、通常は二眼の竈に二つの鑊を載せて用いた。現在も二眼竈を広く使用しているが、同時に電気コンロとアルミ鍋（「電飯鍋」という）の組み合わせも使われている。

鑊は、普通は大碶鎮の雑貨屋で購入した。一〇年以上継続使用できるが、底に穴が明くと補修して使用した。この補修にあたるのが補鍋匠（鋳掛屋）で、これについては次の二つの説明があった。
①鋳掛屋は、鎮海県札馬村（鄔隘からさらに一km先）から一月に二回ほどやって来て直しをおこなった。村の広

場（市場の開かれる空地）に道具を広げて営業していた。

②文革中の一九七〇年ごろまで来村していた。毎年、決まったひとが金華や蘭渓から来て、村を回って修理して歩いた。春は四月、秋は八月・九月に天秤棒を担いでやってきた。一人で来る場合と二人で組んで来る場合とがあった。

直し代金は、穴ひとつにつき三角くらいであった。かれらは大礇鎮の宿屋に泊まることが多かったが、時には村のなかの直し仕事をする家に泊まることもあった。その場合には泊める家で食事の面倒をみていた。

①は、解放以前の状態を表し、②はそれ以後の文革期までを指すのではないかと思われる。いずれにしても、鋳掛屋は解放以前から大躍進時代・文革期まで活動していたのである。

⑽　収舊貨あるいは換糖（屑屋）

稲刈りは、五畝の田を刈るのに四名であたって二日くらいかかる。その時に用いる稲剃（稲刈鎌）は摩耗して一本（単価一元）で二回（一〇畝?）しか使用できないので、切れなくなった廃品は屑屋に売った。

屑屋は天秤棒を担いで小さなデンデン太鼓を叩きながら村を回って、銅・鉄・布・鍋などの廃品を出すと、交換に飴をくれるものであった。このために「換糖」という言いかたがある。飴はかれら自身が作ったもので、三〇cmほどの円盤で、出した廃品に相当する分だけ、そのつど切り出してくれた。温州・黄岩などの、主に南のほうから来るひとが多かったが、三〇年ほど前から来なくなった。

その後、三kmほど離れた宝幢村に空部屋を借りて住み込み、廃品回収を仕事にするひとがいた。このひとは正月以外は故郷に帰らないで、男一人で暮らしていた（出身地不明）。このほか四人組の屑屋もいて、それぞれ分かれて近辺の村から廃品を集めていたが、一〇年ぐらい前に帰郷するとそれっきり戻ってこなかった（出身地不明）。

⑾　ベッドの網と布団作り

専門職人が男女で組みを作って台州からやってくる。季節は特に決まってはいないが、十一月と十二月に来ることが多い。ベッドと布団は嫁入り道具で、結婚が正月明けに集中するからである。

かれらは注文のあった家に泊り込んで仕事をする。女が糸を紡ぎ出して、男がそれをベッドの枠木に張り込んでいく。張り込む時に、網の中央におめでたい「喜喜」の文字を浮き上がらせたり、年号を入れたりする。近年来ているひとはこの飾り細工が特に上手であるという。しかし、以前のベッドは木枠に半割りの竹を並べて固定したもので、網を張るようになったのは二〇年ぐらい前からのことである。

かれらは、同時に布団も作る（この仕事には同行の女があたる）。嫁入り道具としての布団は、調査当時、一〇組から一二組を揃えて作らせて持っていくのが慣例になっていた。以前は村のなかの年輩の女が作るものであったという。二〇年ぐらい前に割竹のベッドが網張りベッドに変わって、同時に布団も職人に作らせるものになったのである。

⑿　鑞匠（錫細工）

錫製品には、蝋燭台・杯・酒注ぎ・茶注ぎ・菓子入れ・瓶などがある。

蝋燭台は周年（年忌）の儀礼に用いる必需品であるが、同時に嫁入り道具のひとつでもある。嫁入りの際に持参する錫製品は、蝋燭台二個・菓子入れ（一kgのビスケットを入れる）・酒注ぎ二個・茶注ぎ一個が一組で、これが最低数とされる。これらは、結婚を見越してあらかじめ注文して製作させた。

以前は四月～八・九月に金華・蘭渓から大勢の職人がやってきて、注文を受けた家に泊まるなどして細工をおこなっていた。かれらは色々な金型を持っていて、それに熔かした錫を流し込んで部品を作り、それを製品に組み立てる。一組作るのに一人ならば二日ぐらいかかるが、二人組でおこなうと能率がよく仕事がはかどったという。一九七八年以前には一組で一〇〇元ほどであったが、その後は三五〇元ぐらいかかるようになったという。

職人が来なくなってから以後は、大碶鎮にいる職人に注文するか出来合いの製品を購入することになった。大碶鎮にも錫細工職人は一人しかいないという。

⒀　篾匠（竹蓙《ゴザ》細工）

竹蓙作りの職人は、毎年かならず八～九月ごろに寧海から刃物一本を持ってやって来る。四月に来ることもあるがこれは少ない。八～九月に来るのは、この時期に細工に向く竹が採れるからである。

かれらは男女一組で来ることが多いが、兄弟で来る場合もある。注文する時には、あらかじめ竹林から竹を切り出しておく。二五kgの竹材で一枚の竹蓙ができるが、二枚・三枚まとめて注文することもある。かれらは注文した家の空ベッドを借りて泊まり込み、三食の提供を受ける。

竹は細かく割り裂いて、台所の鍋で煮て柔らかくして虫も殺す。竹を割り裂くのは男性の仕事で、柔らかになったものを編んで蓙に作るのは女性の仕事である。この手間賃は一枚二〇元で昔から変わらないという。調査時の前年は四組八名がやってきたという。なお、鳥石嶴には、安徽省懐寧県からも来ていた(1)。

⒁　截猪人（去勢師）

子豚を買い入れると雄豚はすぐに去勢するが、雌豚は生後二月ほどして四〇斤くらいの大きさになってから去勢する。この去勢は「截猪人」という専門の職人に頼む。おのおの家で豚を飼育していた時代には、大碶鎮にいる去勢師が半月おきくらいに村を回って、この仕事をおこなっていた（現在は村営の養豚場で飼育するように変わっている）。そして、この仕事を行う職人は「潘」姓に決まっていたという（「潘」姓については後述する）。去勢は一般には雄豚の方が難しくて費用が高いが、人によって得手不得手があったという[2]。

⒂　屠夫（食肉加工人）

家で飼って成長させた豚は、一頭ごとに大碶鎮にある屠再場（肉市場）に売り払い、自分たちが食べる分は、改めて少しずつ市場で買ってくるものであった。豚の解体の上手な人はどこの村にもいて、廟や祠堂の祭などに際して一頭まるごと豚を供物にする場合には、こうしたひとびとに頼んで解体してもらったという。

3　その他の村を訪れるひとびと

前節では、主にもの作りともの売りに関わるひとびとについて述べてきたが、ここではその他の雑多な職能者を紹介しておきたい。これらのひとびとには村に住み込んでいる（村民が従事する場合とよそから来て住み着く場合がある）、村の外から時々訪れて来る、隣村や近隣の町に住んでいて、こちらから出掛けていく、などがある。初めに村の外から訪れて来るひとびとについてみていく。

⑴　変戯法（猿芸人）

夏の夕食の後に外で涼んでいるころを狙ってやって来る。銅鑼を叩いてひとびとを広場に集めて、人垣ができると連れてきた猿に帽子と着物を付けて色々の所作をやらせる。猿芸のあいまには手品もやって見せて、二時間くらい興行して、その後に皿を回して金を集める。

多くは安徽省から来るという。大人二名（夫婦の場合もある）・子ども二名・猿一匹が一組である。終了すると普通はその日のうちに村から引き上げるが、適当な宿がない場合には村に泊ることになり、その時には空倉庫や小屋を借りて寝る。村に泊まった翌朝は、お碗を持って家々を回り朝食を恵んで貰う。

(2)　買瀾泥假薬（薬売り）

特に季節が決まっているわけではないが、一年に一組か二組やって来る。普通は三～四名で組を作って来るが、毎年決まった組が来るわけではなく、一度来た組は三年ぐらい間をあけて再び訪れてくるものだという。

銅鑼を叩いて広場にひとを集めると、最初に気功を演じて、次に自己紹介をおこなう。その後に薬（漢方の飲み薬）の宣伝をおこなって、先祖伝来の秘密の処方であるなどと能書きを述べ立て、通常は五元で一箱だが、特別におまけで五元で二箱にする、などと勧める。この他に、鍼で治療してその後に貼り薬を用いることもある。また灸もすえるし、体の痛む箇所から血を抜く治療もおこなう。これにはガラスコップを用いる。

たとえば腰痛の場合に、初めは鍼で直してあげるといって治療をほどこして、次に悪い血が残っているからといって血採りをおこない、最後に薬を飲ませる。金を取るのは薬だけで鍼灸や血採りは無料である。

多くの場合、四人組のうちの一人が気功をおこない、一人が鍼灸を受け持って、一人が薬を調合し、一人が病気を診る、というようにそれぞれ役割が分かれている。無料で治療をほどこすために薬はよく売れるが、実際にはあまり効かないという。

(3)　江湖医生（町に来る医者）

近隣の町の宿屋におよそ一五〜二〇日泊まって、町や周辺の農村一帯に広告を貼り巡らして宿に待機し、広告を見てやってくる病人の治療をおこなう。

買瀾泥假薬に比べると比較的によく直るが、正式の病院の医者とは方法が違って、施薬・鍼灸・血採りをおこなうだけで、注射や手術はしない。

この他村のひとびとの治療にあたる者には、村内に保険医生（いわゆる「裸足の医者」。女医である）が一人いる。一九七〇年代に鄔隘衛生所に学んで医生になったひとである。現在は町の病院で出産するように変わったが、二・三年前まではこの保険医生がお産の世話もした。保険医生のいない時代は産婆がお産の面倒をみていた。産婆は村内の老女で、子供の生まれる家に一月ほど泊り込んでお産を手伝い、その後も産婦と子どもの世話をした。

(4)　取牙虫（虫歯直し）

女性（四十歳くらい）が一人、時には二人連れで村に来る。山東省・安徽省・四川省からやって来たという。一人で来る場合はもっぱら大人の虫歯を直して、二人組の場合には子どももあつかう。このひとたちは骨で作った二本の針を持っており、この針で悪くなった歯の中から歯の虫を取り出してみせて（生きたイモムシが実際に出てくるという）、もう虫を取ったから良くなったというが、本当はあまり直らない。直らないことが分かっていても、痛くて我慢のできない時にはつい診てもらうことになる。

(5)　郎中（夜尿症直し）

「郎診」ともいう。男性（四十歳くらい）が多く、特定のひとがいつも来るわけではない。薬の名前の書いた旗をたくさん掲げて、ラッパを吹き銅鑼を叩いて村内を回り、ひとびとを広場に集める。初めに気功を見せてから、夜尿症の子どもの治療をおこなう。はじめは鍼で治療して、次いで薬を飲ませる。最初はよく直るらしいが、次からはあまり効かなくなるという。最初は本物の薬を飲ませているが、以後は偽薬に変えているのではないかとの噂もある。

(6)　算命先生（運勢の占い）

盲人（男性が多い）の占師で、日を限らず村にやってくる。昔は多い日には一日に二回も来ることがあったが、最近は湖塘村・鄔隘村などにこちらから出掛けて行くという。

村に来る時は一人で杖を突いてくることもあったが、妻や子どもを連れていることが多かった。銅鑼を鳴らして村内を回り、声が掛かると占いをおこなった。

近辺の湖塘村・小白嶺村・鄔街郷村・鄔隘村・塔時嶴村などから来たが、あまり遠方からであると、言葉が通じなくなるから（浙江省のこのあたりは地域的な訛りが強いことで知られる）、寧波の周辺地域に限られる。なかでも塔時嶴村から来るひとが一番上手で人気があったという。

占いの仕方は、「生辰八字（生年・月日・時間）」を用いて、そのひとの寿命・出来る子どもの数などを示す。普通はなにか問題がある場合に頼むが、占いは必ずよい結果が出るものである。だから、占いは元気を付けるためにおこなう。また、なにか具体的な問題があればその解決策も教えてくれるという。

たとえば、なかなか病気が直らない時には部屋や墓の風水が悪いといって、風水を改善するために置く鏡やガラス瓶の位置を教えてくれる。また、先祖が冥界でお金に困っている場合には、お供えを作って線香・蝋燭を灯して紙銭（錫箔紙を元宝の形に折ったもの）を焼くように指導する。言われたようにすると、すべてが順調になるという。算命はこれらの計算を頭のなかですべておこなう能力がある。

この他に見合いをした後には必ず相性を占ってもらう。これは現在もおこなっており、占いの結果が悪ければ縁がなかったことにする。以前は一回一元であったが、今では一二元もするという。

(7)　卜科先生（邪気払い）

算命先生より格が上で、昔は近隣に一人いたが、現在はいない。普段は算命と同様の占いをしていたが、これも一般の算命に比べるとよく当たった。しかし、もっとも重要な役割は、墓に憑いた邪鬼を払うことであった。

墓に悪い鬼（死霊）が取り憑くと、子孫の家に悪事が起こって、特に若者の死が続くようになる。こうした兆候がみえると、まず算命に占ってもらって、その結果、墓に死霊が憑いていることが分かると、今度は卜科先生に頼んで払ってもらう。

卜科は墓前で、銅貨六四枚を白糸で繋いで数珠状にしたものを上下に動かしながら呪語経（色々な経の集合である）を唱えて、呪語の力によって死霊を払うのである。

(8)　剃頭（床屋）

一九五七年ころに、柴楼村から上手な床屋（王金墩）が来て村内で営業し始め、四年ほどのあいだにその技術を村びと五～六人が習って床屋になり、そのうちの一人が現在も床屋をしている。現在、村のなかには二軒あるが、もう一軒は大楔鎮で技術を身につけてきた女性である。

それ以前は鄞県・宝幢村や石湫村から剃刀・鏡・ナイフ・耳搔き・剃刀用の革砥などを持って、日帰りでやって来て、村のなかの注文をとって歩いた。石湫村は祠堂や廟の多い村であるから、「廟堂長」・「吹行」（これらについては後述する）などが多く、かれらが床屋として周辺の村を回っていたのではないかという。『中国民間文学集成・浙江省寧波市北侖区　故事・歌謡・諺語巻』には、床屋として出歩く者が大碶鎮・石湫村、柴橋鎮・四脚亭村、長山鎮・長山嶴などに住んでいる、と出でくる。この他に、かつては渓東村の廟である「嘉渓廟」の廟堂長も床屋をやっており、解放後はその息子が村内で営業していた時期がある。

(9)　報春牛（暦売り）

農暦（陰暦）十二月二十三日に「財人菩薩（布袋）」と「竈君菩薩（竈神）」のお札を売りに来るひとたちがいる。各家の戸口に勝手にお札を貼ってからお金を要求し、同時に蝋燭・線香なども売る。このひとたちを表わす決まった呼称はない。これに対して三月に農事暦を売りにくるひとを「報春牛」という。「報春牛」は、銅で作った牛型の鉦を叩きながらやって来るが、どこから来るのかは不明である。

(10)　老大江寿戯班（京劇団）

かつては、廟の祭（菩薩の誕生日。十月二十五日～二十七日が祭日）に際して廟前に舞台を築いて、寧波から劇団を呼び、京劇を昼夜二回興行した。この時には総勢四〇～五〇名もの団員がやって来て、廟に宿泊して各種の演目を演じたという。

(11)　発財戯（人形使い）

地主など有力な家では、家業が思わしくない時にひとを呼んで人形劇をおこなわせることがあった。これを「発財戯」という。木で作った男女の人形を四体、二名が手で他の二名が紐で操って、鉦（二名で叩く）に合わせて舞わせた。このひとびとは廟堂長が柴橋村から呼んできたといい、この人形舞は、必ず「潘」姓の人がおこなったという。

4　特殊な能力を持つひとびと

村のなかや近隣には、様々な特殊な能力を持ち、それに見合った役割を果たしてきたひとびとがいる。これらのひとびとは必ずしも職能区分が明白ではなく、機能の重複も少なくないが、聞書きのままに列記しておく。

(1)　風水先生

現在もこの村には一人おり、特に墓に関する風水指導をおこなっているというが、具体的な聞取りはできなかった。(3)

(2)　道　士

この付近には道士はおらず、葬式に際しては尼僧・僧侶が参加していた（この地域は仏教が普及しており、道教と複雑に混合している）。

(3)　僧侶・尼僧

以前は村のなかにいくつかの寺と庵があって、かなりの僧侶や尼僧がいた（庵の方が多く、したがって尼僧が多かったという）。しかし現在は、僧侶・尼僧ともにおらず、必要な時（先祖供養）に阿育王寺（近隣にある大寺。アショカ王を祀る）から呼んで来るという。阿育王寺には、村の老女たちがグループを作って春秋に一週間くらい、特定の故人の供養のために泊まりがけで出掛けることがある。僧侶に従って読経して一日を過ごし、紙銭や日用品を模した紙細工（洋服・テレビ・ラジオ・洗濯機・など色々ある）を焼いて供養をする。

民国時代には、大きな地主の家の葬儀は、僧侶一名と小坊主六名が参加して読経するものであったが、現在の葬式に尼僧や僧侶が参加することはない。もっとも、貧農の葬儀には以前から僧侶などは参加せず、村の老女を四名ずつ頼んで「阿弥陀経」を唱えてもらっていた。この経を「演口経」という。現在も村の老人グループに念仏を頼むが、これには金銭が絡んでおり、具体的には後述する。

(4)　肚仙先生あるいは渡仙婆（口寄せ）

「肚仙」と「渡仙」は同音で同一の職能を指しているが、以下では聞取りに従って記述する。

一般には女性が多いが、男性もいる。この辺りでは鄮隘に住む八十歳になる女性が有名である。また、札鄮には三十歳の男性がおり、この他に余姚や慈渓にもいる。余姚や慈渓まで訪ねて行く時は、どこに住んでいるかわからないので人伝てにあらかじめ調べてから行く。

肚仙（渡仙）にはふたつの役割がある。ひとつは病気を直すことで、もうひとつは亡者を呼び出すことである。以前はこの両方をおこなっていたが、死者を呼び寄せるのは迷信である、と排除されるようになって、今は病気治療のほうが多いという。不思議なことであるが、病院では直らない病気が一回の治療で直ることがあるという。

肚仙が呼び寄せる死者は一般には親・夫であるが、若死にしたひとを呼び出す場合も多かったという。呼び寄せたひとの霊が肚仙の体に入ると、肚仙の声色が急に変わって、男の霊ならば煙草を吸いながら話をするし、子どもの霊ならば子どもの声になるという。具体的には次のようなものである。

①妻が病気に掛かって直らなかったので、冥界で親に悪いことがあったのではないかと考えて、自分で経を唱えて紙銭を焼いたが、良くならなかった。そこで渡仙婆のところに行った。渡仙婆は「冥界を訪ねて聞いて来たが、あなたが家を新しくしたので、訪ねてきた霊があまりにもきれいになって驚いている。これが原因で病気になったのだ。大した病気ではないから安心しなさい」という。また、冥界に「送金したお金（紙銭）が少し足らない。もう少し送りなさい」というので、その通りにしたら良くなった。

②死んだ母の様子を聞きに兄弟親族が四人一緒にまとまって渡仙婆のところにいった。亡母の年齢・墓の場所・墓を作った月日・墓の方向を聞いてから、線香を三本立てて灯すと、渡仙婆は眠くなって欠伸をし、やがて声色が変わって男の声になる。そこで亡母について聞きたいことを男の声でもう一度繰り返して、その後に亡母のところに行ってくる、という。

やがて男が戻ってきて、亡母は（冥界で）広さ三間の住宅に住んでいるなどと具体的な様子を伝えて、そのひとが亡母に間違いないかどうかと聞く。確かにその人が亡母であると確認すると、男は再びいなくなって、替わって亡母が登場する。今度は声色が女になって、列席している者の名前をひとりずつ呼んで間違えることがなく（あらかじめ渡仙婆に教えてはいなかったという）、孫のほうを見ると、この子は自分が送って授けた子である、などともいう。

その上で冥界での現在の様子を伝えてくれた。次に亡父も登場したが、どうしたわけが亡父はなにも話さなかった。

亡母は現在の暮らしはまあよいから心配しないでよい、と安心させてくれた。この時にはお礼に五元払って帰った。今から三〇年ほどの前、二十九歳の時のことであった。この渡仙婆は今もまだ存命である。

③ある女が上海の病院に三〇〇〇元もかけて入院したが、病気が直らなかった。そのひとの亡夫は生前に共産党員であったから渡仙婆を信じていなかったが、近所のおばさんが渡仙婆に頼んで病人のことを伝えると、亡夫の住んでいる（冥界の）部屋の天井が低くて、体に合わないのが原因であるという。そこで、尼僧に頼んで経を唱えてもらい紙銭を焼くように勧めるので、その通りにしたら良くなった。これは一九八九年のことで、このひとは今も元気に生きている。

④病気になると「鬼（死霊）が憑いた」といって、家族の一人が肚仙先生のところに行き、病気の内容などを話すと、先生は線香を灯して香炉を焚き、やがて鼾を三回かいて「肚仙」を体内に迎え入れて、声が「肚仙」のものになる。その後、色々と話しているうちに、声の主である「肚仙」には、だれの死霊が取り憑いているのかがわかってくる。

取り憑く死霊には二種類あって、ひとつは事故死者の霊である。事故死には産病死が含まれて、戦死は除かれる。通常死と事故死の葬式の仕方に違いがないが、事故死者は家のなかに入れない。もう一種は若年死で、十六歳以上の未婚者が対象となる。若年死者の場合には陰配（冥婚の一種）をおこなうこともある。

だれの死霊が憑いているかが判明すると、「肚仙」は病人の家に行って確かめると、先生の体から出ていく。このあいだだけ肚仙先生は通常の地声に戻る。再び帰ってくると、死霊が望んでいることを伝える。死霊が要求するものには食物と金とがある。「肚仙」が死霊の望みを伝えると、先生の声は再び地声に戻る。謝礼は二〇元くらいである。

厳密には「肚仙」が憑いていない肚仙先生の状態を「外殻」といい、憑いている時に初めて「肚仙」となる。「肚仙」もまた死霊であるが、生前は「外殻」の友人で、「外殻」に借金をして返済しないまま死亡したために、冥界で生前の借金を返すべく「外殻」に協力しているのだ、などという。

家族は憑いた死霊の注文に従う。それが食物の場合には、要求された料理を作って八仙卓に並べて線香三本・蝋燭二本を灯して病人に拝ませる。そうすると死霊は去っていく。

金を要求された場合には、それに見合った金額の紙銭を燃やして死霊に送り出す。紙銭には決まった計算の仕方がある。複雑でよく分からないが、聞き取りのまま記しておく。基本になるのは読経の回数である。

紙銭に換算する経典には、短経・中経・長経の区別があって、全部で八種類（心経・金剛経・土地経・阿弥陀経など）ある。短経は一〇〇〇元を単位として、長経は一〇〇元を単位として計算する。短経は四〇〇字を一句として一〇〇〇回読了すると一単位（一〇〇〇元）となる。長経は二〇〇〇字を一句として、一〇〇回（時に二〇〇回以上の場合もある）読了すると、一単位（一〇〇元）になる。中経は二〇〇字が一句で一〇〇回が基準であるが、単位は特に決まっていない。

これらを紙銭に換算して、単位に見合った分だけの紙銭を焼く。普通、死霊が要求する金額は短径二〇〇〇元、長経五〇〇元であるという。

死霊に奉納する金額が決まると、必要な回数の読経を唱える（紙銭の奉納と読経回数とがセットになっているらしい）。これは病人自身以外であれば誰が唱えてもよく、近親者に限定されるわけではない。だから、金を払って他人に経を唱えてもらうこともできる。また、寺や市場で売っている「念仏証文（経典名と念仏の回数を印刷した色紙）」を買ってきてもよいし、唱えた念仏の回数を記した他人の証文を買うこともできる。多くは市場で買ってきた「紙銭」と「念仏証文」を焼くのである。

これ以外にも、各種の念仏を必要とする場合に読経する者を金銭で雇い入れたり、個人の念仏証文が売買されていたりする。こうして念仏は実入りのよい商いとなって、専業化した念仏者グループができるまでになった。

(5)　念仏者

調査の二・三年前（一九九一―二年）から葬式・死後十四日・三十五日・四十九日・百日・一周忌に念仏を唱える習慣が復活（?）して、盛んにおこなわれるようになったという（共産党の政策変化の結果かもしれない）。葬式で唱える念仏を「演口経」と言い、盲人が念仏者になることが多いという。「算命先生」よりもこちらの方が身入りがよいためである。

この村の念仏者は三人組のグループと孤立した一人に分かれており、両方に付き合っている者が一名、合計五名である。孤立組の方は、人数的に不足する分を他村（主に柴楼村）から雇ってくるという。柴楼村にもいくつかグループがあり、協力しあっている。現在の念仏の費用は昼一日が二〇元、夜は一晩四〇元である。

5　嘉渓廟に関わるひとびと

渓東村の入口には廟が残っている。この廟を「嘉渓廟」といい、「嘉渓廟」は「土地菩薩」を祀っている、あるいは宋代の「曹彬公（曹濱公ともいう）」を祀っているともいう。「曹彬公」は、または「建陽王（済陽皇とも）」でもあるといい、この土地に生まれた人物とする説もある。かつてはこの「嘉渓廟」に由来して渓東村のことを「嘉渓郷」といっていた。

この廟は一九六一年に廃されて、以後は西瓜の種を煎る小工場や物置として利用されていた。それが数年前に日本在住の華僑の寄進によって再建されて、これに伴って廟の儀礼のいくつかが復活して、一九九四年の夏の調査に際しては、盆の念仏供養をおこなっているのを見ることができた（七月は死霊に念仏を唱える月とされており、一月間にわたって毎日七名の念仏者が廟に集まって「金剛大七経」一巻を唱える）。

以下では、この廟にまつわるひとびとを紹介するが、その前に、かつておこなわれていた廟の儀礼・役割などについて簡単に触れておきたい。

(1)　「嘉渓廟」の行事

廟と村民の関わり方にはいくつかの側面がある。ひとつは、新年の早朝に廟に供物をもって行き、あるいは結婚・新築・誕生日（五十歳・六十歳・七十歳など）・寿墳（生前に自分の墓を造ること）の祝いなどに際して、菩薩を家に迎える、などの各家々や個人の祝事・祭事に関わる部分である。

もうひとつは、村全体に関するもので、これには後述の大きな行事のほかに、毎月一日と十五日あるいは六〇日ごとの庚申の夜に念仏を唱える、あるいは七月十五日を挟んで先祖供養の読経をおこなう、などがある。これらは長らく中断していたが、一九七六年から少しずつ復活してきた。

(2)　曹　公　祭

村全体にかかわる大きな行事には、十月二十五～二十七日におこなう菩薩（曹彬公）の誕生日があり、「曹公祭」あるいは「廟頭祭」などともいって、念仏を唱える。

かつては十月二十五日の昼に豚と羊を丸ごと供え、角卓を添えてそのほかの供物も並べた。二十六日にも同様のものを昼と夜で取り替えて供えて、二十七日は昼だけ供える。したがって、三日におよぶ祭の供物は合計で四組、豚と羊が四頭ずつ必要になる盛大なものであった。

「曹公祭」は村の祭で、その費用は村全体で責任を持ち、この賄いのために「廟頭田」と称する八畝の公田があって、ここからの上納を費用に充てていた。

この廟の公田には、廟の管理責任者である柱首（後述）が管理する十数畝があり、使用目的によって「廟頭田」のほかに「菩薩田」「灯頭田」「龍頭田」などと名称をつけて、その上納分を各々の行事に割り当てていたらしい。以前はそれぞれ「会」（たとえば菩薩田の耕作権をもつ「菩薩会」など）が組織されていて、この「会」が耕作にあたっていた（現在は入札制度をとっている）。

「廟頭田」の場合も、当年の耕作者が「曹公祭」の各供物を提供するのが慣行で、前述のように「曹公祭」の供物は各年四組を必要としたから、「廟頭田」は四分されていた。

一方、この村は五姓（楽・鄭・王・陳・胡）で構成されているから、四分した「廟頭田」を姓族ごとに二畝ずつ割り当てていたという（楽・鄭・王の各姓と、比較的に小規模の陳姓と邵姓を一組にして四グループにしていた）。これをグループごとに世代の上から順に毎年交替して耕作する仕組みで、同世代がいる場合には年齢順と決めていたという。現在は各家から供物を一卓ずつ持って行き、二十五日からは廟に泊り込んで念仏を唱える形式になっている。

(3)　上　灯　節

一月十四日～一月十八日に「上灯節」をおこなう。この五日間も豚・羊を一組ずつ供えて念仏を唱えるが、この時はだれもが自由に礼拝できたという。この費用は「灯頭田」から出すことになっていた。

(4) 行会

かつては二月十五日~二月十七日に「行会」をおこなっており、最後の「行会」は一九四五年であった。「行会」には「行新会」と「行老会」の二種類があった。

「行老会」とは、大碶郷・烏隘郷・塘峙郷・高塘郷（これらで現在の大碶鎮を構成する）の村々と、隣接する鎮に属する霞溥郷の一村落を加えて、そこに置かれていた二十四廟（別表。これには鎮外一廟が加わり、含み二十五廟となっている）が共同でおこなう行事で、その規模を縮小して七カ所の廟がおこなうものを「行新会（「行太平会」ともいった）」といった。

「行新会」は「行老会」を簡略にしたものらしいが、一説には毎年おこなっていた「行新会」はさほど盛大ではなく、数年に一回おこなう「行老会」が華やかであったという。

「行老会」は石湫村の「老行宮（一説に東獄宮）」を中心にした祭礼であった。「老行宮」には「王林公（一説に王霊公、武官）」と「大夫公（文官）」が祀ってあり、この二神を中心にするものであった。二神の神格は諸説あって明らかではないが、二神の像を輿に乗せて二四カ所の廟を巡回するのが「行老会」で、この行列にともなって各廟からそれぞれ自分の廟の輿を担ぎ出して、他の二三カ所を巡回するというものであった。各廟から出す輿は神像を乗せない空輿で、菩薩はそれぞれ自分の廟に待機していた。巡回する空輿には虎の皮を敷き、その上に線香と蝋燭を灯していたという。その様子は次のようなものであった。

旗持ちやラッパ・銅鑼に先導された「王林公」と「大夫公」のふたつの輿が、前の廟に属するひとびとに担がれて嘉渓廟に到着すると、この輿を渓東村のひとびとが受け継いで、これに「曹彬公」の空輿をともなって隣村の廟まで届ける。その廟前には三卓の料理が用意してあり、向かって左が「王林公」、中央が「大夫公」、右が当該廟の供物で、「王林公」に限って精進料理を供えるものであったという。ここで「老行宮」の二神を乗せた二個の輿だけが廟の門に入り、ここで担ぎ手がこの村のひとびとに替わる。一方、空輿の方は門前に止まり、担ぎ手だけが門のなかに入って線香をあげ、供物を分けて貰って、次の廟に向かうのだという。こうして巡回するもっとも遠い廟は、二五kmほど先であったという。二四プラス一の廟をめぐった空輿が自分の廟に戻ってくると、爆竹を鳴らして太鼓を叩いて歓迎し、輿を廟に収納して、すべての行事が終了となる。

このように「行会」とは「老行宮」の「王林公」と「大夫公」の巡回を中心にして、二四プラス一の廟が共同でお

表1　行会に参加する廟

廟名	所在地	郷	注記
白石廟	霊岩村	大碶郷	
金桔廟	西山村	大碶郷	または金霊廟か？
呉君廟	漕頭村	大碶郷	
老鷹頭廟	老賀村	大碶郷	
東楼廟	前宗村	大碶郷	
宝聚廟	堰墩村	大碶郷	
林頭廟	先峰村	鄔隘郷	
盤碶廟	新嶴村	鄔隘郷	
新豊廟	新豊村	鄔隘郷	
曹峙廟	民楽村	鄔隘郷	
唐将軍廟	烏石嶴村	鄔隘郷	
嘉渓廟	渓東村	鄔隘郷	
新安廟	柴楼村	鄔隘郷	新安村と柴楼村の境. 祀る村．新安・柴楼村
柴楼廟	柴楼村	鄔隘郷	新安村と柴楼村の境. 祀る村．新安・柴楼村
上湖塘廟	後漕湖村	鄔隘郷	
湖塘廟	湖塘村	鄔隘郷	祀る村．湖塘村・鳥隘村・札馬村
孟君廟	石湫村	鄔隘郷	「老行宮」か？
竹山頭廟	石湫村	鄔隘郷	
楊六軍廟	新和村	鄔隘郷	
青林廟	青林村	塘峙郷	
楊四軍廟	龍山村	塘峙郷	
楊五軍廟	新路村	塘峙郷	
盤渓廟	共同村	塘峙郷	
妙林廟	妙林村	高塘郷	祀る村．沿海村・大同村・永豊・五星・前願村・後願村・永久村・妙林村・鎮安村・他
澎亭廟	清水村	霞溥郷 (鎮外)	祀る村．清水村・他

鎮内の二十四廟に鎮外一廟が追加されている。

こなう祭礼であった。この「行会」の開催に際しては、廟ごとに「督理（責任者）」を選出して、そのなかから「総督理」を決めて、「総督理」のもとにその年の巡回順序を決めたという。

各廟の「督理」は「柱首」があたるものであった。「柱首」とは廟の管理に責任を持つ者であるが、多くは「保（行政単位）」の責任者である「保長」が兼務していた。この地域は原則的に一村一保であったから、民国時代末期の嘉渓村の場合には、在村の地主であった邵順慶が「保長」「柱首」「督理」を独占して公田の上納米を掌中に収めており、そこから「公堂地主」と揶揄されていたという。

このほかの日常的な行事の管理をおこなうために「柱首」の下に「小柱首」がいた。「小柱首」は各姓族から選出されて、それぞれ責任を持つことになっていたという。

以上が祭礼・行事に関わる廟と村民の関係であるが、それでは日常の廟の管理はどうなっていたのであろうか。ここに少しばかり興味深い問題がある。

（5）　廟堂長あるいは廟祝

かつては各廟の付属小屋に「廟堂長」「廟祝」「廟伴」などと呼ばれる家族が住んでいた。そして、この家族が廟の掃除や菩薩像の世話（毎朝の菩薩像の洗顔・献茶・衣装の着替え・蝋燭・線香の始末）などにあたっていたという。

嘉渓村の場合には、潘任貴・潘善根という二代の廟堂長が記憶されているが、それ以前は不明である。潘善根以後は廟堂長そのものが廃止になった。

潘善根は柴橋（隣の鎮）の出身者で、潘任貴もそうであろうというが、この仕事を嫌ってすぐに辞めたために詳しくは不明である。

興味深いことは、どこの村でも村に所属するひとびとが廟堂長になることはなく、必ず外から呼んできたということである。また、嘉渓村の場合には、廟堂長は「潘」姓でなければならないとされており、このために潘善根は、本来は「徐」姓であったものを「潘」姓に改名したのだという（後に子孫が徐姓に戻している）。潘任貴も本来の「姓」は「高」姓であったという。

ところで、清代には、「潘姓」を持つひとびとは科挙を受けることができなかったといい、村民はかれらを一段と低く見下し、かれら自身も自らを卑下して村民に対して腰を低くし、いつも丁寧な挨拶をしていたという。

また、「潘」姓の者は農業に従事することがなく、廟堂長の一家は収穫期に箕を担いで、村の各家を回って米を集めて歩いたという。それが一作あたり一〇〇〇斤、この地域は一年二作であるから合計二〇〇〇斤になったという。また、かれらは、村民の婚姻に際して、両家の手伝いをしてなにがしかの金を得ていたという。廟堂長一家の主は招待先に出す披露宴の案内状の祝文字を書き、これを先方に届ける役割をおこない、大地主の結婚披露宴の時には、呼ばれて庭で祝いのラッパを吹く仕事にもあたった。このために別名で「吹行」ともいい、「吹行」がラッパを吹くような立派な披露宴を「吹行酒」ともいった。

また「吹行」は「寿墳」の祝事にもラッパを吹き、胡弓・打楽器などにも優れていた。もっとも潘善根は、ラッパもそのほかの楽器もできなかったので、「吹行」には村外から知人を呼んできて任に当らせたらしい。一説に廟堂長は必ず「潘」姓に改姓したが、「吹行」は姓を変える必要はなかったという。いずれにしても「潘」姓は特別の存在だったのである。

「廟堂長」の妻（同姓である）を「廟堂娘（婆）」ともいい、こちらは嫁入りの三日前から花嫁の家に泊り込んで、万事花嫁の世話をした。

なかでも花嫁の化粧、特に前髪をあげて額をきれいに手入れすることを「開臉」といって、花嫁仕度の重要な部分であったが、「廟堂娘」は二重にした糸の一方を口でくわえて、もう一方を手で張って産毛をはさみ、手際よく抜いたものだという。さらに「廟堂娘」には花嫁を婚家まで導いて行く役割があって、これを「送嫂」といった。花嫁に付き従って婚家までいく者は、「廟堂娘」と輿を担ぐ四名の男たち（「抬轎」で、やはり「潘」姓であった。「廟堂長」が集めてきたという）だけであった。だから、嘉渓村における「潘」姓は、廟堂長の一家だけに付随するのではなく、この他にも「潘」姓に結びつく職能がいくつかあった。

既述の「発財戯」もその例で、要求があれば「発財戯」をおこなうひとびとも「廟堂長」が手配していたという。また床屋も本来は「潘」姓（あるいは同様の身分のひとびと）のすることとされている。

「潘」姓のひとびとは鶏・豚・雄牛の去勢もおこなったという。これが前述の「截猪人」である。鶏の去勢人は笠を被って独特の呼び声を掛けながら、一月に一〜二回決まったひとが村を回っていたといい、これを「閹鶏」といったが、「截猪人」と同様のものであったらしい。

また、「換糖」も、かれらと同様のひとびとが従事していたという。「換糖」については紹興の三埭街のひとびとの存在がよく知られており、このひとびとを一般に「紹興堕民」と称していた。そして、嘉渓村の「潘」姓のひとびとについても、村民は「かれらは『堕民』であった」という。とするならば、嘉渓村（あるいはその近隣）においては「堕民」であることが「廟堂長」の条件であったということになる。

いわゆる浙江の「堕民」が、剃頭・吹行・截猪人・開臉・送嫂・抬轎などの「行里人（農民などがおこなわない特別の業種に従事するひとびとの意。その業を「行当」という）」であったことは、広く知られている。[4]しかし、管見の限りでは「廟堂長・廟堂娘」のような村の廟の管理にかかわる役割を記述している例は見当たらない。たとえば、『浙江風俗誌』（一九八六）「金華」の「第七章・小姓（堕民に相当する）」には「小姓往往居干涼亭側屋廟宇外屋」あるいは「有全是小姓聚居的村、不準混雑」とあって、ここでは単に、廟の外屋に住んでいると指摘されていて、その職業は「剃頭・轎夫・吹鼓手・閹猪」とされて、なかでも「剃頭」がもっとも多いと記されている。しかし、「堕民」が廟の外屋・付属小屋に住みつき、廟祭祀に奉仕していたことは、奉化の渓口鎮・畸上村でも聞くことができたから、紹興以南の村々ではかなり一般的なことであったかと考えられる。金華の「小姓」の記述もこのことを前提に記しているのではないであろうか。

このように村の外から訪れて来るひとのなかでも、「廟堂長」「廟堂娘」は、特に重要かつ特殊な役割を担っていたのである。

6　祠堂と祠堂伴

渓東村には各姓族ごとに居宅に設けられた「堂前」があったが（「堂前」における姓族祭祀については調査できなかった）、独立した建物である「祠堂」はなかった。

ただし、渓東村で最も有力である楽氏の場合には、村のなかに「堂前」を持たず、隣の湖塘村にある「祠堂」でおこなわれる清明節や冬至祭、あるいは二月十五日前後の「灯籠会（籠灯会ともいう）」などに参加していた。というよりも、楽姓一族の中心はもともと湖塘村で、その祠堂は相当の歴史を有して、六〜七〇畝の大公田を持ち、浙江省外にも広がる同族の祭祀場になっていた。一九九四年に「楽氏祠堂」を見学して「楽氏族譜」を拝見したが、明代から継続する実に立派なものであった。これについては別の機会に譲るとして、ここでは祠堂の日常的な管理に携わっていた「祠堂伴（廟における廟堂長・廟堂伴に相当する）」の出身について少し触れておきたい。

「楽氏祠堂」の「祠堂伴」には「王」姓の者が一九五二年まで代々従事していたが（世襲であったらしい）、一九五三年に「王」氏が農民になってこの仕事を辞して、「鄔」氏に引き継がれた。

「王」姓一族は石湫村の一隅に集団的に居住しており、一九八八年の社会調査の時点において、子孫（石湫村内において、その当時「王」姓を名乗っている者）が三〇〇戸以上であったという。

この「王」姓一族は同族内結婚を慣習としており、したがって、中国ではまれな夫婦同姓であった。このことは前述の「小姓」の記述において、「有全是小姓聚居的村、不準混雑」また「只能配対門親」と記されていることに関連し、他所においても『堕民』は同姓間で婚姻してきた」と記されている場合が少なくない。すなわち「王」姓は石湫村を根拠地とする「堕民」として「行当」に従事していたのである。

このことは、嘉渓村における「潘」姓のひとびとの夫婦同姓の場合も変わらなかったと考えられる（ただし、石湫村の「王」姓一族は、小作農でもあったといわれる）。だから、廟においても祠堂においても、いわゆる「堕民」とされるひとびとが「廟堂長（廟堂伴）」「祠堂伴」を務め、同時に「行当」に従事するものだったのである。

もっとも「楽氏祠堂」における聞取りでは、「廟堂長」とは異なり、「祠堂伴」の場合は「堕民」に限定されてはおらず、姓族によっては一族の者が努める場合があったという。

そして、霊山の反対側二〇kmほどのところにある長山鎮・長山橋（長山嶴ともある。現在は小港開発区に含まれている）にも石湫村に類似した集落があり、長山橋のひとびとはすべて「潘」姓であるという。

以上のように、この地域では大碶鎮の石湫村・柴橋鎮の四脚亭・長山鎮の長山橋にいわゆる「堕民」が集住しており、彼らは「行当」を職とするとともに、村々の廟の「廟堂長（廟堂伴・廟堂娘あるいは廟祝）」や有力姓族の祠堂の「祠堂伴」にもなっていた。そして、嘉渓村の場合には、以前は長山橋の「潘」姓の者が「廟堂長」を務めていたが、なにかの事情で柴橋鎮・四脚亭の者（このひとたちは「徐」姓や「高」姓で、単一姓ではなかったらしい）に変わって姓も変わるはずであったが、改名によって最後の二代も「潘」姓を継承したのだと考えられる。

註

（1）菅　豊「中国・江南の渡り職人についての断章」（『民具マンスリー』第27巻3号）に烏石嶴の事例が報告されている。

（2）去勢については、菅豊「『非牧的家畜』の管理と利用」（『中国浙江の民俗文化―環東シナ海（東海）農耕文化の民俗学的研究』一九九五年）を参照されたい。
（3）渡邊欣雄氏が詳しい聞き取りをおこなっている。
（4）「堕民」ついては、『浙江風俗簡誌』（浙江人民出版社　一九八六）、に「紹興堕民」および金華の「小姓」の章があり、「紹興堕民」については「不得入四民（即士、農、工、商）之列」などと記されている。また、『文学』一九八七年八月号（岩波書店）、には喪士雄・黄中海・張観達（木山英雄訳）「紹興の堕民」があり、木山英雄「浙東〝堕民〟考」（『社会史研究』4　一九八四　日本エディタースクール）は詳しい歴史的研究である。ただし廟伴や祖堂伴に関する記述はない。このほかの中国側の文献を含めて、馬場英子氏の教示によるところが大きい。

Ⅳ　記録された技術

一　宮古・八重山の『鍛冶例帳』からみる材料鉄と鉄器加工技術

琉球王府による記録・文書類はそれなりの量が残されており、近年、中国側の資料もさかんに利用されるようになってきた。記録された沖縄史料は多方面に及んでいる。

ここであつかう八重山島所遣座の「鍛冶（加治）例帳」は、桃林寺の修復の後に記録されたもので、桃林寺重修に使用した鉄物の製作記録を中心にしている。それがその後に、なんらかの理由で繰り返して描き写され、保存されてきたらしいのである。

古い時代のもの作りの技術的なデータを、そのまま繰り返し写し、保存することの意味は見当がつかない。記憶による補強が途絶して、記録だけが保存されているこの『鍛冶例帳』をどのように読めばよいか、専門家の教示を得たいところである。

ではあるが、鎌倉芳太郎が「宮古島船手座（張水にあったと考えられる）」の『鍛冶例帳』の一部（したがって、桃林寺とは関係なく造船に関わる記録である）をノートに写し残して以来、ほとんど研究の対象にならなかったことを考えると、以下は推測の域を出るものではないが、とりあえず追究してみる価値があるのではないかと考えたのである。

幸いにも宮古・八重山の『鍛冶例帳』の他に、「鎌倉ノート」に筆写されている宮古島の内容によく類似したものが多良間島にも残っていたことが分かり、失われたものが他にもあったものと推測され、島ごとに記録されていたのではないかとも考えられて、王府が鉄器加工の経営・技術・生産に、一定の関心を抱いていたことだけは確かであるとわかった。

さて、ここでは『鍛冶例帳』に関わる問題を「材料鉄」と「鉄製品」に分割して記述している。そして、「材料鉄」を問題にしてから「鉄製品」の検討に及ぶまでに一〇年を超える時間的な空白があって、わたしの理解も少なからず変わっている。だから、矛盾も含んでいるかも知れないが、統一することで内容に変化が生じる可能性もあり、そのまま併載することにした。

以上のように本章は限定的なもので、十分に分析が行き渡っているとはいえないが、ここから知ることのできるいくつかの技術的問題は、沖縄の鉄器生産や造船技術を理解する上で有意義であるばかりでなく、もう少し広い観点からの鉄器利用やその生産活動を見直す上でも有効であると考える。この記録には、たびたび廃鉄器の再生利用が登場し、銑鉄の利用方法の具体的な記述も含まれているから、いずれさらに詳しい分析を加えてみたい。

わたしは沖縄の鉄器加工技術の伝承についてすでに色々な機会に様々のかたちで言及してきた。そして、そこでは主に村落に散在する「在村鍛冶役」や、村をまわり歩く「回村鍛冶」、町に集住する「鍛冶職人」を対象として、本土には見られない王府時代以来の独特の展開があったことを明らかにしてきた(1)。

しかし、これらの「在村鍛冶役」や「町方鍛冶」は、王府組織に組み込まれた鍛冶組織と対応しながら、互いに密接な関係を持つもので、その意味では両者を含めた総合的な視点から沖縄の職人文化を理解する必要があった。だが、このような総合的な視点を得るためには、王府の職人制度・組織の具体的な様相を詳しく知る必要があるが、聞取りに依存するわたしの研究方法の限界から、これまで必ずしも十分な検討ができるには至らなかった。王府の記録(「規模帳」など)に散見する)などから見えるものも必要に応じて、部分的に紹介を試みたにすぎない。

そこで、ここでは王府の行政組織に組み込まれた、鍛冶職人の技術的な実態を改めて考えてみることにしたが、その場合に、当然のことながら聞取りは望むべくもなく、残存する史料に依存せざるをえないが、そこには大きな限界がある。だから、次に論じる事柄は限られた微細な範囲のことにすぎないのである。

1　細工人支配・鍛冶奉行所・在番の鍛冶職人

沖縄本島・首里王府に組織された鍛冶職については、鍛冶奉行所の行政組織、諸役の名称などを示す史料が断片的に残っている。たとえば、琉球藩時代の状態を示す『琉球藩官職制』(2)によると、次のようになっている。

鍛冶奉行所
金銀銅錫鉄ノ鍛冶ヲ管ス　申口泊地頭ノ所轄ナリ
一、奉行一人　右ノ事務ヲ総理ス首里有禄無禄士族ヨリ勤ム　一年期
一、筆者二人　右ニ関セル金穀物品ノ出納帳簿ヲ掌ル　首里無禄士族ヨリ勤功ヲ以進ム　一年期　是レ第五等ノ心附役ナリ
一、加勢筆者五人　筆者ノ職務ヲ助力ス　一般ノ無禄士族ヨリ勤ム　年期ナシ勤星ヲ積テ心附役ニ充ル
一、金具師主取一人　磨物師一人　錫勢頭一人　鍛冶勢頭一人　各職工人ノ指揮ヲ管ス　各職工人ヨリ進ム　三年期
一、下代二人小使ヲ勤ム　各所オワバ公事拝ヨリス　年期ナシ

ただし、同様の組織が古くから継続していたわけではなく、ここに到るまでにはいくらかの変遷を経ている。『琉球国由来記』(3)によれば、尚寧王時代（一五八九〜一六二〇）までは、金属加工分野は「鍛冶奉行」と「金奉行」に分けて職掌されており、そのうちの「鍛冶奉行」は、奉行一名・筆者一名・鉄勢頭で構成されていた。ここには「掌鉄匠之巧業也」と記されているから、「鍛冶奉行」は鉄細工を専門に扱う部署でその他の金属加工は「金奉行」の

支配下にあったことがわかる。
ただし、その技術的な基盤はかなり脆弱なものであったらしい。『球陽』（尚敬王十四年・一七二六）の記載には次のようにある。

本国の鉄匠、只、鋤鍬等を作りて、未だ細嫩の器物を製造するを識らず、是の年、鉄匠勢頭屋宜・宮城等九名、相与に評議し、始めて五徳・釘・馬鐙・鉄轡・剃刀・庖丁・輪鋏等を製して以て上覧に備ふ。是によりて、報奨を荷蒙し、毎名各々夏布二疋を賜ふ(4)

これが事実であるとすると、この時期まで五徳・釘・馬鐙・鉄轡・剃刀・庖丁・輪鋏などは輸入（移入）品であったことになるが、実際には、相当に古い時代の鍛冶遺跡から釘などが多量に出土しているから、ここでの採りあげ方は比喩的なものであろう。しかし、このなかの五徳・馬鐙・鉄轡・剃刀・庖丁・輪鋏の製作には、かなり専門的な技術が必要であるから、それまでの主要な製品は鉄製農具などに限られていたが、この時期以後に技術が向上して製造できるものの範囲が広がった、ということであろうか。

興味深いことは、ここに挙げられている製品のうち、五徳・剃刀・庖丁・輪鋏の製造方法は日本本土から伝来したと推測されるが（「庖丁」「五徳」「輪鋏」は和名である。地炉で使用する「五徳」の類は、今もチベット族を始め少数民族地域で実用されているが、唐代以後に竈が中心になる漢族は使用していない。また、中国では、U字型の「輪鋏」は古い時代に廃れて、X型のいわゆる「中国鋏」が一般化する。U字型の鋏は日本で独自に発達したもので、それゆえに「中国鋏」に対比して「和鋏」といわれた(5)）、その一方で泊邑屋比久が初めて銀精錬・鋳銅をおこなって馬鐙（こちらは鋳造製である）などを製作して(6)、尚敬王十九年（一七三一）に鋳物師主取として年俸三石に取立てられるが、これは中国で学んできた技術とされている(7)。この時期にそれまで伝承してきたものに加えて、鍛冶技術には日本本土の方法が、鋳銅技術には中国伝来の方法が加わったことを意味するのであろうか。

この時期の沖縄では、新たな経済的・技術的な発展ないしは変化が起って、首里・那覇を中心にそれなりの商工業が生まれていくが、その一方で農村の疲弊、下級士族の困窮も進行していたようである。こうしたなかで士族の職人化が生じてくる。

『球陽』から関連する事例をいくつか挙げると、次のようになる。

尚貞王四十一年（一七〇九）若狭町大嶺某、中国にて造墨法を伝来。(8)

尚益王　元　年（一七一〇）知念某を三絃匠主取とする。(9)

　　同　二年（一七一一）若狭町造梳匠、浦崎某を公匠にする。(10)

　　同　三年（一七一二）諸田筑登之雲上、閩にて鋳銭の法を学び、鋳銭主取となる。鳩目銭一万貫を鋳造。(11)

尚敬王　二年（一七一四）若狭村平好仁　初めて石硯を作る。(12)

　　同　三年（一七一五）比嘉筑登之雲上、初めて推錦塗を行う。(13)

　　同　　年　　　　首里、安里にて初めて提灯・雨傘を作る。(14)

　　同　五年（一七一七）首里・山川に造紙所を設置。(15)

これらの記述は、尚敬王十三年（一七二五）に首里・那覇・泊・久米の居民の丁銭を取りやめて、同年に士族の職人化を認めて奨励するなどの蔡温の施策に関連すると思われる。(16)『球陽』には、士族授産政策について次のように出てくる。

始めて士家の、絵師・庖丁・諸細工・銀見・船頭・五主・琉仮屋手代と作るを許す。前規を按ずるに、士の此の業を作す者は、これを賤しみて百姓と為す。士も亦之れを恥ぢて作さず。而して貧窘に到る者衆し。況んや今士家繁衍して、公事を輪供して、受俸の期、漸々遅延し、甚だ生を為し難きおや。是に干て惟にこの業を作すを許すのみならず、亦下令して貧士に勧めて此の業を修め、以て家道治めて国用に備へしむ。(17)

したがって、前述の鍛冶勢頭らによる鉄製品の上覧は、こうした産業政策に結びついたものであると理解できる。続いて尚敬王十六年（一七二八）には、諸郡村の者が公司の匠夫と為ることを禁じている[18]。これまでは匠夫として公用にあずかる者の丁銀を免じていたが、以後は先の布達によって丁銀を免ぜられた首里・那覇・泊・久米の住民、あるいは士族に限定して匠夫になれるとし、農民が職人化することを禁じたのである。この点は久米島・宮古・八重山などでは異なっていたようである。

ところで、金属加工を鍛冶奉行と金奉行が並行して職掌する体制は、尚敬王七年（一七一九）まで継続していた。そのことは『球陽』の次のような記述から分かる。

石奉行・加治奉行・螺赤（頭）奉行・金奉行に筆者各一名を加置す[19]。

この年より諸倉諸座の事務を御物奉行ならびに申口の扱いにして、同時に「仮筆者」を廃したが、上記の四座に限っては仮筆者を廃した補充として、筆者を二名に増員したという。ただし、このうちの螺赤頭奉行は尚敬王十七年（一七二九）に「事務甚だ少なし」として鍛冶奉行に兼授されることになった[20]。

ところが、尚敬王二十一年（一七三三）にはこの「金奉行」は改名されて「小細工奉行」になった。「金奉行」の職掌する範囲が変化して、名称が不適切と考えられたからであろう[21]。こうして新しく出来た「小細工奉行」の職掌は、「琉球藩官職制」においては「冠服裁縫器具製造　万仕立物」とされており、ここに含まれる職人頭は表具師主取・小細工主取・檜物師主取・傘帳勢頭・組物勢頭・寿帯香作主取・畳勢頭・木地引主取になっている[22]。

古い時代の様子を示す『琉球国由来記』の「金奉行」の職掌は、金具師・表具師・削物師・彫物細工・縫物細工・糸組細工・玉貫細工・錫細工・鞍打細工などであるから[23]、ある時期に「小細工奉行」の職掌から金具師・錫細工などの金属加工の領域が「鍛冶奉行」に移行したのであろうか。

なお、『琉球雑記』「御財制」の「諸細工並職人上納」によると、酒屋・木細工・壺細工・鍛冶細工・瓦細工・左官・砂焼・鍋之くう細工・石細工・金具師・錫細工・表具師・鞍打細工・糸細工・縫物細工・彫物細工・玉貫細工・小細工師は、上納御免とされていた[24]。

以上が、鍛冶奉行の組織とそれを取りまく十八世紀中葉のスケッチであるが、ここから分かることは鍛冶勢頭以下の職人たちは、下級士族あるいは首里・那覇・泊・久米の住民（「町百姓」といった）に限られて、その上で丁銀・上納御免であったらしいことである。

その人員・作業場・装置様式・技術の細部・技術伝承の方法などを具体的に伝えるものは管見では見出せない。

一方、各間切・在番に所属する鍛冶職人については、「規模帳」「公事帳」などに断片的であるが、いくらかの資料が残っている。

たとえば、久米島の『久米具志川間切規模帳[25]』の「諸事締方之事」では、次のようになっている。

一、船細工四人　御定の外正頭より所頭引を以相立来候処　壱人減少可申渡事

一、加治細工五人　右同断ニ付き壱人ハ□（減）少可申渡事

もっとも、これに続く「役人定并職賦之事」では、「加治細工六人　内四人所頭引　船作事修補家蔵普請修補之時針（釘カ）かな物相調　平日は百姓中農具打はいし相働[26]」、となっており、専業的な職人は二名になっている。なお、「所頭引」とは、正男を夫役として徴用して、その分だけ夫賃を減ずることを指しているようである。

また、宮古島については『宮古島所遺座例帳（書抜・年代不詳）[27]』の「諸細工之打ち立夫御免之事」に、「鍛冶細工七人」と出ており、「多良間島公事帳（抜萃・年代不詳）[28]」では、「紙漉き手叶二人　加治細工一人　合三人合力　一石五斗」とあるから、ここでは一名であったらしい。

八重山については、『富川親方八重山島所遺座例帳[29]』の「種々免引定事」に壺瓦大工・壺瓦細工・紙細工などが記載されていながら、どうしたことか鍛冶細工は挙げられていない。

『宮古島規模帳』(30)には、次のような徴用職人に関わるものがある。

一、諸細工之儀　勤職ニ応し人数多　夫丈ヶ餘之百姓共夫賃米相重候付　各職務見合減少申付事

すなわち、諸細工人（畳細工・木細工・鍛冶細工・瓦細工）は、夫賃（宮古島では夫賃粟、八重山では夫賃米）を免ぜられるが、その分は他の正男に振り充てることになっていたようである。そのために諸細工に徴用する者が増加すると、当然ながら他の農民の負担が増えることになる。そこで、たびたび諸細工人の数を制限する指示が出されることになる。

このような夫役としての諸細工は、一方で次のような要求を生み出すことになる。

一、諸細工之儀　公私難差欠職業候間　奉行人百姓等得手次第　無厭相嗜候様可申渡事(31)

すなわち、「諸細工は、公私にわたり欠くことのできない重要なものであるから、奉公人・百姓ともに得意の技能を身に付けて備えておくように」ということで、技能の獲得は奉公人・百姓の自助努力にゆだねられていたのである。このことは、鍛冶職に限らず諸細工一般の専業職人化がいまだ進行しておらず、必要に応じて徴用する場合が多かったことを示しているのであろう。

王府周辺の公匠が首里・那覇・泊・久米の町百姓、あるいは下級士族に限定して充てられ、それは同時に専業化・職人化、あるいは家業化への方向性が見られるのに対して、ここでの諸細工は、非専業的な夫役と位置づけられていた。このような諸細工の専業化・職人化の相違から、在番における鍛冶細工と、「羽地位置」による村々の在村鍛冶役(32)の関係が、以後、沖縄本島と久米・宮古・八重山などの離島とは異なる展開を示すことになる。

ところで、八重山における諸細工の徴用は、細工人をそれぞれの能力によって上・中・下と格付けしており、この格付けに応じて手間飯米を支給することになっていた。

一、木細工加冶細工畳差石細工木分細工之儀　村々応頭高　細工相立不申は　第一船作事嶋用之（差）支罷成申

儀候間　其了簡を以　村々エ左細工場之者　見立細工　木札在番頭印形を以相渡置　励出次第　細工柄吟味シ
上　中　下　位付を以可相働（ママ）す事
（『八重山島所遺座公事帳』[33]）

飯米の支給基準は次のように決まっており、賄いがある場合にはこれを差引くことになっていた。

諸細工手間米飯定之事
一、米弐升起（宛カ）
但　木細工　加治細工　皮細工　畳細工　桶細工　壺瓦細工　石細工　上壱人　手間米可相渡候也
一、同壱升五合起
但　中細工壱人右同
一、同壱升起
但　下細工壱人右同
一、同壱升起
但　木分壱人右同
一、七合五勺先（宛カ）
但　右諸細工人ニ而　飯米壱日分可相渡候也
一、夫壱人
但　細工拾五人賄可致候也
（『富川親方八重山島所遺座例帳』[34]）

実際には役人の横暴による引き延ばしや不払いなどもあったようで、「公事帳」「規模帳」にはこれを禁じるものが度々出てくる。いくつか例を示せば次のようなものである。

一、諸職並木分人共作料之儀　構役人共何歟と諸方致延引　細工人共令迷惑候而ハ　不相済而候間　在番筆者頭

物横目検見を以則々可相渡事

一、諸細工頼遣候節は則々御法之賃米可相渡事

附　賄方いたし候節ハ手間米其差引可致候也

（『宮古島規模帳』[35]）

一、諸細工召遣候時　賄迄を以手間米相渡不方も有之由不宜候間　向後手間　御法之通相渡可召遣事

（『与世山親方八重山島規模帳』[36]）

また、八重山の鍛冶細工の場合、「例帳」には次のようにも記載されている。

諸細工重手間并細工飯米鍛冶細工前打之事

一、上諸細工壱人　重手間上夫壱人

一、中同　重手間上夫五分

一、上夫弐人　加治細工上中下　捍（押カ）入壱人之前打

一、米六合六勺九才六分起（宛カ）諸細工壱人之飯米

（『八重山島所遣座加治例帳』[37]）

この記述は、先に示した「富川親方八重山島所遣座例帳」の数字とは合わないから、なんらかの変更があったのかもしれない。なお、ここで「上夫」とは、二十五歳より四十歳までの者を指す夫遣の基準になっており、鍛冶の場合には、前打ち（先手）は「上夫」扱いとなり、上鍛冶はこの二倍、中鍛冶は一・五倍になるわけである。

また、久米島の船作事・修補の場合には、これよりも飯米の支給が少ない。ここでは夫遣の基準が五合になっており、鍛冶細工は簡単な船釘の製造に限られていたためか、わずかに六合宛てとなっている。

一、鍛冶細工　壱人ニ而一日飯米六合完（宛カ）相渡候事

一、船はき細工　壱人ニ而一日飯米五合完（宛カ）相渡候事[38]

2　鍛冶細工に用いる材料鉄

鍛冶細工が必要とする基本的な材料は、鉄と鍛冶炭である。

これらの供給についても、王府史料には各種の断片的な記録が残っているが、ここではまず材料鉄の一般的な様相を見ていき、鍛冶炭については別の機会にあらためて検討することにしたい。

すでに紹介してきたように、『球陽』にはたびたび「千割鉄」が登場する。(39) これが近世の沖縄の主要な材料鉄のひとつであったことは明らかである。そして、この鉄は日本本土から、おそらくは薩摩・琉球館経由で移入されたのであったろう（だからといって薩摩製品ではなく、大坂から移入したものと考えられる）。

本土における「千割鉄」の通称は、「万割鉄」「小割鉄」など類似の呼称とともに、近世には一般に使用されており、一定の規格に割り裂いた棒状の軟鉄材料を指すが、それは同時に、「庖丁鉄」という呼称と共に大鍛冶において脱炭・精錬された量産的な軟鉄の総称としても用いられてきた。(40)

「千割鉄」の輸入については、『琉球雑記』(41)の「位階昇進願他諸上申書等例寄」（康熙～乾隆年間〈一六六二～一七九五〉のものとされる）に、吉田林左衛門・吉田善右衛門・渋口吉衛門の三名から買入れて、それらの品質を比較して良質のものを輸入しようとした記録があり、また、『琉球館文書』(42)は薩摩から移入する材料鉄を「千割延鉄」と記しており、これらの手配を琉球館が職掌していたことを示している。

こうした材料鉄は、琉球館から御物奉行へ運送されて、鍛冶奉行によって管理されていたようである。必要に応じてここから各間切番所や宮古・八重山の所遺座に送付されたのだと考えられる。

これ以外に、民間の商業的経路を辿ってもたらされた「千割鉄」もあった。たとえば『琉球館文書』には、山原の百姓が琉球藍玉を売渡す場合に、下り船の船頭たちからあらかじめ「当用の諸品・鍋並千割鉄・茶・たはこ類」などを受取って、後にその代価を藍玉で支払う慣習があった。だから、新たに藍玉の一手買いが許可されると、この商取引が崩れて百姓たちが困る、と薩摩藩役所に願い上げている。この場合の鉄も「千割鉄」となっていることに注目しておきたい(43)。

宮古・八重山ではこの千割鉄を常時所遺座に保管しておいて、必要に応じて船釘・農具などの製作に充当することになっており、このことは「所遺座公事帳」によって定められていた。

一、千割鉄　石ハイ　桐油ノ儀　専御当地ヨリ買下致用弁事ニテ　用意無之候テハ　遠海差離候所柄　年貢運送ノ船々　又ハ唐船外国船漂着船修補等ノ節至テ可差支候間　所遺公事帳ノ通　夫々用意差当　無（差）支様可取計事

（『富川親方宮古島規模帳』(44)）

しかし、本土から輸入する「千割鉄」は需要を満たすのに十分な量ではなく、特に離島においてはたびたび不足が生じていたようである。

それを補うために、『球陽』(45)に記載の鉄材料・鍛冶道具に関わるいくつかの報奨記録のように、農民が自前で材料鉄を購入することも生じたし、また、次の多良間の例のように、諸役人が官給材料を私的目的に流用して、公用ならびに農具製造に持いる材料鉄は、市場流通の品を強制的に農民に割り付けて購入させる場合もあったようである。

一、右嶋所用として、宮古嶋より年々差渡候千割鉄之儀　詰役人入用之器物打調させ　船修補並番所役人詰所普請修補用之釘かなもの　農具調用は正男中エ割付　宮古島より商売用差下候を高代ニ而買い入為及迷惑候由甚不可然候間　堅ク取締可申渡事

（『宮古島規模帳』(46)）

このような構造的な「千割鉄」の供給不足を背景にして、これ以外に入手可能ななんらかの材料鉄を利用するようになったのではないか。いや逆に、もともと「千割鉄」のような規格流通品のなかった世界に、「千割鉄」が移入さ

れると、この方が利用しやすいとして普及したが、しかし量的に不足であった、と理解する方がよいのかもしれない。

いずれにしても「千割鉄」以外について、例えば次の記録のような「解鉄」が登場する。

一、諸方より相納候解鉄之儀　長々致格使候ハバ朽廃多相立候条　向々普請修補之時　千割鉄は相残　右解鉄より可遣入候　左候而茂　相滞候ハバ　在番頭印形を以可吹直置候　若致延引減り多く相立ハバ　講之役人弁ニ申可付事

（『八重山島所遺座公事帳』[47]）

この「解鉄」が具体的になにを表わしているかは記述されていないが、それは次のような特徴を持つものであった。第一は、「諸方より相納候」とあることで「千割鉄」とは異なり、鍛冶奉行のような行政組織を経由して官給材料として配分されるものではなく、首里・那覇・島々に存在するものであること、第二は、長く保存しておくと錆びて朽ちやすいものだったことである。このような「解鉄」の性質を前提にして、朽ちやすい「解鉄」から先に使って、保存性のよい「千割鉄」を残しておくこと、「解鉄」を保存する場合には「吹直」加工をおこなって保存に適する状態にしておくこと、などを指示しているのである。

「吹直」については後述するが、「諸方」から集める朽ちやすい鉄とはなにを指しているか、当時の状況から考えるとさしあたりは廃鉄器しか考えられない。そして、その廃鉄器には次の二種類の区分があったと考えられる。

ひとつは、鉀・鍬・鎌・刃物・鋸のような刃物・利器、あるいは船用鉄器などの廃材・古鉄で、これらは鍛造製品であるから、鍛造廃鉄器ということになり、材料的な観点から見れば、主に軟鉄から出来ているが、部分的に鋼鉄を含むものになる。鍛え直すことによって容易に鍛冶材料鉄にすることができる。

もうひとつは鉄製鍋釜の廃品である。近世沖縄は砂糖生産が盛んであったから、日常の煮炊きに用いる炊事用の鍋釜・鉄瓶とは別に、「サンメーナービ」「シンメーナービ」などと称する、黒糖を煮詰めるために用いる大形の鉄鍋が

多量に移入され、使用されていた。これらの鉄鍋は鋳造製であるから、その廃品は鋳造廃鉄器ということになり、材料的に見ると銑鉄（主として白銑鉄）である。

沖縄においては、明治期に入ってから鹿児島の職人が渡来して那覇に鉄鋳物の工場を開き、製糖機械を製造するようになるまで、鉄鋳造はおこなわれていなかった。だから、上記の鍋釜・鉄瓶などはすべて移入品なのである（古くは中国から来ていたといわれているが、薩摩入り以後はもっぱら薩摩経由の「坂物」であって、後に薩摩〈加治木〉の「地物」も移入されている）。

そして、この鋳造廃鉄器は、中国・朝鮮半島・本土のように鉄鋳造をおこなっていた地域では、鋳造材料として再熔解され、一部はいくつかの方法により鍛造加工にも使用されていた。鋳造鉄器を鍛造材料鉄に転化する方法として、本土では「銑卸し法」があり、廃銑鉄を加熱・脱炭して鍛え、軟鉄に作り変えていた。それは基本的には「銑押し製鉄」で得られた荒鉄（銑鉄・中国では生鉄）を包丁鉄・千割鉄（中国では塾鉄）に加工する方法と異ならないものである。

そして、鍛造用材料鉄に加工する前の鋳造廃鉄器は「白銑鉄（通常、「鼠銑鉄」に対比される）」であって、錆化しにくいことが特徴のひとつであるから、これを保存するには鍛造用材料鉄に加工しないままのほうがよいのである。

王府史料において、鋳造廃鉄器には後述のように「鍋鉄」の字が充てられており、時に「解鉄」と並記される場合があるから、「解鉄」は鍛造廃鉄器を指しているものと推測される。

いずれの廃鉄器も「諸方」から回収されたものであるが、「鍋鉄」の方は主として砂糖鍋に依存していたから、まだ製糖がおこなわれておらず、煮炊に用いるものしかなかった宮古・八重山など離島には少なく、したがって、これは主として沖縄本島から移出されていたのだと思われる[48]。これらの鋳造廃鉄器については、次のような記述もある。

一、諸村　古□（鍋カ）脇売十斤ニ代粟五升宛ニテ　諸遺ヨリ買取　船作鉄之忌（ママ）可仕事

（『富川親方宮古島諸村公事帳』[49]）

「解鉄」の回収には、次のような「農具改め」も関係していたと考えられる。

一、農具之儀　丈夫ニ無之候バ　耕作方思様不罷成事候間　調方入念候様　毎度可致下知候尤年両度の浜下百姓
物揃之砌　耕作筆者ニ□（而）相調部　其守達無之者ハ則々科鞭五ッ可召行事

（『富川親方八重山島諸村公事帳』[50]）

あるいは次のような記述もある。

一、耕作方ハ　農具題目之事候間　曖夫地頭并掟　目差　耕作当ニ而　毎年二月　七月　両度相改　遺古候方ハ
早々仕替させ　惣耕作当　其首尾可承事

（『久米島具志川間切公事帳』[51]『久米島仲里間切公事帳』[52]）

一、農具之儀　百姓題目成物ニ候間　村耕作当ニ而　毎年二月七月両度相改遺古ミ候方ハ　屹ニ仕替させ　惣耕
作当エ其首尾申出候事

（『公事帳写　与名城間切伊計村』[53]）

一、農具揃兼　又ハ不丈夫有之候テハ　田畠打拵手入方等不届候上　隙取ニモ相成事候条年々村耕作当ニテ　右
与合頭召列　二月七月両度　家内〳〵相改右様之事有之候ハヽ、急度仕立仕替請はいし等為致　各夫地頭掟并
惣耕作当へ首尾申出　番所へハ惣耕作当ニテ申出候様　可申渡事

（『恩納間切締向条々』[54]）

このように、毎年二回、定期的におこなわれる農具改めは、本来は村々の慣習的なものであったかもしれないが、この段階では沖縄全島に布達されて、制度的なものとしておこなわれていたようにみえる（あるいは、少なくともおこなわれるべき、とされていた）。そのもとには蔡温の農政があった。

蔡温の『農務帳』[55]には次のように記されている。

一、農具揃の儀、題目之事候間　聊大方有之間敷事

この鉄製農具（鉀・鍬など）の修理を村の鍛冶役が受け持ったことは、いわゆる向象賢の「在村鍛冶役の制」から

容易に推測できるが、同時に、毎年二月七月二回のこの改めの際に廃鉄器の回収もおこなわれていたと考えられる。そして、これらが「解鉄」の収集形態のひとつであったと推測されるのである。

また、船用鉄などについても、同様の管理がおこなわれていたようである。一般に王府の物品管理は細かな記帳主義を採っている。それがどこまで実際におこなわれていたかは明らかではないが、材木・釘・金物の廃棄処分について、いちいち在番の印紙を必要とする制度であったことは、これらが再利用されるものであることを示している。

一、古船楷木并釘かな物取〆　検者端書を以申出　在番印紙を以其支配可仕事

（『久米島具志川間切公事帳』(56)）

3　『鍛冶例帳』の性格

いわゆる『鍛冶例帳』が、「首里王府仕置3」（『沖縄県史料・前近代7』）にひとまとめに翻刻・出版されたから、以下ではこれを利用して、前述の「千割鉄」「解鉄」「鍋鉄」などの使用例を具体的に見ていくことにしたい。それによって沖縄の鍛冶技術がどのような特徴を持ち、どのような方法によって鉄器加工にあたってきたかを考えたいのである。

その前に『鍛冶例帳』の性格について若干記しておきたい。

なんらかの形で現在まで残っている『鍛冶例帳』は、四種類ある。そのうちの二帳は八重山在番・所遺座のもので、喜舎場栄惇の収集した「八重山島所遺座加治例帳」と「鎌倉芳太郎ノート」に抜書きされた「八重山嶋鍛冶例帳」である。「鎌倉芳太郎ノート」には宮古島の「宮古島鍛冶例帳」も抜書きして収められている。

前述の『沖縄県史料・前近代7』に収録されたもののは、このうちの「八重山島所遺座加治例帳（喜舎場本）」と「宮古島鍛冶例帳」であるが、「宮古島鍛冶例帳」は「八重山嶋鍛冶例帳（鎌倉本）」と同様に、選択的に抜書きされたものであるから、細目は一部しか記載されていない。

もうひとつの『鍛冶例帳』は多良間島に残されていたもので、「多良間鍛冶記録」として『多良間村史・第二巻資料編1　王国時代の記録』[57]に収録されている。これも落丁などによって相当の欠落部分がある。

「宮古島鍛冶例帳」と「多良間島鍛冶記録」を比較すると、形式においてほとんど同じであり、「多良間島鍛冶記録」が『鍛冶例帳』の一種であることは明らかである。ここでは、これらを統一して「八重山鍛冶例帳」「宮古鍛冶例帳」「多良間鍛冶例帳」と呼ぶことにする。「八重山鍛冶例帳」については、必要がある場合に限って（喜舎場本）（鎌倉本）と付記して区別したい[58]。

「鎌倉芳太郎ノート」には『鍛冶例帳』に関連する記事として、「八重山島所遺座公事帳・同治十三年・咸豊七年」「宮古島規模帳・同治十三年」「宮古島所遺座例帳・同治十三年」なども一部筆写されており、それらも併せて利用することができる。

これらの「例帳」の分析から分かる範囲はごく限られている。それは「例帳」の性格に起因しており、職人の作業状況・工房のありかた・使用された装置や技術などを具体的に知ることはできない。製品の種類・材料鉄の性質・あるいは加工上のいくつかの特徴を推測できるだけである。そこでここでは、「例帳」に表われる「千割鉄」「解鉄」「鍋鉄」の使用の相違を見ていくことから、ここに見られる技術的な特徴を引き出そうと考える。

ところで、『沖縄大百科事典・別巻』[59]の年表によれば、「八重山鍛冶例帳」は伊良皆親雲上らが作成して乾隆二十七年（一七六二）に布達したことになっているが、「八重山鍛冶例帳（喜舎場本）」の巻末には、「申三月」と記されており、もし、この「申年」に従うならば、乾隆二十九年（一七六四）のことになる。いずれにしても「八重山鍛冶例帳

（喜舎場本）」は原本ではなく、何回か書き写されて残ったものであり、巻末の付記によれば、明和の大津波によって流失したために、同年に改めて書写して交付を受けたものであるとされ、さらに乾隆五十七年（一七九二）に、この写本には誤写が多かったとして、改めてもう一度筆写し直し、再交付したとされているから、部分的に誤写が残っている可能性がある。一方、首里王府には、原本ないしは改訂本が保存されていたものとみえる。乾隆五十七年に交付されたものが喜舎場本である。

すでに述べたごとく、「八重山鍛冶例帳」は、喜舎場本以外にも伝来しており、「八重山鍛冶例帳（鎌倉本）」は異本である。目録の後に次のように記されている。

右八重山鍛冶例帳之儀　伊良皆親雲上在番勤之時組立　咸豊七巳年翁長親方御検使之時　致損益直候処　于今相替候事尤有之　此節損益致仕直候間　左通相守候様　尤致以後損益無之候而不叶節者　則々押札を以御問合之上相直候様　被仰付度奉存候　以上

同治拾三年　申戌　十二月

したがって、これは咸豊七年（一八五六）におこわれた翁長親方の宮古・八重山視察の際に改訂された『鍛冶例帳』を更に改訂したものであるが、これ以前にも改訂されている可能性がある。後述の「宮古鍛冶例帳」の場合にも、与世山親方の視察に際して改訂があったらしいからである。これらの改訂の実際がどのようなものかは、原本以後「八重山鍛冶例帳（鎌倉本）」に至るまでの全文が遺されていないため、明白ではない。しかし、喜舎場本との比較をおこなうといくつかの点を推測しうる。これについては後述することになる。

次に「宮古鍛冶例帳」であるが、これも「八重山鍛冶例帳（鎌倉本）」と同様に同治十三年（一八七四）十二月とあって、次のように記されている。

右宮古島鍛冶例帳之儀　与世山親方　翁長親方　各御検使之時致損置候処　此節相調部候得バ　損益無之候間

共通相守候様被仰付　尤致以後損益無之候而不叶節ハ　則々札を以御問合之上相立候様　被仰付度奉存候　以上

以上の記述の範囲からは、最初に「宮古鍛冶例帳」が布達された時期を知ることはできないが、後に少なくとも数回の改訂を経ていることは明らかである。そして、この同治十三年は、琉球藩の藩政施策のために富川親方が様々の改訂を行った年でもあって、「宮古鍛冶例帳」と「八重山鍛冶例帳（鎌倉本）」は、改めてこの年に確認されたものであろうと推測される。

「多良間鍛冶例帳」についても同様の記述があったと思われるが、それらはまったく欠落して残ってはいない。しかし、内容からみて同年に「宮古鍛冶例帳」「八重山鍛冶例帳（鎌倉本）」と共に改めて交付されたものと推測することができる。

琉球王府の地方支配関係文書には「規模帳」「公事帳」「例帳」などがあって、重複しながらもそれぞれ特徴を持っているが、そのうちの「例帳」は数量規範を具体的に記述したものである。

当間一郎は『沖縄県史料・前近代7』の解題において、「例帳」を次のように定義している。(60)

「例帳」は、首里王府をはじめ、各間切蔵元等に完備された、例規集のことである。「公事帳」が、法令規則をまとめたものであるのに対して、「例帳」は、「公事帳」を受けて、より具体的に、数量的な例集を集録したものである。両者は、一対をなすもので、首里王府時代の各種業務の実際、王府の施策の具体的状況を知る上で、重要かつ貴重な史料であるとともに、その時期の社会的事情を考える上でも大切な史料といえよう。

ここでは「公事帳」と「例帳」は一対をなすと理解されているが、「公事帳」と「例帳」が個別の対応関係を持っているかどうかは明らかでない。そして、「鍛冶例帳」に対応した「鍛冶公事帳」の存在は知られていない。

いずれにしても、「例帳」は人的・物的な手配、使用について数量的に記述したもので、さらに詳しく見ると、「例帳」の具体的な記述は「定之事」と「例之事」とに分かれていて、両者の間には性格の相違が見られるようである。

一例として、「富川親方八重山島所遺座例帳・同治十三年」の目録をみると、「元日十五日規式入目定之事」以下、六十九項目の「定之事」があり、「蔵元障子并仮屋　あかり灯炉帳例之事」以下、四十三項目の「例之事」が挙げられている。この他の表現としては、単に「遺之事」が一例、「雑類之事」が一例あるだけである(61)。

これらの「定之事」・「例之事」は誠に委細を尽くしている。たとえば、「定之事」の一例として「仮屋　・桃林寺入置道具定之事」の「仲仮屋」について見ると、「一、畳四拾八十枚半　内　備後畳二拾六枚　割為畳二拾二枚半内壱枚長三尺」から始まって、莚・くり水釣・舂おす《（春臼カ）》・杵・まないた・箒・たんく・灯炉・差ふね・ちり取・手水かめ・水詰甕（上焼）・すすき下台・花活・炉芯押しなどについて、大きさ・数量、時には材質などが詳しく書き上げられている。

こうした事細かな記述は、「東西仮屋」「桃林寺」「医者仮屋」についてもまったく同様で、仮屋の場合には、帰帆に際しての保管方法にまで言及している(62)。

一方、「例之事」については、「蔵元障子并仮屋　あかり灯炉帳例之事」を一例してみると、「定之事」と同じように「一、島上百田紙弐百九枚　一、麦之粉弐合五勺三才」と、使用量が細かに指定されている(63)。しかし、「例之事」の場合には、例えば「右蔵元腰高障子弐拾枚　高　四尺五寸ヒ　弐尺六寸五分　紙五高。尤出入之時ハ　此例差引之上　在番印形を以可差通事」のような書き方が多いところから、厳密な規定であるというよりも多少の変動を見越した基準を示していると理解できる。この点が「定之事」と異なるようである。

「例之事」は、「白米打へり例之事(64)」の「一、上白米壱升ニ付三合ひり《（ヘカ）》　一、中白米壱升ニ付弐合へり　一、下白米壱升ニ付壱合へり」のごとく、物の製作・加工にあたって必要とされる材料の量や加工にともなう消費・目減りなどを経験的に割り出しているものが多いのも特徴である。

したがって『鍛冶例帳』における「例之事」も、製品ごとに製造に必要とされる炭・鉄材料と、加工に伴う目減りとを詳しく積算して記載しており、それは過去の事例の集成という性格を持っている。「宮古鍛冶例帳」「多良間鍛冶例帳」においては、職人の技量による相違を「上鍛冶仕口」「中鍛冶仕口」「下鍛冶仕口」などに区分けして示している。

4　「八重山鍛冶例帳」の製品

「八重山鍛冶例帳」に登場する製品は次の通りである。それぞれどんな製品であるかは、十分には明らかでない。後にあらためて検討することになるが、手掛かりとして、推測できる範囲で分類すると次のようになる。

(1)喜舎場本・鎌倉本に共通する製品

農　具　　中鉀　中鍬　鋤　石鍬　芋掘かなこし　櫨の実取り挟み　鋒

刃　物　　庖丁　鎌　小刀　斧　山刀　木割斧

鋸・木分用具　　大鋸梃子金　坪切大鋸　楷木分鋸　木分大鋸鑪

石工・陶器・大工　　壺土切庖丁　石切大斧　石切中斧　石切小斧　石切斧　石切矢　石割大こさひ　石割用角大

　　鎚　こわしや　打ひさこい梃子　さん引

鍛　冶　　金床

諸細工　　菜種子割用金　笠張金

馬　具　　馬のさばき　馬の焼金

建具・調度・その他　　灯籠取手　簾提金　回戸坪金　回戸曲金　門戸壺金　門戸回金　門戸節打金　門戸棒金　門戸棒持金　門戸包金　長捍節打金　扉掛金　額助　額助坪金　額助釣り金　桃林寺鐘掛

金　桃林寺鉄灯籠　五徳　火箸　手柄　焼印　燈芯覆い　鉄鎖　帳閉じ錐

釘　類　よきせん釘　貫釘　床釘　野きち釘　角きち釘　瓦助釘　しは助釘　壁釘　戸釘

不明・その他　鍍金　勝俣　かなね　きやせんかね

(2)鎌倉本に追加されている製品

船用・船大工用品　あささ檣（帆柱）帯金　船差鑿　小差曲金　もてはやちゃ　鎚細工箱釘　帆こ品、かゝり針　荷掛曲金　唐碇　差水庫釘　結水庫釘

その他　しやこはん鉀　雨戸釘

喜舎場本・鎌倉本の積算の異同は、鎌倉本にも記載されている中鉀・中鍬・小刀・斧・山刀・鋸用鑪・桃林寺鐘掛け金・桃林寺灯籠についてしか確かめることはできないが、そこには単なる誤写・誤記と思われるものの他に、数字に若干の相違がみられる場合がある。たとえば「桃林寺鉄燈明燈炉」は、次のようになっている。

喜舎場本の記述（A）

一、上鍛冶　四人（『沖縄県史料』の「四合」は誤読）

一、加冶炭　百七斤五合九勺五才　鉄斤ニ付拾三斤四合宛

一、千割鉄　八斤弐勺九才五分

内

五斤七合壱勺七才吹減り　斤ニ付七合宛

弐斤三合壱勺弐才五分　正実鉄燈明燈炉壱ツ打調

鎌倉本の記述（B）

表２　喜舎場本（Ａ）鎌倉本（Ｂ）の比較

	a	b	c	d	e	f
	鍛冶炭総量	鉄１斤あたり鍛冶炭	千割鉄総量	減少分千割鉄総量	鉄１斤あたり減少率	単位あたり鉄量
（A）	107.6	13.4	8.0295	5.7270	0.7	2.3125
（B）	103.291	13.4	7.7083	5.3958	0.7	2.3125

（A）
$\underset{a}{107.565} \div \underset{b}{13.4} = \underset{c}{8.0295}$　$\underset{c}{8.0295} \times \underset{e}{0.7} = \underset{d}{5.727}$
（正）5.621

$\underset{c}{8.0295} - \underset{d}{5.727} = \underset{f}{2.3125}$
（正）2.3025

（B）
$\underset{a}{103.291} \div \underset{b}{13.4} = \underset{c}{7.7083}$　$\underset{c}{7.7083} \times \underset{e}{0.7} = \underset{d}{5.3958}$

$\underset{c}{7.7083} - \underset{d}{5.3958} = \underset{f}{2.3125}$

一、上鍛冶　四人
一、鍛冶炭　百三斤弐合九勺壱才　　鉄壱斤ニ付拾三斤四合宛
一、千割鉄　七斤七合八才三分
　　　内
　五斤三合九勺五才八分吹減り　壱斤ニ付七合宛
　弐斤三合壱勺弐才五分　正実鉄燈明燈燈籠壱ツ打調

以上のように、（A）は（B）に訂正されているが、これは鎌倉本の末尾に記されているように、翁長親方の宮古・八重山視察の際におこなわれたものと推測される。

したがって、鎌倉本にある追加部分もこうした訂正時に加えられたものであると思われる。

ここで注目しておきたいことは、喜舎場本・鎌倉本の積算値には、どちらにも共通する値があることである。すなわち、表２の（b）鉄一斤あたりの炭の使用量、（e）鉄の減少率、がそれである。いいかえれば、『鍛冶例帳』の主たる目的は、単位製品に対する炭の消費率と加工にともなう鉄材料の減少率を、あらかじめ係数として押さえておいて、それに基づいて出来た製品個数から逆算して、必要とする炭と鉄の量を割り出すことにあった、といえる。

なお、喜舎場本には先に挙げた諸製品のうちに添書きを持つものがあって、他に記帳されていたものをここに集成したことを示している。

「乾隆元年（一七三六）桃林寺普請帳表」　長捍節打金
「乾隆四年（一七三九）御蔵元普請帳表」　門戸節釘
「乾隆十二年（一七四七）所遺座取締帳表」　大鋸梃子・木分大鋸鑢
「乾隆十二年（一七四七）仲仮屋〳〵普請帳表」　扉掛金
「乾隆十五年（一七五〇）とうり矼普請帳表」　よきせん釘・石切矢

『八重山島年来記』によると、乾隆元年に桃林寺ならびに周囲の石垣の普請がおこなわれており、また、同四年には蔵元本殿・仕上世蔵・勘定座などが焼失、改めて普請して障壁（ヒンプン）を築いたことが記されている。ここにはその時に使用した長捍節打金・門戸節釘が転記されている。したがって、『八重山鍛冶例帳』の原型はこの時代あたりから、同帳が出来る乾隆二十九年（一七六四）までにおこなわれた諸作事を基準として成立し、以後に改訂を加えながら伝えられてきたことになる。

このほかに「八重山鍛冶例帳」には、材料鉄の調整関係の記述が含まれている。すなわち、乾隆十五年（一七五〇）の「先立地船石垣船作事帳表」から「鍋かね并細鉄古碇同帯金千割鉄位に吹直し」が掲載されており、ここから基本的な南島の材料鉄の調整方法を知ることができる。これについては後に改めて分析することにする。

5　「宮古鍛冶例帳」「多良間鍛冶例帳」の製品

「宮古鍛冶例帳」および「多良間鍛冶例帳」は、記載内容・形式において「八重山鍛冶例帳」とは異なるものになっている。

　その製品には釘類が多く、一尺釘から若一寸釘・三枚通しまでの二四種類が書き上げられている。「宮古鍛冶例帳」と「多良間鍛冶例帳」のあいだには、細かな点の記載に異同がないわけではないが、それは誤記や後述する理由によるもので、本来は同一の品目、同一の記載になっていたのではないかと思われる。

　また、両帳では上鍛冶・中鍛冶・下鍛冶に分けて個別に積算されており、さらに千割鉄・解鉄・鍋地正鉄のように材料鉄ごとに分けて比較できるようになっている。

　それでは、こうした釘類に対して他の製品はどのように記載されているか。これに対しては、どちらの『鍛冶例帳』ともに「細工品数打立例」としてひとまとめに列記しており、以下の製品が含まれている。具体的になにか分からない物もあるが、記しておく。

(1)「宮古鍛冶例帳・上細工品数打ち立例」〈（　）は筆者の読解〉

まかりかな（曲金）・へいぬみ（平鑿）・木伐引鋸・ふとき焼印・さん引・茶家絃（弦？）・紙詰庖丁・ひや口・いやかね・さりぬみ（さしぬみ・差し鑿？）・鉄轄（楔）・簾掛輪金・門の閉金・同棒金・坪金・大もて・小もて・からみ（釘）・かい折（釘）・かせかい（鎹）・握かせかい（握鎹）・棚かせかい（棚鎹）・帯金・棚絞帯金・締め袋釘・かねつく・斧・庖丁・鉄柄・挽鋸・鐇（まさかり）・長口・あけん竿・あけん竿輪金・大つら

(2)「多良間鍛冶例帳・細工品数打立例」（各条項から合成して作成）〈（　）は同右〉

鞁用ふし釘・夫かねかな・へいぬみ（平鑿）・木伐挽鋸・ふとき焼印・さん引・茶家絃（弦）・鍋絃（弦?）・紙詰庖丁・ひや口・いやかね・さかぬみ（さしぬみ、差し鑿）・鉄轄（楔）・簾惣（掛輪）金・門の閉金・同棒金・坪金・大もて・小もて・からみ・かい折（釘）・かせかい（鎹）・握かせかい（鎹）・棚かせかい（鎹）・帯金・棚絞帯金・締め袋釘・かねつく・斧・庖丁・鉄柄・挽鋸・□・長口・あけん竿・あけん竿輪かね・大つら・大和ぬみ（鑿）・大和のみてこ（鑿梃子）・鉄から（柄）・錨・挽鋸刃切（鑢）

「多良間鍛冶例帳」の「挽鋸」の次にある欠字は、「宮古鍛冶例帳」から見て「鐇」であると推測できる。その上で両鍛冶例帳の細工品を比較してみると、「へいぬみ」から「大つら」まで、記載品目ならびに記載順がまったく一致していることが分かる。

とするならば、先に見てきた釘類とこれらの細工品が両鍛冶例帳の記述に共通している。ここで注目しなければならないことは、これらの品目が在番・番所で使用したと思われる品々、あるいは船用鉄器・船作事用具などに限られていて、農民の必要とする鉼・鍬・鎌などが登場しないことである。そこから「八重山鍛冶例帳」とは異なる性格を読み取ることができる。

ただし、「宮古鍛冶例帳」「多良間鍛冶例帳」に共通のものが記載されているからといって、積算も一致しているとは限らない。一例を挙げると次のようになる。

(1)「宮古鍛冶例帳」の例

上鍛冶細工壱尺釘打立例

一、細工　壱人

一、吹押　壱人

一、前打　壱人

一、千割鉄　五拾三斤八匁三才
一、鍛冶炭　百六拾四斤八合弐匁三才
　　但　鉄壱斤ニ付三斤壱合五才
一、壱尺釘三拾三本　頭ノ八分角
　　但　両目三拾九斤六合　本ニ付壱斤弐合完《（宛カ）》
　外　拾三斤四合八匁三才吹へり
　　但　鉄壱斤ニ付弐合五匁四才

(2)「多良間鍛冶例帳」の例

上鍛冶壱尺釘打立例
一、細工　壱人
一、吹押　壱人
一、前打　壱人
一、千割鉄　四拾斤弐合壱匁四才
一、鍛冶炭　百弐拾四斤八合六匁四才
　　但　壱斤に付三斤壱合五才
一、壱尺釘弐拾五本　頭ノ八分角
　　但　両目三拾斤　壱本に付壱斤弐合
　外　拾斤弐合壱匁四才吹へり
　　但　鉄壱斤に付弐合五匁四才

このふたつの事例を比較すると、使用した炭・鉄の総量、出来た製品数などの数字が異なっており、単に引き写したのではないことが分かる。

しかし、一尺釘の目方はどちらも一斤二合と定められており、単位あたりの炭の消費率、鉄の目減り率もまったく同じ数値であることに注目しなければならない。このことから、これらの「例帳」は（A）単位製品の目方、（B）炭の消費率、（C）鉄の目減り率、が予め指定されており、これに製品の個数を掛けて割出した数字から成り立っていることがわかる。この数字は必ずしも実際と一致するとは限らないから、その差が大きくなると改訂を必要としたのであろう。

以上のような基本的な部分に加えて、後に「宮古鍛冶例帳」には「まかりかな」、「多良間鍛冶例帳」には「鞁用ふし釘」「夫かねかな」「大和ぬみ」以下が追加されたのだと思われる。

6　『鍛冶例帳』に表われた材料鉄

すでに見てきたように、ここで使用された材料鉄は「千割鉄」「解鉄（細鉄）」「鍋鉄」が中心になっており、この他に「古錨」および解体船の「古帯金（後述の「棚挟み帯金」）」や「檣」などに使う帯金）」なども使用していた。このうちの「千割鉄」は、本土から商品化した軟鉄材料が移入されていたことを示すものである。「千割鉄」は予備的な加工を必要とせず、製品に合わせて裁断して使用できるように規格化されており、あらかじめ塊に成型されているから保存にも適していた。

しかし、「解鉄」や「鍋鉄」は、そのままの状態では鍛冶材料にはならず、鍛冶に適応した性質・形状を持つものにするためには、あらかじめ再生・調整をほどこす必要があった。

『鍛冶例帳』には、これらの材料の再生・調整についても記述されており、そこからこの当時の精錬技術を推測することができる。

「八重山鍛冶例帳」では次のようになっており、ここでの「細鉄」は「解鉄」とほぼ同義であると考えられる。(65)

(1)「鍋地金」の場合

上加治細工壱人仕口

鍋地かね并細鉄古碇同帯金　千割鉄位に吹直シ入目

一、加治炭　百弐拾九斤　鍋かね壱斤ニ付弐斤壱合五勺完（宛カ）

一、鍋地かね　六拾斤

内

三拾八斤壱合吹きへり　斤ニ付き六合三勺五才　ツヽ

弐拾壱斤九合正実

すなわち、古鍋を調整・加工して千割鉄に類似する鍛造用材料鉄にするには、六〇斤の材料と一二九斤の炭を使用して、二一・九斤の材料鉄（軟鉄）をうることができる。この加工で、鉄は六三・五％目減りして、炭は鉄一斤に対して二・一五斤必要になる計算である。

(2)「解鉄（細鉄）」の場合

一、加治炭　九拾壱斤六合　細鉄斤ニ付壱六合　ツヽ

一、細鉄　五拾七斤弐合五勺

内

弐拾九斤壱合九勺八才吹へり　斤ニ付五合壱勺　ツヽ

弐拾八斤五勺弐才正実

(3)「古碇」の場合

一、加治炭　九拾七斤五合四勺　鉄斤ニ付弐斤七合四勺九才四分　ツ、

一、古鉄碇　三拾五斤四号八勺

内

拾壱斤八合三才吹きへり　斤ニ付三合三勺弐才六分六リ　ツ、

弐拾三斤六合七勺七才正実

(4)「古帯金」の場合

一、加治炭　八拾五斤五合　斤ニ付壱斤五合　ツ

一、古帯金　五拾七斤

内

弐拾弐斤四合三勺九才吹減り　斤ニ付三合九勺三才六分六リ　ツ、

三拾四斤五合六勺壱才正実

以上の数字を分かりやすくすると、表3のようになる。

この結果は、次のことを表している。

(A)古帯金・古碇・解鉄・鍋鉄の順に素材に対する炭の消耗が多くなること。

(B)鉄の目減りは古碇・古帯金・解鉄・鍋鉄の順に多くなること。

(C)AとBの結果を合わせると、出来た材料鉄あたりの炭の消費率は古帯金・古碇・解鉄・鍋鉄となり、(A)と同じ順序であること。

表3　鍋鉄・細鉄・古碇・古帯金の炭消費率及び鉄吹減り率

	素材鉄対岸消費率	素材鉄の吹減り率	出来た軟鉄対炭消費率
鍋　鉄	2.1500	0.63500	5.890
解鉄（細鉄）	1.6000	0.51000	3.265
古　碇	0.7494	0.33266	1.123
古　帯　金	0.5000	0.39366	0.825

このことから、もっとも炭の消費率がひくい材料は「古帯金」となるが、「古帯金」は「古碇」に比べて鉄錆分が多く、そのために古碇よりも素材あたりの目減りが多く表われる（「古帯金」は表面籍が大きいからか）。これに対して「古碇」は切断作業が必要でその分だけ余計に炭を消費するから、「古帯金」よりも炭消費率が高くなるはずであるが、実際にはそれほど大きな差は認められない。

そこで次に「解鉄（細鉄）」を「古帯金」「古碇」に比べると、「解鉄（細鉄）」は材料の半分程度しか利用できないことになり、しかも製品あたりの炭の消費率が三倍程度と効率が悪いことがわかる。

この状況から「解鉄（細鉄）」は、「古帯金」「古碇」とは異なる方法で処理していたのではないかと推測される。

最後に、「解鉄（細鉄）」と「鍋鉄」を比較すると、「鍋鉄」はさらに一段と効率が悪く、素材となる鍋鉄の三六％程度しか利用することが出来ず、加工に用いる炭の消費は「解鉄（細鉄）」に比べて、さらに倍近く必要になることが分かる。このことは、鍋鉄の処理には持続的な加熱が必要であったことを示している。そのために多量の炭が消費されたのである。

以上のことから「鍋鉄」の処理方法を推論すると、持続的な加熱によって銑鉄を脱炭させて鍛造可能になる程度まで炭素量を下げて、それから繰り返し鍛錬を施して軟鉄にしたと推測できる。それは本土の銑鉄から軟鉄をうる方法（「銑卸し法」、いわゆる大鍛冶の作業）に相当するものである。こうして、沖縄でも軟鉄の製造に「半熔解脱炭法」がおこなわれていたと想定されるのである（この方法は大陸中国でも実用されていたと考えられるが、具体的には把握していない）。

そこで逆に「鍋鉄」の例を「解鉄（細鉄）」に比較すると、「解鉄（細鉄）」では炭の消費が相対的に低いから（長時間加熱がおこなわれていない）、様々の形態の使い古しの軟鉄片を一定の大きさの塊に纏め上げる作業であったと考えられる。この作業は鍛冶屋がいう「ワカシ」であって、これによって一塊にしたあと、「千割鉄」に相当する位まで鍛錬して保存せよ、と指示しているらしいのである。

以上のように、ここではほぼ三種類の材料鉄の再生・調整方法を用いている。それは素材の性質から来るものであるから、「鍋鉄」「解鉄（細鉄）」「古碇」「古帯金」に代表させて表現できるのである。

同じような古地金の再生・調整は、宮古島・多良間島においてもおこなわれていた。

「宮古鍛冶例帳」「多良間鍛冶例帳」に出てくる軟鉄材料は「千割鉄」「解鉄」「鍋地正鉄」である。この「解鉄」は前出の『八重山島所遺座公事帳』の「解鉄」および「八重山鍛冶例帳」の「細鉄」と同様のものを指していると思われる。しかしここでは、「解鉄」の調整方法は記されていないから、まとめて「ワカシ」をおこなって保存するほどの古地金のストックが想定されてはいなかったのかもしれない。

一方、「鍋地正鉄」とは「鍋鉄」を材料にして作った「軟鉄」を指していると推測でき、八重山における「鍋地金からえた千割鉄位」に相当するものである。その製法は「宮古鍛冶例帳」の目録に六例出てくるが、「鎌倉ノート」にその内容が筆写されているのは一例のみである。「多良間鍛冶例帳」

表４　鍋鉄の鉄吹減り率および炭消費率

	炭	鍋鉄　対 炭消費率	鍋　鉄	鉄吹減り率	出来あがり 対炭消費率
八重山 上鍛冶	129.000 斤	2.150 斤	60.00 斤	0.635	5.8900
宮古 上鍛冶	110.489	1.998	55.30	0.517	4.1366
多良間 1 上鍛冶	142.631	1.998	33.48	0.517	4.1366
多良間 2 上鍛冶	110.489	1.998	26.71	0.517	4.1366
多良間 3 中鍛冶	108.476	2.458	20.63	0.572	5.7429

には三例出ている。表4に「八重山鍛冶例帳」の数字と対比しておく。

これによると、宮古島・多良間島の方が積算上は少し効率がよいことになるが、それほど大きな差はなく、「鍋地正鉄」は「鍋鉄を使用して作った軟鉄」を指していることがわかる。

7　『鍛冶例帳』の刃金（鋼）材料

次に、これらの『鍛冶例帳』に登場する刃金（鋼）材料がどんなものかを検討してみたい。

南島の鍛冶技術が日本本土の場合と比べてもっとも特徴的といえる点は、いわゆる「玉鋼」が使用されなかったことである。「八重山鍛冶例帳」においても「玉鋼」の記述はなく、刃物を製作する場合に「刃金用鍋地金」を用いていた。これを「鍋鉄製刃金」と表わすことにするが、それは次のようなものである。

小刀拾弐刃打調入目
一、加治炭　拾六斤九合八勺六才　鉄斤ニ付五斤五合　ツヽ
一、千割鉄　弐斤八合七勺九才
内
壱斤九合壱勺九才吹きへり　斤ニ付六合六勺五分九リ九毛　ツヽ
九合六勺正実　小刀拾弐刃　長五寸ニヒ六分ア壱分打調　壱刃ニ付両目八勺　ツヽ
一、刃かね用鍋地かね弐斤壱合
内
壱斤五合七勺五才吹きへり　斤ニ付七合五勺　ツヽ

五合弐勺五才正実　小刀拾弐刃入　壱刃ニ付四勺弐才七分五リ　ツ、

一、加治炭九斤四合五勺　斤ニ付四斤五合完《（宛カ）》

このような「鍋鉄製刃金」は、小刀のほかに中鉀・庖丁・鎌など一二種類の刃物に使用されている（「石切斧」には鋼の記述が欠落しているようで、それを補って加えると、一三種類となる）。

これらの刃物類を整理すると、表5のようになる。ここから基準値の修正・変更、あるいは製品性格にともなう微妙な相違を読み取ることができるが、それは措く。注目したいことは、（A）古鍋金の二五％～四〇％程度の「鍋鉄製刃金」を得ていること、（B）その際の加工において「鍋地金」一斤に対して炭を三・五斤～四・五斤くらい消費していることである。このことは「鍋鉄製刃金」一斤を得るのに、およそ一四斤ほどの炭を消費したことを意味し、先述の軟鉄の製造にくらべると、桁違いの手間を掛けていたことが分かる。そして、ここに見られる炭の消費率は長時間におよぶ加熱と入念な鍛錬・成形工程に見合うものであるから、「鍋鉄製刃金」の製造は「繰り返し鍛錬」による調整・加工を経ていたものと推測される。

ところで、「宮古鍛冶例帳」「多良間鍛冶例帳」には、このような鍋金を用いた製鋼の工程はまったく記述されていない。ここでは鋼を用いる必要がある刃物類は、「千割鉄」と「上刃金」を組み合せて作り（このことは「全鋼」ではなく、「刃金入れ」ないしは「刃金付け」がおこなわれていたことを表わす）、これ以外は、例外的に「解鉄」と「刃金」を組合せた庖丁の例がひとつ記載されているだけである（既述のように「宮古鍛冶例帳」は抜粋であるから、具体的な数字は「へいぬみ」の場合の「上刃金」しか記述されていない。ここでは「多良間鍛冶例帳」の「上刃金」の使用例によって補っている）。

以上のことから、宮古島では鋼の調整・加工を在地ではおこなわなかったようにみえる。すなわち、必要な鋼材料は沖縄本島で加工した「上刃金」として移入していたと推測されるのである。このことは宮古と八重山の鍛冶技術が

表5　鍋鉄製刃金の積算一覧

	鍋地金	吹き減り量	吹き減り率	鉄鍋刃金量	製品一箇あたり量	炭消費率
中鉼（6丁）	3.1250	2.1875	0.7000	0.9375	0.15625	4.0
庖丁（6丁）	2.2500	1.6875	0.7500	0.5625	0.09375	4.0
鎌（10丁）	2.8750	1.4062	0.7500	0.46875	0.046875	4.0
小刀（12丁）	2.1000	1.5750	0.7500	0.5250	0.04375	4.5
斧（4丁）	2.0000	1.5000	0.7500	0.5000	0.12500	4.0
山刀（6丁）	3.7512	2.8134	0.7500	0.9378	0.15630	4.0
木割斧（4丁）	4.0000	3.0000	0.7500	1.0000	0.25000	4.0
壺土切庖丁（15丁）	9.3780	7.3350	0.7500	2.3445	0.15630	4.0
石切大斧（3丁）	3.7500	2.8125	0.7500	0.9375	0.31250	4.0
さん引（10丁）	20.339	1.5964	0.73849	0.4375	0.04375	4.5
石切中斧（9丁）	4.2080	2.5250	0.59900	0.6875	0.18750	3.5
石切小斧（10丁）	3.8965	2.3340	0.59900	1.5625	0.15625	3.5

含む相違を暗示しているようで、また、製品の相違にも関わっているかと思われる。

この他に「八重山鍛冶例帳」では「鰹俣」「かなね」「鋸鑢」が「吹鍋地かね」によって製作されており、表6のようになっている。これら三点の製品は、軟鉄を使用しないで作る全鋼の製品で、「表」に表われる鉄の目減り率からみて「鍋鉄刃金」と同じ方法で作られていたと推測できるが、興味深いことは、「鰹俣」「かなね」が入念に仕上げられているのに対して、「鋸鑢」はあまり鍛錬しないで（その分目減りが少ない）仕上げているらしいことである。すなわち、「鑢」には硬さが要求されるから、出来るだけ炭素の含有率を高くしておくべく、脱炭・鍛錬を控えているのである。このことから、逆に「鰹俣」「かなね」は、「硬さ」

表6　吹鍋地金の鉄吹減り率

	吹鍋地金量	吹減り量	吹減り率	出来た製品量	1個あたりの量
鑿　　俣（1丁）	0.3126	0.2470	0.770	0.0719	0.07190
か な ね（6丁）	0.8450	0.6125	0.725	0.2325	0.03875
鋸　　鐪（10丁）	13.1370	4.8870	0.370	8.2500	0.68750

（「喜舎場本」による。「鎌倉本」では数字が異なることがある）

ではなく「粘り」を必要とするために全鋼で作っていることが分かる。

結　語

以上のように材料鉄の処理方法を見ていくと、移入に頼らざるをえなかった地域において、古鍋・鉄製農具・船用具などの廃品再生がいかに重要であったかがわかり、そこに払われてきた努力を具体的に知ることができる。そして、このことに権力が介在してくることも理解できる。そして、古鉄の回収・再生の制度・規制が十分に機能しなくなって、その処理能力が低下すると、ここでは同時に「在村鍛冶役」の変容も進行させた。それは結局、拙稿「『炭焼き小五郎が事』前後」[66]で示した近代の新しい展開をもたらすのである。

そこで次に、各例帳に表われる製品の個別の分析をする必要がある。「鍋正鉄」「解鉄」などの再生材料鉄は、規格化された「千割鉄」と同じ材料性質をうることにはならず、したがって生産効率も異なる。だから、それぞれ異なる性質を持ついくつかの種類の材料鉄を使用しなければならないが、それが実は『鍛冶例帳』を必要としたひとつの理由ではなかったかと考えられるからである。

ここまでに材料鉄に焦点を合わせて『鍛冶例帳』をみてきたが、諸製品については引き続き次章で紹介する。

註

(1) 朝岡康二「西南日本における鉄器加工技術の伝播・普及に関する民俗学的研究」『沖縄県立芸術大学美術工芸学部研究紀要』2　沖縄県立芸術大学　一九八九
(2) 『沖縄県史料』首里王府仕置2　前近代6　沖縄県立図書館史料編集室　一九八九　七一一頁
(3) 『琉球国由来記』伊波普猷・東恩納寛惇・横山　重編　一九四〇（復刻　一九八八　風土記社）
(4) 『球陽』読み下し編　球陽研究会　角川書店　一九七四　二七四頁（『球陽』連番）七六七
(5) 沖縄には豚の解体などに使用する中国式出刃包丁が入っているが、在来型の南方系山刀・鮫刀はこれとは系譜が異なり、鹿児島あたりにまでつながる。この系統の薄刃刃物が「庖丁」と認識されていたものと思われる。周知のように五徳（金輪）は、中世以来日本本土、特に西日本でひろく普及したが、竈が普及している中国ではみられないものである（少数民族地域を除く）。また、輪鋏（握り鋏）も日本に特徴的な刃物で、中国では早くから交差式の中国鋏になっていた。
(6) 前掲『球陽』二六八頁（『球陽』連番以下同）七七二
(7) 同右　二六九頁　九二四
(8) 同右　二四一頁　六五五
(9) 同右　二四二頁　六五八
(10) 同右　二四二頁　六六二
(11) 同右　二四三頁　六六五
(12) 同右　二五三頁　六九四
(13) 同右　二五四頁　七〇一
(14) 同右　二五四頁　七〇四
(15) 同右　二五七頁　七二四
(16) 同右　二六九頁　七八〇
(17) 同右　二七二頁　七九一
(18) 同右　二七八頁　八二〇
(19) 同右　二六〇頁　七三八

(20) 同右　二九〇頁　八八七
(21) 同右　三〇八頁　九九一
(22) 前掲『沖縄県史料』首里王府仕置2　七〇二頁
(23) 前掲『琉球国由来記』五二頁
(24) 「那覇市史」琉球史料（上）資料編第1巻10（那覇市企画部文化振興課編　一九八九　一五一頁）ここでは諸職のなかに「鍋之くう細工」があることに注目したい。筆者は、註(39)にあげた「『炭焼き小五郎が事』前後」において、王府時代の「鋳掛職」の存在について懐疑的な見方をしたが、これをみると、技術がどのようなものであったかはさておき、「ナービナクー（鋳掛屋）」がいたことは確かなことのようである。ただし、この「御財制」の成立時期はまだ調べていない。この「上納銭御免」は『球陽』の一七二八年（尚敬王二十一年）の「始めて首里・久米村・那覇・泊等の職人の税銭を免ず」につながるかもしれないが、『球陽』の記述は「産業を為し」「市に出て、以て売買を為す者」を対象にしている。その実態はよく分からず、今後課題とすべき問題のひとつである。
(25) 前掲『沖縄県史料』首里王府仕置2　二四〇頁
(26) 同右　二五二頁
(27) 『沖縄県史料』首里王府仕置3　前近代7　沖縄県立図書館史料編集室　一九九一　八〇一頁
(28) 同右　三二〇頁
(29) 同右　六九〇頁
(30) 「鎌倉芳太郎ノート」沖縄県立芸術大学付属図書・芸術資料館蔵
「鎌倉ノート」に「宮古島規模帳」として「八重山島所遺座公事帳」の抜書きとともに、「宮古島鍛冶例帳」と「宮古島蔵元公事帳」の間に書かれている五項目のひとつである。これは「同治十三年甲戌十二月」と付記されているから「富川親方宮古島規模帳」の一部である。鎌倉ノートには別に「富川親方宮古島規模帳」があり、これは「沖縄県史料」（首里王府仕置2）に収録されている。しかし、別記されたこの部分については欠落している。
(31) 同右
(32) 「羽地仕置」向像賢『沖縄県史料』首里王府仕置　前近代1　沖縄県沖縄史料編集所　一九八一　二六頁
(33) 前掲「鎌倉芳太郎ノート」。この「八重山島所遺座公事帳」の抜粋の末尾に「咸豊七年」と記されているから、これは翁長親方によるものか、あるいはそれ以前を受け継ぐものである。「同治十三年にも同じ記載あり」とされているから、以後も継承された。

(34) 前掲『沖縄県史料』首里王府仕置3　六九〇頁
(35) 前掲「鎌倉芳太郎ノート」
　なお、第2項目後段は「与世山親方宮古島規模帳」『沖縄県史料』首里王府仕置　前近代2　沖縄県沖縄史料編集所　一九八一　に註(36)とともに記されているから、これを受けて当初から記載されていたものと思われるが、第1項目に相当するものはみあたらない。こちらは親方御検地以後に追加されたもののようである。
(36) 前掲『沖縄県史料』首里王府仕置2　二七三頁
(37) 前掲『沖縄県史料』首里王府仕置3　七四二頁
(38) 前掲『沖縄県史料』首里王府仕置3「久米島中里間切公事帳」四六一頁
(39) 拙稿「『炭焼き小五郎が事』前後」『国立歴史民俗博物館研究報告』第36集　一九九一　三九八～三九九頁
(40) 拙著『鍛冶の民俗技術』慶友社　一九八四　同『鉄製の農具と鍛冶の研究』法政大学出版局　一九八五　拙稿「鍛冶と材料鉄」『講座・日本技術の社会史』5採鉱と冶金　日本評論社　一九八三所収　などに本土における軟鉄材料のありかたを論じている。
(41) 前掲『那覇市史』琉球史料上　六八頁
(42) 「琉球館文書」『那覇市史』史料編第1巻2　那覇市総務部市史編集室　一九七〇　七〇頁
(43) 同右　八九頁
(44) 前掲『沖縄県史料』首里王府仕置3　三八五頁
(45) 前掲「『炭焼き小五郎が事』前後」三九八～三九九頁
(46) 前掲「鎌倉芳太郎ノート」註(35)を参照。この部分も「与世山親方宮古島規模帳」には含まれていない。
(47) 前掲「鎌倉芳太郎ノート」に所収
(48) 金城功『近代沖縄の糖業』ひるぎ社　一九八五　一七・三〇～三三頁
(49) 前掲『沖縄県史料』首里王府仕置3　二七六頁
(50) 同右　一〇一頁
(51) 同右　四一七頁

(52)　同右　五一四頁
(53)　同右　五九一頁
(54)　前掲『沖縄県資料』首里王府仕置2　五六四頁
(55)　同右　一二六頁
(56)　前掲『沖縄県史料』首里王府仕置3　五〇七頁
(57)　『多良間村史』第2巻資料編1　王国時代の歴史　多良間村史編集委員会　一九八六　四四七〜四九五頁
(58)　「八重山鍛冶例帳（喜舎場本）」については、沖縄県立図書館資料編集室のマイクロ本を、「八重山鍛冶例帳（鎌倉本）」「宮古鍛冶例帳」については沖縄県立芸術大学付属図書・芸術資料館所蔵の「鎌倉芳太郎ノート」を合わせて参照している。
(59)　『沖縄大百科事典』別巻　沖縄タイムス社　一九八三　一一〇頁
(60)　前掲『沖縄県史料』首里王府仕置3　九〜一〇頁
(61)　同右　六六八〜七一二頁
(62)　同右　六七三〜六七五頁
(63)　同右　六七六〜六七八頁
(64)　同右　七〇三頁
(65)　「細鉄」の表現はここにしか表われず、八重山においても、註（47）「鎌倉芳太郎ノート」所収の「八重山島所遺座公事帳」には「解鉄」とある。
(65)　朝岡「『炭焼き小五郎が事』前後」の論旨は、在村鍛冶制度の崩壊から新しい廻村鍛冶が発生してくるところに焦点を合わせているが、一方、次のような布達も反映しているとしてきたのであった。

一、百姓中江所望渡用トして　千割鉄誂下所遺蔵ニ而鉡鍬打調所望相渡候処都而　位悪敷有之無間茂打直候ニ付　百姓迷惑之由候　農具之儀　別而肝要成物ニ而候処　右通有之候而ハ不罷成候間　鉄所望相渡　自分ニ而為打調事
（「与世山親方八重山島規模帳」）

ほぼ同じ内容が「翁長親方八重山島規模帳」「富川親方八重山島諸締帳」にも記載されているから、一七六七年の布達以来、この政策は継続したらしいが、繰り返し出ているところにもっと深い問題が隠されているのかもしれない。

二　宮古・八重山の『鍛冶例帳』からみる鉄製品

はじめに

本項は一章の続編である。前章を十数年後に読み返してみると、文意が十分に尽くされていないところが目につくが、それでも琉球王府時代の材料鉄の扱いについて、一定の見通しをうることはできたと考えている。その点を八重山の場合を中心に少しばかり整理しておくと、次のようになる。

・材料として「古鉄（解鉄・錨など）」や「古鍋金（鍋地金・銑鉄）」をさかんに利用しており、これらを加工して軟鉄と鋼鉄を再生して用いていたこと。

・軟鉄を得るには「古鉄」の再鍛錬や「鍋地金」の「銑卸し法」を実用していたこと。

・八重山では鋼を得るために「鍋地金」の「銑卸し法」を用いていたが、宮古・多良間では在地で鋼を作った記録がなく、本島から移入した「上刃金」を使用していたとみられること。

・刃物一般には鋼と軟鉄を合成する方法を用いていたこと。

・鋸の目立てに用いる「鋸鑢」や「鰹俣」「かなね」には「吹鍋かね」（すなわち「銑鉄卸し法」）で作った「刃金」を材料にして「全鋼」の製品としていたこと。

・鍬・石鍬・釘・木割鋸・その他の金物は軟鉄だけで作っていたこと。

前章では、以上のことを具体的な加工状況から分析するために、長々と論ずることになってしまったが、以下では、これまであまり詳しく触れなかった点、ならびに先の執筆時点では気がつかなかった点を補いながら、記載された製品を概観することにしたい。

1　どんな製品が作られたか

はじめにどのような製品が挙げられているかを示さなければならないが、呼称が特殊で実態の判然としないものも少なくない。大方は製品呼称を和語で示し、それに漢字をあてて、あるいは音読表記にしているが、一部に沖縄の慣用的な言い方が混入しており、さらに書き写しに際して（あるいは翻刻に際して）の誤読・誤記も大いにありうる。なお、沖縄固有の呼称であることが明らかなものは「かのか（金床）」「鉼（ひら）」だけのようで、和語の呼称は船に関する部分などにおいて興味深い問題を含んでおり、これについては後述する。

以下の一覧は、先の論述で整理した八重山のものに宮古・多良間の品目も加えて、なんとか推測がつくものについて、「農具」「刃物」「鋸」などとおよその分類をおこなった上で、一部の表記や文字に手を入れてわかりやすく直したものである。まったく推測のつかないものは最後に「不明」としてまとめているが、丁寧に調べると判明するものが含まれているかもしれない。

○喜舎場本・鎌倉本「八重山鍛冶例帳」(1)に共通する製品

農　具　中鉼・中鍬・鋤・石鍬・芋掘かなこし・櫨の実取り挟み・鋒

刃　物　庖丁・鎌（同てこ）・小刀・斧・山刀・木割斧

鋸　　　坪切大鋸・楷木分鋸・大鋸梃子金・木分大鋸鑢・さん引（桟引鋸？）

石工など　壺土切庖丁・石切大斧・石切中斧・石切小斧・石切斧・石切矢・石割大こさひ・石割用角大鎚・こわしや・打ひさこい梃子
鍛　冶　かのか（金床）
諸細工　菜種子割り・笠張り金
馬　具　馬の捌き・焼金
建具・調度　灯篭把手・簾掛け輪金・廻し戸（坪金・曲がり金）・門戸（坪金・節打ち金・棒金・棒持ち金・包み金・ふし釘）・長押し（ふし打ち金・ふし釘）・扉掛け金・額助（同坪金・釣り金）・桃林寺鐘釣り金および付属（目釘）
火　具　桃林寺鉄灯篭火炉・五徳・火箸・灯心覆い
釘　よきせん釘・貫釘・床釘・野きち釘・角きち釘・瓦助釘・しは助釘・壁釘・戸釘
その他　鉄鎖・焼印・帳閉じ錐・笠張り金
不　明　手柄（鉄柄?）・鍍金・鰹俣・かなね・きやせん金

○鎌倉本「八重山鍛冶例帳」に追加されている製品
船用金物　帆柱帯金・唐錨・小差し曲がり金・荷掛け曲がり金
船大工　船差鑿・鎚細工箱釘・差水文庫釘・結水文庫釘・帆くくり針
その他　しやこはん鉶・雨戸釘
不　明　もてはやちや

○「宮古鍛治例帳」(2)の製品

「宮古鍛治例帳」は『沖縄県資料・前近代3』に翻刻されているが、翻刻ではかなりの部分が省略されているので本来は全文を調べる必要がある。とりあえず次のような品々である。

船用金物　中坪金・肘坪金・三寸大和掛け金（同結坪金）・曲がり金（同梃子・帯金）棚挟み帯金

釘　一尺・九寸・八寸・七寸・六寸・五寸・四寸・三寸・二寸・若二寸・四棚船用釘（三寸・四寸）・ふし釘・大もて（九寸・釘?）・小もて（六寸・釘?）・大からみ（釘?）・中からみ（釘?）・小からみ（釘?）・かいおれ釘（三寸・四寸・五寸）・三枚通し・むながい用釘

かすがい　握りかすがい・棚かすがい・大かすがい・かすがい（六寸・五寸）

船大工　差鑿・平鑿・斧・手斧・木伐晩鋸刃・帆閉じ金・さん引（桟引鋸?）

刃物　庖丁・紙詰庖丁

建物・調度　鉄くさび・簾掛け輪金・門（閉じ金・棒金）・坪金

その他　焼印・茶家弦（ちょこ弦?）・鍋弦

不明　鉄柄（手柄?）・長口・ひや口・いやかね・あけん竿（同輪金）・大つら

○「多良間鍛治例帳」(3)の製品

船用　鉄くさび・帯金・棚挟み帯金・錨

釘　一尺・九寸・八寸・七寸・六寸・五寸・四寸・三寸・二寸・若二寸・三枚通し・むながい用ふし釘・大もて（九寸・釘?）・子もて（六寸・釘?）・大からみ（釘?）・小からみ（釘?）・中からみ（釘?）・棚からみ（釘?）・かいおれ釘（五寸・四寸・三寸）

かすがい　握りかすがい・棚かすがい・大かすがい・かすがい（六寸・五寸）
船大工　木伐挽鋸・挽鋸・平鑿・さか鑿・大和鑿（同てこ）・さん引（桟引鋸？）
刃　物　小刀（同てこ）・紙詰庖丁・庖丁
建具・調度　簾輪金・門（閉金・棒金・坪金）
その他　焼印・茶家弦・鍋弦
不　明　鉄柄・長口・ひや口・いやかね・あけん竿（同輪金）・かねつく・大つら

2　『鍛治例帳』はどのように継承されたか

一章と重複するところもあるが、再度『鍛冶例帳』の成立について整理をしておきたい。

先に示した一覧から「八重山鍛冶例帳」に記載の製品を並べてあらためて気づくことは、桃林寺に関わる諸品々・建具・調度と船に関連するものが多いことであるが、これらは実際には製作時期を異にする。それを寄せ集めて例示としているのである。

桃林寺は乾隆元年・尚敬王十四年（一七三六）に拡張されており[4]、その三〇年足らず後の（乾隆二十七年・尚穆王十七年〔一七六二〕とされる）に『鍛冶例帳』は作成された。したがって、ここに書き上げられている桃林寺関連製品は、この拡張時に制作した記録を掲載していると考えられる。当初は欠けており後日に補充された「長捍（長押）節（ふし）釘」には「乾隆元辰桃林寺普請帳表云々」の添書があるから、これは『桃林寺普請帳』によって補われたことがわかるが、当初に書かれた桃林寺関連製品も、この普請帳の記述を引き写したのではないかと考えられる。

建具・調度に関わる部分は、これも後に補充された「門戸節（ふし）釘」の添書に「乾隆四未（一七三九）御蔵元普請帳表」となっているから、建具・調度はこの時点で蔵元普請に際して制作したものを記載した、と考えてよいであろう。

鋸に関連する「大鋸てこ」「木分鋸やすり」には「乾隆十二年（一七四七）年所遣座取締帳」との添書がある。鋸類の記載はここから得たのであろう。また、石工などについては「よきせん釘」「石切矢」の添書として、「乾隆十五年（一七五〇）とうり矼普請帳表」と出ているから、この石橋の工事記録から引用しているといってよい。さらに「鍋地金井細鉄古碇同帯かね千割鉄位に吹直シ入目」の項には、「乾隆十五年辰年先立地船石垣船作事帳表」と添書されており、造船ならびに鉄材料の調整に関する部分はこれによるものと考えられる。この他の製品には、具体的な出典を伺わせるものは見当たらない。ここからこの『鍛冶例帳』は一七五〇年を下限にする諸記録からの集成であることが分かる。

以上の諸点から推測できることは、この『鍛冶例帳』の作成目的は十八世紀中葉までにおこなわれたいくつかの普請・作事に関わる鍛冶細工の記録を集めて、以後の基準にすることにあったという点である。したがって、これ以後に変化・発展しながら継承された鉄器加工の実情を反映しているわけではないが、八重山の鉄器の加工・利用の基本的な姿をある程度は知ることができる。

これに対して、宮古・多良間の『鍛冶例帳』の制作年代は明らかではない。しかし、内容からみて八重山のものとまったくかけ離れたものとはいえないから、多少の遅れはあるかもしれないが、ほぼ同時代のものとみなしてよいと思われる。ただし、「宮古鍛冶例帳」については『鎌倉ノート』に「宮古船手座に残されていたもの」との付記があるから、「船手座鍛冶例帳」の性格を持っていると考えられ、多良間の場合も形式の類似から船手座に関わるものであろうと推測される。

すでに知られているように王府は尚質王十年（一六六七）に鉄器供給に関わる基本的な制度の改革をおこなった。

『球陽』(5)には次のように記されている。

始めて諸郡邑に、鉄匠を置きて、公役に扣算す。往昔の時より、諸郡邑に鉄匠を設くる無し。但諸郡邑の人民、毎名、税米一升五合を出せば、則ち一半は公庫に繳納し、一半は鉄匠に給与して、以て農器を修葺するの費に供す。是の年に至り、その税米を裁去して、諸郡邑毎に、鉄匠一名を設置し、以て農器具の用に備ふ。而して其の鉄匠は、工銭を得ると雖も、猶亦公役に扣算す。

この処置にともなって、いわゆる「在村鍛冶役」が各村に置かれることになり、その遺制は近代（部分的には第二次大戦以後まで）に及んだものであるが、これはすでに論じてきたから繰り返さない。

ただし、これは「以て農器を修葺する」（すなわち、修理・再生する）ための制度であったことを強調しておく必要があり、村民の中から鍛冶役を選出するものであったから、その技術力は低くかった（農具の修理・再生はできるが、最初から新調することはできない）と考えられ、これとは別に新品の農具を供給する仕組みがともなう必要があった。いいかえれば、この制度は新品製作と修理再生を制度的・組織的に分離している。これについても、すでに前章で諸記録を引きながらあらましを述べたことであるから、ここでは結論だけを示す。

沖縄の新調農具（以下で「農具」とは「鉄製農具」の意味である）の供給には、官営工房の鍛冶細工人による場合と、後に発生する那覇の民営鍛冶集団（後述）によるものとのふたつの流れがあった。

ここでは久米島における官営鍛冶工房の鍛冶細工人の例を『久米具志川間切規模帳』(6)の「諸事締方之事」によって示すことにする。

一、船細工四人　御定の外正頭より所頭引を以て相立来候処　壱人減少可申渡事

一、加治細工五人　右同段ニ付き壱人は□（減）少可申渡事

続いて「役人定并職賦之事」では、次のように記されている。

加治細工六人　内四人所頭引　船作事修補　家蔵普請修補之時　針（釘カ）かな物相調　平日は百姓中農具打

はいし相働

「諸事締方之事」に記載されている内容は、船大工・鍛冶職人のどちらも正規の職人以外に「正男」を夫役として徴用しているが（船大工四名、鍛冶職人五名）、これを一人ずつ減らす減員策を布達した、ということである。

これに続く「役人定并職賦之事」は、正規の鍛冶細工人が二名、これに所頭引（徴用）の四名（先の布達によって一名減じている）を加えた六名が、船・建物・蔵の普請や修理に際して釘・金物などの加工に従事するが、こうした仕事がない場合には農具の製作にあたるべし、ということである。このような新調品の製作体制は久米島に限らず広く王府支配地域に共通していたはずであるから、各間切役所などに公営工房が付設されていたと考えられる。

以上のことから、王府時代の鉄器需要に対応する職人には、正規の「鍛冶細工人」「徴用細工人」「在村鍛冶役」の三種類があったことが分かり、このうちの徴用職人は臨時的なものであるから、いずれは交替して村へ戻ったであったろう。そうであるならば、前述の「在村鍛冶役」の制度は、公営工房で「徴用細工人」が獲得した技術を、以後「在村鍛冶役」として活そうとした算段であったのかもしれない。

以上のように、農民に供給する新調農具の製作は正規の鍛冶細工人が担うものであったから、「八重山鍛冶例帳」の製品に農具が含まれるのは当然のことである。しかし、「宮古鍛冶例帳」「多良間鍛冶例帳」の場合には船手座に関わるものであったためか、農具は一切登場しない。

さて、鉄器製造の制度・建前は以上のようなものであったが、王府時代後半には、正規の鍛冶工房も在村鍛冶役の制度も、必ずしも有効に働いてはいなかった。そのことは『球陽』に記載されている各種の褒賞記録や(7)『与世山親方八重山島規模帳』(8)（尚穆王十七年〈一七六八〉）の記述などから知ることができる。

一、百姓中エ所望渡用トして　千割鉄誂下　所遺蔵ニ而鉀鍬打調　所望相渡候処　位悪敷有之　無間茂打直候ニ付　百姓迷惑之由候　農具之儀　別而肝要成物ニ而候処　右之通有候而ハ　不罷成候間　鉄所望相渡自分ニ而可為打調事

その主旨は、所遺座で制作した鉀鍬は出来が悪くてすぐに打ち直さなければならず、農民が迷惑している。だから、所望する材料鉄を渡して自分で作らすように、というものである。ここには若干の技術的な問題が隠されているが、それは後述することにしたい。

さて、この布達は尚穆王十一年（一七六二）にまとめられた「八重山鍛冶例帳」から、わずか六年ほど後に記されたものであることに注目しなければならない。

『鍛冶例帳』が作成されたこととこの布達が出されたことには、製品の品質と作業効率の悪化、多分は細工人の怠業と技術的な低下が関わっていて、それを正そうとして採られた施策と考えられるからである。しかし、これらの措置によって問題が解決されることにはならず、その後も制度的に不十分のまま、鉄製農具の有効な供給はおこなわれず、長らく放置されてきた。このことは一〇〇年ほど後の『翁長親方八重山島規模帳』(9)（尚泰王十年〈一八五七〉）において、再び類似の布達がなされたことからも知ることができる。

一、百姓等入用ニ付　毎年誂下候千割鉄之儀　跡々モ所遺座ニ而　鍬鉀相調所望為　相渡由候処　位悪敷無間も打直　百姓及迷惑候訳を以　鉄所望相渡　自分ニ而打調候様　被仰渡置候間　其通可申渡事

「八重山鍛冶例帳」も『規模帳』と同様に、明和の大津波で紛失すると書き写されて（王府保管の別帳があったのであろう）、さらに一七九二年にもう一度筆写されるというように、『鍛冶例帳』の積算基準は長らく有効であると見なされてきた。そこからも生産制度の形式化・形骸化が長く続いていたことがわかる。

このように、公営鍛冶工房の機能不全が続いて、にもかかわらず、これに替わる民間の鍛冶業が生まれなかった八

重山では、技術的な基盤の脆弱な「在村鍛冶役」に農具供給を依存しなければならない状態が長く続いた。この根本的な解決は、明治時代後半に沖縄本島から寄留鍛冶職人が渡来して、四個・大川で本格的に鍛冶業を開始するのを待たなければならなかったのである。

沖縄本島では比較的に早くから（正確な年代は不詳）、那覇・美栄橋近くの「譜嘉地」に民間の鍛冶集団が誕生して、それは近代に引き継がれた。この集団は沖縄戦で那覇が壊滅するまで「新村梁鍛冶屋（ミンダカリカンジャー）」として知られ、主として那覇周辺・南部の農村に農具を供給していたのである。

しかし本島においても、「新村梁鍛冶屋」以外は、王府時代の最末期に首里系職人が名護・羽地に寄留して鍛冶業を始めた例を除くと、首里・那覇から離れた地域では八重山と同様の状況が続いて、近代に入ってから生じる首里・那覇からの職人移動によって、ようやく新しい展開を示すことになる。

3　船釘・鎹など

すでに述べたように、「宮古鍛冶例帳」「多良間鍛冶例帳」は表記方法・製品構成ともに類似しており、八重山のものとは異なる部分が多い。

「宮古鍛冶例帳」「多良間鍛冶例帳」の記載内容は、材料別に例示して積算を示すものになっており（言いかえれば、材料別の効率の比較が重視されている）、製品構成については造船関連（なかでも釘・鎹）が中心になっていて、一部に建具・調度も含まれるが、八重山の桃林寺関連・石工用具のような特定の普請・造作に関わるものではない。こうした点から、印象的には、反復して製作する標準的な製品の基準を示そうとしたもの、ということができる。

材料の取り扱いについては、すでに論じたことであるから、簡単な例を挙げるに止めたい。

八重山の場合には「鍋地金」から軟鉄と鋼鉄の両方を得ているが、宮古・多良間では「鍋地金」から軟鉄を得ている。また、八重山では「千割鉄（移入鉄）」を軟鉄として使用しており、再生栫料は「鍋地金（銑卸し鉄）」ならびに「細鉄・古碇など（古鉄）」から製造した「千割鉄位」の二種類に区分しているが、宮古・多良間では「千割鉄」「鍋地正鉄（銑卸し鉄）」「解鉄（古軟鉄）」の三種類に分けて、これらについて効率の比較ができるようになっている。

比較内容は、細工人（横座・鞴差し・向う鎚）の人数、技術程度（上中下）にともなう生産の差異、材料・燃料の使用量・目減り率などである。

多良間の一例を示しておく。

上鍛冶細工　壱尺釘　打立例

一、細工壱人（横座の意）

一、吹押壱人（鞴差しの意）

一、前打弐人（向う鎚の意）

一、千割鉄　四拾弐斤壱合弐勺四才

一、鍛冶炭　百弐拾四斤八合六勺四才

但鉄壱斤に付　三斤弐合五才

一、壱尺釘弐拾五本頭ノ八分角

一、但両目三拾斤　壱本に付壱斤弐合宛

外拾斤弐合壱勺四才吹へり

但鉄壱斤に付弐合五勺四才

同　打立例

一、細工壱人

一、吹押壱人

一、前打弐人

一、鍋地正鉄　三拾弐斤五合弐勺

一、鍛冶炭　九拾四斤九合九勺壱才

但鉄壱斤に付　弐斤九合弐勺壱才

一、壱尺釘弐拾本　頭八分角

一、但両目弐拾四斤　壱本に付壱斤弐合宛

外八斤五合弐勺吹へり

但鉄壱斤に付弐合六勺弐才

同　打立例

一、細工壱人

一、吹押壱人

一、前打弐人

一、解鉄　三拾八斤九合九勺三才

一、鍛冶炭　九拾四斤八合七才

但鉄壱斤に付　三斤弐合七勺

一、壱尺釘拾八本　頭八分角
一、但両目弐拾壱斤六合　壱本に付壱斤弐合宛
　外七斤九匁三才吹へり
　但鉄壱斤に付弐合五匁五才

以上の記載によると、完成した一尺釘の単位あたり量目は一斤二合であるから、そこから鉄材料・炭の総使用量（減少分を含む）を割り出すと、次のようになる。

鉄材料	使用量	炭使用量
千割鉄	約一、六八五斤	四、九九五斤
鍋地正鉄	約一、六二六斤	四、七五〇斤
解　鉄	約二、二二二斤	五、二七一斤

記載されているすべての例について計算したわけではないから、上記の一尺釘に表れた傾向が一般的なものであるかどうかは確認していないが、一尺釘だけに限れば、その効率は「鍋地正鉄」「千割鉄」「解鉄」の順序になって、「解鉄」がもっとも劣っていることを示す。そして、ここでは「鍋地正鉄」が「千割鉄」よりも若干効率的である、という数字になる。しかし、「鍋地正鉄」の場合は、ここには記載されていない「鍋地金」から「鍋地正鉄」に卸す前工程が必要で、実際はこの二つのプロセスの和を求めなければならない。この点を考えると、「鍋地金」は効率がよいことにはならないが、これを計算から導き出すことは少々厄介な仕事である。

「解鉄」は、その効率の悪さからして、錆化部分や夾雑物の多いものと見られるから、回収した廃鉄器であると理解できる。八重山の場合の「細鉄・古碇など」に相当するものであろうが、八重山においては、これらは、加工・調整を経て「千割鉄」に相当するものに作り直されて、それ以後は「千割鉄」扱いになっていたようである。

八重山での再生工程の積算によると、「細鉄（解鉄）」の利用は「古碇など」に比してかなり効率が悪く、宮古・多良間の「解鉄」の場合も同様である。しかし、宮古・多良間は前後の工程が分かれていないから（あらかじめ「千割鉄位」に作って置くのではなく、個別製品の製作のなかで処理しているということか?）、加工の手順に少し異なる点があったのかもしれない。

いずれにしても、こうした「細鉄」「解鉄」は、廃鉄器の回収から発生する材料であると考えられ、それは次のような「農具改め」の実施に関係している。

一、農具不装相備候而ハ　不相届候付　相改無不足相調サセ候事（『田地奉行規模帳』[10]。乾隆二年　尚敬王二十五年〈一七三七〉）

一、鍬之事　一、鎌之事　一、鋘之事（以下略）

右百姓中肝要成農具ニ而　及不足而ハ　耕作方又は山工之砌　不罷成候間　正月七月両度地頭掟惣耕作当ニ而相改検者地頭代エ首尾可申出事（『耕作下知并所作物作節付帳』[11]。道光二十一年　尚育王七年〈一八四一〉）

一、農具揃兼　又ハ不丈夫有候テハ　田畠打拵手入方等　不行届候上　隙取ニモ相成事候条　年々村耕作当ニテ右地与合頭召列　二月七月両度家内相改　右様之等有候ハ、　急度仕立仕替請はいし等　為致各夫地頭掟并惣耕作当へ首尾申出　番所へハ惣耕作当ニテ　申出候様可申渡事（『御恩間切締向条々』[12]。咸豊四年　尚泰王七年〈一八五四〉）

一、農具之儀　丈夫ニ無之候得ハ　耕作方思様不罷成事候間　調方入念候様　毎度可致下知候　尤年両度之浜下

百姓惣揃之砌　耕作筆者ニ□（而）相調部　其守達之者ハ則、科鞭五ツ　可召行事（『冨川親方八重山島諸村公事帳』[13]。同治十三年　尚泰王二十七年〈一八七四〉カ）

こうした「農具改め」がどの程度実行されたかは明らかではないが、必要性が高いことから、まったく無視されたとも考えられず、「仕立仕替」のための検品が定期的におこなわれていたのであろう。

これらの布達による限り「農具改め」の実施月は一定していないが、頻度は年二回とされている。そして、「農具改め」をおこなう以上は、当然ながら「仕立仕替」あるいは「廃品」が生じるはずであり、こうして発生した廃農具は鉄材料として再生されるであろうから、これが「解鉄」であるとみなすことができる。なお、「解」の字は船の解体木材にもあてているから、再利用する古材料の意を含んでいると考えられる。

さて、次は製品の呼称を見ておきたい。

ここでは、「〇〇寸釘」「四棚船用釘」「大もて（釘?）」「小もて（釘?）」「大からみ（釘?）」「小からみ（釘?）」「棚からみ（釘?）」「かいおれ釘」「棚挟み帯金」「棚かすがい」「大かすがい」「かすがい」のように和名を用いていることに注目したい。この種の公文書は漢字交じりの和語で表現するものであるから、和名の使用は当たり前かもしれないし、漢字を使用していてもそれは和式用法である。なお、適当な和語・和漢字が思いつかない場合に、「かのか（金床）」「鉀（ひら＝ヘラ）」のような在地に特有な表わし方をしたものもないわけではないが、その例は少ない。問題は和名を用いて示されている場合に、本土の製品と同じものを指すかどうかである。ここに登場する「釘・鎹」が本土で使うものと同じ形態・機能を持つかどうかは直ちにはわからない。

もっとも、木造船に詳しい真島俊一氏によると、中国の釘・鎹と日本本土のそれとのあいだにさほど大きな相違はないという。わたしも中国四川省・福建省で、広葉杉を用いた木造縫合の川船の造船とその釘を作る鍛冶屋の仕事を見る機会があったが、釘についていえば、基本的には日本の場合とさほど大きな相違はなかった。とはいってもまったく同じかというと、そうともいえない。

それは船の構造によって釘の使用方法が異なるからで、たとえば中国の船造りでは、斜めに打ち込むために緩やかに曲がりつけた「縫い釘」は必要ない。なぜならば中国の船は肋骨を持ち、側板を互いに縫い合わせるのではなく、肋骨に止めるものだから、釘は材に向かってほぼ直角に打ち込まれる。だから、下穴をあける鍔鑿の刃も直線に作られている。

また、この記録にある釘には「頭八分角」と記されているものがある。しかし、和釘にはそういう形状のものはないという。

真島氏は釘・鎹は船の構造に直接に繋がるから、釘の使用量や大きさなどから、作った船の特徴を知ることができるという。以下ではこの点を見ていこう。

真島氏によれば、船釘を大きく区分すると次のようになる。

①船の上半分（非構造的な部分）に用いる釘。

②船の下半分（構造的な部分）を接合する釘。

「①の非構造的な部分に用いる釘」は「家釘」と同様のものと考えてよく、大型和船ならば、一本一kgを目安にしてこれ以下の目方であれば①に相当するという。

先に見た「多良間鍛冶例帳」の場合、寸法の記載がある最も大きいものが一尺で、「頭八分角」の場合は一本当たり一斤二合となっている。一斤が何グラムに相当するかはちょっと難しい問題であるが（時代や地域で相違する）、仮に大目に見て六五〇gであったとしても、一本八〇〇gにしかならない。だから、ここで作っている釘は、和船の構造を取るならば、「一尺釘」以下すべてを非構造的な部分の造作に用いたということになる（この地域の小船は刳り舟で釘は不用だから、釘は基本的には大型船に用いるものだったはずである）。

なお、『富川親方八重山島船手座例帳』(14)には『鍛冶例帳』の「〇〇寸釘」に相当するものが「目釘」と書かれており、「小釘」には「ふし釘」なども含まれる。これらは①に区分できると思われる。

既述のように「八重山鍛冶例帳」には「地船石垣船作事」という表現があり、ここで造っていた船は「地船」「石垣船」といわれるものであったが、宮古・多良間においても、同様の船の製作・修理がおこなわれていたと考えられる。この「地船」あるいは「石垣船」は帆柱を立てて帆をつけ、錨を備えたものであるから、ある程度の大きさの外洋船である。

そして、これがジャンク型の船であったとすると、その側板(和船でいえば棚板)は細く長く薄いから、相対的に小さな釘をたくさん使用していたと考えられ、一尺以下の釘はこの側板を打ち止めるのに用いた可能性がある(②の構造的な部分の接合)。しかし、少なくとも五寸釘以下は、①の非構造的な部分に使用したと考えてよいであろう。

五寸以下の釘には「かいおれ釘」も記載されている。「かいおれ」というからには大和釘で、①の板止めに使用するものである。このような大和釘が使われていたとすると、「地船」あるいは「石垣船」には中国船とまったく同じではない大和風のところがあったのかもしれない。いやそうではなくて、ここで大和船の修理もおこなっていたのかもしれない。

もうひとつ注目しておきたいことは、「宮古鍛冶例帳」に「四棚船用釘」が挙げられていることである。

真島氏によれば、大和船のなかには左右に二枚ずつ棚板を持つ小型船があり、これを「四棚船」といったという。広幅の側板(棚板)を用いるのが和船の特徴であって、もっとも小形の船は左右に一枚ずつ棚板をつけるが、これが二枚になると四棚船である。「四棚船用釘」がこの四棚形式の船の棚止めの釘であるとすると、ここで大和船が作られていた(あるいは修理されていた)ことになるが、どうであろうか、もう少し検討する必要であるように思われる。

さて、ここで考えに入れる必要があることは、和船の「②船の下半分(構造的な部分)の接合に用いる釘」には

「通し釘」「縫い釘」が不可欠とされる点である。しかし、ここには登場しない（「三枚通」も「通し釘」のひとつといえるかもしれないが、目的が異なる）。これに対して、具体的な形状は分からないが「大もて」「大からみ」「大かすがい」などが船の構造に関わるものとして使用されている。ここで注目すべき点は、これらの釘・鎹には「棚からみ」「棚かすがい」（加えて「棚挟み帯金」もある）などと、名称に「棚」をつけたものがあることである。

既述のように和船の側板（棚）の縫合には、ここには登場しない「通し釘」「縫い釘」を用いるが、「からみ」や「かすがい」を使用することはないという。そうであるならば「棚からみ」「棚かすがい」は造船用の和名としては成り立たないから、言葉の上では和語であるが、実態は異なるのではないかということになる。そして、この「棚からみ」「棚かすがい」「棚挟み帯金」は、ジャンク型船の細く長く薄い側板（これを棚と見なしたのであろう）の接合に用いるものであったと考えられる。その場合に「からみ」「かすがい」は、側板の仮止めに使用された可能性があり、これらはジャンク型の船に特有の金物であったといえそうである。

4　鋼鉄と軟鉄の利用

ここで「鋼鉄」「軟鉄」の使い分けについて見ておきたいが、その前に、使用された鋼鉄材料について少し整理をしておく必要がある。

既述のとおり「軟鉄」は八重山では「千割鉄」「鍋地金」「細鉄・古碇の再生鉄」、宮古・多良間では「千割鉄」「鍋地正鉄」「解鉄」を用いているが、「鋼鉄（刃金）」はどうなっているであろうか。

近世の本土では一般に早くから中国地方で産出された「宍粟」「千草」「出羽」などの玉鋼が使用されており、また鉧から加工・調整して作った「水鋼」も用いられていた。いいかれば、「鋼鉄」は早くから流通商品として規格化の進んだものであった。それに対して『鍛冶例帳』には、商品化した鋼鉄（特定の名称を持つ）はまったく登場しない。

それでは、鋼鉄（刃金）としてなにが使用されていたかというと、八重山では「刃かね用鍋地かね」すなわち「鋼鉄を作るための鍋地金（廃鍋）」が記載されており、これを加工・調整して刃金を得ていたらしい。「鍋地金」すなわち鍋の廃品から鋼鉄を作り（「銑卸し法」）、これを刃物すべてに使用していたのである。

一方、宮古・多良間では、刃物には「上刃金」を用いていると書かれており、ここでは「刃かね用鍋地かね」はまったく登場しない。ただし、「挽鋸刃切（歯鑢）鍋地かね二而打立例」があるが、この材料性質についてはすでに紹介した。

八重山と宮古・多良間にある「鍋地金からの刃金」と「上刃金」という鋼鉄の相違が、なにを意味するかはわからないが、とりあえずは八重山と宮古・多良間のあいだに技術的なレベルの差があったとすると、宮古・多良間の「上刃金」は、首里から下ってきた加工済みの移入鋼材料であったと理解することができる。

この場合の「上刃金」がなにを材料にして作っていたのかは明らかではない。しかし、「割り込み刃金（後述）」に加工する刃物用の鋼であるから、十分に鍛錬を重ねていなければならない。その過程で炭素量はかなり低下しているはずで、それだけ硬度が得にくく、高い硬度の必要な鋸の目立てに使う「歯切鑢」には適さないのである。このために、ここで「歯切鑢」だけは直接に「鍋地金」から製作することになっている。その方法は「銑卸し」であるが、できるだけ鍛錬を少なくして炭素を失わないようにする。この点は八重山においても同様で、ここでは「刃かね用鍋地かね」と区別して「吹鍋地金」と表現されている（「吹鍋地金」は、他の数点の品物にも使用されている。後述）。

そこで、鋼鉄の具体的な利用方法について整理をすると、次の二種類となる。

○軟鉄と鋼鉄を合成して用いる（「刃かね用鍋地かね」や「上刃金」を使用。どちらも鍛錬を経た鋼鉄）

○鋼鉄のみで作る（「吹鍋地金」。鍛錬をおさえて高炭素のままで使用）

本土では、鉄物一般は軟鉄で作って、刃物に限って軟鉄の刃先に鋼鉄をつける合成的な方法を用いるが、特に強度・硬度・対磨耗性を必要とする場合には全鋼を使用する（全鋼製品は焼入れをするものと鍛錬したままで使用するものがあり、両者の製品性質はまったく異なる）。

ここでも、これに類似する二つの方法を用いていたようである。

前者の合成的な方法の例としては、例えば『多良間鍛冶例帳』では「へいぬみ（平鑿）」を五丁製作するために「千割鉄」を六斤四合五尺、「上刃金」を七合五尺使用する積算になっており、「千割鉄」に「上刃金」を付けている。八重山では「小刀」（長さ五寸・幅六分・厚さ一分二厘）を一二丁製作するために、「千割鉄」を二斤八合七尺九才、「刃かね用鍋地かね」を二斤一合使用する積算になっていて、「千割鉄」に「刃かね用鍋地かね」を用いている。どちらも軟鉄と鋼鉄を合成して作るもので、これ以外の刃物についても同様の記載となっている。

沖縄の斧類は、他の多くの刃物が近代鋼の利用と本土からの移入品の影響によって形態や技術が変化したにも関わらず、比較的に後の時代まで伝承的な形式を持つ製品が実用され、その製作方法も伝承してきた。

それをみると「割り込み刃金（割り刃金）」法で製作する両刃刃物である（本土の斧類は本来は「三枚合わせ」法で「割り込み刃金」法ではないが、近年は「割り込み刃金」法で作られたものも多い）。だから、「割り込み刃金」法による斧類の製造は、沖縄的な特徴を持つものといえ、『鍛冶例帳』の斧類に用いた方法も「割込み刃金」法の両刃仕立てであったと推測できる（沖縄の斧類は形態的にも本土のものとは異なる）。そして、ここでの刃物についての記述はすべて一致しているから、ここに表われる沖縄の刃物製作法は「割込み刃金」法であった考えられる。しかし鉼の場合には、片面（地面に接する側）に刃金を張った「付け刃金」に類似するものが伝承しているから、「付け刃金」に近い方法もあったかもしれない。

そこで、『鍛冶例帳』に登場する製品を、軟鉄と鋼鉄の複合的方法から整理すると次のようになる。

○軟鉄と鋼鉄を合成して作ったもの（中鉟・鎌・山刀・斧・庖丁・小刀など）
○軟鉄のみで作ったもの（釘鎹・建具金物・中鍬・鋤・石鍬・芋掘りかなこし・金床など）
○鋼鉄のみで作ったもの（歯鎹・鰹倶・かなねなど）

なお、「軟鉄のみで作ったもの」のなかに中鍬・鋤・石鍬が含まれており、鋼鉄を使用していないことに注目しなければならない。なぜならば、本土の鋤・鍬は全体を軟鉄で作り、その刃先に鋼鉄をつける（あるいは銑鉄を熔かしつける）ことによって刃先を強化しており、中国大陸の沿岸地域においても、かつては日本本土と同様の方法を用いていた。鋤・鍬は軟鉄だけで作るものではなかったのである。

別の言いかたをすると、鋤・鍬は刃金を付けた刃先に焼き入れをして使用する。軟鉄だけで作った鋤・鍬は刃先の磨耗や変形が生じやすく、すぐに土切れが悪くなる。八重山には石鍬（イシグェー）という肉厚の鍬（本土の唐鍬に相当する）があるが、石地で使用するものであるから、磨耗しやすく丸刃になりやすい。だから、この鍬先に鋼鉄を使用しなかったことは理解しにくい。

以前に村々の鍛冶屋の「鍬先の直し」を聞き歩いていたころ、何軒かの鍛冶屋から聞かされた「刃先直し」は、本土の「先掛け」と少し様子が異なり、磨耗した刃先を修理再生するというよりも、刃先に鋼鉄を付けて丈夫にする処理をおこなっている、というべきものであった。

そして、本島南部の馬天で営業していた鍛冶屋（首里出身で南部の村々を廻り歩く廻村鍛冶であった）によると、廻村鍛冶は、新品の鍬先を作る技術は持っておらず、もっぱら「刃先直し」に従事するものであったという。

それでは新調の鍬をどこから購入するかというと、那覇の「新村梁鍛冶屋」から入手するものであった。そして、その新調の鍬は軟鉄だけで作られていて鋼鉄は付いていなかったという。この軟鉄だけの鍬先に鋼鉄を付け加えて焼入れをする、これが廻村鍛冶屋の最も重要な仕事だったのである。

この調査をしていた当時は、軟鉄だけで作る鍬は、王府時代末期に生じた技術的な退化の結果ではないかと考えていたが、『鍛冶例帳』を検討するようになると、そうではなく、軟鉄だけのものが本来の新調の鍬であった可能性を考える必要が生じてきた。『鍛冶例帳』では、同じ農具である鉀には鋼鉄を付けているが、鍬先には付けていないからである。

逆に、このような磨耗の早い軟鉄の鍬であったから、近代に入ると鋼鉄付けをする廻村鍛冶屋が登場したとも考えられる。この点はすでに論じてきたことであるが、『鍛冶例帳』の軟鉄の鍬も、実は後から刃金付けをすることを前提にして作っていたと考えることも出来そうである。そうすると、鍛冶仕事が、新調をあつかう公営鍛冶工房と、直しを担当する在村鍛冶役に区分される仕組には、それはそれで整合的であると思われる。在村鍛冶役の仕事のうちに鍬の「刃金付け」が含まれていたことになるからである。

次に鋸について記しておく必要がある。『鍛冶例帳』に登場する鋸は、本土で用いられてきた木葉形鋸・丸頭鋸・前挽鋸などの「柄付鋸」に分類されるものではなく、方形の木枠に鋸刃を張った「張鋸」である（中国では今日も一般に使っている。本土・中世の「大鋸」に相当する）。したがって鋸刃は帯板状になっており、片側に鋸歯が刻んである。

八重山では「壺切大鋸」「木分大鋸」が出てくるが、宮古・多良間では「挽鋸」だけが載っている。「壺切大鋸」はおそらく材木を玉切りに用いる「横挽き鋸」を指し、「木分大鋸」「挽鋸」は、玉切りにした材木を挽割りにする「縦挽き鋸」と推測できる。いずれも製材に使用するものである。これらの材料をみると「千割鉄」を用いているから、当時の鋸は軟鉄で作っていたことになる。

一般に帯状鋸刃は粘りを必要とするが、在来技術の範囲では焼入れが難しく、低炭素鋼（亜共析鋼）を使用して、入念な空打ちを施して強度と粘度を確保する（加工硬化による）、といったものであった。

「千割鉄」はほとんど炭素を含まないから、柔らかい鉄で作ることが望ましい釘・鎹などには適するが（硬い釘や鎹は打ち込んだ時に木材に馴染みにくい）、磨耗しやすく変形が生じやすい鋸刃には不向きである。そして、こうした材料の鋸を使用する場合には、歯先に頻繁に鑢を掛ける必要がある。

また、この性質の鋸では枯れた木材の加工は困難であるから、もっぱら生木を加工していたと推測される。挽割りにした生木の形を整えて、均一の厚さにするためには、斧を用いたのであろうか。

さて、「多良間鍛冶例帳」には一例だけであるが、「鍋地金」を用いた鋸がある。これは単に「千割鉄」の代用であって、意図的に「千割鉄」と異なる材料性質を得ようとしたのではないようにもみえるが、「鍋地金」を用いることでより硬度のあるものを作ったとも考えられる。「千割鉄」の「挽鋸」（長さ五尺三寸・幅二寸五分・量目三斤三合五勺）と、「鍋地金」の「挽鋸」（長さ五尺・幅三寸・量目三斤）を比較すると、次の通りである。

千割鉄　横座　八分（夫賃カ）
　鞴差し　八分（同右）
　向う鎚　一人　二分（同右）
　千割鉄　一〇斤一合
　鍛冶炭　九四斤二合二尺二才

鍋地金　横座　七分五厘（同上）
　鞴差し　七分五厘（同右）
　向う鎚　二名　七分（同右）
　鍋地金　二〇斤
　鍛冶炭　一七三斤三合二勺

「鍋地正鉄」から地金を得る「銑卸し」の歩留りは、鍋地金五五斤三合から二六斤七合一勺が得られて、五〇％であるから、この鋸作りの「鍋地金」二〇斤は減量して一〇斤となり、千割鉄の場合の一〇斤一合とほゞ見合っている。

最後は全鋼製品についてである。既述のように八重山の「鰹俣」は全鋼で作られているが、その場合の「吹鍋地金」の歩留りは八〇％減、「かなね」は七五％減である。これに対して「木分大鋸鑢」はほとんど鍛えをおこなわないで（したがって、減量しない）、高炭素を維持しようとしている。充分に鍛えた鋼鉄と鍛えの荒い高炭素の鋼鉄を作り分けられているのである。

もう一点変わった記述が「菜種子用木崎かね（菜種子割り）」についてある。この品がどのような形態のものかは分からないが、「鍋地金」四斤と「千割鉄」四斤二合八勺一才を混合して使用し、ちょうど「千割鉄」の分だけ減量したことになっている。不思議な使い方であるが、うまく解釈できるまでには至っていない。

『鍛冶例帳』にみられる王府時代の鉄をめぐる製品・技術は、およそ以上のごときもので、その特徴を一言でいえば、廃鍋の銑鉄に依存していることである。

当然ながら、ここから近世沖縄における鉄鍋の需要（製糖の影響）を想定しなければならないが、このように廃鍋に全面的に依存した鍛造文化は、他に見ることのない個性的なものであると思われる。

註

（1）朝岡康二『宮古・八重山の所遺座（鍛冶例帳）における材料鉄』『国立歴史民俗博物館研究報告50』一九九三
喜舎場本については、『沖縄県史料・前近代7・首里王府仕置3』沖縄県立図書館史料編集室編　一九九一
鎌倉本については、「鎌倉芳太郎ノート」沖縄県立芸術大学付属図書・芸術資料館蔵

（2）前掲（1）

（3）『多良間村史・第二巻資料編1・王国時代の記録』多良間村史編集委員会　一九八六

（4）『沖縄大百科事典』別巻　沖縄大百科事典刊行事務局　一九八三

（5）『球陽・巻六』球陽研究会　角川書店　一九七四
また、向象賢の『羽地仕置』には次のようにある。
「此中諸間切百姓遺候鍬へらはいし賃として　百姓壱人に付米壱升五合ツ、相懸　半分者公儀　半分者鍛冶細工ニ相納候処百姓疲申ニ付　未乃春比　右出来差免　諸か間切江鍛冶細工人壱人ツ、立置　夫引合相定候事」（『沖縄県史料・前近代1・首里王府仕置1』沖縄県立図書館史料編集室編　一九八一）

（6）『沖縄県史料・前近代6・首里王府仕置2』沖縄県立図書館史料編集室編　一九八九
（7）朝岡康二『日本の鉄器文化』二三五―二三七頁　慶友社　一九九三
（8）前掲註（7）
（9）同
（10）同
（11）同
（12）同
（13）前掲註（2）
（14）同

V　もの・わざ・からだと資料化

一　仕事と身体
――デジタル画像の利用――

はじめに

「民俗技術」という観点から技術を考えると、その場合の技術には「もの・わざ・からだ」が一体のものとして関わっていることが分かる。マンーマシン・インターフェースや感性工学のような、ひとの身体性（筋力・感覚・判断・反応など）から遊離（あるいは飛躍）してしまった現代技術に対比すれば、「民俗技術」ははるかにひとに依存している。しかも、その場合のひとは、抽象的な人類一般を指しているのではなく、特定の文化に色づけられた特定の「文化的身体性」とでもいうべきものから成り立っている。

もっとも、「文化的身体性」などといっても、固有・固定的なものではなく時々の変容をともなう、というよりも、変容の結果として存在するものである。ここではデジタル画像（映像）を切り出すことから、こうした「もの・わざ・からだ」の資料化が可能であるかどうかを試みるものである。

近年のデジタル情報技術の発達の結果、大量の画像（静止画像・動画像）を迅速に処理することが可能になった。その発達速度は、数年前には静止画像がネットワークで処理できるようになったと驚いていたものが、今日ではリアルタイムの動画像が大衆的な規模で実用される、という驚異的な状況に至っている。

このようなメディア環境の急激な変貌は、主に文字を介した研究から成り立っていたこれまでの人文学にも影響を与え始めているようで、将来を考えれば、人文学のどのような領域においても、いずれはこのメディア環境の変貌を深刻に受け止めざるをえなくなると予想される。そこでは、学問方法の再構築が必要となってくると思われるのである。しかしながら、あまりにも急激な情報技術の発展とメディア環境の変貌に対して、人文学の学問方法や体制はそれに見合った対応をおこなっておらず、技術の発展がもたらすに違いない豊かな可能性が語られながら、ほとんど具体的な成果は上がっていない。

論理の展開方法や文字表現によって成り立つ制度的な伝統的学問スタイルを、どのようにこの新しいメディア環境に適応させるかというごく基本的な事柄すら、十分な議論がおこなわれているとは思われない。

このような現実認識の上に、これまで口承の文字化を学問的な基盤にしてきた民俗学的な研究において、デジタル情報技術をどのように利用しうるかを考えて、その有効性と限界を検討し、そこから民俗学的な研究領域の拡大を模索しようと試みるものである。

1　身体活動を表現する言葉・文字

日常的なひとびとの活動を再現・記録する手段に言葉や文字があるが、それと同様に画像を用いることもできる。というよりも、文字よりも画像のほうがはるかに古くから用いられてきたといえる。

ここで言葉・文字と画像とを対比すると、前者は後者に比べて抽象度の高いメディアである。言葉や文字は、あらかじめ当事者のあいだに、それに対する共通の体験的な理解があることを前提にしており、ここから共通の体験を持たない他の言葉・文字への翻訳はなかなか困難である、ということが生じる。よく指摘されるように、異言語のあいだでの一対一の対応は、いたって限られているからである。

また、言葉や文字で表わすといっても、多くの文化において日常的なひとびとの活動のすべてが、網羅的に言葉・

文字になっているわけではない。むしろ、必要から生じる実用的な範囲が言葉・文字になっているにすぎない。そして、言語化の対象とされる事柄は、言語に置き換えられて流通すると同時に実態から離れて抽象化される。簡単にいえば、言葉は常に事象の細部を省略することによって成り立っている。

例えば、ひとびとの身体活動（ここでは「体全体の移動を伴わない仕事」を中心に取り上げている。「体の全体的な移動を伴う」身体活動とは、例えば「歩行」「運搬」などを指す。また、芸能のような身体表現に重点を置くものは省く）はなんらかの「姿勢」を採った上で、頭・手・足などの各部位が、特定の運動をおこなうことによって実施される。いわば「姿勢」が活動の基礎になる。その場合の「姿勢」の常識的な区分は、取りあえずは以下のように考えればよいであろう（「姿勢」の類型化は、厳密におこなおうとすると際限なく細分化されていくものである。以下に挙げたもの以外の状態も考えられるし、これとは異なる区分の仕方もありうる）。また、この区分はいわゆる日本文化（あるいは日本人の身体活動）を想定しており（これにも歴史的・地域的な変化が伴うに違いないが）、異なる文化においては異なる「姿勢」が存在し、異なる意味づけがあろうから、その場合には別の分類を考える必要がある。

①立った姿勢
②屈んだ姿勢
③腰掛けた姿勢
④しゃがんだ姿勢
⑤坐った姿勢
⑥寝ている姿勢

取りあえず①～⑥に分けてみたが、これらの特徴・差異をさらに詳しく示すためには、もうひとつ下位の分類を付け加える必要がありそうである。

一言に「立った姿勢」といっても、誰もが体験的に知っているように、重心の置き方によって色々な身体の使い方がある。例えば、体重をまっすぐに両足にかける、どちらか片足だけにかける、七対三に分けてかける、前のめりに両爪先にかける、などが考えられる。また、片足を前に出している場合や、後ろに引いている場合があり、膝が伸びている場合、曲がっている場合、あるいは腰を落としている場合、爪先を並行にする場合、ハの字に開く場合など、下位分類は限りなく細かくなっていく。さらに言葉を加えていけば、もっと詳しく表現することも可能であるが、言葉をどんなに細かく追加していっても、結局のところはその姿勢を完全に説明・表現することはできない。最後は言葉の持つ限界に突き当たり、どうにも舌足らずになる。

「仕事の姿勢」という観点からいえば、最初に「立った姿勢（立位）」と「坐った姿勢（座位）」に区分するのがよさそうである（英語では、立位はON TIPTOES, ON HEELS, 座位はON THE GROUND, ON THE BENCH, ON KNEESのように重心の受け方で区分して表現される）。

日本的な言いかたの「立位」は体重を足で受けて、つま先あるいは足の裏全体で地面に接するが（ON TIPTOES, ON HEELSと同意）、「座位」の場合は尻で受ける。これには、折畳んだ足を介して尻で受ける（正座・胡座など）場合と、足を前に投げ出して（多くは足も作業に関わる）尻を地面に直接に接して体重を受ける場合があり、これらがON THE GROUNDにあたるのであろう。

しかし、英語のON THE GROUNDには、足を使うことは含まれないように思われる。また、日本の「仕事の姿勢」では、膝をつけて（ON KNEES）、爪先で体を支える（野球のキャッチャーのような）姿勢はあまり用いられない。

そこで、日本的な「座位」をもう少し細かく区分するには、「椅子に坐る」「畳に坐る」「地べたに坐る」というように「坐る」対象物を加えて表わすか、「片膝を立てて坐る」「正座で坐る」というように、足の組み方を表して具体性を与えることになる（英語では、CROSS LEGGED, KNEE DROWN UPなどになるが、これらは説明であって、「仕事の姿勢」を示す用語ではないようである)。

それでは坐る対象と足の組み方を追加して、「畳に胡座で坐る」と表現するならば、該当する姿勢を充分に表現できるかというと、そうでもないようである。

「胡座」は、膝を折って脛をX型に組んで坐る姿勢を指すが、これをもう少し細かく観察すると、脛の組み方や折り方の程度に色々あることがわかる。しかし、これらを区分けして簡潔に示す言葉はどうも見つからない。仕方がないから、ゆるく組む・しっかり組むといった感覚的な表現を用いて、ぼんやりと表すことになる。

「座位」のなかには「べた坐り」「横坐り」のように、まったく感覚的な表現でしか表わせない坐り方もあり、その言いかたで一般に共通の理解がえられるかどうか定かでないものもある。わたしは「べた坐り」は「両膝を合わせて、爪先を尻の外側に出して、尻を地面につける坐り方」、「横坐り」は「両足先を左右どちらか一方に出して、体重が脛にかかるのを避けて、尻を地面につける坐り方」を連想するが、人によって異なるのではなかろうか。これらは説明すること自体がなかなか面倒である。

こうした言葉・文字の限界は、一般的な日常会話や文学表現においては特に問題にならない。日常会話や文学表現は相互の想像力によって話し手（書き手）と聞き手（読み手）を繋ぐものであるから、両者の想像力がどこか一点で一致すれば疎通する、と考えればよいからである。ということは、この場合の疎通は実は誤解にすぎないことも起こりうるが、それも想像力のうちである。

ところが、実生活における「仕事の姿勢」を伝えようとする時（例えば特定の仕事を伝授しようとする場合）には、具体的な身体活動を正確に伝えたいと思うことも少なくない。

そういう時には、前述の曖昧な言語表現ではとても間に合わないから、多くの場合に「ああやって、こうやって」と身体を使って示し、実際に「手取り足取り」、範を示しながら伝えることになる。言葉だけでは「畳上の水練」にすぎないのである。

技術伝承にとって「畳上の水練」が実践的でないのは当然であるが、同様の問題は、民俗学的な身体活動の研究においても生じてくる。

既述のように、仕事や芸能の姿勢を言葉で示すことは困難であるが、姿勢は作業内容や表現に密接に関連しており、姿勢・動作と内容とは特定の対応関係を持ち、そこから身体活動にまつわる伝承性が現れる。したがって、「仕事のなかの伝承性」を研究しようとする場合に、どのような姿勢でどのような動作がおこなわれているかは重要なことで、研究が言語で示されるものである限りは、それを言葉・文字で表わさなければならないという根本的な問題にたち戻る。こうして、これまでの学問的な表現形式（メディアとして言語を用いる）は、仕事の姿勢・動作などについての困難な（あるいは不毛な）言語化が必要不可欠であるとされてきた。言語化できない事象は学問的表現として成り立たないから、このことはこの分野の研究にとって致命的なことである。こうして読者の理解を超えるモノグラフが多々生まれることになった。

それでは、仕事の姿勢をどのようにあつかえば学問的に表現できるか、以下に検討してみたい。

2　画像（静止画像・動画像）の利用

印刷・複製技術の発達にともない、意味ではなくイメージを表現することが容易になると、様々の領域において画像が盛んに利用されるようになってきた。言葉・文字による長たらしい描写に替わって、一枚のスケッチ、一枚の絵、一枚の写真の方が、はるかに説得的で有効であると感じられるからである。こうして今日では、博物館の展示図録のような画像集成が進んでおり、さらにそのデジタル化と共に画像のデータベース化も積極的に取り組まれるようになってきた。

とはいっても、人文学の研究に戻ってみると、それらはまだ補助的な利用に止まっている。現段階ではまだテキストの理解を助ける補助手段として用いる場合が多く（いわば挿絵である）、画像の利用によって新しい研究視点を生み出したという例はさほど多くないと思われる。まだ過渡的な状況にあるのかもしれない。

ところで、画像の利用の実際にはいろいろなメディアの形式が存在する。もっとも簡単な（特別の装置を伴わない）ものは、鉛筆一本で描けるドローイングやスケッチ、いわゆる「描写」であるが、これには技能が必要で、他人の眼に耐えるものを描けるひとはそれほど多くはない。もっとも、ドローイングやスケッチの基には、動きや方向を示す身体的な活動があるから、これを身振り・手振りに形式化して、言語の補助に用いていることが多い。

また、描くという行為は、なんらかの目的・動機によって生じるものであるから（描くこと自体が目的化していることもあるが）、描きたいもの以外が描写されることはなく、その結果、描かれる範囲は常に限定的である。その上に、描かれた結果は描き手の表現能力に依存し、それは訓練によって獲得されるものであるからパターン化（すなわち、記号化）が生じやすい。

この点は、歴史的な絵画に登場する「仕事の姿勢」についても指摘できる。そこに登場するものの多くは繰り返し描き写されており、この繰り返しの過程で類型化が生じると考えられる（もっとも典型的な例は「略画辞典」あるいは「粉本」であろう）。

類型化とは、具体的（フォーマティブ）なものから記号的（シンボリック）なものへ移行することから生じる。実際の事象から離れて概念化したポーズ（多くは抽象的な特定の「意味」を含有する）が「姿勢」として成り立つからである。このように見ていくと、ドローイングやスケッチは記録方法として、記録されたものの利用法として大変に有効ではあるが、同時にかなりの限界もあることが分かる。

さて、前述の絵画的な表現の限界を超えて、画像が記録手段・研究素材としてひろく利用できるようになるのは、写真の普及によってである。機械的な画像の記録技術が生まれると、そこでは記録者の恣意が反映しにくいから（厳密には無視できないが）、これを作成・利用することで、これまでと比較にならない記録性・利便性（もちろんその再現性は、完璧からはほど遠いが）が生まれるからである。

カメラの眼は一瞬にして対象を画像化できて、同時に対象の周辺をも自動的に写し込んでしまう。だから、「仕事の姿勢」を記録し伝えようとする場合に写真は確かに優れたメディアである。くどくどしい説明の言葉・文字を付けなくても、具体的な姿勢を理解でき、場合によってはかなり細部まで把握することができる。

そこで、伝承的な「仕事の姿勢」の記録（自分が撮ったものばかりでなく、他人の撮ったものを含めて）をたくさん集成・分類して細部を比較すれば、より詳しく身体活動の様相がわかるに違いない。そして、この目的のために「〈仕事の姿勢〉画像データベース」を構築できるかもしれない。以下では、その実験を報告したいのである（ここには著作権・肖像権など権利関係、あるいは複製技術の利用全般に関わる未解決の問題がいくつもあるが、それは別に議論するべきものである）。

さて、このような「〈仕事の姿勢〉画像データベース」の可能性を念頭において、撮られた画像（写真）の特徴をもう少し細かく見ていくと、これだけではまだ十分ではないように思われる。なぜならば、身体活動のともなう「仕事」の実際は、常に動きをともなうものだからである。

撮影にあたって技術的な制約が大きかった初期の写真は、文字通り対象を「静止」させて撮影していた。「静止」した姿勢は、伝統的な絵画・彫刻における「ポーズ（動きを表す静止状態）」と同様の性質を持つものである。絵画・彫刻における「ポーズ」は、動的なものを視覚言語化して静止させたもので、いわば約束事であるから、「ポーズ」に類似する「静止」状態に固定して撮影された「仕事の姿勢」は、仕事の姿勢と仕事内容の関係を形式化・類型化したもので、絵画・彫刻の場合と同様に誰もが「ありそうに思う姿勢」に写されているのである。

今日では高速撮影が可能になって、前述のような形式化はかなり乗り越えられうるが、それでも「ありそうに思う姿勢」の問題がすべて解決したわけではない。いずれにしても、写真は一瞬の場面を切り取ることで成り立つから、一枚の写真のなかに時間的な前後関係を反映させることはできない。だから、時間経過を示したいと思う場合に、時間軸に則したいくつかの写真を並べて示す方法が考え出された。いわゆる組み写真（あらかじめ設定した筋書きによって構成する）や連続写真（「ショット」の連続によって「シーン」が与えられる）である。

こうして一枚の写真の表現範囲を越えることが可能になるが、よく考えてみるとこれらはむしろ擬似的な「映像」であるといった方がよいと思われる。

以上のように、記録された画像（静止的な）の持つ特徴を考えると、「仕事の姿勢」の研究のためには、必然的に映像を視野に入れなければならないことが分かる。そこで、以下では映像について検討を加えていきたい（ここでは筋書きを持つ「劇映画」やいわゆる「アニメーション」、あるいは参加型の「映像ゲーム」などは除外する）。

よく知られる映像のスタイルとして「ニュース映画」「記録映画」が考えられる。また、これに類するものとして「ドキュメンタリー映画」がある。以下では、そのうちの「民俗に関わる記録映画（以下、これを「民俗記録映像」という）」を対象にして検討していきたい。この「民俗記録映像」はいわゆる「映像民族誌」に対応する作品形式を意味する。

これらは、実際に生起する事象を直接的な対象にしたという意味では「実写映像」である。

「実写映像」は、原理的にファインダーに入ったものすべてを自動的に映像化してしまうから（実際は撮るものの選択、カメラアングル、その他のいわゆる「演出」がともなうものであるが）、カメラが連続して回っている限りは、一個の限定された動的イメージが記録される（これを「シーン」と称して、映像の基本単位と考える）。

そこで、事象を過不足なく記録する上で必要と思われるイメージ（シーン）を数多く撮影して「シーン」の集合を作り、これを適当に取捨選択して連続的に配置したものが「民俗記録映像」である。

それは、①「シーン」を多数撮影してその集合を作る、②「シーン」の集合から任意の「シーン」を取り出して編集・配置して作品化する、というふたつの作業から成り立つと思われる。

それでは「民俗記録映像」における「シーン」の構成は、どのようにおこなわれるのであろうか。

すべてがそうではないかもしれないが、TVの「コマーシャルメッセージ」「ニュース番組」「民俗記録映像」など多くの映像作品に共通することは、いずれも「始まりがあって終わりがある」ということである。言いかえれば、一定の範囲で完結した物語（ストーリイ）を作っている。

したがって、ここでの「作品化（構成化）」とは、各「シーン」を全体の意味づけに従属させることによって、ストーリイの一貫性を実現することである。だから、各「シーン」は、全体の意味づけをもたらす歯車と位置づけられる。この用法は「実写映像」の活用法のひとつとして広く実行されているが、批判的にみれば、ここでの映像（シーン）はストーリイを成立させるための素材に過ぎないことになる。

「民俗記録映像」の心得として、「できるだけ主観を介入させないで記録・制作するべきである」といわれるが、前述の「作品化」のためには、あらかじめ撮影すべき「シーン」を選択して、そこで撮影した素材に基づいて作者の意図に則した任意の「シーン」を選び出し、それを一定の流れにそって切り貼りするのであるから、主観が二重の選択・配置・構成を通して作品に反映する仕組みになっている。以上を言いかえれば、ここでいう「民俗記録映像」は、主題となる事象に対する解釈を示すもので、制作者の考え（主観）の視覚化を意図した映像である、ということになる。

この場合に、基になる個別の映像（シーン）は「素材」として構成して作品化するのであるから、記録・採集した言葉を「素材」にしてそれに論理的解釈をほどこした一般の研究論文と、構造的になんら異ならないことになる。メディア形式を言語から映像に置き換えただけなのである。

さて、ここで重要と思われることは「シーン」が主題の下に部分化・従属化されることである。各「シーン」はこの部分化・従属化によって再生時間が限定されるから、元の「シーン」が持つ表示内容の具体を省略して、その一部によって事象を代表させることが多い。だから、作品化された「民俗記録映像」は個別「シーン」の内容を理解・分析するには適さないのである。

ここまでに述べてきたことを整理してもう一度繰り返すと、ここでの画像・映像の利用法は、言葉・文字では表現しがたい事柄について、言葉・文字の代替手段として利用するものであって、その場合に、作者はあらかじめ個別の画像（ショット）・映像（シーン）に定まった意味を与えており、その意味に基づいて画像・映像を組み込み、ストーリイの説得性を得る。このことは次の点からも知ることができる。

一般に映像作品は、映像を見ただけでメッセージを理解できるとは限らず、無声映画において字幕や弁士の役割が生じるように、言葉・文字による説明・解釈を補って初めて理解できるものが少なくない。

というよりも、多くの場合にその意味付けは言葉・文字に依存しており、映像を見なくても言葉を聞き文字を読むだけで十分に意図がわかることが多い。このことはＴＶのニュースやワイドショウの情報のほとんどがアナウンスに依存しており、映像は曖昧なイメージの表示として使われていることからも分かる。印象の強弱・好き嫌いの感覚的な反応はともかく、映像がなくても意味は伝達可能なのである。このことを別の側面からみると次のようになる。

ここに特定の映像があるとして、それに言葉・文字を与えるならば、そのいかんによって様々な異なる解釈・理解を生み出すことができる、ということである。映像自身は意味を語らないからである。したがって、多くの「民俗記録映像」は文字に依存する記録とその解釈を前提にして、それに映像による感情・感覚的表現を加えたものと考えられる。しかし、以下で試みる画像・映像の利用はこの脈絡とは少し異なる観点に立つものである。

3　映像のデジタル化とその利用

これまでの検討は、撮影から利用までのすべての過程を問題にしてきたわけではない。映像素材の撮影時点での問題（カメラの眼の限界など）は、これまでもたびたび議論されてきたことであるから、あらためて付け加えるべきものはない。ここで試みたいことは、すでに存在する映像素材をいかに利用するか、あるいは利用できるか、という映像素材の活用についてである。

すでに触れたように、撮影されたものが静止画像である場合の、画像として提示されるイメージは切り取られた瞬間に限定される。そして、映像の場合も、切り取られた「シーン」が限られた時間内のものであることに変わりはない。そして、映像作品は（組み写真と同様に）、切り取られた「シーン」を並べることによって成り立っている。この切り取られた「シーン」は、それぞれ一定の時間内の一個の内容を表示している。映像の眼も（人間の眼と同様に）、A・B・Cの異なる内容をひとつの「シーン」に複合的に収めることができない（マルチ・ディスプレイが成り立たない）。したがって、撮影された出来事は「シーン」に分節化された映像の群として収録されることになる。撮影された静止画像が「ショット」の集合であるのに対して、素材映像は「シーン」の集合体なのである。

このことから、素材映像を個別に「シーン」に分解して、いわゆる作品化とは異なる方法で利用することはできないものかと考えてみる。たとえば、多様な「シーン」を集めて、その中から類似「シーン」を任意に引き出せるならば、容易に「シーン」の比較をおこなうことができる。

ここで取り上げる「仕事の姿勢」は、人間の基本的な行為・活動のひとつであるから、様々な目的で撮影された映像に収録されている可能性が高い。そこでそれらを個別のストーリイの作成にとどめないで、撮影者や撮影の動機・時間・意図に関わらずオープンな環境に置くことができるならば、そこから個人の見聞の範囲を超えた「仕事の姿勢」の集成が可能になる、と考えるのである。言いかえれば、画像をデータベース化する発想と同様に、単位となる「シーン」を基礎にした映像データベースの構築ができて、そこから関心のある「シーン」を検索できれば、「シーン」の比較ができて、さらには集められた「シーン」が示す固有の内容を読み解くことが可能になる、というわけである。

日常の卑近な例であるが、茶の間のＴＶの場合も、観ている人が必ずしも制作者の観点に立って画面に接しているとは限らない。ある歯医者は、ＴＶを見る時に、いつも芸能人の口のなかばかりに注目して、歯の治療跡や入れ歯の状態を観察してそれが面白いという。これは少し専門的な関心であるが、もっぱらアナウンサーの頭髪や衣服にばかり関心を払っているひともいる。あるいは、ファッションにうるさい人が政治家のスーツの質ばかり見ており、服の質と政治家の重要度は比例するなどと批評する。研究的な映像においても同様の利用があってよいと思われるのである。

このような「シーン」の比較・分析に基づく研究は撮影の動機や趣旨とはまったく無関係で、撮影の動機となる出来事の全体像を明らかにするわけでないが、出来事を構成する特定の分節（例えば「身体活動の伝承性」）を抽出し、出来事への関心から離れた別の問題意識による利用を可能にすることになる。ここではこれを映像の微分的利用法としておく。

この方法は原理的には取り立てて新しいものではなく、いわば常識的な資料論に含まれるであろう。しかし実際にこのような映像利用はあまり試みられてこなかった。

なぜならば、ごく最近までの映像は、連続的なフィルム（あるいはテープ）に記録するアナログ方式であったから、

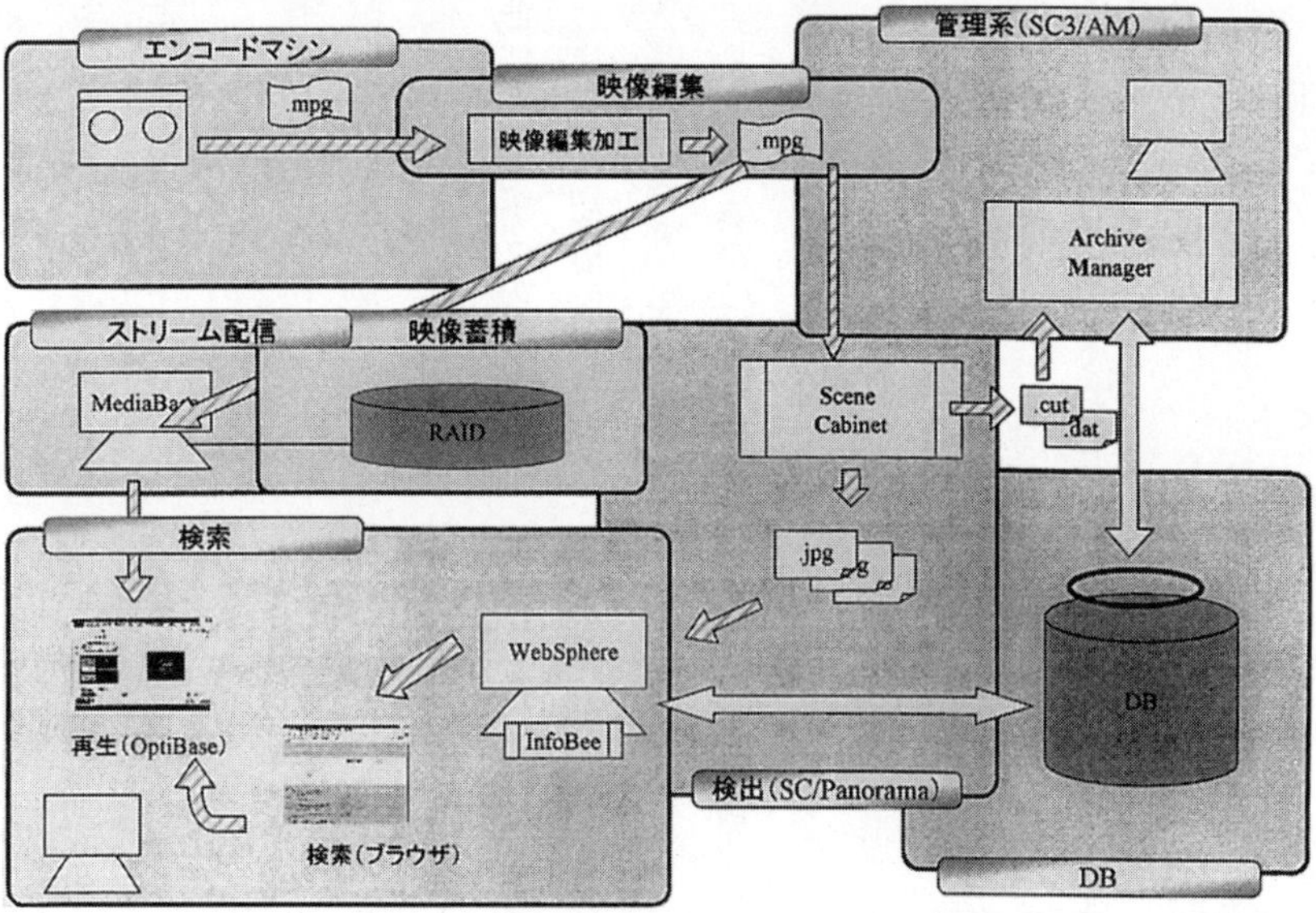

1：実験に使用したシステムのブロック図

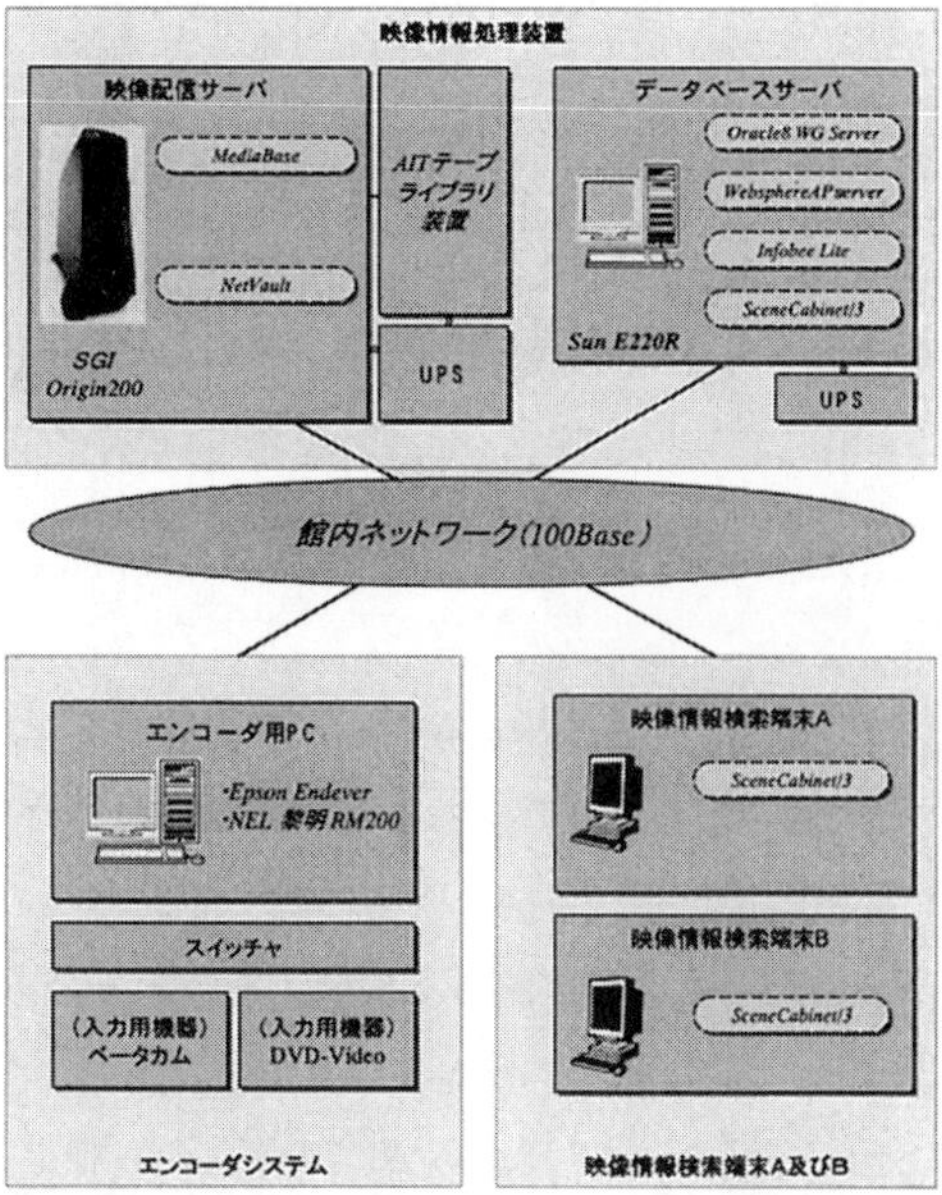

2：実験に使用したシステムの構成図

図26　実験に用いた映像配信システム

前述の試みには大きな障害が付随していた。アナログ式のフィルム（テープ）の場合、収録した素材映像を「シーン」ごとに分割することが困難で、部分的に切り出して迅速にコピーを作成することも容易ではなかった。そのために、フィルムライブラリーの目録を作成する、といった程度のことしかできなかったのである。

しかし、近年のコンピューター技術の発展は映像メディアのデジタル化を推進して、これまで障害となっていた様々の問題を解決した。その結果、今日のデジタル映像の処理はもはや専門的な技能を要するものではなく、だれもが手の出せる日常的なものとなった。そして、撮影された映像の大量一括保存、複製の製作、保存した「シーン」の自動検出が可能になり、アナログ式ではできなかった一連の映像を各「シーン」ごとに分節化して表示することも可能になった。この「シーン」の検出技術は、すでに趣味的な映像処理ソフトに含まれるまでに一般化して、民生用のパソコンで使用できるものになっている。これらのことは、前述の映像の利用法（「シーン」の集積とその比較による人文学的な研究）を試みる上で、技術的環境が整いつつあることを意味する。

しかし、実験の前提として、十分に大きな情報量を持つデジタル化された素材映像が必要である。そして、この素材映像を収納できる大容量の記憶装置を用意しなければならない。

そこで勤務先（国立歴史民俗博物館）では将来的な映像の研究利用を視界に入れて、大容量のサーバーを用意するとともに自動的に「シーン」の移動を検出するソフトを導入して、デジタル化した「シーン」を割り出して保存するシステムを導入した。保存された「シーン」は、ネットワークを介してサムネール画面の一覧として表示されて、そこから「シーン」映像をモニターすることができる。こうして「シーン」の自由な選択とグルーピングが可能になった。

以上のような手順で「シーン」の比較・検討が可能となると、映像を「編集された作品」として提供するのではなく、端末側から必要な操作ができるＶＯＤ（ビデオ・オン・デマンド）として提供することができる。その結果、映像素材の編集や加工が利用者の自由にゆだねられれば映像提供者の役割は大きく変化するはずである。

現状では映像を蓄積して「シーン」の切り出しをおこなう段階に止まっているが、将来は簡単な検索情報を付与して「映像シーンデータベース」にすることが想定される。検索条件は「風景・建物・室内・人物（一人・数人・大勢）・仕事・芸能・行列・神事・寄り合い・その他」といったごく簡単なもので十分であるが、それは今後検討すべき課題である。

さて、以下では「映像素材の利用」の実験という観点から、「仕事の姿勢」の検討を試みる。出来事の基礎になる行為・行動の伝承的な様相を抽出したいと考えるからである。

4　仕事の姿勢の伝承性

前節では画像・映像利用への関心から、「仕事の姿勢」にみられる「身体化した文化伝承」を取り上げたいとの考えを示したが、このことにはもうひとつ別の側面が関わっている。わたしは、一九八〇年代にたびたびインドネシアを訪れる機会があった。それは個人的な関心による訪問に加えて、ＪＩＣＡ（国際協力機構）から小規模工業振興プロジェクトの技術専門家として派遣されたからである。

当時のインドネシアはスハルト政権の開発独裁下にあって、七〇年代から推進された農業技術の変革（「緑の革命」）のさなかにあり、その一方で工業化が模索されていた。そして、これらから生じる生活環境の急激な変容のなかにあった。

そのなかで、雇用問題に対応する小規模工業の育成が重視されて、各地ににわかに工業団地が設けられて、それを支援するための技術訓練センターが開設されたりした。こうしたなかで「人作り支援」と称するＪＩＣＡのプロジェクトがあり、それは日用品生産に関わる在来技術を基盤にして、近代工業の人的な受け皿を作り出そうとするものであった。このプロジェクトが成功したかどうかはにわかには判断できないが（この後に東南アジアの急速な経済発展が生じたが）、わたしにとって幸いであったことは、激しい社会変貌のなかの伝承技術のありようを観察できたことである。

そのなかで特に関心を寄せたものに、錫・アルミ・真鍮などにくわえて鉄器の加工（鍛冶屋）があった。鍛冶屋は農業生産に直接に関わり、緑の革命の延長上に位置づけられるものとして特に重視されていたのである。

そこで、インドネシア小規模工業省の協力をえてジャワ・スマトラ・スラウェシ・バリなど各地を訪れて、相当数の鍛冶屋を見て回ることができた。今から思うともう少し戦略的な調査をしていればよかったのであるが、当時の政治的状況（共産党事件以後）に加えてわたしの能力には限界があった。

そして、歳月の経過にともない記憶の細部は少しずつ曖昧になり、手許に残る確かな手掛かりは、記録写真と調査ノートだけになっている。そんな状態のなかでこれを取り上げるのは、この時にさまざまな「仕事の姿勢」を観察できたからである。そこで観察した「鍛冶仕事の姿勢」から、仕事・姿勢・装置・製品は不可分の関連を持っていることが理解できたのである。

鍛冶仕事はどこでも、「横座（親方）」と「先手（向う鎚）」の組み合わせが基本となっており、「先手」が鞴差しを兼ねる場合と、別に鞴差しがいて三名以上で操業する場合とがあるが、そのなかで、姿勢の相違がよく観察できるのは「横座」のほうである（「先手」の姿勢にも細かな相違がないわけではない）。

そこで「横座」の姿勢を整理すると、次の①から⑤に分類できる。

①立っている姿勢

②屈んだ姿勢

③腰掛けた姿勢
④しゃがんだ姿勢
⑤坐った姿勢

これらの姿勢は、同一人物・ひとつの仕事場・ひとつの地域で同時に見られるものではなく、地域的・文化的な特色という形をとって現れる。例えば、同じスラウェシでもタナ・トラジャ（トラジャ族の居住地域）とマセペ（ブギス族の居住地域）では装置・製品・仕事場とともに仕事の姿勢もまったく異なるというふうにである。

トラジャでは住居・稲倉とともに独立した鍛冶小屋を建てているが、ブギスは高床住居の床下を仕事場にしており、トラジャでは伝承的な筒鞴（ププタン）を用いているが、マセペでは自転車のチェーンを用いた手動送風機を使っている。これによって、横座が座位をとるか立位をとるか異なってくる。同じトラジャでも、ランテパオのような市街地ではまた異なる。

いちいち細かく見ていくと煩雑になるので、インドネシア各地で当時見ることのできた横座と先手の姿勢と装置のいくつかの例を、図27で示すことにする。

この図から分かることは、炉に入れて加熱する作業と金床の上で鍛造加工する作業のふたつの異なる工程が共通の高さに統一されており（これを「作業レベル」とする）、この作業レベルが装置の構成によって定まることである。そして、横座と先手の姿勢は、この作業レベルの高低に合わせたものになっている。

だから、中間的なものを含めて、①「立位」から⑤「座位」までの多様な横座の姿勢は、その地域で使用する装置（金床・木台・鞴など）組み合わせと、作り出す製品の性質を反映している。とはいっても、これらは固定的なものではないから、様々の要因に基づく変化の結果が地域的な相違として観察できるともいえる。

さて、以下のことは常識かもしれないが、少し触れておく必要がある。日本で見られる日常的な「仕事の姿勢」

は、明治時代以来、近代化にともなって「座位」から「立位」に移行する傾向があった。たとえば、鍛冶仕事の横座は伝承的には「座位」であったが、地面に穴を掘ってそのなかに横座が入り、立位でおこなうものに変化した。この変化は、直接には動力ハンマー（ベルトハンマー・スプリングハンマー）の導入にともなうものであるが、それは同時に近代工業の作業形式（さらにいえば、ヨーロッパに伝承するギリシャ時代以来の「仕事の姿勢」）の取り込みでもあった。そして、この変化は専門的な職人仕事の範囲に止まらずごく日常的な生活でも見かけるものであった（その背景には、工廠・軍隊・学校・洋式建築などがあったであろう）。だから、簡単には近代化の一例であるといえる。

しかし、インドネシアで観察された「仕事の姿勢」の多様さは、長い年月にわたるオランダの支配にも関わらずヨーロッパ的な作業形式の影響によるものではなく、中国伝来の技術の受容から引き起こされたものであるらしい。この点は詳しくは触れないが、その当時（調査時点、おそらく今日も）、一部地域において受容された中国式の装置と作業形式が、その効率のよさから政策的に奨励されて広く実用されるようになったのである。

このことは前述の「緑の革命」の進行に関連していた。当時ジャワ島では稲の改良品種の導入に対応した新しいタイプの鉄製農具が求められて、それにともなう加工技術の高度化が必要となり、また、スマトラのランポンなどでは大規模な焼畑開発が推進されて、そこでも鉄製農具が求められていた。そこで行政は、従来の筒鞴に替わる新しい送風装置（無電力地域で使用できる中国式箱鞴や自転車のチェーンによる手動風車など）の普及に努めたのである。

わたしはこの移行期に現場を観察する機会があったのであるが、なかで印象深く思ったもののひとつに、スンダ海峡近くの小村に視察に行った時のことがある。そこはスカブミ（西ジャワの代表的な鉄器工地・ジャカルタから車で半日）からさらにたっぷり半日以上はかかる（道路が寸断されており、筏に車を乗せて小河川を渡る）僻地で、四方を山に囲まれた小盆地に水田を拓いた小さな農村であった。

そこは居住地域が二カ所に分かれており（片方が旧来の集落、片方が新開のようであった）、鍛冶屋もそれに合わせて

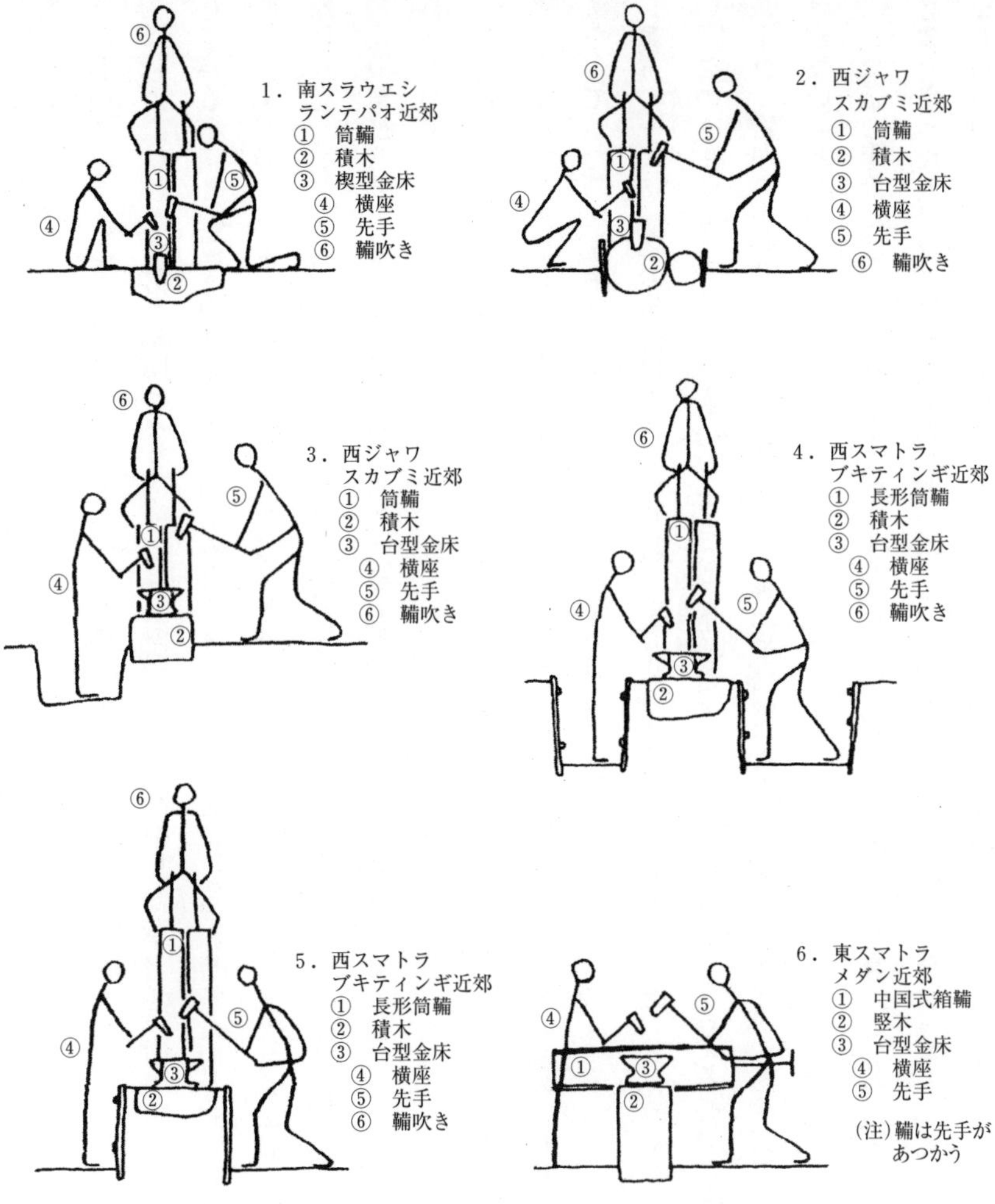

図 27　インドネシア諸島における鍛冶作業の座位と立位

わたしが実見したインドネシア諸島の鍛冶の作業形態略図．このほかにもバリなどで部分的に異なった方法を用いる例がみられ，ジャワにおいても地域により，製品種類により，多少の相違がある．また，西ジャワ州スカブミの周辺でも少しずつ特色を持った方法が採られているが，基本的にはこの類型から外れるものではない．ただし，スラウェシのマセペのように自転車の動輪を鞴に用いているところでは，この範囲を超える大きな変化を示している．

ふたつのグループに別れて営業していた。ふたつの集落は徒歩で四～五分くらい離れているが、もちろん行き来できないという距離ではない。そして、ふたつの鍛冶屋グループは同じ製品を作っているにもかかわらず、仕事・装置などにおいて、まったく異なる形式をとっていたのである。

はじめに訪れた集落（新開とみられる）の鍛冶屋は、日干し煉瓦で造った鍛冶小屋のなかで、スカブミ周辺に普及している箱鞴と縦置きの丸太の木台の組み合わせを用いて、それに合わせて火炉を高く築いて、横座・先手ともに立位で作業ができるようになっていた。実は数年前に鍛冶屋のために設定された低利の貸付を得て、大きな金床（二〇kgほどのアンビー）を買い入れた。その際に縦置きの木台と箱鞴を作って、装置と作業体勢を一変させたのだという。農業改革に必要とされる「ヒツ付き鍬先」や大型の「フォーク」を効率よく作れるように、火力に富んだ新式に切り替えたのである。

しかし、もう一カ所の集落（旧来の集落とみられる）の鍛冶屋は、軒先に頭が当たるほど背の低い吹きさらしの草葺の小屋で、在来様式である筒鞴・寝かせた横置きの木台・地面に掘った炉の組み合わせを用いて、横座は座位で仕事をしていたし、先手は身を強く屈めて低い姿勢で鎚を振るっていた。

親方の一人に、隣の集落のようになぜ新しい方式に変えないのかと聞くと、あんなやり方では自分はうまく作れない、このままでも十分によいものができる、値段だって同じである、なぜ変える必要があるかと反論する。あのグループ（新開とみられる方）は、元々この土地の鍛冶屋ではないからあんな方法を平気でやる、よいものができるわけがない、ともいう。

この話の背景には、外来者には理解できない経済問題や新来の技術を身につけた職人が移入してきた事情、新しく必要となった製品や鉄材料の変化などいろいろな問題があるだろうが、それはともかく、この頑固な主張には伝承的なものへの強い執着が感じられた。新しい方法を取り入れないのは、すでに身体化されている姿勢や作業に新方式が見合わないからである。

同様のことは、ヨーロッパの技術援助も受けて比較的に近代化している金属加工の拠点・スカブミの町の近隣、車で三〇分くらいしか離れていない鍛冶屋の集落でも観察することができた。スカブミで普及している新しい方法について熟知はしているけれど、それを採用する気持ちにはならないという。それは経済的な理由からだけではないのである。

先手の仕事の姿勢や身体の使い方を例にすると、新旧ふたつの方法は次のように対比することができる。先手（ここでは一人の場合を想定する）は、立位で右足を前に左足を後ろにして構えるが、その場合に、新しい方式では金床の位地が高いので、上体を起こしてもっぱら腕力に頼って長柄の鎚を振るう。しかし、在来の方法は金床の位置が低いので、両足を開いて腰を落とし、真正面を向いて上体を前後させて短い鎚を振るう（この場合には前にくる右足・後に構える左足の前後差が少ない）。この体の構え方は畑で在来形式の鍬（これも柄が短い）を使う場合と共通するもので、いわば習俗化している。そのためになかなか新しい方式に移行することが難しいのである。

中国の沿岸地域のひとびとがいわゆる華僑移民としてインドネシアの島々に渡って来てから、すでにかなりの年月が経っている。なかでも東スマトラのメダン付近などは、商人以外に職人の移入も多く、比較的に早くからその技術的な影響を受けた地域である。この町には職人が集住する街区がある。一般には農村に拠点を持つ在来の職人（半農半工である）がここでは町の居職になって専業化し、職人街を作っていたのである。

そしてこの地域では、鍛冶技術もすでに大きく変容して立位になっており（類似の変容はパダン・ブキティンギなどにも見られる。ただし、装置の組み合わせはメダンと同じではなく、金床の嵩上げ・立位にするための床の掘り下げなどが対応策である）、この影響下に西ジャワ（スカブミなど）で新しい方法が採用されるようになったのが、わたしが調査にあたっていた時代のことであった。あれからすでに二五年以上経っており、その後のジャワの変化がどのようになっているか、機会をつくって再訪してみたいと思っている。

さて、このような変容の体験を基にして、改めて日本における「仕事の姿勢」について検討を加えてみたいと考えたのである。日本の伝承的な「仕事の姿勢」も、ほとんどの場合に座位であった。このことは絵巻などから容易に知ることのできる常識的な事柄であるが、しかし、それがどのように立位の近代化を潜り抜けて、どのような姿で伝承しているかとなると（すべてが立位に変わったわけではないまでは分かるが）、それほど明らかではないと思われる。

時には伝承的な仕事であることを示すために、極端に形式化した姿勢を意図的に用いる場合もあるが、それらを除いて、日常的な仕事の中から観察してみたいと思う。

5　仕事の姿勢はどう変わったか

日本の一般的な仕事の姿勢は、特に戦後に座位から立位への移行が急速に進んだように見える。日常の食事の姿勢を例にみると、食物の置かれる高さには膳・卓袱台・テーブルという三段階の変化があり、それによって食事をする人は、座位から腰掛けの使用に変わり、今日では立ち食いの若者も増えている。

同様に村のなかで鉄製農具の製造・補修に従事してきた農鍛冶の場合も、本来の横座の姿勢は座位で、両手が塞がっている場合には右足と尻で体を支えて、左足で鞴をあつかうものであったが、今日ではこのような姿勢をみかけることはほとんどない。

前述のように電動ハンマー（ベルトハンマー・スプリングハンマー）の普及によって先手が不用になり、一人で仕事をするようになった鍛冶屋は、それまでは先手が従事していた鎚打ち以外の細々した仕事も自分でおこなう必要が生まれて、もう坐ってはおられなくなった。そこで、地面に穴を掘ってグランドレベルを下げて（相対的に作業レベルが上がり、横座は立位となる)、すべての作業をこの高さに合わせておこなうようにすることが多かった。こうした立位への移行は、広範に見られる一般的な現象である座位・腰かけの使用・立位へと段階を踏んで変化するのではなく、坐っていたものがいきなり立ち上がったのである。

確かに近代の会社や工場では、ほとんどの仕事が立位ないしは作業椅子を用いておこなうものに変わってしまった。その結果、今では工場や事務所で坐り込んで仕事をしているひとを見かけることはほとんどないであろう。商店の店番なども同じで、かつては前垂れ姿で正座して客迎えをするものであったが、今日は立礼である。それでは全面的に洋風になったのかというとそうでもなく、西洋の仕事場でよく見かける止まり木のように高いスツールにちょっと腰をかけて作業をする、といった姿勢はあまり見られない。

このように、職場における仕事の姿勢は工場・事務所・商店が近代化するとともに、立位を中心にするものに変化してきたが、それでも仕事によっては新しい姿勢では対応しにくいものがあり、それは伝承的なモノ作りの現場で比較的多く観察できるように思われる。

例えば地場産業のなかには、近世以来の職人仕事を受け継いで今日も日用品を製造しているところがあるが、そうした職場には、座位や座位に近い(あるいは座位の利点を持つ)姿勢が残っていることがある。今日では地場の工場も、外見は清潔で明るく合理的なデザインになっており、その点ではすっかり近代化している。そして、そういう工場の片隅に残る座位に近い作業姿勢はあまり人目に触れることはないが、なかなか重要な役割を受け持っていることが多いのである。

ということからさらに考えると、伝承的なものが気兼ねなく残りやすい家庭の日常には、座位につながる姿勢を見ることが多いのではないかと思われる。すなわち、「仕事の姿勢」を生産活動に限定しないで、もう少し広く日常的な色々の場面でのひとびとの仕草・姿勢を思い浮かべながら考えると、座位から立位への移行は、パブリックな場では十分に達成されているが、プライベートな家庭内では限定的であるように思われる。そうかといって、戦前の御屋敷のように接客は洋風、暮らしは和風、と区分されているわけではないし、だからといって、なにからなにまで西洋風に暮らしているのでもない。まことに曖昧な折衷になっているのではないか。洗濯物を畳むのもアイロンを掛けるのも坐っておこなう習慣が継承されていて、それはホームセンターで売っている脚の短いアイロン台が証明している。風呂場で使う小さな腰掛けも類似の例であろう。

それでは今日、伝承的であるかに見える姿勢が昔のままで何も変わっていないかというと、必ずしもそうではない。例えば、もっとも身近な食事の姿勢を見ても、戦後普及した近代的とされる食卓と椅子の使用に対して、座卓を囲む風景は伝承的なものであろうが、多くの家庭ではこのふたつが並存し、時と場合によって使い分けられているようである。うどん・寿司・鋤焼きは座卓に合うが、スパゲッティは食卓と椅子の方がよい、ビールは立ち飲み（あるいは腰掛け）でもよいが酒は坐って、といったところであろうか。畳敷きで座卓を使う飲食店は、なんとなく和風である。

そして、ゆっくり落ち着いて飲み食いするには坐ったほうがよいと考えるひとが少なくなさそうだが、座位にはちょっと辛いところがあって、時には背もたれのついた座椅子が使われ（脇息は人気がないようである）、卓の下を掘り下げて腰掛けのようにしていることもある。

けれども、食事に際して座卓と座位の組み合わせが一般的になったのはそれほど前ではなかった。もともと「机（文字を書く時や仕事をする時に用いる台）」であったものを「食卓」にしたのだから、それ以前の膳の時代とは姿勢がかなり変わったのである（座卓と膳では食器の置かれる高さが異なる）。したがって、今日見られる座位は必ずしも一様の変化・変容が結果したことではなく、それぞれ個別の仕事との関わりのなかで変化して現在に至ったといえる。

そこで、この個別に生じる変容を具体的に知ることに画像や映像を利用できるのではないかと考えて、それを試験

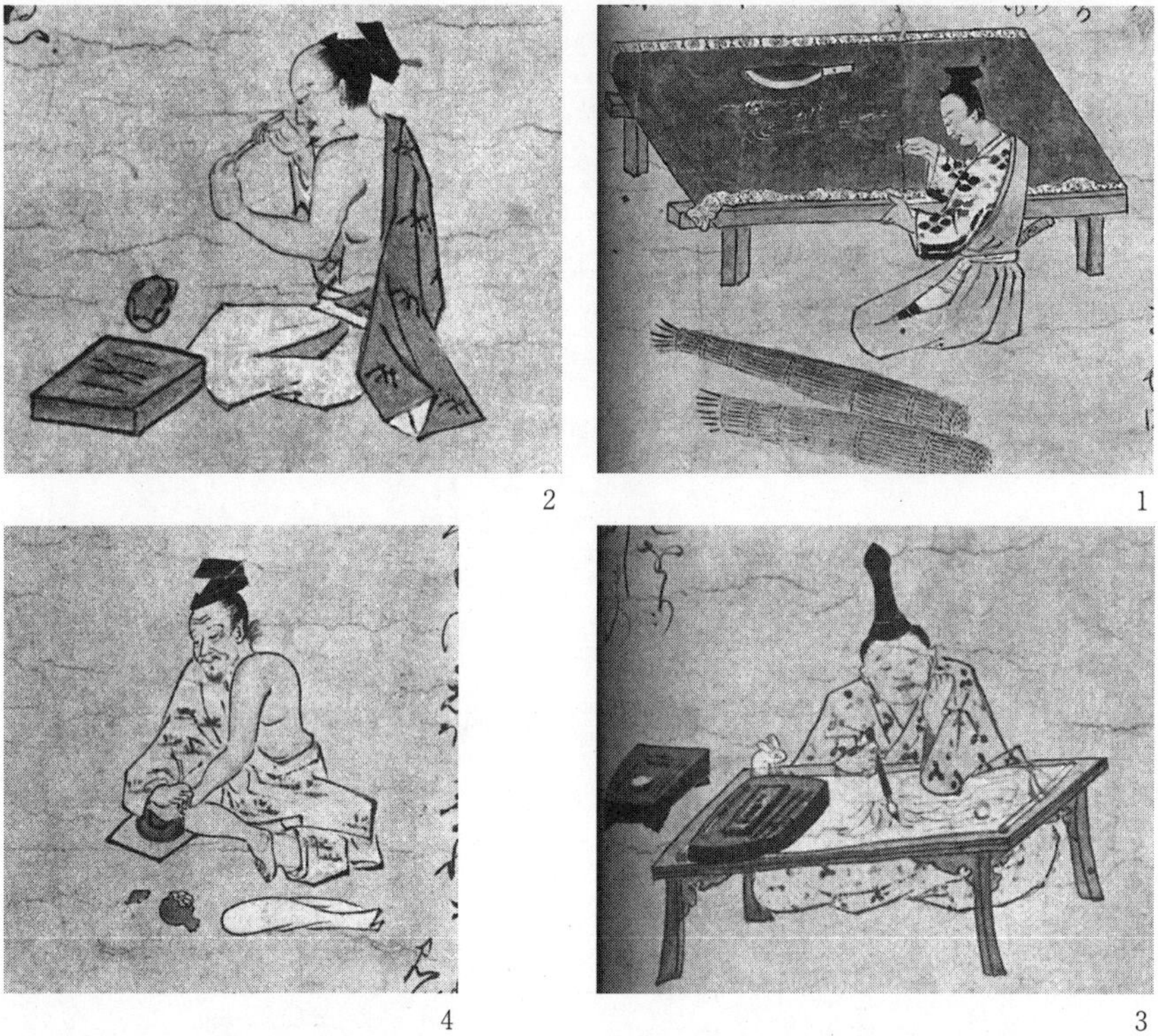

図28　中世の仕事の姿勢・座位（「鶴岡放生会職人歌合絵巻」新修日本絵巻物全集　角川書店より）

1：両足の爪先立ちと両膝を地面につく四点支持の座位

2：胡座（あぐら・尻をついて両足を組む）か？

3：机にむかって胡座に頬杖

4：両足をXには組まず，脛を並行に保った胡座

的に検討してみることにした。すでに繰り返し指摘してきたことであるが、姿勢の変容を知ろうとすると、言葉だけでは間に合わないし、絵画は絵画、写真は写真と、それぞれメディアとしての限界を内包しているから、そのことを考慮に入れなければならない。また、変容を問う以上は、はじめに過去の具体的な様子も分からなければならないから過去をできるだけ詳しく知る必要があるが、とはいっても、映像や写真が昔からあるかというとそうではない。資料化できる古い時代のメディアは、絵巻、錦絵、その他のいわゆる絵画資料（画像）であるが、そこに描かれている職人の

2

1

3

4

5

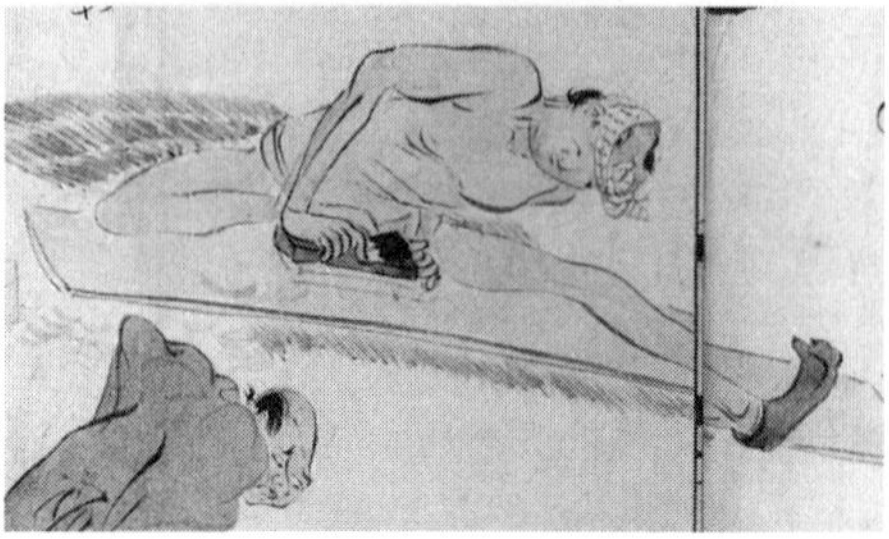

6

図 29　近世の仕事の姿勢Ｉ（鍬形蕙斉著『江戸職人づくし』岩崎美術社より）

1：両足を立てて腴を開き，尻を地面に付けた座位
2：尻をついて左足だけを折り曲げた座位．右半身は馬乗りの状態
3：折り畳んだ右足の上に体を乗せて，左足は自由，その左足で加工物を抑えて固定する
4：右足は立膝，左足を折り畳んでその上に体を乗せている（あるいは爪先立ちか？）
5：胡座か？
6：右足を折り畳んで，そのうえに体重をかけて，左足で加工物をおさえて固定

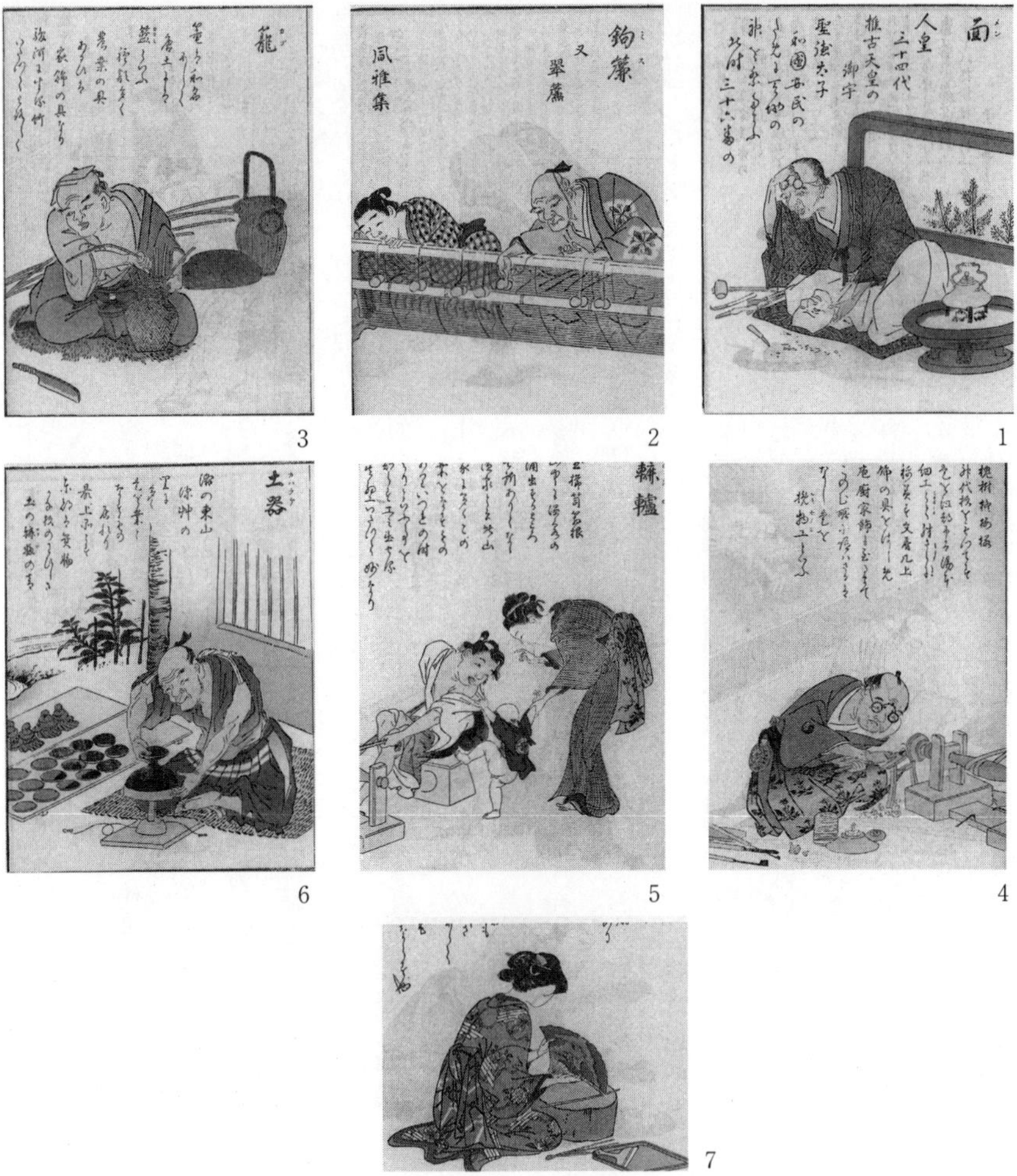

図 30　近世の仕事の姿勢Ⅱ（「彩画職人部類」国立歴史民俗博物館）

1：右足を折り畳んでその上に体を乗せ，左足は立膝
2：右の人物は胡座のようで，左は地面に尻をついて，両膝を立て腿を開いた座位か？
3：両膝を大きく開いた正座．両ひざを折り畳んで両足首に体を乗せる
4：両膝を大きく開いた正座（3に同じか）？
5：低い腰掛けの利用
6：両足をXに組まず，両膝を並行にたもった胡座．図3-4に類似，図3-4は右足が上になっている
7：両膝を大きく開いた正座，3に類似．ただし開く方が少ないか？

様子から、慣習化した「仕事の姿勢」のおよそは推測することができる。

そこで得られるものは、①多くの仕事が座位でおこわれている、②作業レベルがほとんどが地面ないしは床面である、③低い台（正座の膝高程度の）や座卓を用いる場合もある、④仕事の内容によって足の組み方や重心の位置が異なる、といったことである。そして、これは描かれたものであるから、様々な作業工程のなかから象徴的な姿がひとつだけ選択されており、全体にわたる姿勢をイメージすることは難しい。

しかし、それでも類似の描画をたくさん集めてみると、少しは理解が進む点も出てくる。例えば日本では相当の長い期間にわたり、ここで取り上げる仕事の姿勢には大きな変化が生じなかったようにみえる、ということである。比較のために中国文明（漢族的な世界）を概観すると、そこでは唐代に卓・椅子・寝台などの生活装置が導入されるにともない「生活活動域の平均レベル」が相対的に高くなり（その基準は卓の高さになる）、仕事（生活活動）の多くが立位や腰掛けておこなうものへ移行した。

とはいっても、これによって座位の仕事がなくなったわけではなく、より正確には活動レベルが、卓の上の仕事（立位が多い）、腰掛けておこなう仕事（活動レベルが膝上）、座位でおこなう仕事（地面に近いレベル）、の三層くらいに分離したと考えてよいであろう。

しかし、その周辺諸文化（日本や朝鮮などを含む）は中国の強い影響を受けてきたにも関わらず、この点は近代に至るまであまり変化を生じることなく、仕事の多くは地面に近い低いレベルでおこなわれて、その姿勢は座位を中心にするものであった。それが近代に入って激変することになったのである。

だから、日本の伝承的な「仕事の姿勢」は前述の①〜④の範囲を大きく越えることはないが、もう少し詳しく仕事の中身に立ち入って観察すると、道具や対象の変化を通してそれなりの（限定された）相違の発生を観察できることもある。もちろん絵画は見えるものを忠実に描いているとは限らず、むしろ一種の約束事として記号的になっているから、「それなりの（限定された）変化」を見出すことも容易ではない。

さて、歴史的な「仕事の姿勢」と現代を結び付けるものに、幕末から明治時代前半の事象を撮影した乾板写真（「横浜写真」など）がある。西洋的な視点からすると、当時の日本人の仕事ぶりとその姿勢はまことに珍しく、異国風俗を表現する被写体として格好の対象であったらしく、いろいろな仕事の場面が写し残されている。以下では、これらの写真をざっと見渡して、気がついた点に触れておきたい。

屋内の仕事では「坐った姿勢（座位）」が多く撮られているが、屋外で類似の仕事をしている場合には「しゃがんだ姿勢（蹲位?）」が多いことに気がつく。当たり前のことであるが屋外では坐れる場所が限られる。しかし、屋外で「しゃがんだ姿勢」が多いとはいっても、敷物や板切れあるいはごく低い台の上に坐り、屋内の「座位」とほとんど同じ状態に見える場合も少なくない。「坐った姿勢」と「しゃがんだ姿勢」はごく近い関係にあるようにみえる。

両者を比較すると、屋内で長い時間にわたる連続的な仕事の場合に「坐った姿勢」をとることが多いようで、「しゃがんだ姿勢」は戸外で時間的に短い（あるいは臨時的な）仕事をおこなう場合のようである。また、体全体の移動をともなう場合や体重をかけて力を使う場合には、重心移動がしやすい「しゃがんだ姿勢」のほうが適しているようにみえる。

さて、「しゃがむ」を辞書で引いてみると、これにあてる適当な漢字がないようである。一般には「かがむ（屈む）」や「うずくまる（蹲る）」と同義と扱われているが、「屈む」は膝を伸ばしたまま腰を折った姿勢だから、「しゃがむ」とは異なる。「蹲る」はもう少し「しゃがむ」に近いと思われるが、「蹲る」は膝を折って「しゃがみ」、その上で背中を丸めた姿であろう。だから、「しゃがんだ姿勢」のうちのひとつに数えることもできるが、同じ意味であるとはいえない。

わたしの考える「しゃがんだ姿勢」は、膝を折り畳んだ両脚に体重を乗せて足裏全体で地面に接するもので、この姿勢には馴れが必要であるようにみえる。これをさらに区分すると、体重を支持する方法によって、①体重を両足の足裏全体で支持する、②両足先を爪先立ちにして支持する、③両足先の爪先立ちに加えて、両膝を地面につけて四点で支持する、④片足先に重心をかけて爪先立ちにして（膝を地面につけることもある）、もう一方の膝は立てる、などの場合がある。これらは、体重をどこで受け止めるか、重心をどこに置くか、重心をどの方向に移動させるか、などによって選択されるようである。

足裏全体で体重を支えるのは重心を移す必要が少ない場合で、例えば沖縄で屋外で神事・儀礼をおこなう時の「拝み」の姿勢がこれに当たる。アジア各地・中国などでは屋外での休憩姿勢でもある（この時は両手の位置で前後のバランスをとる）。

爪先立ちで姿勢を支える場合は重心を片足に移しやすく、膝をつくと立ち上がるのが楽である。だから、頻繁に立ったり坐ったりする場合は爪先立ちでしゃがむのがよい。野球のキャッチャーの姿勢である。

ところで、「横浜写真」には、たびたび前のめりの姿勢（「高下駄」や「のめり下駄」を用いて爪先立ちで体重を支える）が出てくるが、これは爪先立ちで「しゃがんだ姿勢」を安定させる下駄ならではの方法である。この他にも若干の補助を用いて「しゃがんだ姿勢」を安定させる方法が考えられる。そして、補助的に仲介物を利用するならば、「坐った姿勢」と「しゃがんだ姿勢」とのあいだにもうひとつ中間的な姿勢が成り立つのではないかと思われる。厚い板・敷物・低い台・脚付きの高い台・箱・腰掛け・椅子などによって作業レベルが変化し、仕事をする高さを調整できる。それがある程度の高さ以上（腰掛け・椅子の利用などで）になると、今度は机や卓が必要になるからもう別の姿勢とみなせるであろう。こうして、仲介物を介する姿勢は、机（あるいは卓）と椅子を用いるものと座位の延長範囲にあるものとに分けられる。

薄縁・円座・座布団・板などは、「坐った姿勢」の体重を分散的に受け止めるクッションであるから、作業レベルや姿勢の変化は生じないが、厚い板、低い台、箱などになると、重心の置き方が変わって、身体活動に変化が表れる（たとえば、地面に置かれたものを取る動作に無理が生じて、時には腰をあげる必要が生れる）。さらに高い台、箱・腰かけ・椅子を用いるにようになると、ものを置くための台・机が必要になり、もはや座位の延長とはいえない。

そこで、薄縁・円座・座布団・板などを用いた「座位」を、中・近世の描画や明治期の写真から探してみると、実に様々なものが登場する。

生活の基準レベルからいうと、わたしたちの伝承的な生活は、①土間の高さ、②畳・板敷の高さ、のふたつに分かれるが、「仕事の姿勢」の観点からいえば、①と②のあいだにはほとんど相違はなく、作業のレベルが上がる厚い板・脚の付いた台・箱などの利用はほとんど見かけることがない（あえて探すと織機が該当するか？「地機」に対する「高機」がある）。ただし、①と②の高さの差は縁側・縁台・上がり框などになって表れるから、この差を利用した「腰かけた姿勢」があるしかし、これは臨時的で（「ちょっと腰かけてお茶を一杯」など）、仕事の姿勢にはならないようである。

このように、ここでは「座位」が優性であるが、それを受け継ぐ伝承的な仕事の今日は、「坐った姿勢」に近い低い台、低い椅子などを用いる場合が多く、本来の「座位」でおこなう仕事は逆に限定されているように思われる。

そこで、伝承映像な仕事の今日の姿勢を具体的に知りたいと考え、すでに撮影された映像の中から「仕事の姿勢」を取り出して比較することにした。前述の『映像システム』の「サーバー」に納められた素材から「シーン」を引き出すことにしたのである。

6　サーバーのなかの仕事の姿勢

試験的にサーバーに納めた映像は、企画展示の補助的な利用を目的にして一〇年ほど前に撮影した布の加工に関する『裁縫・刺し子・裂織』と、二〇〇二年度に撮影した新潟県三条市の金属加工に関する民俗研究映像（『金物の町三条民俗誌』）の映像である。これらをMPEG形式にデジタル化してサーバーに収納した映像は、実時間で七〜八〇時間程度である。理想的にはもっと多様な場面を納めるとよいが、毎年一〇〇時間分ほど入力していけば、数年でかなりの規模の映像資料が集積できると思われる。

ここで用いる映像には一アナログテープ＝一ファイルという対応関係があり、各ファイルごとに検索画面が表示できる。現在はファイル名称からおよその内容を判断して検索画面をつくる使い勝手の悪いものであるが、各ファイルにキーワードなどを付けてデータベース化すれば、もう少し簡便で正確なファイル選択が可能になると考えられる。ファイルのデータベース化に引き続き、ファイル表示の連動化が必要なのである。

以上のように、この『映像システム』は一ファイルごとに検索画面を表示する。検索画面は、切り分けられた各「シーン」ごとに自動作成された「サムネール（当該シーンの代表的ショットを選択して貼り付ける）」を集合したものである。

そこで、表示された検索画面から「サムネール」を選択して、必要な「シーン」を特定のフォルダに登録・記憶させて「シーン」のリスト化をおこなう。今回は「仕事の姿勢シーンリスト」として登録・記憶させることになる。

数一〇時間〜数一〇〇時間の蓄積映像から「シーン」をピックアップする作業は大変であるが、一度リスト化しておけば、次回はこのリストを用いて必要な「シーン」だけを再生することができる。さらに細かく整理・分類して保存し、必要なビジュアル・プレゼンテーションを追記していけば、『仕事の姿勢映像シーンデータベース』ができることになる。

写真10に示すものは、検索画面と「サムネール」を開いて内容をモニターしている状態である。これらは仮想的に動いており、実際の映像を複写・編集しているわけではない。固定媒体にコピーする場合は実映像を引き出して複写することになる。こうして抽出された「仕事の姿勢」の映像の一部を例示する。

さて、以上の手順で映像を切り集めて、それでなにがわかったか（あるいはわかりうるか）、ということになる。もちろん、今の段階では量が絶対的に不足しており、もう少しデータを集めなければ本格的な分析はできないし、有効な結論を得られないであろう。ここでは若干の可能性を指摘できるにすぎない。

この『裁縫・刺し子・裂織』には屋内の仕事として布の加工が含まれていて、その姿勢を見ることができる。そして、ここには座布団にきちんと「正座」しておこなう仕事が登場するが、映像をくわしく観察すると、一言に「正座」といっても坐り方に相違があることが分かる。具体的な仕事は間尺《けんじゃく》・裁ち物・縫い物・裂草《さきぐさ》作り・刺し子などであるが、間尺・裁ち物は真正面に据えた裁ち台に正面から対して「正座」で作業をしている。刺し子は姿勢が少し斜めになって、仕事をする手先が体正面から左に寄っている（刺し子と類似のものに刺繡がある。中国少数民族の女性は、主として屋外で立ち話をしながら〈立位で〉、西洋では明かり取りの窓に向かって椅子に坐りと違いがあるが、同様に姿勢に傾きが見られる）。

さて、こうした映像を見ると、正座の仕事は、正確さ・緻密さ・入念さが必要で、しかもそれを持続しなければならない場合のものであることがわかる。途切れることのない緊張を持続させるためには、姿勢を崩してはならない。だから、この場合の「正座」は、緊張した仕事に取り組む身の構えを示すものである（「正座」でおこなう刺し子の仕事と、中国少数民族などの、おしゃべりしながら屋外でおこなうの刺繡の相違がどこから来るのか、興味深い問題である）。

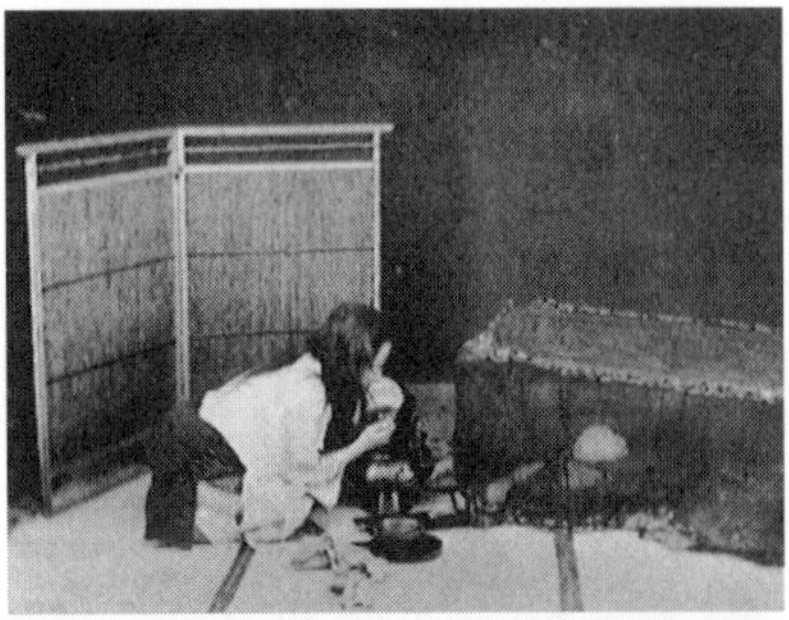
2

1

4

3

5

写真９　近代の仕事の姿勢（『百年前の日本・モースコレクション・写真編』小学館）

1：左の八卦見は敷物を敷いて正座．女は両膝を揃えてしゃがみ，差し歯下駄の前のめりである

2：お歯黒つけ．正座で強く腰を曲げて，上半身を耳盥のうえに乗り上げている

3：洗濯している女は，裾を挟んでしゃがんだ姿勢．膝を強く合わせて裾の乱れをふせいでいる

4：３に類似，ただしこちらは下駄を前のめり，爪先立ちで洗いものに体重をかけている

5：鍋料理．四人ともに正座で前かがみである

6：風呂．一人は縁台で立膝，一人は薪の束に腰掛けている

7：下駄直し．尻をついて胡坐のように座り，両膝を大きく開いて両の足先で加工物を固定している

8：鋳掛屋．７と同じ，両膝を開いて尻をついてすわり，両の足先で加工物を固定している

9：木挽き．基本的には７・８に同じ，両足を延ばして足先を加工物に当ててふんばり，上半身を安定させて，力が加わるようにする．尻の下には俵を敷いている

6

7

8

9

この映像撮影に際して、自分の座布団を持参したひとがいたが（他のものでは落ち着かないという）、ここにも身の構えが表れている。

そして現在もこうした仕事の場合には、たとえ裁ち台のような机に類するものを用いる場合にも、椅子・腰掛けを使用しないことに注目したい。同じ縫い物であっても、ミシンを使う場合には腰掛けを使用するが（足踏みミシンは機構的に椅子を必要とした。しかし、ミシンが電動化した最近の家庭では、坐って操作するひとも多いようである）、手縫いの場合に腰掛けを用いることはほとんどないと思われる。

今回参照した室内の仕事は専門的で熟練を要するものに限られている。だから、家内の仕事一般を考えると、これとは異なる場面もありうるであろう。そこで、できることならば炊事・洗濯・衣服の手入れ・繕い・その他の多様な日常的な映像を集めてみたいのであるが、私的な権利問題などと絡んでくるから、それがどの程度まで可能かは少し検討を要する。

さて、この映像の集積には民俗研究映像の制作のために工場などで撮影した一連の「シーン」も含まれており、それには金属や木材の加工・市場の物売り・問屋の出荷業務などがある。

ここから「仕事の姿勢」の「シーン」を選び出してみて分かることは、いわゆる工場らしく整えられた仕事場では作業レベルの低い姿勢はあまり見られず、「立位」が作業の中心になっており、場合によっては、高い椅子に腰かけて作業をする場合もあることがわかる。

逆説的な言いかたではあるが、「工場らしい」とみえる理由のひとつに「座位」「しゃがんだ姿勢」「低い腰掛け」がなく、「立位」あるいは「高い椅子に腰かける」姿勢に統一されていることがあるのではないかと思われる。それは作業効率が関わるからであろうが、近代工場とは、「立って仕事をするところ」なのである。

この映像に含まれる仕事には、規模の大きなものは四名一組で八トンハンマー（大型鍛造機）を操作して巨大な建設機械の部品を鍛造するものから、小さなものは熟練した職人芸で爪切りの刃を一丁ずつ丁寧に仕上げるものまで含まれる。八トンハンマーの操作は、真っ赤に加熱した大きな鉄塊を一瞬に変形する高熱・大音量のなかでの危険をともなう作業で、作業を進める四人は巨大なハンマーの根元に取り付いて、その周りを動き回る独楽鼠のような存在、といった印象である。かれらは衝撃音を避けるために耳栓をしていて、意思伝達は身振り・手振りでおこなう。四名はそれぞれ一連の操作において異なる役割を与えられており、連携が少しでも崩れると操作は成り立たないし、なんといっても危険である。

このような仕事は特別の高度な訓練と習熟とを必要とする。そして、それは伝承的な身体活動（仕事の姿勢）の延長上に位置づけられるのではなく、まったく新しく組織的に訓練された近代工場的な身体活動、といえるものである。この逆に「工場らしくない工場（工房的なもの）」においては、「座位」やそれに類似する低い姿勢が多くなる。「工場らしくない工場」では、使用するエネルギーの量も加工の速度も、製造する製品の精度や大きさも日常的な範

1

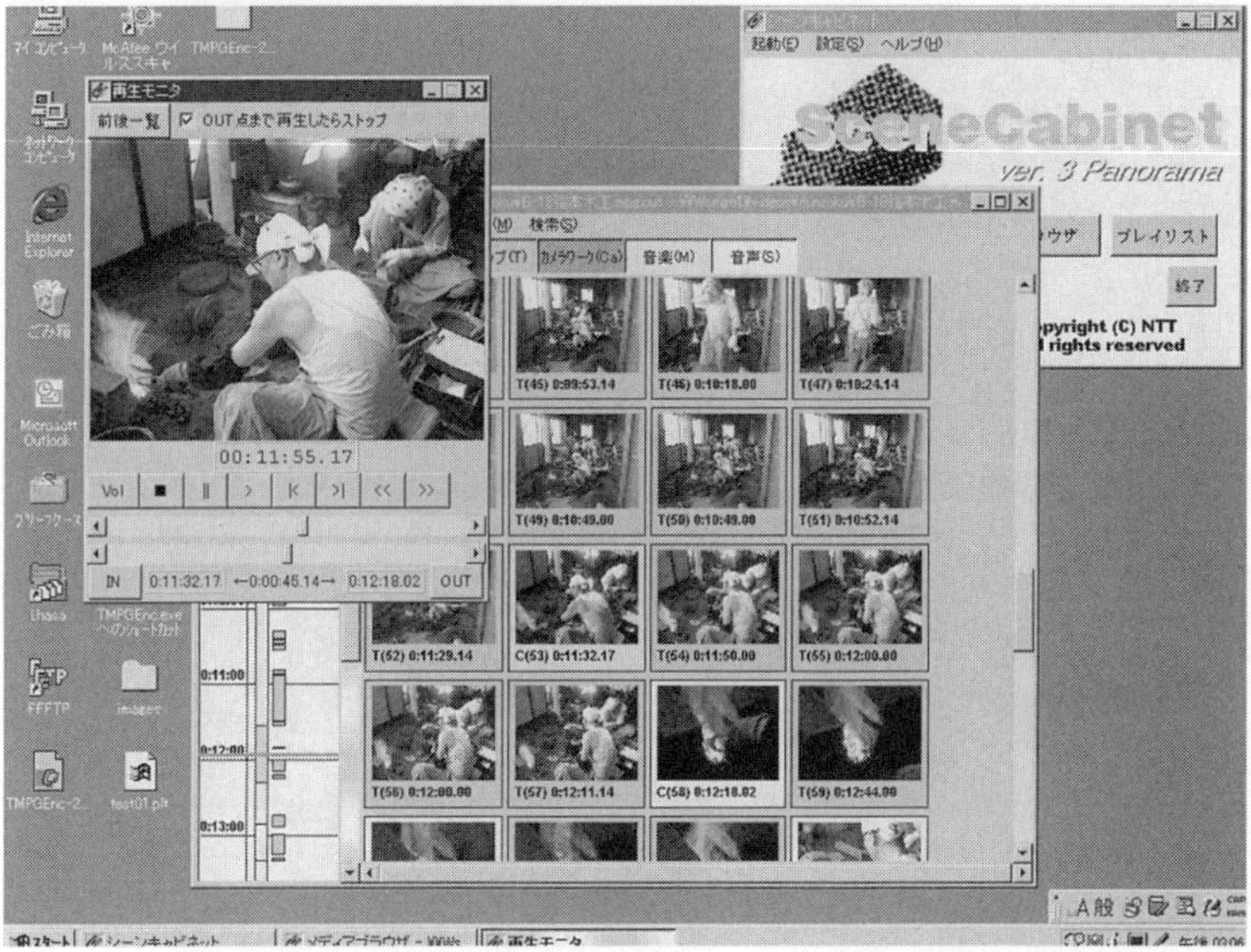

2

写真 10　サムネールの活用

1：一覧表示の状態　　カット・テロップ・音楽・音声などによる切り出しが可能

2：一覧表示と個別シーンのモニター画面　　サムネール画面をクリックすると当該シーンを切り出して映像をモニターする

再生モニタ
前後一覧
OUT点まで再生したらストップ
00:06:13.08
Vol
IN
0:06:11.17
←0:02:29.17→
0:08:41.05
OUT
1

再生モニタ
前後一覧
OUT点まで再生したらストップ
00:12:21.00
Vol
IN
0:12:21.00
←0:00:03.00→
0:12:24.00
OUT
2

再生モニタ
前後一覧
OUT点まで再生したらストップ
17:23:50:22
00:23:32.09
Vol
IN
0:23:25.20
←0:00:49.00→
0:24:14.20
OUT
3

再生モニタ
前後一覧
OUT点まで再生したらストップ
17:16:54:13
00:16:36.00
Vol
IN
0:16:36.00
←0:00:01.14→
0:16:37.14
OUT
4

再生モニタ
前後一覧
OUT点まで再生したらストップ
00:19:36.17
Vol
IN
0:19:36.17
←0:01:01.17→
0:20:38.05
OUT
5

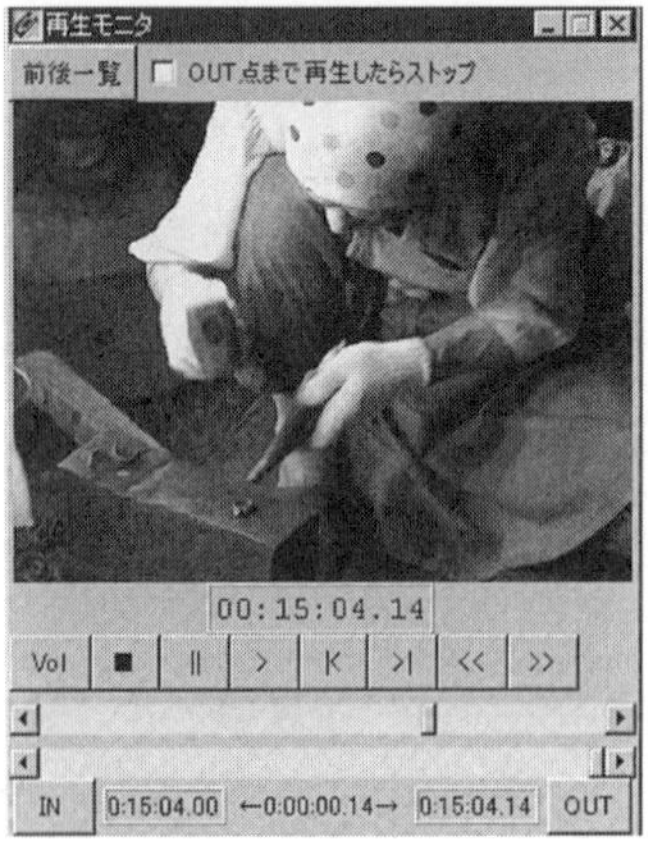
再生モニタ
前後一覧
OUT点まで再生したらストップ
00:15:04.14
Vol
IN
0:15:04.00
←0:00:00.14→
0:15:04.14
OUT
6

8

7

10

9

写真11　選択されたシーンのモニター画面の例

1：爪切り製作の仕上げ
2：爪切りの仕上げ　刃の合いをみる
3：鉋の台に刃を仕込む
4：鉋の台に口をあける
5：鑿の頭に巻くカツラをつくる
6：カツラの整形。右足は立膝
7：市場での色々の姿勢
8：両膝立て
9：しゃがんで品選びする客
10：花売りの立膝

2

1

写真 12　那覇・新天地市場の衣服売り

1：屋台の上に正座，周囲に品物を並べる．店を閉めると商品は後ろのブリキ箱に収納する．

2：ぐるりと回りに商品を並べて，両膝立てで尻をついている．

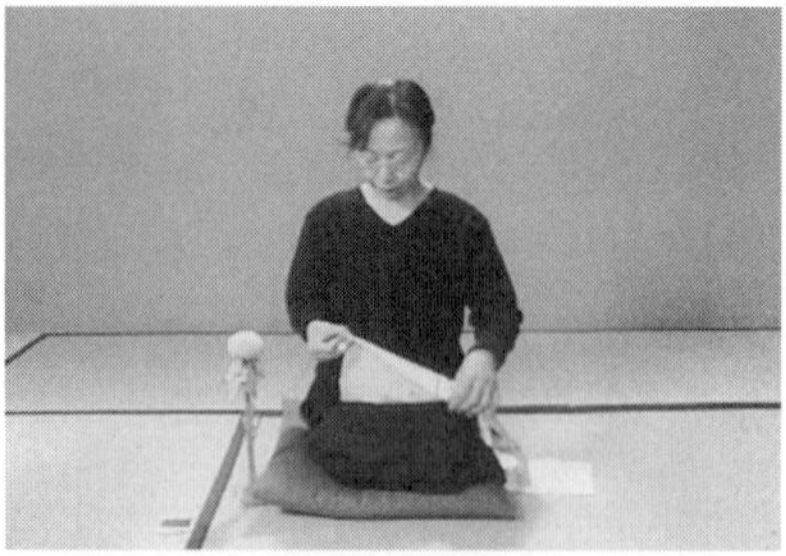

2

1

4

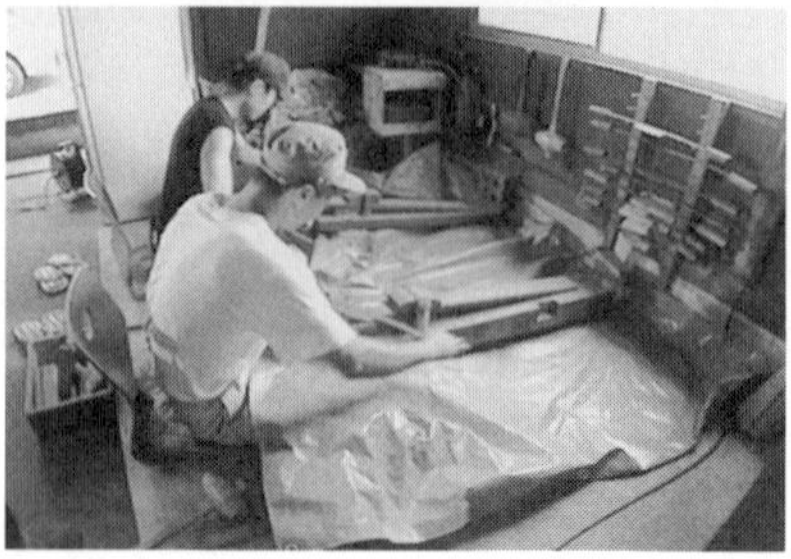

3

写真 13　シーンを選択して再生した映像

1：刺し子をする　　2：運針をする　　3：刃物にセン掛けをする　　4：爪切りの刃合いをみる

囲に収まるものである。そのような場合に伝承的な作業要素が残りやすい、ということであろうか。

類似のことを別の場面で見ると次のようになる。たとえば物売りを想定する。デパートの店員が売り場で坐り込んで商うことはまずないが、町の定期市（三条では今日も高架鉄道の下で開催されている）で商うおばさんたちは、敷物に尻をつき、あるいは低い腰掛け（石油缶、プラスティックの箱などに）を用いて、「座売り」をしている。お客さんの方もしゃがみこんで地べたに並んだ商品から品選びをおこなう。このデパートと市場の対比が、ふたつの工場のあり方によく類似している。西洋の市場では（どこまでを西洋とするかはわからないが）、早くから「立位」で売り買いしていたようであるが（ロバなどに牽かせた荷車の利用が多い）、わたしが見る機会のあったアジア各地の市場では、地べたに敷いた敷物の上に商品を並べて、脇に坐り込んで売っているのが一般的であった。

同じように、沖縄の市場の物売り（公設市場の周辺で営業している魚売り・野菜売りなど）の姿勢には「しゃがんだ姿勢」と「坐った姿勢（座位）」とがある。このうちの「しゃがんだ姿勢」は、盥のなかの魚一匹を売っていたり、少しばかり野菜を並べている場合などである。「坐った姿勢」は立て膝・横坐りなどが混じり一様ではないが、たとえばそれは、牛蒡をたくさん並べた縁台のまんなかに坐り込んで、日なが削り牛蒡を作りながら（おしゃべりも尽きず）商っているおばさんたちの姿勢で、売り物を並べた縁台の上に坐り込んでいるのである。

那覇の『新天地市場』の衣服売り（「沖縄既製服」といって自家製の衣服を扱っている）も、縁台の上に坐り込んで周囲に並べた衣服に埋もれながら商っているおばさんたちで、その様子は一時代前の写真に記録されている「ナファヌマチ（那覇市場）」「フルヂマチ（古着市場）」の地べたに坐り込んだ物売りの姿をそのまま受け継いでいる。『新天地市場』で縁台の上に嵩上げした商品を並べて、売り手もその上に坐り込んでいるのは、戦後の市場（那覇の『新天地市場』、コザの『十字路市場』、たぶんは首里坂下の『栄町市場』も）が水の出やすい低地にあって、たびたび冠水したという事情から来ている。

さて、ここで再び三条の小さな工場における「仕事の姿勢」に戻る。映像を追って行くと、小さな工場での仕事は「立位」もあるけれども、低い位置でおこなうことが多いが、よく観察すると、必ずしも「座位」そのものではないことに気がつく。小さな工場、なかでもさらに小さな個人の工房、といったところでは「座位」が多いが、機械を用いる工場になると低い台、低い腰掛けなどを使用して、坐り込んでしまわないようにしていることが多い。だからここでは、①坐った姿勢、②しゃがんだ姿勢、③低い腰掛けに坐る姿勢、などがあるが、工房的な工場では、①坐った姿勢が、機械を用いる工場では、③低い腰掛けなどを用いた姿勢、が多いのである。

そして、一言に「低い腰掛けなどに坐る姿勢」といっても具体的には色々あり、それは仕事の種類（鍛造・グラインダー・バフ・研ぎ・磨き・その他）による相違ばかりではなく、ひとによって異なるものでもある。それでは、どのように類型できるかとなるが、それにはもう少し色々な「シーン」を集めて検討する必要がある。

まとめ

本来ならば、集めた「仕事の姿勢」の「シーン」分析を十分におこなうことで、はじめて研究が完了するのであるから、ここでは試みのひとつの段階を示すにすぎない。

実際には、用いたシステムにいくつか不備な点が残っており、現在、改良を加えているところである。デジタル映像技術の進歩は恐しいほどの速さであるから、数年のうちに技術的な問題のあらかたは解決しているであろうし、そのあいだにサーバーへの映像蓄積も進行するであろう。また、映像にかかわる諸権利についても、もう少し明快な基準が示されることになると思われる。いずれはそれらを通して、この試みの可能性と限界が明らかになると思われるが、いずれは『「仕事の姿勢」画像データベース』が実用的なものとなり、今日の「仕事の姿勢」の多様な姿が示されて、そこにどのような伝承的身体活動がうかがわれるかに期待したいと思っている。

二　セラ・コレクションとその背景

はじめに

一九九〇年代までスペイン・バルセロナのモンジュイクに市立民族博物館があって、そこに所蔵されていた日本に関するコレクション（主として戦後期の民芸品）について、一九九八年に残された収集カードを基に少しばかり調査をおこなう機会があった。その時に当時のバルセロナとその周辺に点在するいくつかの博物館事情も合わせて調べて、それがどのように機能しているか、あるいは機能させようとしているかを検討するとともに、この博物館のもっとも大きなコレクションのひとつである日本関連資料が収集された背景を明らかにしようと考えた。

その結果、明治以来の日本とヨーロッパをつなぐひとびとの交流・往還の一面を知ることになったが、以下はそれを明治期の住友財閥で重要な役割を果たした伊庭貞剛一族とスペイン人彫刻家エウダルド・セラ・グエル（Eudald Serra Guell）との関係を中心に記述したものである。

こうした交流の記憶は今日ではほとんど忘却されており、住友史料館においても、住友グループの実業から離れたこのような事跡までは調査が及ばないようで、ただひとつ伊庭家の別荘であった活機園（伊庭貞剛記念館）が重要文化財として保存されているだけになっている。だから、このコレクションが持つ日本文化研究における資料的な価値はともかく、その存在だけがバルセロナ・パリ・神戸とそれに繋るひとびとを記憶させるものであり、同時に戦後日本とヨーロッパとの文化的な関わりの一面を示すものでもある。

ところで、これに少し関連するものとして、パリのケ・ブランリ（国立民族博物館）において二〇〇八年の秋から企画展示として「民芸」展が開催されて、柳宗悦や民芸館の収蔵品の紹介などがおこなわれたが、そこに本章で取りあげたバルセロナの陶芸家・ジョセップ・リョーレンス・アルティガス（Josep Llorens Artigas）についての言及があった。それによると、アルティガスは国際工芸家会議に参加して柳らと接触を持つようになり、民芸派とのつながりができた、とされている。

わたしは当初、アルティガスはある時期に民芸運動と同じように北欧・イギリスのデザイン運動の影響を受け、民芸派とのつながりを持つことになったかと推測していたが、ご子息夫人・マコ（Mako・真子?・日本人）さんから丁寧な手紙をいただいて、そうではないことがわかった。

マコさんによれば、アルティガスは早くから中国・日本・韓国に関心を持っていたが、一九五二年にイギリスのダーティントン（Dartington）で開催された国際工芸家会議で、開催当事者のバーナード・リーチや毎日新聞社によって派遣された柳宗悦と浜田庄司に出会い、大変親しくなって、これが民芸派との絆を生んだというのである（ダーティントン国際工芸家会議については、「ダーティントン国際工芸家会議報告書・陶芸と染織」思文閣出版　一九五二年がある）。また、アルティガスがしばしば日本を訪問したのは、ご子息が日本人女性（マコさん）と結婚したからで、一九六一年以後のことである。

したがって、ここで取り上げたセラが、日本に限って民芸品採集紀行に取り組んだのは（他地域における収集は仏像・宝飾品など多方面に及ぶが、どちらかというと民族芸術的なものが多い）、国際工芸家会議に参加したアルティガスの影響が大きかったのではないかと思われる。

なお、ケ・ブランリの「民芸」展では、民芸と繋がる者として建築家・インテルアデザイナーとして戦後日本のモダンデザインに影響を与えたペリアン（Charlotte Perriand）も取り上げられていた。

さて以下は、「バルセロナ民族学博物館（Museu Etnologic de Barcelona・バルセロナ市立）」に収蔵されている日本関連資料「セラ・コレクション（Serra Collection）」の概要を紹介するとともに、同コレクションが成立した背景に言及し、ヨーロッパにおける近代日本の資料収集の一例として示すものである。

わたしは平成十年（一九九八）十一〜十二月の約二カ月、バルセロナ民族学博物館の招聘により同地に滞在して、地域の文化表象としての各種の博物館・美術館の多元的な機能の実態を見聞するとともに、「セラ・コレクション」について基礎的な調査をおこなった。

その際に知りえた同地域の公立博物館・美術館の諸形態については、改めて紹介するつもりであるから、ここでは概観に止める。また、現在スペインにおいても、行政改革にともなう博物館・美術館の再構築が進行しつつあり、調査当時と現在では若干異なる状況が生じていることをお断りしておく。

この地域の博物館・美術館を概観すると、いくつかの点に特徴を見ることができる。そのひとつは、各施設のあつかうテーマが設置母体（国立・州立・市立・港湾関連協会など）との関連によって役割分担がおこなわれているかに見えることである。そして、それらは共通の歴史認識（価値認識？）に基づく相互補完的な関係にあるというよりも、多元的な認識をそのまま個別的（ばらばらに）に表象している。いわば、国家・地域・都市・港湾などが個別・固有の価値観に基づいて提示されており、時にはそれらが対立的ですらあるこの地域の文化的状況を背景にしている。たとえば、バルセロナの知識人が自らの文化を述べる時に、初めに語るのはバルセロナの都市文化であるが、さらに地域を拡大して述べようとする時にはカタロニア地方ということになる。そして、さらに一層地域を拡大する時には「スペイン」という国家的な枠組みで表わすよりも、「半島（The Peninsula）」という表現を好む（ように見える）、といったことである。

この場合の「半島」とは、ヨーロッパ大陸に繋がる「半島」部分を意味するだけではなく、この地域とフランク王国との関わりに繋がる歴史的な地域認識、すなわちヨーロッパ文明に半島的な特質を加えたものがイベリアであって、その先進地域がカタロニアである、と見なしているのであろう。

それではカタロニア地域のひとびとが、バルセロナを直ちに文化的な中心と認識しているかというと、かならずしもそうではないようである。バルセロナの特質のひとつに、地中海の代表的な港湾都市であるという点があり、それはピレネー南麓地域としてのカタロニアとは文化的意味合いが異なる。その上で近代都市バルセロナは、ヨーロッパ・ブルジュア文化の中心地のひとつでもあった。

このような多様な表象の存在自体がカタロニアの近現代の史的経緯を反映している。

1　バルセロナの公立美術館・博物館

バルセロナ市内の公立博物館・美術館について簡単なスケッチを示しておきたい。

もっとも規模の大きいカタロニア地方の博物館（美術館）は、バルセロナの後背地、モンジュィック公園（Parc de Montjuïc）の高台に威容を誇る「国立カタロニア美術博物館（Museu Nacionald' Art de Catalunya - MNAC）」である。この美術博物館は一九二九年のバルセロナ万国博覧会の象徴であったPalau Nacionalを改装して、一九九〇年にいくつかの既存の美術館・博物館（中心は旧カタロニア美術博物館 Museu d'Art de Catalunya）を統合して作ったものである。その展示はカタロニア地域（特にピレネーの南麓地域）に数多く残されているロマネスク文化の成果を中心にしており、それに付け加えてロマネスク文化を受け継ぐゴシック文化・バロック文化・それ以後に及んでいる。いわば、ヨーロッパ中世以来の様式史的な展開をピレネー以南において示そうとする歴史・文化展示なのである。

このことは、この「国立カタロニア美術博物館」がスペイン王国的なものではなく、ヨーロッパ的な枠組みを用いるものとして、スペイン王国の美術文化を集成したマドリード（カスティーニョ地域）の「プラド博物館（Museo del Prado）」と対比的に見ることができる。一九九〇年に設置されたこの国立美術博物館にとって、このような汎ヨーロッパ的なものを取り入れたことは、バルセロナ・オリンピックの開催にとって好都合であり、またEUの統合が現実となった現代の政治・社会状況にもよく見合っている。このヨーロッパ的な様式史の文脈は、そのまま近代ブルジュア文化に受け継がれているから、それを表象するものとして、カタロニア近代美術をあつかうブランチ「近代美術博物館（Museu d'Art Modern - MNAC）」が港近くのバルセロネッタ（Barceloneta）に併設されていたが、二〇〇八年までにそれを併合して、バロック文化以後、近代に及ぶ展示となり、最も新しい部分にはピカソ（Pablo Picasso）、ゴンザレス（Julio González）のコーナーが設けられて、ここで取り上げるエウダルド・セラ・グエルの作品も展示されている。なお、これらを継承する現代美術については、市の中心地域にバルセロナ現代美術館（Museu d'Art Contemporaride Barcelona - MACBA）がある。

それでは、このような様式史的な展示をおこなう「国立カタロニア美術博物館」以外に、この地域の歴史文化を表象する博物館は存在しないかというと、そうではない。

これとは別に「カタロニア地域史」を展示の中心にしている「カタロニア歴史博物館（Museu d'Histria de Catalunya・カタロニア州立）」がバルセロネッタの一角に存在する。

その内容は古代・中世カタロニアから近現代に及んでおり、政治と経済、都市と農村の生活文化、スペイン内乱、フランコ時代からそれ以後を含む地域的な通史展示であって、前述の「国立カタロニア美術博物館」の様式史的な展示とはまったく異なる「事件史」や「生活史」が中心になっている。日本でいえば各地の歴史民俗博物館に類似する（政治・経済・戦争が含まれる点で、日本の場合とは異なるかもしれない）。「カタロニア歴史博物館」では常設展示に併せて企画展示もおこなっており、わたしが観覧したものに「カタルニアとアラベスク」などがあった。

この地域のロマネスク様式にはアラベスクの痕跡をとどめるものが多々あるが、その遺物を集めて展示することにより、この地域に残るムスリム文化の影響を表すとともに、あわせてムスリム文化とともに渡来した有用植物・食物などを示して今日の地域文化との関わりを表わし、さらに地中海対岸のムスリムの生活習俗なども紹介するものであった。その意図は、多分、最も早く再キリスト教化したカタロニア地域に、ヨーロッパの様式史的な理解を超える別の光を当てることにあったものと推測される。近代スペインはモロッコの一部を支配してきた歴史を持ち、現在も対岸地域に小規模の植民地を保持している。また今日は、北アフリカからの移住者の急増が社会的・政治問題になりつつあり、それは同時に北アフリカとの産業的紐帯が著しく強くなりつつあるという側面も持っている（加工業の生産拠点が北アフリカに移動しつつある）。そういう現実を背景にして組み立てられた企画展示であったと理解できる。

くりかえせば、「カタロニア歴史博物館」の展示は、カタラン（カタロニア語）を共有するひとびと（国境を越えて南フランスにも居住する）」のエスニック・アイデンティティを基礎にして、それがどのようにスペイン国家に内包されてきたか、あるいはどのように自律的近代化を遂げたか、さらにそれが地中海を超えて北アフリカとどのように繋がっているか、などを表現している。その意味で「カタロニア歴史博物館」は地域を基礎にした表象施設なのである。

バルセロナ港の正面には、もうひとつ大規模な博物館がある。それは「バルセロナ海洋博物館（Museu Maritime de Barcelona・公共団体立（Consorci de les Drassanes de Barcelona））」である。この博物館は、近年コロンブスの新大陸発見後五〇〇年を記念してリニューアルしたもので、港湾に隣接する元造船所の大空間を利用したアミューズメント・パークの要素を持つ体験型博物館である。大空間の中央にはガレー船の実物大の復元模型が収まり、この模型を中心に、この時代以後の地中海文化の多様な展開を示す総合的展示をおこなっている。

このように「バルセロナ海洋博物館」は港湾バルセロナの表象であるが、同時にリニューアル・オープンの企画展示において、近現代史に深く関わるメキシコ・南アメリカ移民の出発港であることを強調している点も興味深かった。これらの移民も、淵源をたどればコロンブスに結びつき、その発展的な結果として捉えることができる。日本人はメキシコ・南アメリカなどのスペイン語圏の存在を植民地主義の負のイメージとして捉えがちであるが、むしろここでは、これらの移民を地域間交流の基礎と見なしているように思われた。

この他に歴史博物館として、「バルセロナ市歴史博物館（Museu d'Histria de la Ciutat〈市立〉）」があり、こちらは都市としてのバルセロナの歴史を示すものである（ここに「バルセロナ市」と「カタロニア州」が表わすものの相違が表れている）。この博物館は、大聖堂などが集まる市街の中心地域（ゴシック地区）に位置し、ローマ時代の市域の境界壁に近接しており、その地下にはバルセロナの原型になったローマ都市（Colnia Iulia Augusta Faventia Pterna Barcino）の遺跡がそっくりそのまま埋まっている。そして、この遺跡の上にローマ時代の生活層が、さらにその上にロマネスク・バロック時代の教会遺構が幾重にもなって重なり、そして、その地表部分に現代の大聖堂が聳えている、というわけである。地表から下降するにしたがって過去に遡り、もっとも深いところにローマ遺跡が残されているのを見ることができる。これを逆にいえば、大聖堂の尖塔を登りつめると、そこから未来に繋がる今日の様子を示すことができる。すなわち、この仕掛けは時間の推移を層序によって示す考古学的な手法を用いた展示であるが、それはまた市域の発展と繁栄をこの一地点において集中的に示す文明装置としての都市の表象なのである。

以上のように、バルセロナの博物館を形式的に分類すると、それらは一元的な歴史観・文化観に基づき、それをいくつかの側面から補完的に表現しているのではなく、個別的な目的や意図に基づいており、その結果、相互に矛盾に含みながら存在しているともいえる。そのことが結果的にこの地域の多様性を表現していると理解できるのである。

2　バルセロナ民族学博物館とコレクションの収集

それでは、「バルセロナ民族学博物館」は、今見てきた美術館・博物館の配置のなかでどのように位置づけることができるであろうか。次にこの点に触れることにしたい。

ヨーロッパの港湾都市には、様々の規模・内容の民族博物館が設置されている。これらは一般にキリスト教文化圏外で収集した珍品・奇品を集めて閲覧に供するもので、必ずしも学問的に洗練されているとは限らず、まったくの個人的趣味や異文化への好奇心に基づくものも少なくない。そのために旺盛な好奇心と共にコレクターの思い入れを示すものが多く、そこから収集品の持つ個別の価値や面白さだけではなく、収集の偏りから見えてくるコレクターの姿勢といった点にも、なかなか興味深いものである。そのような観点から「バルセロナ民族学博物館」とそのコレクションに関心を持つとともに、「民族資料」をなぜ公立博物館が収集したのかという動機についても興味を抱いたのである。

「バルセロナ民族学博物館」が、最初にどのようにして設置されたかはあいまいである（準備段階が長期間にわたったというが、その詳細はよくわからない）。いずれにしても、調査時の姿となって公開されたのは古いことではなく、同博物館の主要なコレクションは、公開に前後して収集されたもののようである。

「バルセロナ民族学博物館」のコレクションが充実したのは、アウグスト・パニェリャ（August Panyella）が館長をしていた一九五〇年代末からの十数年間であるというが（この間に建造物としての博物館が存在していたかどうかはよく分からない。市の管轄するいくらかのコレクションがあったことを指すようである）、その後（一九七三年）にモンジュイク公園の一角に現在の建物が完成して公開展示されて、調査時（一九九八年。その後にこの博物館は行政改革に伴って閉鎖されて、コレクションは市の教育部局によって管理されているようである）の姿になった。

博物館建設構想ができると、すでに市が保有していた資料に追加するための収集活動がおこなわれて、ある程度コレクションが充実した後に開館したらしいが、その収集は行政によってのみなされたのではなかった。

一九五〇年代からのコレクションの充実には、前述のアウグスト・パニェリャとフォルク財団（Fundcion Folch）をつくったアルベルト・フォルク・ルシニョール（Albert Folch Rusinol）に加えてエウダルド・セラ・グエルが関わっており、当時、このグループが世界各地に出かけて精力的な資料収集をおこなっていたのである。

一九四〇年代末までヨーロッパの孤児といわれる孤立主義にあったフランコ体制は、国連でのスペイン排斥の解除（一九五〇年）を経て一九五五年に国連に再加盟し、同時に国内的には徐々に自由主義経済に移行して、工業化を推進していった。こうして、外国為替・外国投資の自由化政策が実施されることになるが、この政治的・経済的な変化が彼らの活発な資料収集旅行を可能にしたのではないかと考えられる。

グループの中心的な存在であったフォルクは、母親のリタ・ルシニョール（Rita Rusinol）が有名な画家であるサンチャゴ・ルシニョール（Santiago Rusinol）の姪で、妻のマルガリータ・コラチャン（Margarita Colachan）は共和派亡命者の娘として南アメリカで育ったバルセロナのブルジュワ階層の出身者であった（フォルク自身もブルジュワ階層の出身である）。

そして、フォルク自身は、兵役時代にカナリア諸島に派遣されて以来、アフリカン・ネイティブの造形に強い関心を持ち、その後もフランスのトゥルーズ（Toulouse）やマルセイユ（Marseilles）の骨董屋へ出掛けてはアフリカのコレクションを増やしていたという（父親もコレクターでその趣味を受け継いだともいう）。こうしたことから民族学博物館館長であったパニェリャと親交があったと考えられるが、この当時のフォルクはすでに塗料会社（Folch S.A.）を率いる有力な財界人で、成功した実業家として著名な人物であったようである。

このグループのもう一人の重要人物がセラであるが、彼は一九四八年に日本からアメリカ西海岸を経由してビルバオ（Billbao）に帰国して、一五年ぶりにバルセロナに戻って来た。このセラの帰国は「東洋からはるばる帰って来たバルセロナ人」として新聞種になるほど話題になったものだという。日本人とフランス人の混血の妻を伴っていたことも話題になったのであろう（後述）。そして、この帰国をひとつの契機として、パニェリャと知り合うことになった。パニェリャは日本帰りのセラはアジア文化に詳しいに違いないと考えて、資料収集の相談をしたらしいのである。

こうして三人を中心にする資料収集グループが生まれて、各地に出かけて収集旅行をおこなうようになった（その費用の多くはフォルクに依存した。後述）。その概要は次のようなものである。

ジョアン・テッシャドール（Joan Teixdor）によるセラの紹介書（『Eudald Serra』Fundacion Folch）によれば、セラは帰国した四年後の一九五二年に、初めてパニェリャと共にモロッコに出掛け、それ以後五四年・五六年にもモロッコ旅行を繰り返して資料を収集しているが、それらは民族学博物館の設立に向けてのものだったようである。五七年にセラは民族学博物館の資金（多分、バルセロナ市の博物館設立準備費）によって日本に派遣されるが、この時の日本での資料収集は約八五〇点に及び（民族学博物館は、以後もセラの日本の資料収集に資金を提供している）、この日本旅行の帰路にヴェトナム・カンボジャ・インド・ネパールに立ち寄って、そこからもなんらかの資料を入手している。その二年後の五九年には少人数のツアー・グループを組んで来日し、この帰路も東南アジアの各地を巡っている。この時は公的な資料収集が目的ではなく、一般的な観光旅行であったと思われるが、このグループ・ツアーには前述のフォルクやその周辺のひとびとが加わっており、たぶんこの旅行が契機となって、これ以後のセラとフォルクを中心とするグループの資料収集旅行が活発になったのである。

一方、セラとパニェリャは、六〇年に民族学博物館の資金によってネパールを訪れて、セラは六一年にふたたび来日、資料収集をおこなっている。この時には約六三〇点の資料をバルセロナに持ち帰っているが、この時期からセラを中心にするフォルクらとの大規模な収集旅行と、民族学博物館の資金によるパニェリャとの収集旅行の訪問地域はアジア・日本に限られなくなって、南アメリカ・オーストラリア・ニューギニアなどを含む世界的な規模に拡大していった。六二年にこのグループは世界一周旅行を行っている。

セラは六一年に民族学博物館・フォルクの双方から資金をえてペルー・セイロン・日本・韓国・オーストラリア・ニューギニアに資料収集に出掛けて、この時に日本で集めた資料の約八〇〇点を民族学博物館に収めた。

セラとフォルクらは、六五年にパナマ・コスタリカ・ニカラグァ・グアテマラ、六六年にはオーストラリア・ニューギニア・ソロモン諸島・ニューヘブリデス、六七年にはアフガニスタン・インド、六八年には再びオーストラリア・ニューギニア・タイ・コロンビア・日本、六九年にはボルネオ、七〇年にはビルマ・タイ・マレーシア・台湾・香港・シンガポール・ニューギニア、七一年には象牙海岸・アフガニスタン・インド・シッキム・日本・ニューギニア、七三年には象牙海岸・マリ・パキスタン・韓国・日本・タイ・インドネシア、七四年はモロッコ・インドネシア、七五年にはタイ・韓国・日本・フィリピンなど、七六年にはタイ・中国・日本、七七年にはタイ・日本、七八年にはパキスタン・フォーレス諸島、と憑かれたように旅行を繰り返しているのである。

こうして収集した資料の多くはフォルク財団（Fundacion Folch）に収められて、現在（一九九八年時点）フォルク家の屋敷内の広大な建物に収蔵展示され、また、民族学博物館における「Art of Equatorial Guinea The Fang Tribes」「Etnografia de Filipinas」「Arte Txtil en Indonesia」などの企画展示を通して一般に公開されている（聞くところによると、フォルク財団の収蔵品は二〇〇〇年以後離散しつつあるという）。

このようにパニェリャ・フォルク・セラらが収集した資料の大半はフォルクのコレクションとなっており、民族学博物館に収蔵されているものは、資金を分担した初期のものに限られているようである。

日本に関していえば、この時期に併せて九回来日して各地を訪問しているが、収集活動をおこなったのは三回だけのようである。この三回については民族学博物館も資金を分担しており、これが民族学博物館の「セラ・コレクション」になっている。

いずれにしても、この時期に突如憑かれたように大規模な資料収集活動がはじまり、それに連動する活発な旅行がその後二〇年近くも継続した。このことは企業繁栄の結果であるとはいえ、不思議といえばまことに不思議なことであるが、その理由をはっきり聞く機会はついに得られなかった。ラテン的な情熱の産物か、成功した実業家の気前のよい道楽か、あるいはその両方であったのか、それは当時の日本では考えがたい、とてつもなく豪勢な事業であったことに間違いない。

そして、この旅行の具体的な企画・運営はセラを中心におこなわれていたらしく（セラの妻のエドモンド・イバ・ボージョ〈Edmonde Iba Bougeot〉も同行していた）、行き先・収集品目などにセラの個人的な志向が強く反映しているように見える。集められたコレクションを眺めると、その内容ははなはだ多岐にわたり、あらかじめ何らかの基準を設けて体系的に収集していたとは思われない。そして、その多様さ（あるいは行き当たりばったり）にも、セラの個性や考え方が関わっているように見えるのである。

フォルク家に収蔵されているものには、ニューギニアの巨大な木像や丸木舟、中国の仏像、インド・ネパールのヒンドゥー彫刻、アフガニスタンの金細工など、貴重な資料がたくさん含まれるが、それらは地域的からみても品目的からみてもまことに雑多な集合で、見方を変えるならば「驚くべき規模の観光土産の集成」であるともいえるし、セラという際立った個性が選択したユニークな結果であるともいえる。

後にフォルク財団は、これらの旅行地域を紹介した豪華本『フォルク財団の開かれた世界（Miradas el Mund Abierto del la Fundacion Folch）』を出版している。その内容は、セラからの聞き取りを中心に編集者がリライトしてまとめたものらしいが、そこにはセラの個性がよく表われている。

そして、『フォルク財団の開かれた世界』で描かれる世界各地の文化の紹介は、アカデミックな調査の結果であるというよりも、むしろロマンティックな異国情緒をたっぷりと含んだ旅行記録で、その地域に生活するひとびとの具体的な姿を示すというよりも、かれらがアジア・アフリカ・南アメリカなどに抱いたイメージに依存するもので、当然ながら、偏見・誤解も散見される。ここでの日本についてのイメージは、竹の家・紙の壁・禅・武士などのキーワードによって示される。そして、これらの用語を散りばめた解説は、それを結合して統一的な文化として提示するために、歴史的・美学的な脈略・関連から説明した上で、写真を用いて視覚的に表現している（美しく撮られた情緒的な写真は観光案内に使用できるほどの出来栄えである）。

このようなスタンスはどの地域に対しても同様で大差ないが、対象地域は実に広大でアメリカ（中央アメリカ・南アメリカ）・アフガニスタン・パキスタン、インド・チベット・ネパール・中国・韓国・日本・タイ・ビルマ・カンボジャ・フィリピン・インドネシア・ニューギニア・オーストラリア・アフリカを大分類項目としてまとめ、その下に下位項目が続いている。ここから、異郷の多様さに対する並々ならぬ好奇心と個別の様相に対する旺盛な解釈欲を感じるのである。

ところで、セラは民族学を専門にする研究者ではなかったし、学問的な基礎をどの程度身に付けていたかも判然としない。後述する戦前の日本での暮らしも日本文化を研究するためではなかった。実はバルセロナ美術学校出身の彫刻家だったのである。

セラは、学生時代以来、この地域の代表的な彫刻家・アンジェル・フェラン（Angel Fellant）に師事しており、戦後にバルセロナに戻ってからは、ジョアン・プラッツ（Joan Prats）、ジョアン・ミロ（Joan Miro）、ジョセップ・リョーレンス・アルティガスなどと親交を結んで、戦後のバルセロナ美術界を代表する芸術家のサークル「Club 49」

(一九四九年に結成?)に属していた。

前述のジョアン・テッシャドールは、彫刻家であるセラの収集活動を「学者あるいは大学にいる書斎派の民族研究者の活動ではなく(中略)、彫刻家の意思と美学的な経験が情熱的な調査に駆り立てた」ものであると評価している。すなわち、その収集は美術的な観点に基づいておこなわれた、というのである。

それは次のことを暗示しているのではないかと思われる。すなわち、今日ではあまり通用しなくなった概念であるが、かつて近代美術運動に大きな影響を与えた「原始芸術(未開美術)」(Primitive Art)という考えと、それを支えたヨーロッパ以外の地域に残る原始的(同時に根源的)で生命感にあふれた「民族」と「文化」に対する情熱である。異文化の造形を「原始芸術(未開美術)」と位置づけて、その美術的な価値を高く評価することにより、当時のヨーロッパ美術を相対化しようとした思想は、いわゆる立体派やシュールレアリズムなどの芸術動向に連動しているが、このことをバルセロナとの関わりでいえば、ピカソやミロの活躍を通して身近な先進的思想として受容された時代があったに違いない。そして、この「原始芸術(未開美術)の発見」という異文化に対する関心は、ジョアン・ミロに示されるように、内乱後のフランコ政権下を潜りぬけて、戦後もバルセロナのブルジュア層のなかに生き続けて、それが「Club 49」のようなサロンを生んだのではないかと考えられる。

フォルクが徴兵・派遣されたアフリカ(当初はカナリア諸島に配属され、そこからさらにたびたびモロッコへ派遣されていたという。それはフランコ時代初期のことであろう)で、いわゆる原始彫刻を初めて手に入れて持ち帰ったことが、フォルク・コレクションの始まりであったとされる。当時すでにピカソやミロは、バルセロナの誇る世界的な大芸術家であったから、彼らを生み出した美的源泉を「原始芸術(未開美術)」に見ていたのである。

そして、パニェリャもこれと同じような観点から、民族学博物館を充実させる必要があると考えたのではなかろうか。これにバルセロナ市も容易に資金を提供したのであるから、当時の社会的気分がどんなものであったかをうかがうことができるように思う。バルセロナにとって国際社会への復帰とは、ヨーロッパ的な秩序への回帰を意味するだけではなく、ピカソやミロを継承することでもあり、それが民族資料への美術的関心を掻き立てたのではなかろうか。

このような社会的な背景に、セラの独特な性向が加わってコレクションが形成されたのであるが、この場合のセラの独特な性向とは、人種の外形的な相違に彫刻家らしい関心を強く持っていたことである。すなわち、セラは彫刻家として把握した人体頭部の形質的な特徴を文化的特徴に結びつけることによって、民族文化を理解・解釈しようとしたらしいのである。セラにとって形質的な多様性はそのまま文化的な多様性に重なっていくものであった。

そして、このセラの人種の持つ形質的な側面への関心は、実は若い時期からのものだったらしいのである。神戸に在住していた時代（後述）に、写実的な朝鮮人女性の肖像を制作し、スケッチもたくさん描いている（神戸で最初に生活を始めたのが、朝鮮人居住地であったからであるという）。また、戦後アメリカの統治下、帰国を前に北海道に旅行してアイヌ男性の肖像も制作している（しかし、なぜか日本人の形質には特段の関心がなかったようで、日本人をあつかった作品は多々あるが、「典型的な日本人」の形質見本的なものは制作しなかったようである）。

この点について、テッシャドールは「彼は、アメリカインディアン・ベルベル人・黒人・黄色人がその原始的（未開の〈primitive〉）生活によって獲得した（人体の）形質的な線と形に強く衝撃を受けた」としており、このような異人種に対する造形的な関心が資料収集の基礎になったことを示している。そして、セラのこの性向は後の収集旅行時代にも受け継がれて、訪れた地域の典型的な形質を示すと思われるひとびと（natives）をモデルに選んで、その特徴を強調した頭部の形質見本をたくさん制作している。これらの形質見本は一括して「民族学博物館」に収蔵されていたが、しっかりした写実力に支えられたものである。

その上で、セラの日本資料に対する視点には、他の地域に対するものと少し異なる点があったようである。それは一五年に及ぶ日本での生活経験が関わるからである（ただし、セラはあまり日本語は出来なかったようで、日本文化に対してそれほど深い関心を持ったようには見受けられない。もともと日本への関心から東洋に来たというわけではなく、当初の旅行の目的は中国であった）。そして、前述のように日本人の形質見本を残さなかったは、日常的に接触した日本人を典型化することが難しかったのかもしれないし、日本（日本文化）に原始的（未開）の活力を見出せなかったからであるのかもしれない。

さて、以下では一九五七・六一・六四年の三回の日本での収集旅行で集めた資料品目がどのようなものであったかを示して、その特徴について検討を加えておきたい。

3　セラはどのようにして日本資料を集めたか

すでに述べたように、一九四八年にバルセロナに帰省してから以後、セラはたびたび来日する機会を得た。そのうちの一九五七・六一・六四年は民族学博物館の経費（フォルク財団も関与）によって日本資料を集める目的で来日したものと思われる（南まわり便の往復にアジア各地に立ち寄ってはいるが）。

民族学博物館には、この三回の収集活動に関してセラが記入した購入記録簿が保存されてあり、そのコピーがわたしの手許にある。その記載は、帳の始めは品物ごとに丁寧に記述してあるが（品名・地名はローマ字で表記され、それに簡単な略図が付いている。ついでスペイン語での解説があり、購入価格が記入されている）、後半はブランクになっている場合が多く、日付も欠けてくる。また、民族学博物館の学芸員がたびたび資料整理を繰り返してきたために、色々な人手が加わっており、番号の付け替えなどもあって、かえって混乱している部分もある。

この購入記録を、私なりに整理して読み取り、「なにを、どこで、どのように」収集したのかを見ていくことにしたい。

（1）一九五七年の収集

一九五七年の記録の始めの部分には、品目ごとに品名・使用地・購入日付・購入場所・単品の価格・その他が記載されている。品名・地名などはローマ字で書かれているが、なかには聞き違いと思われるものも含まれる。五七年の場合には、六月に来日して関西（直接に大阪・伊丹に着いたか？）に滞在しており、購入記録は六月二十日から始まっている。

内容の一部を整理して示すと、以下のようになる。

◎六月二十日

阪急（「たくみ」（阪急デパートのなかにあった民芸品店：著者註））・大阪。団扇・三角笊・果物籠・炭籠・布袋・手拭・卓布（鳥取県）。酒徳利・茶碗・皿・湯呑み・癇瓶・取り皿・片口（鳥取県　牛戸窯・鳥取県河原町牛戸の柳宗悦・河合寛次郎などによって紹介された民窯：著者註）。手箒（青森県）・手箒（栃木県）・小袋籠（青森県）土瓶・湯呑み（益子・栃木県）。砂糖壺（淡路・兵庫県）。小鉢（島岡〈達三？〉・益子・栃木県）。癇瓶・刷毛目皿・片口小鉢。（小石原窯・福岡県（高取焼？：著者註））。飯茶碗（袖師窯・松江・島根県）。豆鉢・片口（本郷窯・福島県）。角皿・小皿（湯町窯〈出雲焼〉・島根県）。蛇徳利（丹波窯・兵庫県）。畳（テーブルクロス？・倉敷・岡山県）。雪帽子・はばき（秋田県）。

◎六月二十日？

セイコウ堂・東山・京都。暖簾（祇園・京都）。抹茶茶碗・野点茶碗（須田青華？・浅見芳三・勝見光山・京都）。壺（瀬戸・愛知県）。酒徳利（九州）。

◎六月二十日？

山本・清水・京都。壺（丹波・兵庫県）。お盆（朽木・滋賀県）。姫達磨（伊予・香川県）。虎（伏見・京都）。煙草盆（京都）。井戸車（織部・愛知県）。お盆（京都）。灯火（蝋燭・瀬戸・愛知県）。虎・弁慶・相撲・富士娘（亀井堂・東京）。馬飾り（宇土・熊本県）。清正（馬乗り：著者註）（弓町・佐賀・唐津：著者註）。馬乗り猿（長崎県）。あけび鳩車（野沢・長野県）。

以下、阪急・三越といったデパートや民芸品店・楽器店から、板相撲・花魁・アチャさん・カチカチ猿・天神饅頭喰いなど「郷土人形」を約二〇点、達磨・八幡馬などの「郷土玩具」を約四〇点、さらに飯櫃・草履・背負い袋・塵取り・鉈・柄杓などの「生活用具」、砥部・袖師・立杭・丸柱・沖縄などの「焼物」、三味線・琴・琵琶・太鼓・笛・縦琴・銅鑼・鈴・拍子木などの「楽器」、その他として各種の梳櫛、傘・絵馬・算盤・団扇などを購入している。

その後、京都から有馬（温泉）に行ったようで、そこでは箒・竹細工をたくさん仕入れている。

その購入はなかなか徹底したもので、例えば履物・下駄について見ると、烏表草履・後丸下駄・パナマ（表）利休下駄・斜歯表皮草履・竹塗下駄・漆塗下駄・竹張下駄・小ぽっくり（漆塗り）・柾下駄・畳下駄・高下駄・黒塗高下駄・竹駒下駄・神代杉下駄をまとめて一度に買入れている。

こうしてこの年には、総数約八五〇点を集めてバルセロナに送っている。

（2）　一九六一年の収集

セラは一九六一年にも再び資料収集のために来日しているが、この時の収集方法は、前回とは少し異なるところがある。前回は京都・大阪・有馬のデパート・民芸品店などからまとめて購入しているが、今回は日本各地を旅行しながら旅先で購入していく方法が加わったからである。

この年の記録は、関西ではなくて東京から始まっている。初めは東京の「クラフトセンタージャパン」(丸善・日本橋)でまとめて購入しているが、その品目は前回「たくみ」などで購入したものと類似の、いわゆる民芸店であつかう「民芸品」である。

五月十四日には愛知県・瀬戸に出掛けてここで大量の焼物を購入している。最初は赤津に行き、水野半次郎窯から約二〇点、陶次郎窯・品野窯から数点ずつ購入し、次いで多治見に移動している。多治見では牧野万次郎窯から数点買い入れて、荒川豊蔵の水月窯を訪問して、ここでも一六点ほど買入れている。

その後は再び瀬戸へ戻って加藤作助から一点、生駒利一から一五点ほど購入して信楽に移動している。

信楽では高橋楽斎・上田直方などの茶陶作家から一〇点ほど買入れて、そこから京都に向っている。いわばこの旅行は、瀬戸・多治見・信楽の窯場を訪問して買い付けをする一種の「焼物の里ツアー」であった。

五月二十・二十一日には、京都の陶芸作家・石田掬太郎?・八木一夫・鈴木治・熊倉順吉などを訪れて、石田から二点、八木から六点、鈴木から二点、熊倉から一点購入しているが、さらに骨董屋を訪れて古伊万里・唐津・瀬戸・油皿などのいわゆる下手物も購入している。この時の訪問先には八木・鈴木・熊倉などの走泥社グループの陶芸作家(artista)が加わっており、購入した焼物のなかにはジャクリーン・バーンシュタイン(Jacqueline Bernstein)というニューヨーク・ブルックリン住の陶芸作家のものも含まれる。

以上のように、五七年の時とは品目・収集方法に違いがあるが、その後は(これ以後、日付が欠けた状態が続く)、兵庫県尼崎市武庫乃庄に出掛けて(収集が目的ではなかったようだが、旅行の理由は不明である)、ここでも骨董屋から雑多なものを買い込んでいる。

五月二十七日に岐阜県・高山に出掛ける。高山でも民芸品店から行灯皿(瀬戸)・鉢(飛騨)・皿(伊万里)・箸立て・自在鉤・酒徳利などを五〇点ほど買い入れている。先の瀬戸・多治見・信楽の旅が「焼物の里ツアー」であったのに対して、これからの旅行は「民芸の里を訪ねるツアー」といった趣である。

五月三十日には丹波・笹山に行って窯元を訪問したが、そこで購入した記録はなく、骨董屋から徳利・皿（瀬戸・立杭）などを二三点買っている。ここから備前に行って備前焼その他を買付けている。そのなかには藤原啓・藤原雄・金重陶陽など、当時のよく知られた作家のものが含まれている。

その後は五月三十一日に倉敷を訪れて、六月一日には多度津・坂出・高松と巡って団扇・郷土玩具・砥部焼などを集めて、二日には松山で竹細工・砥部焼などを購入し、次いで高取に行って二日～四日まで滞在、この間に窯元を訪ね歩いたようである。同四日には有田に移動して六日に鹿児島に入っている。ここで薩摩焼や沈寿官の作品を買入れて、七日には宮崎、九日は延岡・日田と巡る。精力的というべきか気ぜわしいというべきか、まことに慌しい民芸品店・骨董屋めぐりの旅であった。

こうして十日に福岡に戻って、十二日には松江・米子・八頭郡河原・倉吉などに移動して、この時にも多量の買い付けをおこなっている。その購入方法は必ずしもその土地の産品を買入れたというわけではなく、丹波で有田焼を買う、鹿児島で壺屋焼を買うといった例も多く、基本的には「たくみ」や「クラフトセンタージャパン」での買い方と異ならない。自分が気に入った（審美眼にかなった）ものを選んで購入した、ということなのであろう。

その後、十七日には関東に戻り、益子に出掛けて窯場を巡ったようである。益子では浜田庄司・島岡達三・佐久間藤太郎・加守田章二の作品を買入れている。十八日には京都に戻って近藤悠三の作品を購入している。その後に東京から出国したようである。

この年に収集した総点数は六三〇点（瀬戸で拾った一〇点ほどの陶片も含まれている）である。今回は主として西日本を中心にする約一カ月の収集旅行に高山・益子が加わるものであった。

（3）一九六四年の収集

一九六四年七月には、香港に立ち寄って九龍から収集を始めている。日本に着くと、これまでと同様の品物を鎌倉・名古屋・瀬戸・東京のデパートや民芸品店などで買い集めて、その後に東北地方に出掛けている（東北旅行は日付が記入されていない）。まず、会津若松・本郷（宗像窯）・米沢に行き、山形では和紙・こけし・独楽・鉄器などを、仙台ではこけし・達磨・玩具・椀・曲物・紙子・和紙・箪笥などを購入する。盛岡では塗物・花巻人形（二四点）・鉄器（約二〇点）、それに縄文石器（鏃など）を五〇点ほど手に入れ、八戸では凧絵・焼物・絵馬、青森では菱刺しの野良着なども買っている。さらに弘前・横手・酒田・鶴岡と廻って、その後に新潟に移動して佐渡に渡る。佐渡では石仏などを購入している。

佐渡からは長野に戻って松本から高山に入る。二回目の訪問である高山は特に気に入ったのか、ここで雑多な民芸品を約一六〇点ほど買入れてから京都に行ったようで、以後は、京都・神戸・大阪の民芸品店・骨董屋からの購入品が記録されている。

さて、これで今回の収集は終わりかというと、そうではなく、さらに神戸・高松・備前・倉敷・岡山に出掛けてようやく終了する。集めた資料の総点数は八〇〇点、したがって、三回の収集旅行によって約二四〇〇点のコレクションができたのである。

以上の三回の収集旅行を比較してみると、微妙な相違が含まれているように思われる。

一回目は京都・大阪の民芸品店から買い集めたものと京都での陶芸家の作品の購入が中心であるが、二回目は瀬戸・多治見・西日本（中国・四国・九州地方）あるいは益子と、短い日程のなかでたくさんの地方都市・窯元を駆けめぐる精力的な旅行である。そして、陶芸家（走泥社のひとびとも含む）から直接に購入することと出掛けた先々の地方都市の民芸品店・骨董屋から雑多なものをまとめて購入することを交互におこなっている。

三回目は、初めから東北日本・中部日本に焦点を合わせた旅行を計画していたようである。行き先は柳宗悦など民芸運動に関わりの深い場所が選択されており、その当時「民芸の里を訪ねて」という観光対象にされていた（あるいは、そのように宣伝されていた）地方都市を数珠繋ぎに訪れており、行く先々で民芸品店・骨董屋に寄って買い入れをおこなっている。この時に訪れた民窯は会津本郷だけで、この点が二回目とは異なる。

こうして集められた収集品は、当時のいわゆる「民芸品」、言葉を変えればノスタルジックな観光土産、ないしは民窯を中心にした地場の焼物であった。

ここで興味深いことは、京都に滞在しながら、お寺廻りのような京都観光には関心がなかったようで、奈良には一歩も足を踏み入れず、一日旅行でわざわざ益子まで出掛けるように、民芸に偏重していることである。セラは、過去に日本在住が長かったにも関わらず、日本の古典美術あるいは古典文化には興味がなかったようで、その代わりに「民芸の里」を特急列車で巡礼していったのである。当時の外国人の眼からすると、これらの民芸品はエキゾチックで民族的なものに見えたのかもしれないが、それがセラの見識であるのか、あるいは民族学博物館の責任者であったパニェリャの考えであったのかは明らかでない（晩年セラは、浜田庄司の作品を特別高く評価していた）。もっとも民芸品の収集は比較的に安価で集めやすかったことも理由のひとつかとも考えられる。

この推測とは別に、もうひとつ考えておかなければならないことは、この日本旅行には日本側の民芸愛好家が付き添っていたのではないかと考えられることである。当時のセラの日本語能力はよくわからないが、前出の「フォルク財団の開かれた世界」に見られる日本についての知識範囲から推測すると、「民芸の里」巡礼の計画を彼が一人で立てたとはとても思えないからである。また、慌しい列車の乗り継ぎを鮮やかにこなしていることからも、日本人が付き添っていたことは間違いなく、この同行者の考えや知識がセラの旅行・収集方法に反映しているのではないかと考えられ、そこからさらに推測を加えると、三回の旅行の同行者は、収集の微妙な相違からして別人ではなかったかと思われるのである。

これを別の観点から見ると、日本人観光客はこれらの地域に郷愁（古里のたたずまいなど）を求めて出掛け、その記念に民芸品を購入して帰るものだが、セラは訪問した先の町や村々の名所旧跡・風景・施設・暮らしぶりにはあまり関心を持ってはいなかったようである。そのことは、セラの常識はずれの慌しい旅行ぶりとひたすら民芸品店・骨董屋で資料を買い集める姿からうかがわれて、文化に関心を持つ芸術家であるというよりも、買い付け業務で出張してきた商社マンのように見えることに表われている。

以上のことをさらに別の観点から見ると、セラの考える民族学博物館のコレクションにかなう「原始美術」的なものは日本では入手しがたかったから、その代替として「民芸品」を民衆的なものとして価値づけたとも考えられるが、柳宗悦とその信奉者の考えに共鳴するところがあったからでもあろう。それには一九五二年にイギリスのダーティントン（Dartington）で開催された国際工芸家会議でバーナード・リーチ（Bernard Howell Leach）や柳宗悦・浜田庄司に出会い、彼らと親交を結んだ陶芸家・ジョセップ・リョーレンス・アルティガスの影響もあったと考えられる（既述のごとく、セラもアルテガスも「Club 49」の仲間であった。なお、アルティガスは前出の「ダーティントン国際工芸家会議報告書・陶芸と染織　一九五二年」に寄稿している）。また、一九六二年にはアルテガスの子息が日本人女性と結婚しているから、この当時、このグループにとって日本は身近な存在となっていたようである。

これに関連して付け加えると、後述する戦前の日本でのセラの活動には、民芸との繋がりをほとんど見出すことができない。確かに神戸に住んでいた一九四三年頃に陶芸を学んで茶碗などを作った経験があり、このことが窯場めぐりの背景になっているとも考えられるが、それ以外の接点はまったく見出せないのである。

いずれにしても、こうして集められた「民芸品」から得られる「日本イメージ」は、禅・茶・箸・着物・畳・盆栽・空手などに象徴される大衆的なジャポニズムに繋がるもので、今日も度々繰り返して登場するこのステレオタイプは、同時に日本人側の自己表象として利用されてきたものでもある。

このような様々なひとの関わりのなかで、場違いとも思われるバルセロナ民族学博物館に大量の観光土産のような「民芸品」が（いくぶんかの陶芸作家の手になる作品を加えて）、「セラ・コレクション」として収められていたのである。

4　エウダルド・セラ・グエルという人

セラの回顧的な展覧会が、「エウダルド・セラの生活遍歴（Restros de vida EUDALD SERRA）」と銘打って、バルセロナ文化協会（Institut de Cultura de Barcelona）の手で開催されたのは、一九九八年十月二十日～翌九九年二月四日であった。この時期にわたしはたまたまバルセロナに滞在、この展覧会を見る機会があり、セラの活動歴の大要を知ることができた。そして、その後に数回、セラご本人にもお会いして通訳を介していくらか話をうかがうことができた（当時、セラは一人暮らしであったが、その部屋に浜田庄司の作品を飾っていた）。

次に、セラと日本の関係がどのようなものであったかを見ていくが、まず初めに戦前の経歴を知る必要がある。それは次のようなものである。

一九一一年（大正元）・バルセルナに生まれる。

一九二九年（昭和九）・バルセロナ美術学校（la Escueja de Artes y Oficios y Bellas Artes de Barcelona）に入学。

一九三五年（昭和十）・バルセロナ大学の学生グループと共に中国・上海に旅行して、その後グループと分かれて来日、神戸に住み着く。

一九三六年（昭和十一）・スペイン内乱が発生したため、帰国できなくなる（領事館に勤めていた関係でフランコ派とみなされる）。

一九三七年（昭和十二）・二科展に入選。三八年、青樹社（東京）・三角堂（大阪）で展覧会を開催。

一九三八年（昭和十三）・エドムンド・イバ・ボジョ（Edmonde Iba Bouegot）と結婚。

一九四三年（昭和十八）・阪急百貨店で展覧会を開催。


一九三五年（昭和十）に来日して以後、セラは神戸に住むことになる。当時のセラの彫刻やスケッチに朝鮮人が数多く登場するのは、朝鮮人居住地域に住んでいたからである。来日四年後に、地元のカトリック教会で知り合ったエドムンド・イバ・ボジョ（日本名は「スギ子」といった）と結婚する。この女性は伊庭簡一とフランス人女性・ガブリエル・ボジョ（Gabriel Bougeot）のあいだに生まれた混血である。二人のなれそめはフランス語で会話ができたからであると推測される。エドムンド・イバ・ボジョは父が日本人であるにも関わらず、日本語があまり上手ではなかったというからである。

その前後、セラはスペイン領事館に努めるかたわら芸術活動に従事して、上記のように二科展に出品するなどしている。これには多分、伊庭簡一の兄弟・伊庭慎吉と関西の芸術家との人脈が関わっていると思われるが、そのことは後に示す。この当時、フランス人女性を妻に持つひとはそう多くはなかったと思われるが、伊庭簡一はなかなか不思議な背景を持つ人物である。

さて、伊庭簡一の兄弟・慎吉の名前は『明治の洋画・鹿子木孟郎と太平洋画会』（児島薫・「日本の美術」）に、ごくわずかであるが登場するから、そこから追究していくことにしたい。

明治時代以来、日本の知識人や芸術家を志望する者は、ヨーロッパ（なかでもパリ）に留学することを夢としてきたが、洋画家志望の鹿子木孟郎も西洋画の本格的な勉強のためにアメリカに渡り、一九〇一年（明治三十四）にはロンドンを経由してパリに入り、一年ほどの予定でアカデミー・コラロッシ、アカデミー・ジュリアンでの基礎を学んでいる。パリに入った鹿子木は浅井忠の薦めによって住友家に援助を要請して、これによってパリ滞在の期間を二年延長することができたという。推薦者の浅井は住友家と関係が深かったようで、パリから帰国後に住友家の援助によって「関西美術院」の設立などをおこなっている。

こうして鹿子木も住友家と関係を深めることになり、住友家のためにアカデミー・ジュリアンの師・ローレンスの大作「ルーテルと彼の従弟」を購入して日本に持ち帰るなどをしたという。そして、鹿子木孟郎は一九〇六年（明治三十九）に再び渡仏することになるが、その時に斎藤与里とともに伊庭慎吉（鹿子木の画塾に出入りしていたと考えられる）をフランスに伴い、慎吉もアカデミー・ジュリアンに通うことになったのである。『明治の洋画・鹿子木孟郎と太平洋画会』に記載の児島薫の調査によれば、伊庭慎吉はアカデミー・ジュリアンの「支払い記録」に一九〇六年四月九日から一九〇七年四月八日までの一年分を支払った者として記録されている。慎吉は最初は洋画を勉強するつもりでパリに行ったが、途中で彫刻にかわったといい、これ以後、伊庭慎吉の名前は日本の近代美術史にはほとんど登場することがなかった。

鹿子木は一九〇七年に帰国したが、慎吉の方は一九〇九年（明治四十二年）までパリで暮らしており、この年に親が日本に引き戻したのである。帰国後の慎吉は近江八幡（伊庭家の出身地である）に住んで、滋賀県立商業学校の絵画教師になった（非常勤だったようである）。そして、妻・春野が京都・下鴨神社・祝家の長女であったことが縁で、沙沙貴（佐々木）神社の神主を勤めるようになったといわれる（いや、そうではなく、近江佐々木家に繋がる伊庭家の子孫として佐々木神社の神主になった、と考えるべきであろう）。

大正二年（一九一三）には、安土村（現安土町）に新しく住宅を建てて、ここに移住している。この建物はウィリアム・メレル・ヴォーリス（William Merrell Vories・近江兄弟社の創立者。建築家でもあった）の設計したアトリエ付き木造住宅で、現在も保存されており、安土町指定の文化財として一般に公開されている立派な建物である。この村で慎吉は昭和六年〜十年と昭和十六年〜二十年の二期、村長を務めており、昭和二十六年まで居住していた。アトリエは小杉放庵なども使用したことがあるという。

それでは伊庭慎吉の渡仏の背景に、なぜ鹿子木孟郎と住友家が関係しているかというと、伊庭慎吉は住友家の大番頭・伊庭貞剛（号して「幽翁」）の四男だったからである。

本題からすこし外れるが、伊庭貞剛について若干の記述をしておきたい。「住友修史室」によって復刻（一九八一年〈昭和五十六〉）された『幽翁』（一九三三年・〈昭和八〉、文政社）の末尾年譜による伊庭貞剛の履歴は次の通りである。


一八四七年（弘化四）・近江・西宿村（現近江八幡市西宿町）の代官家に生れる。

一八七六年（明治十一）・官途を退き、叔父である広瀬宰平（住友家初代総理事）の縁によって住友家に入る（本店支配人）。

一八八〇年（明治十五）・大阪紡績株式会社（後の東洋紡）を起こす。

一八八二年（明治十七）・大阪商船株式会社を起こす。

一八〇〇年（明治二十八）・別子鉱業所支配人となる。

一九〇〇年（明治三十三）・住友家二代目総理事。

一九〇四年（明治三十七）・住友家を引退。

一九二六年（大正十五）・逝去。

住友財閥の歴史において、広瀬宰平と伊庭貞剛は欠くことの出来ない重要人物で、この二人が近代の住友財閥を作り上げたことは広く知られている。そして、浅井忠・鹿子木孟郎などが住友家から援助を受けていたのは、伊庭貞剛が住友家二代目総理事の時代のことであるから、住友と浅井忠とのあいだに密接な関係が生まれたのは住友本家と直接にというよりも、伊庭を介してのことではないかとも考えられる。具体的な資料の有無はわからないが、明治時代後期に貞剛とパリ帰りの洋画家たちはなんらかの繋がりを持ち、そのなかで四男・慎吉が洋画に憧れるようになったのではないかと推測されるのである。こうして慎吉は、鹿子木孟郎に伴われて渡仏した。言うまでもなく伊庭貞剛の子息である慎吉は、一年分の授業料の前払いも気前よく済ませることができた。同じパリの画学生といっても貧乏学生のそれとはまったく違っていたのである。そして、帰国後の生活についてもまったく経済的に困ることはなかったであろう。

佐々木神社の神主はかつては祖父も勤めているから、いわば伊庭家の代々の役割として受け継いだのであろうし、安土の新居は貞剛の資金によって作られたもので、安土駅の新設も貞剛の尽力によってできたものであるという。また慎吉自身も、安土の摠見寺の改築などではパトロンであったというから、こうした事によって長年にわたり村長を勤めることになったのだと思われる。

伊庭貞剛は、慎吉がフランスに出掛ける直前の一九〇四年（明治三十七）に住友家を引退して、近江・石山の別業に退隠したが、実際には以後も経済界に大きな影響を持ち続けたという（一九二四年〈大正十三〉まで、住友本家の顧問・住友銀行の監査役であった）。

伝聞によると、貞剛は慎吉をフランスから早く帰国させたいと考えて、その当時ボストンに遊学していた慎吉の次兄・簡一が帰国するに際して、慎吉も一緒に帰えるようにパリに迎えにやったのだという。一九〇九年（明治四十二）のことであった。ところが、アメリカからパリに向かえに来た簡一の方が、慎吉の下宿先の娘・ガブリエル・ボジョと親しくなって、それが結婚話にまで発展することになった。慎吉の下宿先がどのようなものであったかはわからないが、アルティガスの子息夫人・マコさん（後にセラのもとに移住した簡一とガブリエルにたびたび会う機会があった）によると、ガブリエルは資産家のお嬢さまであったらしく、後に日本に行った時に伊庭の家があまりに小さかったので悲しかったと語り、フランスの実家の写真を見せてくれたという。

貞剛は、当初この結婚に強く反対したが、結局は認めることになって、簡一はガブリエルをともなって帰国した。後に貞剛はガブリエルに「巴里子」と日本名を付けたという。

その後、簡一は父の設立したＯＳＫ（大阪商船）に勤めるようになり、パリ・ロンドン・ニューヨークなどに赴任したが、その間、ガブリエルは神戸に住んでいたという。

簡一は大正初めにＯＳＫを退職して、以後戦後まで伊庭家の資産管理をする生活であったらしい。二人の間に生まれた子供は三名で、男子一人は住友商事社員としてシンガポールに派遣されて戦死、長女がセラと結婚したエドムンド、次女のシモンはスイス人の商社マンと結婚して、現在ニースで暮らしているという。

貞剛が八十歳になった一九二六年（大正十五）五月二十七日に、子女一同を石山に参集するように呼びかけた。前述の『幽翁』によれば、その日には「長男・貞吉をはじめ、子女達はすっかり石山に参集して、午後三時前後には一同紋服で翁の居間に」集まった。そこで、貞剛は財産目録を取り出して遺産分配をおこない、その上で贅を尽くした石山の別荘「活機園」を子孫が共同して管理にあたることを決定したという。こうして「活機園」を管理・運営する直系子孫による「聴松会」が作られたのである。

セラとエドムンド・イバ・ボジョが結婚した時、父・簡一は五十八歳（一八八〇年生〈明治十三〉）であった。伊庭家のひとびとは、慎吉が過去に洋画を学びにフランスに行ったことや、周辺に多くの芸術家がいたことから、外国人芸術家セラとエドムンドの結婚には強く反対していたという。しかし、これも結局は認めざるをえなくなり、一九三八年（昭和十三）に結婚、一九四一年（昭和十六）に長女・イザベル（Isabel）が誕生する。このころセラは神戸のスペイン領事館に正式職員として勤務しているが、これにも伊庭家の力が関わっていたのではないかと思われる。

なおこの年に「活機園」は「聴松会」から住友本社に寄贈されて、以後は住友グループによって管理・運営されてきた。そして二〇〇二年（平成十四）に国指定重要文化財に指定されて、現在は住友林業の管理のもとに年に数回一般にも公開されている（現在、「活機園」で鹿子木孟郎の作品と伊庭慎吉の彫刻を見ることができる）。

スペインに帰国できなかったセラとエドムンドは、関西で敗戦を迎える。これに続くセラの戦後は次のようなものであった。一九四五年（昭和二十）太平洋戦争が終結すると、アメリカ占領軍・第二十五歩兵部隊が大阪に駐屯する。どのような縁によるか判然としないが、セラはその付属学校の教師となって、米軍将校夫人などに絵を教えることになる。

一九四七年（昭和二十二）・アメリカ占領軍に関わることから特権的な地位を与えられたようで、この年に北海道に旅行してアイヌの老人の頭部の人種学的な形質見本を制作している。

一九四八年（昭和二十三）・アメリカを経由（西海岸、中立国アルゼンチン経由）してスペインに帰国。ビルバオを経てバルセロナに戻る。この時に妻・エドムンドも同行してスペインに渡った。

一九五四年（昭和二十九）・箇一とガブリエルがセラとエドムンドの暮らすバルセロナへ移住。

一九七二年（昭和四十七）・ガブリエルがバルセロナで逝去（箇一は一九六一年以前に逝去）。

一九九〇年代・エドムンドが逝去。

二〇〇二年（平成十四）・セラが逝去。

おわりに

このようにセラは、日中戦争・スペイン内乱・太平洋戦争と続く激動の一五年間を日本で暮らした。だから、彼にとっての「日本」は相当に複雑なものであったろうと推測されるが、しかし、日本での生活は関西の有産階層に属し、それも厳しい見識を持つ貞剛の影響下にあった伊庭家のひとびとのなかにいた。そして、その周辺には多くの日本人芸術家がいたと考えられるが、具体的な話を聞くことはできなかった。前述のように、わたしがお会いしたのは一九九八年のことで、すでに高齢で昔の記憶は定かでないといっておられた。だから、戦時下の生活、戦前・戦後に生じた財閥をめぐる社会状況の変化に、セラとエドモンドがどのように対応したのかはまったくわからない。

そして、戦後に再び来日して資料収集をおこなうようになった時に、簡一やガブリエルが身近にいたにもかかわらず、戦前の人間関係が表立って表れることはなかったようである。また、その収集資料にも、「活機園」を作った貞剛やその周辺のひとびとならば示したであろう日本の美術文化に対する関心は、まったくといってよいほど反映されていない。強いていえば、来日時の拠点が関西（神戸・大阪）であったことに、なにかの繋がりを感じる程度のことである。

バルセロナでお会いした時に、セラは「日本にもよい画家は少しはいたけれど、大方はだめで、彫刻家はもっとだめだった」という意味のことを述べていた。イベリア半島からヨーロッパの中心に向かって発信してきたバルセロナの芸術家の視点から見ると、同様にパリを向いていた日本の当時の美術界の状況は、そのように見えるものであったかもしれない。

セラは浜田庄司を高く評価していたが、その他の陶芸家についてはまったく記憶がなかった。そして、話を聞いた限りでは、民芸を日本の民族芸術と意識していたわけでもなさそうであった。日本と運命的な関係を持った彫刻家・エウドラド・セラ・グエルを追跡して、彼によってバルセロナにもたらされた日本の「民芸品」がどんな意味を持つかを知りたいと考えたのであるが、結局はあまり明らかにはならなかった。そして、このセラ・コレクションを収蔵していたバルセロナ民族学博物館は、数年前に閉館されてしまった。平成十二～三年ごろに同博物館の館長が外務省国際交流基金の招聘で来日した時に、すでに閉鎖の話があったから、同コレクションは市教育部門の倉庫にでも仕舞われてしまったのであろう。

このコレクションからさらに意味のあることを引き出そうとするなら、当時のスペイン（というよりもバルセロナ）の状況をもっと正確に把握する必要がある。そして、この地で日本がどのようにイメージされていたかを知らなければならないが、それは同時に一九六〇年前後の「観光文化としての民芸」が日本人にどのように意識されていたかも、思い出す必要がありそうである。

最期に、このコレクションの縁によってバルセロナ民族学博物館から学芸員ムリエル・ゴメス・パラドス（Muriel Gomez Prados）が日本に派遣されて、その成果が同博物館の日本の食文化に関する企画展示「ＩＴＡＤＡＫＩＭＡＳＵ」の開催となったことを記しておく。

三　西南中国の鉄器と加工技術

はじめに

インド以東の鉄器利用を系統的に大きく区分すると、東アジア的なものと東南アジアないしは南アジア的なものに分けることができるであろう。これをさらに単純化していえば、鋳造鉄器の製作・利用が発達したかどうかの相違になり、それをさらに日常的な言いかたにかえると、鉄製の煮炊器具が鋳造品であるか鍛造品であるか、ということになる。

南アジアで使用されている鉄製煮炊器具はすべてが鍛造鉄器で、土器や銅・銅合金（それを受け継ぐアルミ・ステンレス）製と使い分けてきた。これに対して、中国・朝鮮・日本などの東アジアでは早くから鉄鋳造が普及し、その量産技術が確立していたから、いわゆる鉄鍋・鉄釜がひろく実用されて土器や銅・銅合金製はあまり用いられていなかった。また東南アジアでは、中国製の鋳造鉄器を輸入するようになるとそれが土器に置き換わるが、製品は普及しても製造技術（鉄鋳造技術）はもたらされず、鉄鍋・鉄釜を製造するようにはならなかった。

このように、鉄鋳造の有無から鉄利用の相違を示すことはまことにおおざっぱな仕分けではあるが、これは単に鍋・釜だけの問題ではなく、日常的な鉄器利用の多方面に影響を与えており、銑鉄が鉄材料のひとつとして実用されるかどうかということでもあるから、精錬技術や鍛造素材のありかたにも関わるものである。

その点で、西南中国の少数民族地域は、個別には色々な相違も含まれるが、大局的には漢族の進出にともなう「漢化」を通して東アジア的な鋳造鉄器文化の西部フロンティアを形成してきたということができる。

この差異を日常生活のなかにみると、たとえば食物の加熱調理の技法は、どのような器具を用いるかによって影響を受けるから、煮炊器具の材料・製法の相違は食生活に現われる。鍛造鉄器は油をひいて焼く・炒める、あるいは油で揚げるなどの機能に適しているが、水で煮る炊飯のような場合には錆が出やすいから不向きである。だから、鍛造鉄器が普及したからといって、それですべての調理をおこなうことは難しく、補完的に他の素材の煮炊具が必要であることが多い。そのために鉄器が実用される以前からあった土器や銅器、銅合金、さらに新しくは琺瑯鉄器・アルミ・ステンレスなどが用いられるのである。

これに対して同じ鉄器といっても、東アジアに在来の白銑化した鋳造鉄器は、硬いことと腐食しにくいことに特徴があり、ここから鉄器であるにもかかわらず銅・銅合金に代替できて、古い時代（中国では漢代から）から主要な煮炊器具になっていた。

ここで取り上げる雲南省・四川省などの少数民族地域は、現在、工業的に量産される鋳造鉄製の煮炊器具が、銅器などに置き換わって普及しつつある過渡的な状態であると思われる。そして、この普及にはいくつかの段階があるように見える。このことを推測するに、最初に普及した鋳造鉄製品は、地炉にかけて用いる小型釜（飲用の湯沸かし器具）で、もとは土器であったものの（さらに古くは銅・銅合金・錫製などであったろう）鉄器化である。日本になぞらえれば、茶の湯釜の普及ということになる。中国漢族地域では、この小型釜は竈で用いるもので、飲用目的というよりも使い水を湯にするためのもので日本でいう銅壺に相当する。通常は砲弾型をしており、これを竈に深く埋けて竈の余熱で加温する。これと同様の釜（実際にはや、胴が膨らみ、底が浅くなる）を、西南中国の少数民族は地炉の金輪に乗せて湯沸かし（時には飯炊き）に用いている。

これについで、漢族が一般に使用している大口径の鉄鍋がこの地域でも普及しつつあるが、これは食物調理に用いるとともに家畜の飼料処理に使用するもので、どちらかといえば後者の目的が多いようである（家族構成や食事の仕方によって食物調理の器具は一様ではない）。飼料処理に使用する鍋は、調理用の竈とは別に畜舎近くに専用の竈を設けてそこに据えていることが多い。

鉄鋳造を考えると、これとは別に、鋳造犂先が在地で小規模に製造されている場合がある（漢族地域では、今では牛〈あるいは水牛〉に犂を牽かせているのはほとんど見かけないし、あっても改良犂であるから鍛造犂先に替わっている）。この地域の一般的な鋳造犂先の製法は、滑石を彫った鋳型を用いて銑鉄を坩堝で熔解して鋳造する。一見ここには古風な伝承技術が残っているように見えるが、直ちにそう判断することはできない。なぜならば、これは一時期の行政的な技術指導によって広まった可能性があり、改革開放にともなう農村工場の解体とそこから生じた個人経営によって広がった技術と、在来形式の伝承との関係が判然としないからである（後述）。

このように、この地域は激しい変化のさなかにあり、伝承的な姿をそのまま観察できるわけではないし、変化の速度も予想できるものではない。したがって、以下の報告も一九九〇年代なかばの一時の状況を示すものであることをまず記しておきたい。

鉄器加工の基本となる鋳造と鍛造、およびそこで製造された各種の鉄製品の具体的な様相は、多くの場合にその地域の文化的な特色を示している。

しかし、一方でそれらは個々の技術が持つ共通の原理を基礎にしており、それを使用する際に生じる慣行も技術的な性質を反映して成り立っている。だから、技術的要素の共通性に基づいて、異なる文化の製作技術・使用技術、あるいはそれを具体化した製品の特色の比較・検討をおこなうことが可能になる。

わたしはこれまで、このような考えに基づく比較・検討を通して現在の（あるいはごく近い過去を含む）日常生活での鉄製品の具体的な役割に関心を持ち、明らかにしたいと考えてきた。そこで、ここでは雲南省・重慶直轄市南部地域の少数民族地域の事例を中心に、二回にわたる調査に基づいてその地域的な特色を示したい。そこであらかじめお断りしておくべき点がある。

前述の目的の研究は幅が広く、理想をいうならば、その地域の文化の総体的な把握から始めて、鉄器製作の技術的な細部、使用慣行の具体的な様相、製品流通の仕組み、製作者および使用者の社会的関係、材料流通と再生循環システム、異なる技術・材料の使い分け、近代技術の浸透や在来技術への影響などに及ぶ必要がある。しかし、今回はこれらの多様な調査が必要であるにも関わらず、それに相応する条件が満たされていたわけではない。とりわけわたしのもくろむ調査にとって、製作・修理や使用の綿密な観察・聞き取り、流通調査などが重要な意味を持っているが、止むを得ないことであるが、限られたひと・限られた観察・限られた聞き取りしかできなかった。だから、以下の内容は事実関係を十分に把握した上で理論化したといえるものではない。むしろ素朴な印象を基にした推論にすぎず、今後の調査の手懸かりと考えるべきものである。

さらにもう一点、言葉の制約についても、あらかじめ触れておかなければならない。外国での調査は多かれ少なかれ言語の壁に阻まれるものであるが、特に伝承的な技術に関わる用語の疎通には多くの困難をともなう。技術そのものは普遍的な要素を持っているから、現代の技術用語であれば概念を共有できるが、伝承的なものは原理や事実を表わす言葉に微妙な差異を含まれる。その上で、知りたいことが一般的事象ではないから、通訳を介する場合にはその知識程度に影響を受ける。この点も十分に気をつける必要がある。

1　鋳造と鍛造

はじめに触れたように、中国では製鉄技術とともに鋳造・鍛造のふたつの加工技術が早くから実用されて、独自の卓越的な鉄器文化を発達させてきた。この場合の「中国」とは、漠然と黄河・揚子江流域および東シナ海・南シナ海沿岸を中心にする漢族居住地域を指しており、その文化を仮に漢族文化とすると、そこに高度に発達した製鉄ならびに鉄加工技術は周辺地域に大きな影響を与えて、やがて朝鮮半島や日本列島の技術文化形成に強く関与したし、さらにはひろく東南アジアに影響を与えたものであった。

これらの技術文化の発達・伝播・交流に関する研究は、これまでもたびたび文明史・技術史・経済史などの観点から、文献あるいは考古学の知見を中心におこなわれており、すでに相当の蓄積があるといってよい。しかし、技術史的などの知見の多くが、ヨーロッパ技術史の方法・論理・態度を踏襲して、西欧との比較を目指すところから出発したために、ともすれば関心が個々の工学的理解に集中するなどして、この社会の持つ技術文化の特色を十分に示すには至らなかったと思われる。例えばこれまでの研究はごく一部の例外を除くと、個別の加工技術・利用技術が果たした具体的な日常生活における機能・役割の検証は至って限られていた、といえる。

もちろん、技術の客観的水準を示すことも有意義であるが、その一方で、現実の技術は生活・習俗と不可分のものであって、固有文化を構成するひとつの要素であると考えられる。わたしはこのような観点に強い関心を抱いており、ここではそれを強調してみたいと考えている。

さて、中国の高度な技術文化の影響の下に鉄器加工技術を受容して、それなりの展開を果たした周囲文化を考える場合に、中国的な技術文化に含まれる各種要素のうちの、なにが受容されてなにが受容されなかったかが問題になる。多くの技術移転において、ある特定の文化（ないしは文明）が定型化した技術を、等寸大にコピーして他の文化にまるごと移植・注入することはできない。技術の移植・普及には不可避的に欠落や変容が付随するのである。そして、その欠落や変容を追求することは決してやさしいことではない。

しかしそれでも、中国技術文化の影響の下に比較的に早い段階から製鉄技術を受容して、その加工技術（鋳造・鍛造）を発展させてきた朝鮮半島や日本列島に関する調査・研究は比較的進んでおり、利用できる資料も豊富である。だが、前近代段階で高度な製鉄技術を実用するに至らなかった地域、あるいは一部の加工技術（たとえば鍛造技術）のみを実用していた地域、製品化された鉄器の移入とその使用・再生技術のみを伝承していた地域において、鉄器の受容と使用の具体的な姿がどのように展開してきたか、その意義はどの点にあったかを問う研究は極めて少なく、利用できる資料も限られている。

したがって、このような地域を対象とする場合には、取りあえずフィールド調査から始めざるをえない。そして、このような調査からみると、その技術や製品の様相は、その地域の自然・文化やそこで経過した個別・微細な歴史に関わるに違いないが、同時に、近代化の過程が複雑に反映していることも分かる。そして、多くの場合、フィールド調査の結果は錯綜しており、そこから時間的な深度や地域的な広がりが抽出できるのは、相当のデータ収集を経た後のことで、短期的・断片的な調査から包括的な視点を獲得することは困難である。

もっとも、これらを「技術」という客観的把握の可能な観点からいえば、その移転・受容・変容・継承には技術の持つ固有かつ客観的な性質に基づく共通の方向性が存在すると考えられる。この点で「技術」の客観性は他の文化要素における移転・受容・変容・継承とは異なる側面を持っているといえるであろう。このことを具体的に述べると、次のようになる。

この種の技術（金属精錬ならびにその加工）の基礎は、使用材料の物理的性質を前提にしており、技術の適応条件や応用範囲はそこから生じ、あるいは制限されるものである。したがって、フィールド調査で観察される個別の技術現象は、それが呪術的行為に止まらず現実の加工をともなうものであれば、必ず使用材料の物理的な性質にかなう範囲に含まれ、その限りで十分に説明が可能でなければならない。技術は客観化できるのである。

とはいっても、ここでの客観化とは、伝承文化における技術現象を近代的な知識によって合理的な解釈をおこなうことではない。そうではなく、他の地域に残る類似の技術現象との比較・参照を通して、技術の受容・変容・継承について、共通する要素を導き出そうとするのである。

そこで、技術的な前提について確認しておく必要がある。周知のことであるが、中国の鉄器文化の重要な特徴のひとつに鉄鋳造技術の発達とその広範な利用がある。この点を強調していえば中国では「製鉄技術が発達した結果として鋳造技術も発達した」と考えるのではなく、逆に「製鉄技術は鋳造材料を供給するために発達した」と考えることができる。したがって、周辺地域での鉄鋳造と鋳造製品の利用には十分に注目する必要があり、その場合に次の諸点を指摘しておきたい。

第一点は、生産技術の面から指摘できる中国鋳造技術の持つ量産的な性格についてである。ここでの量産的な性質とは、主たる製法として乾燥鋳型（あるいは表面を焼成した鋳型。いわゆる惣型法）を用いることによって得られるものである。原型を砂型に写しとり、あるいはゲージを回転させて鋳型を作り、反転した器形を生み出す方法は、砂型の耐火性を確保すると同時に部分的な補修によって反復利用を可能にした。

隣接するインドとその技術的な影響下にあった南アジア・東南アジアの諸地域における脱蝋鋳型は、脱ガス性と耐火性の確保にやや難点があり、主として銅合金鋳造に限定して用いられてきた。この蝋型鋳造で量産する場合には、はじめに蠟で器形をたくさん作り、これを鋳型材に埋め込み、脱蝋してできた型の空孔に熔融金属を流し込んで製品化する。

その場合に、在来の技術的な条件のもとでは、蝋は変形しやすいために精度の確保が困難で「似たような形・似たような大きさ」の量産はできても、「同じ形・同じ大きさ」の量産は難しい。また、鋳造後に鋳型を壊さなければならないから、鋳型の反復使用はできない。常に一製品あたり一個の蝋型と一個の鋳型が必要なのである。しかし、この方法は自在な形態を作ったり装飾を写す上では、柔らかな蝋の性質が有効に働く。複雑な造形物を作るのに適しているのである。

かつて、スマトラやカリマンタンで、伝承的な蝋型鋳造を用いた近代製品（アイロン・小型船のスクリューなど）の製造（あるいは試作）を見る機会があったが、大変な努力が払われたにもかかわらず、工業製品として実用できるものにはならなかった。

前述のように、乾燥鋳型（肌焼き鋳型）は鋳型を補修しながら反復使用できる点に特徴がある。そして、鋳型の反復使用は、現代の金型鋳造にも通じて、単一製品の量産を可能にする。これを象徴的に示しているのが、中国を中心に普及していた鋳造貨幣（インドとその以西は鍛造貨幣である）や鏡などの青銅製品の量産である。

さて、量産的な鉄鋳造が成立するには、新鉄の継続的な獲得と燃料（炭・石炭）流通の整備、広域にわたる商品販路などの複合的なネットワークが必要であり、このネットワークの結節点に産地が形成される。そして、遠隔地での需要増加・廃鉄回収のシステム化にともない、鋳造産地は徐々に産鉄地域（鉄鉱石・石炭産出地）から離れて分散傾向を示すようになり、そこに生産が集中していくことになる。

その一方、これらのシステムが量産的であるためには、継続的な需要を一定の規模で確保する必要があり、それは流通インフラに依存する。そして、広域に流通する製品は、地域的な差異を持たない標準化されたものであることが前提になる。この標準化が成立するのは、中国文化（あるいは漢族文化）のように広い地域での生活様式の共通と統一が求められ、その規模が大きいことが必要である。このように考えると、中国の鉄鋳造は今日グローバル化が進行している近代産業システムに類似するものである。

第二点は、上記の特色を持つ鉄鋳造技術とその製品が周囲文化に伝播する場合に、その受容・伝承の過程で、発生状況においてとは異なる性格が付与されて、技術や製品の地域的な特色（個別的な部分の欠落・変容・追加）が生じるということである。

この点で朝鮮半島や日本列島にはさほど時間的な差がなく伝播して、比較的に中国に類似した技術文化が成立したが（細部においては固有の欠落・変容をともなうにしても）、東南アジアでは、明清時代を通して大量の華僑の移住があり、かつ鍛冶（鍛造技術）において、多大な中国的なものの影響を受けたにも関わらず、あるいは銅合金鋳造について高いレベルの在来技術があったにも関わらず、ついに鉄鋳造は伝播することがなかった。この地域の鋳造鉄器は、製造技術を欠落させたまま個別の製品とその利用技術だけが伝えられて、輸入製品が実用されてきたのである。

第三点は、同じ鉄をあつかうものであっても、鍛造と鋳造は相当に異なる文化的な意味合いを持つことである。いうまでもなく、鍛造鉄製品を生活手段の一部として実用してきた地域は、鋳造鉄製品を利用できた地域とは比較にならない広がりを持っている。

また、鍛造鉄器は、鋳造鉄器に比較すると技術・製品・利用方法の地域的な差異や特色においてはるかに多様である。そして、鋳造鉄器の産地が、鉄材料や燃料供給事情によって特定の拠点を形成する傾向があるのに対して、鍛造鉄器は規模の大きな産地が出現することもないわけではないが、典型的には広い地域に分散する小規模な生産点の多数・分散的な存在が特徴であると考えられる。

このような小規模で多数・分散的な生産が成り立つには、その前提として鉄材料（廃鉄器も関わる）の広範な流通と拡散的な技術伝播が前提となり、またそれは、特定の形態・形式を持つ個別製品が一定地域に限定して供給されることを意味し、その結果、器物の地域的な差異が顕著になる。

繰り返すと、鍛造鉄器においては、鉄は製品としてでなく材料として流通・移動して、製品加工は消費地近辺で分散的におこなわれる。その結果、特定の形式・形態の器物の使用は一定地域に限定されて、したがって、製品として移動・流通する範囲が限られる。こうして器物の機能・形態に地域的・文化的な特色ないしは個性が強く表れて、これがさらに使用範囲を限定する方向に働くのである。

第四点は、近代化にともなう鉄生産と材料流通の変化に関するものである。鍛造鉄器加工は、原初的には小規模の製鉄と結合して成り立つ場合が少なくないと考えられる。そして、それに基づくと思われる製品が、伝承的（と見える）技術によって近年まで生産されてきた。しかし、世界的な近代化の進行の結果、今日のフィールド調査からこれらがどの程度伝承的なものを保存しているかを確認することは容易ではない。なぜならば、伝承的（と見える）技術とその製品は、すでに生じた様々の変遷を経って結果的に今日残っているのであり、過去がそのまま保存されているわけではないからである。

このような近代化にともなう変化は、材料鉄の広域流通によって生じる材料性質の標準化から始まり、それが加工技術と最終製品の品質に影響する過程をたどって実現する。前述のように鍛造においては、材料鉄生産・製品加工が制度的・地域的に分離しやすく、それをつなぐ流通ネットワークが介在することになるが、この変化が材料性質の変化になって表れる。近代製鉄工業が成立して世界を席捲するようになると、そこで生産された鉄材料は様々の流通システムをたどって辺境地域にも普及して、それと共に、伝承的とされる在来の小規模製鉄は瞬く間に衰退・廃絶し、伝承技術とその製品はその時点で大きく変容したはずなのである。だから、こうした条件の下にあるフィールド調査は、伝承的な技術の祖型を掘り起こすことよりも、変容を具体的に跡付けることに意味があると考えられる。

以上のように、鋳造・鍛造のふたつの技術と製品に関わる問題をわたしなりに要約してみたが、これらが中国西南少数民族地域において、どのように表出しているかを、具体的な事例を通して見ていくことにしたい。

2　鋳造鉄器（鍋釜）とその周辺

ここまでに鋳造鉄器の利用の一般的なありかたに触れてきたが、もう少し具体的にいえば、朝鮮半島と日本列島以外の中国周辺諸地域の伝承的な鋳造鉄器とは、すなわち「鉄鍋」のことであった（朝鮮半島と日本列島には、「鉄鍋釜」以外の一般的な製品として「犂先」があった）。

例えば、以前に調査をしたインドネシア諸島の場合、在来の土器に替わって中国製鉄鍋が普及して、その後にこれを受け継いで窓枠などの廃材を熔解した鋳造アルミ製品が内製されて、現在はアルミのプレス加工品に変化しつつある。

この場合の鋳造アルミ製品は、土器の形態や用法を直接に受け継いでいたというよりも、鋳造鉄器の器形を継承しており、この点から鋳造鉄器の渡来と普及が生活慣習に与えた影響の大きさを知ることができる。

この鋳造鉄器の普及は、煮炊に用いる加熱設備の在来の地炉から焜炉への移行にも関わっている。そして、これと類似する現象は沖縄においても見ることができる。ここでも鉄鍋の普及がいわゆる地炉から竈的な設備への移行を促し、炊事屋の機能に変化をもたらした。すなわち、中国の周辺諸地域の土器から鋳造鉄器への移行が起こった地域では、同時に火所の変化を引き起こし、さらには食物の調理方法に影響を与えることになったのである。

そこで、ここでは中国西南少数民族地域での鋳造鉄器の受容の具体を示さなければならないが、フィールド調査によって得られた見聞は限られて、印象的な把握しかできていない。

(1)　相当に辺鄙な地域でも日常的に「鉄鍋」が実用されている

この地域の鉄鍋は主として昆明近郊・安寧の工場で生産されたもので、その商標を添付したものが町の雑貨屋・公設販売所などで売られている。これ以外にも四川省から類似品の移入がある。大理・麗江方面への基点となる安寧は工業都市の外観を呈するが、今回は製造現場を見る機会が得られず、どのような設備と技術を持ち、どのような変遷をたどって現在に至ったかは分からない。解放以後に国営工場として設立されたものと思われるが、少数民族地域における鉄鍋の本格的な普及は、これよりさらに遅れて改革開放以後のことであろう。この地域で興味深かったことは銅製品の様式をそのまま受け継ぐと見られる特異な鉄釜があることで、それは中国で一般に実用されている円盤形の「鉄鍋」とは異なり、著しい地域的な特色を示す。具体的には西蔵族自治地域・中甸県の農家の地炉で見掛けるもので、どこで作られたか不明である。

雲南省は歴史的に卓越した銅産地として知られ、早くから日常的に銅器を実用していたようである。しかし、今日では鉄器化が進んでおり、屋台の飲食店は、焜炉に乗せた鉄鍋で焼き物・揚げ物の調理をおこなっていて、漢族（あるいは漢化の進んだ少数民族）の家では竈に鉄鍋を乗せている。一般の少数民族の場合も地炉に小さな鉄釜（後述）を掛けているのを見かける。

ついでに触れると、この地域の竈は、江南地方で一般的な、一方に障壁を立ててこの障壁に煙道を組み込むものではない。煙道がないから建物外部に煙出しがついていない。これが外形的な特徴である。煙道がないのは彝族の住居に見られるように、二階（屋根裏）を食物貯蔵に利用して、そこに煙を回して防虫効果をあげる、あるいは肉などの燻製をつくるといった、伝承的な住まい方が関係していると思われる。そしてここでも、鉄鍋の普及が前述のような竈の導入を促進させているように見え、この地域の鉄鍋と竈の普及は、漢文化受容の指標のひとつではないかと考えられる。

雲南省でも南部の少数民族は、今日も伝承的な地炉を中心にした生活を営んでいるから、食物調理を鉄鍋と竈に依存する割合が低いようであるが、これとは別に、家畜（主として豚）の飼料の調整（残飯など煮る）に竈を築いて鉄鍋を用いる。同じような飼料の調整は、昆明附近の苗族の農家でも一般的で、通常は地炉（あるいは台所の竈）とは別に専用の竈があって大きな鉄鍋が乗っている。これは日本の例でいえば、東北地方の厩の竈に相当する。かつて沖縄では人の食物調理も家畜の飼料も同じ竈の鍋でおこなっていたというが、実際には竈と地炉が併存していた。雲南省でも共用している場合もあったが、多くは主として家畜用に竈を築いていると見受けられた。

こうした点から、少数民族が鉄鍋・竈を用いるようになるのは食物調理の場で起こった変化というよりも、家畜の飼料調整が関わっているようで、これには家畜の飼育方法の変化（放牧から舎飼いへ）、あるいは近年の生活改善指導などが反映していると思われるが、詳しい聞き取りをおこなうことはできなかった。

(2)　この地方には特有の湯沸し・飯炊き用の「小型釜」がある

この形式の「小型釜」は雲南省の南部少数民族も使用しており、四川省でもたびたび見掛けたから、この地域一帯にひろく普及しているもののようである。直径二〇センチ程度、通常の薬缶ほどの大きさで、地炉の金輪に乗せて使用する。

以前に、中国では唐代に鉄釜から鉄鍋への移行が広範に生じて、漢族居住地域の中心では竈に掛けるものは鉄鍋であって、釜の形式（胴の中央付近が最大径になり、口径が少し小さくなる器形）の煮炊器具は、ほとんど見かけないと記したことがある。釜から鍋は移行したことは確かなことで、寺院に大形の湯釜が残っている例がないわけではないが、朝鮮半島や日本で見るような竈に据える「鉄釜」はまったく用いられていない。中国漢族の調理文化は竈に据えた大きな鉄鍋をたくみに利用することで成り立ってきた。

しかし、だからといって、「鉄釜」に類似するものや、その製造技術がまったく無くなったかというと、そうではない。

中国・江南などの住居の竈は、単眼（一つの竈口）の場合もないわけではないが、二眼（二つの竈口）・三眼（三つの竈口）が多く、竈の一方に障壁を立てて、そのなかに煙道を仕込み、障壁の片側は竈に接してその反対側に焚口をあける。焚口側は薪の置場になっていることが多い。

ここで気をつけなければならないのは、一眼の竈の場合にはその脇に、二眼以上の竈ではふたつの竈口のあいだに、小さな「湯留め」（日本のいわゆる「銅壺」に相当する）が埋け込んであることである。焚き物をくべた余熱で水を暖めてて、調理の差し湯や食器の洗い湯に使用するためである。

日本ではこれを「銅壺」と通称しているから、元は銅製であったかもしれない（事実、長火鉢で用いる同名の湯沸かしは銅製である）が、わたしがこの地域でみた「湯留め」はすべて鋳造鉄器であった。直径が一二～一五センチ、高さ二〇センチ程度で（深さが直径の二倍程度のものが標準であるが、縦長の砲弾型もある。浅いと竈の中心から遠くなるから湯が温まりにくい）、竈に深く埋け込むようになっている。だから、見た目は釜とは異なるが、「胴の中央が最大径で、口径が少し小さい」という釜の器形の特徴は踏襲している（これは外型・底型・中茎型の三つの鋳型の組み合わせによってできる釜の形態の特徴である。鍋型は外型と底型を一体にした鋳型を作り、これと中茎型との組み合わせになる）。

漢族の竈で「湯留め」の付いていないものは見たことがないから（少数民族地域の竈にはないことが多い）、「湯留め」は竈の数だけ存在することになり、数量からいえば、かなりの規模で量産される鋳造鉄器である。

さて、今回の調査地域で散見された「小形釜」は地炉に掛けっぱなしにして、茶などのために湯を沸すものである。器形は丸みを帯びた壺型で底部が少し尖っていて、金輪に安定して架かるように四方に鍔代わりの小さな突起がついている。この「小形釜」は大きさ・鋳型の構造が竈の「湯留め」によく似ており、製作技術から同じ範疇に入るものである。

だから、「湯留め」も「小形釜」も技術的に同様のものであるが、形態や使用方法に着目するならば、「小形釜」は在地の土器の形式をそのまま継承している。用法や形態は伝承的なままで、それが、鉄器化したのは先進地域の量産技術によってである。この土器の鉄器化は比較的に最近生じたことではないかと推測される。それは「小形釜」を製造できる鉄鋳造工場ができてはじめて可能になるものだからである。

以上の点から、この地域における鉄製の煮炊器具の利用とその製作はそれほど古くまで遡るものではないと判断できる。そして、この部分をもう少し詳しく調べるならば、在来の土製や銅合金製の器具から鉄器に移行する過程を具体的に知ることができると思われる。この地域の鉄器化の過程も鋳造鉄器の普及の一般的なプロセスに合致しているからである。そしてそれは、製品として流入する鉄鍋・鉄釜からはじまって、それに続く琺瑯・アルミ・ステンレス器具の普及に繋がるものでもある。この地域の生活は、このような多様なモノの流入によって変化しつつあるが、それはまことに混沌とした状態を示している。

3　もうひとつの鋳造鉄器・犂先の製造

中国とその周辺地域に普及した一般的な鋳造鉄器には、鍋釜などの煮炊器具とともに、牛に牽かせる犂の先端に付ける犂先がある。鉄鋳造技術を持たなかった東南アジア・南アジアの犂先は鍛造製品である。今日もインド犂は自動車のスプリングを棒状に打ち伸ばしてこれを犂先に固定して用いるが、いわゆるマレー犂は木製の犂先に鉄板をかぶせている。

これに対して、中国・朝鮮半島・日本列島の伝承的な犂先（場合によっては鋤先も）は鋳造製品を用いるのが基本であって、この点が他に例を見ない大きな特徴であった。その後の近代化の過程で西洋・アメリカの農耕機械にならった改良がおこり、いわゆる改良犂が普及して、その結果、犂先は鋳造品から鍛造品に変わっていった。だから、近年は西南中国でも両者の交替が進み、改良犂が導入されて鍛造犂先に移行が進んでいるが（後述の農機具合作工場が関わる）、一般にはまだ伝承的な犂をそのまま用いていることも多い。このために鋳造犂先を入手しなければならず、それには在地で製造されていなければならない。

ところで、代表的な鉄鋳造製品である鍋釜と犂先とのあいだには技術的にどんな類似と差異があるのであろうか。例えば、日本（主に西日本）の鋳物師は、明治時代まで鍋釜と犂先の両方を主要な製品としていた。その場合に鍋釜だけを作り犂先は作らない、ということはあっても、犂先だけを作って鍋釜は作らないという例はなかったようにみえる。言いかえれば、犂の構造は地域的な特徴を持つことが多かったが、犂先だけを見ると地域的な差異の少ない水田用犂先が中心であったから、鍋釜の作れる鋳物師にとって犂先の量産は容易であった。

二十数年前に韓国で若干の調査を行った時に、光州や全州で練炭ストーブなどと共に鍋釜・犂先を製造している鉄鋳物工場を見学することができた。当時ここでは伝承的な製品（鍋釜・犂先）はすでに生産停止あるいはその寸前にあるという状態で、近代的な製品に移行しつつあったが、伝承的な鍋釜・犂先の製造についてある程度話を聞くことができた。そして、ここで製造していた犂先は水田用の犂に用いる標準化された広域に流通しているものであった（戦前に日本から移入された形式の犂に用いるといっていた）。

ところが、その後に密陽の近郊で、偶然に犂先の製造に特化している鋳物工場に出会うことになった。密陽は伝統的に金属加工が盛んで一時代前まで鍋釜・犂先を製造する鋳物工場が町はずれで数軒営業していたが、すでに廃業してしまっていた。しかし、町から少し離れた田圃の横の空地で、数百を超える鋳型を天日で乾燥させているのに出会うことができたのである。野原の脇には、鋳物砂や燃料などを保管する小屋と、煙突の上に簡単な屋根を葺いた小型のキューポラが立っているだけで、工場のような建物はなかった。鋳型（いわゆる惣型）や中茎（削り中茎）の型取り、乾燥、鋳込み、型外しなどの大半の作業は野外でおこなっていて、たまに雨が降ると（この地域は雨が少ない）、鋳型の上にビニールシートを掛けて休業、というのんびりしたものであった。

ここではもっぱら犁先ばかりを製造しており、鍋釜はまったく扱っていなかった。というよりも、この装置・技術では鍋釜のような精巧な鋳型を作ることは難しく、初めから犁先の鋳造に特化したものだったのである。

そして、ここで製造している犁先は犁底に床を持たないいわゆる「無床犁」装着するものであった。この犁型はこの地域の畑で用いるもので、光州や全州など低地の水田で使用する改良犁とは犁の構造に違いがあるばかりではなく、犁先の形状もまったく異なるのである。

このことは、条件さえ整うならば、犁先の製造だけに特化した鋳造場が成り立つことを示している。そして、その場合の条件はなにか、ということになる。

先にも触れたように、鍋釜は基本的には広域流通の成り立つものである。この点は宋代以来鍋釜が国際的な製品としての側面を持ち、広く漢文化圏外に輸出されてきたこと、明代の朝貢交易において賜物として重要な役割を果たしていたことからもわかる。近代においても鍋釜は、多くの日用品・家庭用品がそうであるように使用する上であまり地域的な差異を持たないから、広域に流通する製品になりうるのである。今回、見聞した雲南省・四川省の場合も鍋釜を生産している地域は限られており、そこで生産された一定の規格を持った製品が広い地域に流通して実用されている。この点は各地で販売されている商標を調べると確認できる。

これに対して中国の犁先は、日本や朝鮮半島の状況とはやや異なり、もともと地域的な差異が大きいものだったようである。

宋代以来書き継がれてきた中国農書には、場所によって相違する犂先の多様な形態が記載されていることが多く、この犂先の多様性と地域農法との関係に注目した研究が成立するほどである。これを別にいえば、中国の犂先は単一の形式を用いる範囲が限定されていて、広域的な流通には見合わない性質を持つということであって、その点で先の朝鮮半島の畑犂（類似のものは日本でも隠岐島で用いられていたという）に類似する。そして、同時にそれは、日本や朝鮮半島のような改良犂の普及を一足飛びにこえて機械化が進むことになった地域的な状況を示している。

こうして、この地域の鍋釜と犂先を量産と流通に関わる点から比較すると、先に述べた日本における状況とは逆の意味で、鍋釜と犂先は地域との関係が異なることになる。

このような製品の相違を前提にして、もうひとつ考えておくべきことがあると思われる。それは、鉄とその製品の普及が一定のレベルに達すると、必然的に廃鉄器の再利用が生じて、生産と消費の仕組みに影響を与えるようになることである。鉄器は摩耗あるいは破損して実用不能の状態になっても、直ちに廃棄されるのではなく、回収・再生されるものだからである。そして、このことは鍛造材料としての廃鉄器（鋼鉄・軟鉄）よりも、廃鋳鉄（銑鉄）の場合に特に当てはまることである。なぜならば、鉄鋳造においては、新たに製造された新銑よりも、すでに一度熔解されたことのある廃鋳鉄のほうが材料として適しているために、再生利用は重要な技術的要素だからである。

一方で廃鉄器の発生は、それぞれの鉄器が持つ性質や使用方法によって異なってくる。ものによって消耗の早さに違いがあって、例えば鍋釜は損耗の激しい犂先に比べるとはるかに長寿である、ということになる。

長寿であるということは、再生利用に至るまでに時間を要することであるから、リサイクルの観点からみると比較的に長寿の鍋釜と損耗の激しい犂先では回収の条件が異なることになる。そして、消耗の早い犂先こそリサイクルに適しており、これに対応した地域的な生産・消費の仕組みが生じる。こうして生まれた仕組みがこの地域の犂先の生産と使用において繰り返される材料循環の特徴なのである。

さて、この地域では牛に犂を牽かせた田園風景に接することが多い。犂が広く用いられているということは、同時に犂先の需要があり、したがって犂先を在地で生産できれば好都合であることを表わす。これには国営鋳造工場が、もっぱら広域を対象にした標準的製品（鍋釜など）の製造をおこなっており、地域的な差異の大きい（したがって量産効果を上げにくい）犂先の製造には積極的に取り組んでいないことが関わっている。

こうして、犂先の鋳造に特化した（それしかできない）農工兼業（あるいは農閑工業）の零細な鋳物場が営業することになるのである。その分布を調べることはできなかったが、おそらくある程度決まった広がりのエリアごとに似たような規模の鋳物場が分散して営業しているのではないかと思われる。

わたしが見ることのできたのは、黔江土家族苗族自治県馬喇鎮金洞郷升旗村の李克銀（七十一歳）の工場で、ここは数代にわたって（その通りならば解放以前から）犂先の鋳造にあたってきたという（詳しい過去は聞くことができなかった）。この工場は農家の前庭を作業場にしており、なんのも説明もなければただの農家にすぎず、鋳物工場とは気づかないような佇まいであった。

前庭の脇に小さな熔解炉（「A型炉」とする）がひとつあり、さらに少しはなれてやや大きい炉（「B型炉」とする）が設置されていた。説明によると、以前はもっぱらA型を用いていたが、最近になって新しい炉（B型炉）を築いたのだという。仕事場の脇に積まれた鋳型はすべて石鋳型（砂岩）で、乾燥鋳型（惣型）はまったく用いていなかった。

上型と下型の揃った鋳型が七組、片側だけのものが一個、石鋳型の個数はそれだけで、これを反復使用して犂先の鋳造をおこなっている（石型は一個ずつ彫り出して作るから制作に手間がかかるが、出来た鋳型は反復使用できるから、たくさんの個数は必要としない。これが石型の特徴である）。

鋳型に用いる原石は近くの山から掘って来るとのことで、それを木枠に乗せて安定させて、鏨で彫り出して鋳型にする。加工用の道具は拝見させてもらったが、それを使った石鋳型作りの詳しい方法は聞くことができなかった。

鋳造に用いる材料鉄はすべて廃品の再利用である。母屋の脇に積み上げられたものを見ると、大半は破損した廃犂先で、その他に古鍋の破片なども含まれていた。これらはすべて近隣から回収してきたものである。燃料には石炭を用いる。風を得るための鞴は、この地域でよく使用している通常の三弁式・円筒型・長尺箱鞴である。

新しく築いた炉（B型炉）のほうはあまり使用していないという。なぜならば、B型炉の操業には、最低でも八名の人手を必要とするが、それだけのひとを集めることが難しいからである。一方、古い方の小型炉（A型炉）は、三名（父親と息子二名？）で操業できる。炉の操作に一人、鞴差しに一人、型外し・鋳型の組み立て・中茎作りに一人が従事する。この違いが主な理由になって、新しく大きな炉を築いたが、結局それは使用しないで現在もA型を用いているのである。

写真14　犂先鋳造用の石型とできた製品（右）

写真15　保管されていた犂先鋳造用の石型
下型（石型）に中茎（砂を固める）を固定，上型（石型）を重ねる．

犂先の鋳造は農閑期の一～三月（新暦）におこなう。一日の操業で一二個から一四個の犂先を作ることができる。小型の炉であるから一回につき犂先二個分（一〇kgぐらい）しか熔かすことができない。そこで何度も熔解作業を繰り返して二個ずつ鋳込むのである。この炉の坩堝は取堝（トリベ）を兼ねており、直径三〇cm、深さ六cmほどの皿状である。浅い鉄鍋に耐火粘土を打ち込んで焼き固めたもので、一方に木柄を挿入する櫃が付いており、

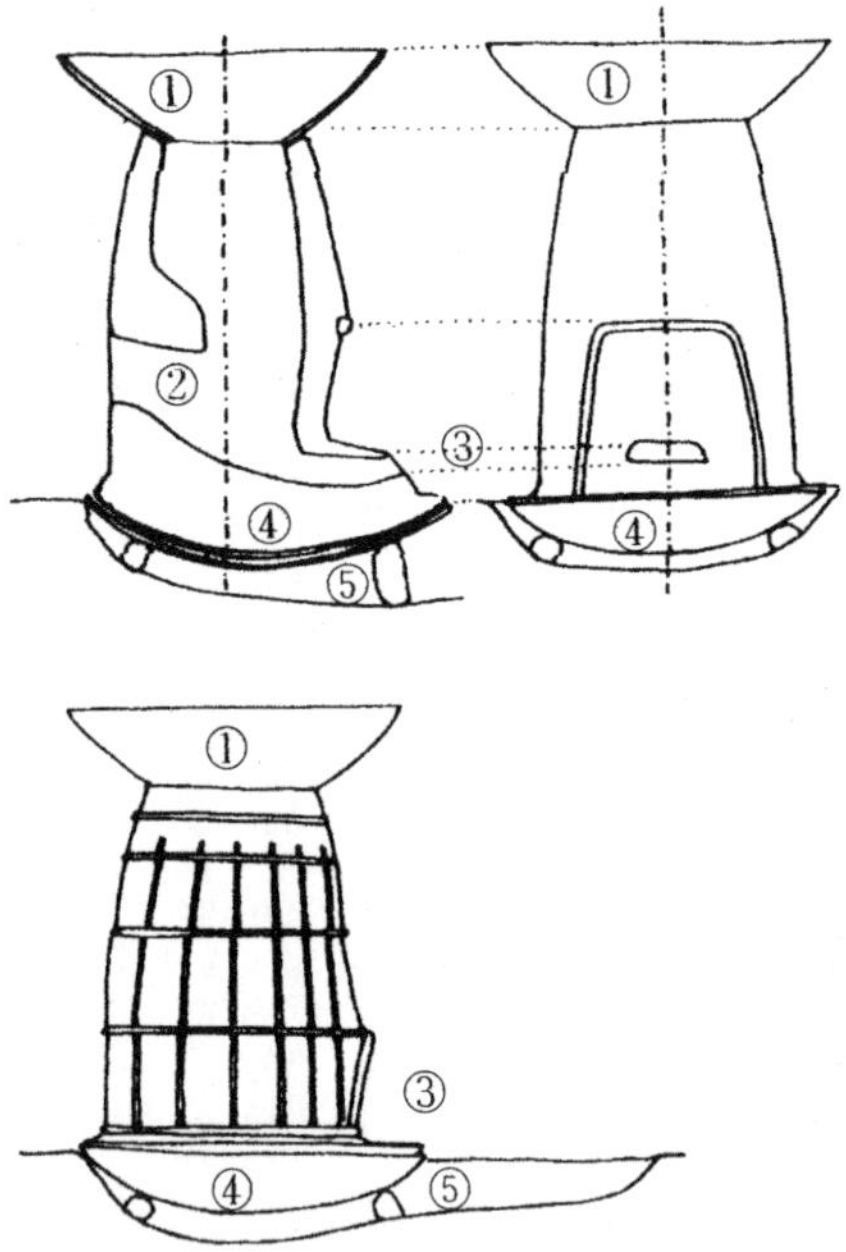

図 32　甑型の銑鉄溶解炉（重慶市點天県馬喇鎮金洞郷）

連続熔解ができるし，坩堝も相対的に大きいが，実際には個数の限られた石型を使用しているために，たくさんの鋳型に纏めて鋳込めないために，有効に使うことができない．操業に最低 8 名を必要とする．　1：古鍋を利用した挿入口　2：風口　3：湯口　4：湿気よけに下に敷いた鍋（二重になっている）　5：駒をはかせて浮かせている

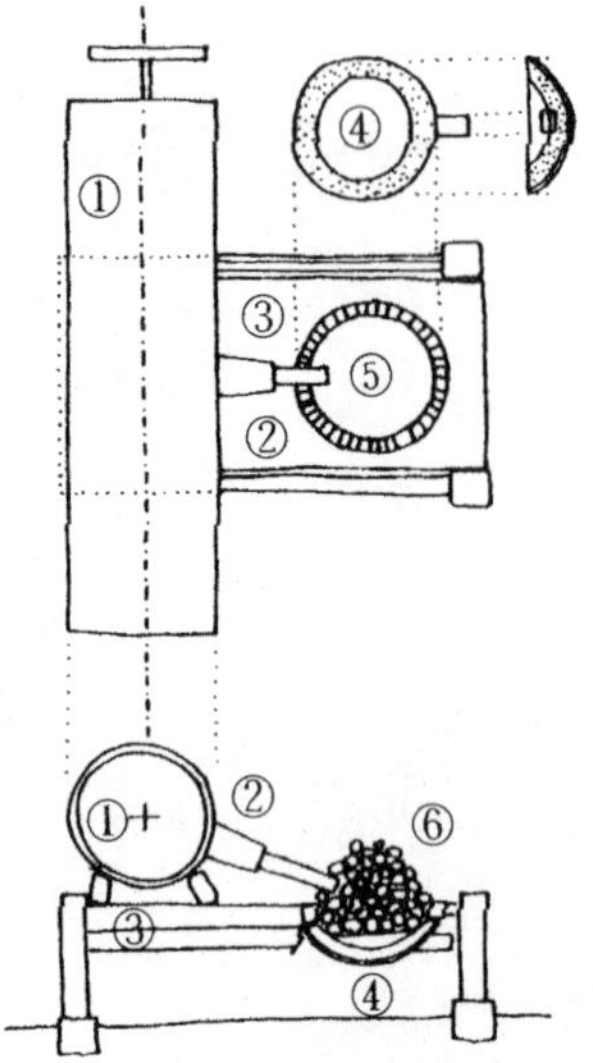

図 31　在来型の小規模銑鉄熔解炉（重慶市點天県馬喇鎮金洞郷）

1 日の操業で 12 個から 14 個の犂先を鋳造できる．操業には 3 名で当たる．坩堝 1 杯分の熔鉄で 2 個できるので，1 日あたり 6 ～ 7 回熔解することになる．石型は炭粉で塗型して反復使用する．　1：円筒型鞴　2：羽口　3：石板　4：坩堝　5：炉口　6：石炭

熔解した鉄が取鍋に溜まると櫃に木柄を差し込んで取り出し熔鉄を鋳型に流し込む。

この作業を繰り返して一日六～七回おこなうのである。なぜ一日に六～七回の熔解、合計一二～一四個しか作れないのかというと、鋳型が七組しかないからである。すなわち、一日に一組の鋳型を二回使用する。だから、鋳型一個に対して中茎は二個分用意しておかなければならない。中茎を固めて乾燥させて鋳型に組み入れる、これが三人目の仕事であるが、これも一日あたり一二～一四個になるから、作業人数と仕事量がうまく見合っている。

鋳型を繰り返し使用すると加熱によって鋳型の肌が傷み、荒れて表面につやがなくなる。そこで鉄鏨で磨きを掛けてから、焼酎（トウモロコシで作る）で溶いた木炭粉を塗型して使用する。たえず手を入れながら反復使用を続けるのである。

ここで製造している犂先は、畑犂用と水田犂用の二種類しかない（したがって、石鋳型も二種類しかない）。畑犂用が三・五～五kgぐらい、水田犂用が四～五・五kgぐらいであるという。目方にばらつきがあるのは石鋳型が手彫りであるために生じるようである。

この地域の畑犂は、前述の朝鮮半島のものとは違って、基本的な形式は水田犂と変わるところがなく、少し小形になるだけである（たぶん、畑の耕起は水田にくらべて抵抗が大きいから、その分だけ小さくするのであろう）。

次いで、以下にA型炉とB型炉の構造的な相違を示しておく。

B型炉は直径五〇cm（内径三五cm）ぐらいの甑部を持つ高さ六五cmぐらいの縦型炉である。炉底に径六〇cmほどの鉄鍋を敷いて地面から上がってくる湿気を遮断して、その上に炉の本体を築いている。炉底から三分一程度の位置に風口が付き、風口の内側上端部は風回りを考慮して庇状に強く張り出してある。炉底には皿状の湯溜り（坩）を設けて、それにはノロ出し口・銑出し口が付く。胴は外周に添って縦に細かく鉄筋が入れてあり、それをさらに鉄箍で補強している。

B型炉は、簡単な作りであるが、熔銑炉の基本的な要素を十分に満たした設計になっていて、A型炉に比べると熔解効率（時間比・燃料比など）の上ではるかに優れていると推測される。

それにも関わらず、実際にはこれを使用していないという。それには先に述べたような操業に必要な入手の問題があるが、そればかりではなく、この炉の熔解能力に見合うだけの鋳型を用意することができないからである。石鋳型の制作は誰もが容易にできるものではなく、かなりの経験を要するし、時間もかかる。この点が比較的容易に短時間に作れる乾燥鋳型とは異なる点で、これが操業全体の規模の拡大・量産への移行を妨げているのである。また、新しい鋳型（乾燥鋳型）を導入するには、耐熱性に優れた適当な鋳物砂が必要であるが、近辺からは容易に採集できず、商業的に購入しなければならない。そうした点を考えると、すでに十分の経験を持ちそれなりに使えるA型炉を用いる方が得策である、との結論になったのであろう（他地方にも、ほとんど同じ仕組みの小規模な鋳造場が散見されるが、いずれも同様の理由からか石鋳型に固定化しているように見られる）。

次にA型炉について見ておくが、わたしたちが通常イメージする一般的な熔銑炉とは大きく異なるものである。その構成は次のようになっている。基礎石を敷いた上に木で四本足を組み、その上にベンチを作り付けて（高さ四五cm、縦一〇〇cm、横七〇cmぐらい）、ベンチの上には天板として平石を敷き詰めている。天板の、片側に寄せて直径三〇cm強の丸穴を穿けて、この穴に合せて下側に鉤が付いており、横から坩堝を挿入して吊り下げるようになっている（吊り下げた坩堝は横から引き出せる）。その上で天板の長辺に合せて箱鞴を据え付けて、鉄パイプで坩堝まで風を導いている。

その操業は、天板に吊り下げた皿状の坩堝（黒鉛を入れた粘土でできている）の上に、石炭を円錐状に積み上げて点火して鞴で送風して火を熾し、火力が十分に大きくなると、石炭の上に細かく割った材料鉄を少しずつ振り掛けて乗せて、その上にもう一度石炭を被せて加熱すると、石炭のなかの銑鉄は熔解し始めて、やがて熔けた鉄は石炭のあいだを縫って落ちて坩堝に溜まっていく、というものである。

この熔解の手順を実際に確かめることはできなかったが、説明によれば次のような工程になるようである。

①坩堝に石炭を入れて火を熾す。

②適当に炭を追加して十分な火力になると、細かく砕いた古犂先（銑鉄）をその上にのせる。

③さらに石炭を積み上げて風を送って火力を上げていく。

④やがて銑鉄は徐々に熔解して、石炭の間を縫って落下し、坩堝に溜まる。
⑤必要量が熔解すると、坩堝の櫃に木柄を差し込んで、坩堝ごと横から抜き取って鋳型に湯を流し込む。

このような熔解法は、今では馴染みの少ないものであるが、実は古くから知られており、しかも必ずしも銑鉄熔解に限られるものではない。同様の方法（耐火性の高い石皿を坩堝として使用することが多い）を用いた銅や銅合金の熔解を朝鮮半島・ジャワ・ネパールなど各地で見る機会があったから、ごく一般的なものであったといえる。これを日本の鍛冶屋の技術で言えば、いわゆる「卸し」に類似するもので、鍛冶屋はこの作業過程で、浸炭や脱炭などをおこない必要な材料性質を得ていた。

日本の鍛冶屋の「卸し」には、①銑鉄を熔解する、②軟鉄を半熔解して浸炭させる、③玉鋼を半熔解して塊にまとめる、④銑・軟・鋼など各種材料を混ぜて半熔解にして塊にする、など色々な場合があって、半熔解状態で加炭・脱炭などの化学反応を起させることが多い。半熔解で材料性質を変える場合には、風を炉底まで吹き込まなず、甑の中央近くで反応するように工夫するが、単なる熔解の場合は炉底まで温度を上げる必要があるから、底の浅い皿状の坩堝がよいのである（中国や朝鮮半島の考古遺跡には深い壺状の坩堝を用いた例があり、その場合は風を深く吹き下ろせるように特別の形状の羽口を用いていた）。

しかし、この吹き下ろしによって得られる火力には限度があるから、材料鉄は細かく砕いておかなければならず（塊が大きいと芯まで加熱することが困難になる）、熔解にはかなりの時間を要し（したがって燃料効率が悪い）、坩堝の容量が小さいから一度に熔解できる量も限定される。だからこの方法は、あらかじめたくさんの鋳型（鋳型製作の容易な乾燥型など）を用意して、一度に大量の材料鉄を熔解し、まとめて注型する量産的な方法の対極にある鋳造法である。このような小規模・小量の生産方法を伝承しているところに、この地域の犂先の製造・流通の特色があるが、古そうに見える見かけとは異なり、この方法が広く普及したのは、実は近年（大躍進時代以来）の自力更生によることのようにも考えられるのである。

4　鍛冶屋が作る鍛造鉄器

この調査に参加したのは、調査地域で実用されている鍛造鉄器とその製法を見て朝鮮半島や日本列島の場合に比較すると、なにか新しいことが分かるかもしれないと期待したからである。

先にも示したように、鉄鋳造の場合には規模の大きな産地が生まれて、そこで製造された一定の規格を持つ製品が広い地域に流通することが多いが、鍛造の場合には、技術的にも形態的にも地域的な特色を持ちやすく、その結果特定の製品を用いる地域が限定される傾向がある。日本ではこのことが鉈・鎌のような日常的な刃物・農具で特に顕著に見られるが、それが国外においても同様であるかどうかを知るには、現地に出向いて調べる以外に方法がない。

その点はこの調査で色々な地域の具体的な様相に触れることができたのは有益であったが、しかし、雲南省北部や重慶直轄市という広大な地域について、網羅的な視野がえられたということにはならなかった。

次に今回改めて気がついた点を列記しておきたい。

(1)　村内合作社の設立

中国の農村が解放以後に大きく変化したことは周知のことである。当然ながらこの大変動のなかで、農村に出入りする職人の様相も大きく変化したと推測できる。すでに記したように浙江省寧波近郊の農村や舟山とその周辺の調査において、農村に出入りする職人とそこで生じる色々な関係の変化についてできるだけ注意を払ってきたが、もちろんそこで得られた知見が今回の調査結果に一致するわけはない。しかし、今日のあり方を見る場合に、ある時期に合作社（共同工場）が果たした役割が共通の要素として働いていることを視野に入れておかなければならない。にもかかわらず、合作社をめぐる個別具体的な様相は聞き取りが難しく、いまだに判然としない。わたしの理解はなんとも不十分である。

(2)　鍛冶屋のふたつの類型

今回接した鍛冶屋を整理してみると、ふたつの類型に分けることができる。ひとつは、麗江近郊で訪れた納西族の鍛冶屋のように、社会的な激動にも関わらず、中華民国時代から代を重ねて、家業として継続している場合である（「類型A」とする）。このような事例は、江南においてもいくつか見ることができたから、人民中国の誕生にも関わらず、個人経営に基づく職人技術の継承がなくなったわけではないといってよい。しかし同時に、全体として旧来の職人がそのままの形で新しい時代に継承されたのかというと、そうとはいえない。なぜならば、改革開放以後に改めて出現した個人経営の鍛冶屋にもたびたび出会うからである（「類型B」とする）。そして、このタイプの鍛冶屋のほうが、「類型A」よりも多いのである。今回の場合は、重慶市西陽土家族苗族自治県大渓鎮可大村の場合（事例1）と、雲南省迪慶蔵族自治州中甸県中心鎮の場合（事例2）をあげておく。

(3)　合作社がどう関わったか

重慶市西陽土家族苗族自治県大渓鎮可大村には、現在も街の中心から少し外れたところに合作工場の跡地が残っている。ここでは一九六一～六三年に近辺の鍛冶屋が集まって「鉄器社」を設立して、公有地に一二個の炉を持つ工場を作り、ここで村内で用いる鉄製農具の加工を集団的におこなった。

その後、改革開放政策の実施にともなって一九八三年に合作工場は解散・私有化されて、現在は二軒だけ残って工

写真 16　鍛造作業の様子Ⅰ（雲南省麗江県黄山郷）

写真 17　鍛造作業の様子Ⅱ（重慶市西陽県大渓鎮）

場の跡地を利用して鍛冶屋を営んでいる。その一人である曽憲章（六十歳、当時）から少しばかり話を聞くことができた。それは次のようなものである。これまで作ってきた製品は、鎌・攫鍬・唐鍬・庖丁・斧・十能などであるが、道具類（炉・箱鞴・その他）もすべて自分たちで作り、それを用いている。現在、使用している送風用の鞴はストロークの長い（全長一七五cm）円筒式箱鞴であるが、これも一九六三年（合作工場の設立時）に丸木から芯を刳り抜いて作った。材料の樹種は白楊樹（ポプラ）である。金床も「鉄器社」時代に使用していたものと、その後に鉄塊を購入して自分で焼入れをしたものを用いている。だから、ここでは合作社を直接に受け継いで鍛冶屋をおこなっているのである。残念であるが時間的な余裕がなく、「鉄器社」成立以前の話は聞くことができなかった。

雲南省迪慶蔵族自治州中甸県中心鎮の場合には、もう少し細かい点まで聞くことができた。ここでは一九六六年三月に中甸県国営機械廠の分所合作工場として農具工場が設立されて、そこで周辺地域で使用する鉄製農具の集中的な製作を始めて改革開放まで継続した。この合作工場は改革開放にともない、改めて集体企業（民営企業）である「鉄工廠」として再出発するが、一九八二年にそれが倒産・解散して鉄製農具をあつかうところがまったくなくなった。そこで集体企業で働いていた者のうちの何人かが、個人経営の鍛冶屋になったというのであ

写真19　元合作社工場にならんだ金床（自製であるという）（重慶市酉陽県大渓鎮）

写真18　規格型鍬先（機械鍛造による工場生産品・左）**と鍛冶屋の手になる改良品**（右・雲南省麗江県黄山郷）

る。

このうちの一人である鮑雲龍（当時五十一歳、チベット族）は合作工場に雇われていた時に鍛冶技術を習得して、現在は中甸の町の中心である中心鎮北門街で営業している。

この附近は解放以前には西方地域との広域交易の拠点として隊商たちの集まる繁華の地であった。その名残をみせる商家造りの軒先に差し掛けの小さな鍛冶小屋を作って仕事をしていた。

もう一人の朱錦長（当時七十歳、チベット族）は二十歳のころ（一九四五年前後?）、近くの金龍街で鍛冶屋をやっていた父の兄弟（朱炳昌）について仕事を身につけたというから、それは民国末期のことである。一九五八年に中甸県国営機械廠ができたので、そこに鍛工として就職して、五十五歳（一九七〇年?）で退職するまで働いて、その後に中甸市内の倉房街に個人経営の鍛冶屋を開業し、今日まで営業している。

朱錦長は鍛冶屋を開業する時に道具類を買いそろえたという。現在使用している円筒式箱鞴は、その時に金沙社（?）で作らせたものを購入した。それは鞴の材料になる香樟樹（クスノキ）がこのあたりにはなく、自製できなかったからである。朱錦長の話では、彼が勤めていた中甸県国営機械廠の施設そのものは、中甸県木材加工廠に変わって現在も残っているというから、前出の分所合作工場とは異なる運命をたどったようである。

以上のことは、この種の合作工場は伝承的技術を継承するひとびとと、工場に入所して新たに技術を習得したひとびとから成り立っていたことを示めす。そして、これらの工場に入って、それなりの近代的な知識や機械操作の訓練を受けて、より合理的な技術を身につけたということのようである。

これとは別の話であるが、他所からわざわざ技術を持つ職人を呼び寄せて、研修をおこなった上で合作工場を設立した場合があり、それが結局は長続きしないで廃業して、現在はそこで技術を習得した者が個人経営をしている例もある。また、もともと鍛冶屋であった者が、合作工場で加工機械の扱い方を身につけて、工場が解散した時に払い下げられた機械を買い取って農機具修理に転じたという話も聞くことができた。

こうした話を聞いてから、一九七〇年代後半、改革開放が始まった直後に中国を訪れた時に、江西省南昌市郊外で見た鍛冶屋の集団（数十人が一街区に集まって働いていた）は、政策的に作られた合作工場（あるいはそれを受け継いだ集体企業）であったかと思い至ったのである。

(4)　個人経営が果たす役割

以上述べたような変遷から見ると、今日、鍛冶屋を経営しているひとびとが持つ技術には、伝承的なものに加えて、合作工場などで得た新しい知識が含まれていると思われる。そして、現在の個人経営を成り立たせている基盤も新しく生じた地域的な状況の変化に合わせた結果なのであろう。

そのひとつに、合作工場が廃止されたために、そこで生産していた製品をそのまま受け継いで個人が製造している場合があり、先の「事例１」がこれに当たる。この場合には比較的に多種類の製品をあつかっており、それらは中国で一般に伝承する共通的な鉄製農具・刃物であって、製作技術もごく一般的・伝承的なものであった。

もうひとつは、地域的に限定された特殊な需要にむけて製造している場合で、「事例２」がこれに相当する。中甸の鍛冶屋は周辺のチベット族農民の農業形態に適した小形の中耕鍬（女性が片手で使用する）と鎌を作っていた。中国一般に共通する工場製の規格的な農具はこの地域の乾地畑作では使用できないからである。そして、ここでは自動車のスプリングの廃品を材料にした合理的な方法で安価な製品に仕立てていた。

もうひとつは、工場製の規格的な量産製品を改造することによって、地域の農業に適した農具に作り直す場合である。

雲南省麗江県黄山郷の鍛冶屋・和民富（七十歳・納西族）は、父から家業の鍛冶技術を受け継いで十四歳の時から個人経営の鍛冶屋を営んでいるが、ここでの主な仕事は廃品となった鍬先を回収・再加工して、新しい鍬先に作り直すことである。

麗江の町の商店で売られている鍬先には、大きく分けてふたつの種類がある。ひとつは鍛造工場で作られた規格品であるが、もうひとつは和民富のような個人経営の鍛冶屋が作ったもので、これは見れば直ちに廃品を再加工したものであると分かる製品である。次にこの再加工品がどのようにして作られて、どのように使用されているかを見ていきたい。

5　工業製品と鍛冶屋

現代社会は生産の分業化が顕著であり、それにともなって生産地と使用地は空間的に分離して、その間を複雑な流通ネットワークが繋ぎ、製品は絶えず標準化・量産化を求められている。こうして現代の生産システムは、原則的に「地域的特色」を排除して普遍化していく。このことは現代中国においても基本的に異ならない。

先にこのような流れが顕著になっていく状況を踏まえて、工場で量産するものとは異なる犂先を製造する鋳物業の例を紹介したが、その要点は「在地で入手できる材料（この場合は犂先や鍋の廃品）によって在地の必要を満たす（地域的な特徴を持つ規格外の犂先を作る）」ということであった。このことは現代工業が量産技術の導入によって規格化された均一の製品を広く流通させていくことと、まったく逆のあり方である。

それは伝承的・在地的な製品を小地域の限定的な必要によって作るが、それが成り立つには地場における材料・製品のリサイクルが必要不可欠であって、事実、そのようなシステムが存在していることを表わしている。ここで生産は量産化と在地化のふたつの方向に別れて、実はそれは補完関係にある。

このような二方向を見据える観点は、鍛造鉄器では特に農具の場合に重要であると思われる。農業や農具を考える場合に、地域の自然条件・土壌・作物・農業慣行の特徴・差異を知り、それが農具の形態・生産技術にどのように反映するかを考える必要があるが、中国の鉄製農具の状況を象徴するものに、犂や鍬の規格化・工業化の推進がある。ここでは鍬先を取り上げてその状況を述る。

現在、中国で普及している鍬先の多くは、工場生産の規格品（機械鍛造製品）である（旧ソ連からの技術移転に基づくと推測される）。全国的にはいくつか形式が混在するが、地域ごとに一定形式のものが工場で量産されて普及している。

雲南省では、昆明市薫家湾の昆明市鍛冶廠で製造された「山羊印」を商標としたものが最も多く、その他に四川省から入ってきた「胡蝶印」「農耕印」が使用されている。

「山羊印」に貼付の説明書によれば、この鍬先は「堅韌耐磨、不巻不裂、系質量上乗優良産品、使用軽便、広泛活用于農村和基建等有関部門」とあり、ここから農業用であると共に、土木建設での使用も想定されていることが分かる。要するに汎用を目指した鍬先で、一九六〇年代から普及しているという。

この規格品は、金型を用いた機械鍛造によるもので、加熱した材料鉄（鋼）を機械ハンマーで成形するから、金型の形によって製品の形状が決まる。自動車のクランクシャフトやコンロッド、建設機械のスプロケット、小さなものではペンチやニッパーなどの製造に用いる方法とまったく同じである。

この方法によって製造された量産型の鍬先は、一時代前の先進国の技術援助によってインド・ネパール・東南アジア各地にひろく普及していたものである。

そこで次に、「鍬先が工場製の規格品である」ということが具体的になにを意味するかを考えなければならない。結論からいえば、規格品を用いることは、すなわち自然環境・土壌・作物・農業慣行といった地域的な農業条件に適応しにくい、簡単にいえば土地に十分見合わない農具を使うことになる。

標準的な耕作条件が整っており、標準的な耕作方法が普及している地域では、標準的な農具の需要が大きく、そこでは規格品の量産が農業発展に効果的である。しかし、多様な自然環境のなかで多様な生活が営まれている場合に、規格品が十分に適合できないのは、当然といえば当然のことである。

今回訪れた雲南省中甸県周辺地域の農業は高地の乾地畑作であり、そこで使用している農具は中原のものとはまったく異なり、強い個性を持っている。鍬先についていえば、中原での中耕には、男女区別なく参加しているが、この地域で鍬を用いるのは女性たちで、雑草は少ないから、除草ではなく土寄せが中心になり、鍬先はそれに見合ったものが必要である（強く前傾した姿勢で使うから、柄は極端に短く、鍬先が長い）。

だから、昆明の工場で量産された鍬先はここでは実用にならず、前述のように、個人経営の鍛冶屋がこの地域に適した製品を作っているのである。それは自動車のスプリングの廃品を材料にして簡単な加工をほどこしたもので、この地域の伝承的な鍬型を受け継ぐ小形・軽量の細長い鍬先である。

また、それまでは不便を忍んで規格品の鍬先を用いてきたが、鍛冶屋の自由営業が可能になると「規格品の改良」に取り組むようになった例もある。

先に述べた雲南省麗江県黄山郷の和民富は、規格品の改造を主な仕事にしてきた。彼は家業であった伝承的な技術を受け継ぎ、それに基づいてかつては一般に使用されてきた伝承的な製品を作ってきたが、近年はその需要は少なく、実際には規格品に新しい技術を加えた独自の方法で鍬先の改造をおこなっている。その方が利益があがるのである。

和民富のところは子息がいっしょに仕事をしているから、彼が近在の村々を回り歩いて、磨耗したり、刃先が欠けたりして使用できなくなった規格品の鍬先を、一丁あたり一・五元以下で買い集めている。仕事場の脇にはこうして買い込んだ廃品がたくさん集められていて、これが改良鍬先の材料になる。

集まった鍬先は、先に述べた昆明で製造している「山羊印」が多い。新品の「山羊印」は刃幅が広すぎて、土に打ち込む時に大きな力が必要で使いにくいという。一般に石の多い畑では鍬先の刃幅を標準よりも狭く作って打ち込んだ時の抵抗を少なくするものである。ここでも廃品の鍬先の両脇を切断して狭くする。汎用鍬先の刃幅を狭くすることで、土壌に深く打ち込める耕起鍬に作り変えるのである。ところで、「山羊印」の説明書には「採用優質鋼材製造硬度達HRC42-50」とあるが、鍛冶屋によれば、実際に使用している材料は「低炭鋼（低炭素鋼）」でそんなに硬くはならず、石地では磨耗が早く、この地域の農作業には見合わないという。そこで、次の改良作業は、刃先の先端に「中炭鋼（通常は「四十五鋼」という）」を熔接する。現在は電気熔接機を用いて接合しているが、以前は鍛接（「ワカシ」付けともいう。赤土で覆って加熱・鎚打ちして接合する）していた。「中炭鋼」を補充した先端部分には半分ほど水焼入れを施して「甘草黄色」になるまで焼戻しをおこなう（二〇〇度ちょっと?）。「甘草黄色」の焼戻し色は石地畑に使用する鍬先の場合で、土の柔い畑（蔬菜畑あるいは低地の水田）の時の焼戻し色「鸚鵡翠色」（三〇〇度以上?）よりも硬く仕上げるのである。

こうして廃品は、この地域に適応するものに作り変えられて新しい製品になり、七元の値段で売られている。

磨耗した鍬先に新たに鉄片を追加して再生する方法を、日本では「先掛け」といって、近世以来ごく一般的な慣行としておこなわれてきた鍛冶屋の仕事であった。この麗江の例に類似する規格品の鍬先の改造については、かつてインドネシア・西ジャワのスカブミの事例を報告したことがある。

これらには、以下のような点も関わっている。

機械鍛造による規格品は、在来の鍛冶屋の仕事のように、柄を入れる櫃の部分を鍛接（あるいはリベット接合）するのではなく、強力な機械ハンマーを使用して共材料を打ち抜いて成型している。だから、この部分だけに限っていえば、在来の鍛冶屋の製品よりもはるかに丈夫で長持ちするものになっている。だから、櫃作りの手間を省いて、しかも丈夫なものを作るために、規格品のこの部分の利用がおこなわれてきたのである（これに刃先は追加する）。

こうして、これらの地域では廃品の利用を通して、工業製品の利点と鍛冶屋の手仕事による適応力を合体して新しい鍬先を生み出し、それがひろく用いられているのである。

四　ネパールの鍛冶とその変容

はじめに

以下は、ネパールにおける鍛冶職人の調査の結果を、自動車の普及と鉄道の廃鉄器の利用、ガス溶接や研磨機の使用などから生じた鉄製品とその製法の変容を中心に取りまとめたものである。特にここでは鉄素材の変化が技術をどのように変えていくかについてまとめてみようと考えた。

1　材料鉄の性質

近代工学における鉄材料は多くの種類に分類することができ、個別材料が示す物理的・化学的性質は様々で、当然ながら価格的にもたいへんに大きな隔たりがある。現代のもの作りはそれを作り分け、使い分けることによって成り立つといってよい。しかし、前近代（なかでも民衆の日常生活）においては、鉄材料の種類は限られ、材料分別の仕組みは比較的に単純であった（総じて細かな識別や体系的な使い分けが発達していなかった）。その点は狩猟採集品や農耕生産品が自然の多様性を反映して、早くから精緻な利用体系を作り上げていたことと対比できる。鉱工業材料の多様化は、物理的・化学的諸性質に対する近代的な分別能力の獲得によってはじめて可能になったのである。

たとえば、日本における伝承的な鉄の種類は、基本的には銑鉄（銑〈ズク〉）・鋼鉄（刃金）・軟鉄（地金）の三種に過ぎなかった（その上で、選別による良・不良の分別や等級・格づけ、あるいは産地を特定する「千草鉄」「宍粟鉄」といった漠然とした類別は存在した）。これをさらに単純化すれば、鋳物屋の用いる「鋳物鉄（ズク）」と、鍛冶屋の用いる「鍛鉄（単に「テツ」と称した）」に区分できて、古くはこの二種類に分けられていたと推測される（中世後半以後に「鍛鉄」は「刃金」と「地金」とに区分されるようになった）。

この点は朝鮮半島でも同様であったらしく、李朝時代を通して銑鉄と鍛鉄はそれぞれ別個のふたつの職（鋳物屋・鍛冶屋）に結びつく材料であると考えられてきた。しかし、大陸中国では唐・宋時代あたりから鉄の分別（あるいはその相互関連）についてある程度の体系的な認識が存在し、その知識に基づいてより複雑な実用的区分がおこなわれていたようである。

たとえば、銑鉄（生鉄）には、白銑鉄・鼠銑鉄・黒銑鉄（これらは破断面の色が金属組織の特徴を表わす）などの違いがあり、鍛鉄は鋼鉄・熟鉄に分かれ、さらに鋼鉄は、製法の相違に由来する「妙鋼」「生鋼」「百連鋼」「淮鋼」などが実用されて、熟鉄にもいくつかの種類が存在したようである。

中国におけるこの「分別的な利用」の発達は、先行していた青銅器鋳造を受け継いで早くから鉄鋳造がおこなわれてきたことと関わり、銑鉄とその周辺技術の発達は、生産規模の拡大を促すとともに鉄材料の多様化を進めてきた。そして、鉄鋳造とその周辺に生じた材料知識や利用技術の一部は、東アジアの周縁地域（日本列島・朝鮮半島）に伝播して、それぞれ部分的に定着していくことになり、先に示した鉄材料（銑・刃金・地金）の分別利用が日本で進展したのもその結果のひとつである。また、それが東南アジアと南アジアの「分別的利用」との相違であるとも推測される。そしてさらには、中国とのあいだに朝貢・冊封関係などを作ってきたアジアの諸地域を、鋳鉄とその利用技術によって二分することができると思われる。

東南アジアの各地では、鉄鍋のような鉄鋳造製品が、おそらく宋・元時代以後（主として明・清時代？）、海禁政策がたびたびおこなわれたにも関わらず繰り返しもたらされ、実用されてきた。また、この時代の後半を通して、大勢の中国人がこれらの地域に移住して、文化的・社会的・経済的に大きな影響を与えたが、それは「華僑の東南アジア移住史」としてよく知られている。

しかし、そうした濃密な交流が存在するにも関わらず、この地域にはついに製銑技術（ズク卸し製鉄）およびそれに繋がる鉄鋳造技術がもたらされることはなく、近年の植民地解放とその後の技術援助によってようやく可能になるのである。

一方、インドを中心にする南アジア地域には、銑鉄を用いて鋼鉄を作る独自の伝承技法が存在したとされるから、銑鉄を作る製鉄法が存在していたことになる。にも関わらず、銑鉄を直接的に利用する鉄鋳造は、ヨーロッパの近代鉄鋼技術が導入されるまで実用しなかった。この地域における「鉄」とは直ちに「鍛鉄」を意味して、銑鉄は「鉄」を作るための材料であったと考えられるのである。

わたしは東南アジアの鉄材料と利用法の類型化を試みたことがあるが（具体的にはインドネシアの各地において地域的な差異を抽出してその比較をおこない、材料鉄の性質と合成技術との関係を示すことであった）、そこから得たものは次のようなことである。

東南アジアには鉄鋳造技術は伝播しなかったが、軟鉄の利用（あるいは、軟鉄と鋼鉄の分別的な利用）は実用されている。これはクリスなどを作る在来技術とは異なり、中国から伝播したものであると考えられる（それには鋼と軟鉄の合成的な利用・銑鉄の鍛冶材料としての利用・各鍛冶装置などが関係している）。

銑鉄は容易に軟鉄の素材になる性質を持つから、銑鉄から軟鉄を作り出す技術が確立するにしたがい、それまで鍛打の繰り返しによって徐々に性質が変化すると考えられていた「鍛鉄（鋼鉄から軟鉄まで）」を、軟鉄（地金）と鋼鉄

(刃金)という異なる範疇にはっきりと分別するようになる。そして、いったん確立した分別的な利用技術は、やがて断片的・個別的に周辺諸地域に伝播することになり、その結果、たとえば日本では「割込み刃金」「付け刃金」「湯金」、中国では「夾鋼」「貼鋼」「淋口」、そして、インドネシア諸島においても、同様の合成的な技法が観察できるようになったのである。このことは材料鉄の流通に関わっている。

近世日本では「千割鉄」「小割鉄」と言った軟鉄(地金)が量産されて、北は津軽から南は沖縄まで規格材料として広く流通していたが、分別的な使用技術は、このような規格材料の量産とその流通を前提にして成り立つ。東南アジアの場合(一例としてインドネシア・ジャワ海沿岸地域を考える)、中国産の材料鉄にかなりの程度依存していたようにみえ(現地で回収した廃鉄器の再利用も多かったはずではあるが)、中国側の断片的な史料からも、多量の鉄(軟鉄)が輸出(時には密輸)されていたことが明らかである。

以上のように東アジア・東南アジアの鉄器文化には、大陸中国の鉄鋳造とそれにともなう銑鉄の利用から派生した技術(ここではそれを「軟鉄」によって代表させる)が、ある時代以後なんらかの影響を与えていたと考えられるが、その影響の範囲・深度は、それぞれの地域が持つ条件や先行する在来技術の特徴などによって、かなりの相違を示している。

その相違は、先のように鉄鋳造技術をひとつの基準と考えて、それが伝播した東アジアと伝播しなかった東南アジアに分けることができるし、鉄鋳造の伝播した東アジアにおいても、地金と刃金の合成的な技術を伝承する日本とこれをほとんど伝えていない朝鮮とに分けることができる。そして、銑鉄から軟鉄を大量に作る技術とそこから生じる刃物の製作技術を江南的・南方中国的なものであろうと考えるならば、それは寧波などの沿岸地域を介して中世日本へ持ち込まれたと推測できるが、なぜか朝鮮半島には普及しなかったらしい。

東アジア・東南アジアで観察できる鍛冶技術には、鉄鋳造に直接・間接に関わるいくつかの技術要素にあわせて、まったく別の系譜に属するものも多々存在し、両者は複合（あるいは融合）して現在の様相を作っている。

それでは、中国的なものの媒介を経ることのなかった南アジアの分別的利用は、どのような推移をたどって現在に至るのであろうか。以下に示すことは、前述の東アジア・東南アジアとは異なる過程をたどった地域において、前近代的な技術文化と近代のそれがどのような関係を作り上げているかを、主に鉄材料の取り扱いから観察した結果である。

2　ネパールの材料鉄

「在来」の技術とは、量産体制の成立によって生じる材料の分別・規格化と材料流通がまだ十分に発達していないことを意味し、その加工方法は材料鉄の微細な地域的特色に依存して成立していたと考えられるが、今日、それを具体的に把握することは困難である。古い性質を残す伝承的なものとされる刃物の多くが、実際は近代工業の影響を強く受けており、外形的には古い様式を踏襲しながら、材料・製作方法などはまったく新しいものに変化している場合が多いからである（材料鉄が変わると、それにともなって技術的な変化が発生する。また、生活様式の変化によって、外形は踏襲されているけれども、使用目的がまったく変わったという例も多い）。

具体例をあげると、かつては炭素鋼を使用していたものが、現在は自動車のスプリングに替わっている、などである。ここで「在来的」なものは「自動車のスプリング」という今日的な材料を使用した製品（したがって、それは在来的な技術では作れない）の形態的な側面にのみ表われている。

それでは、このような「在来的」なものに対する今日的材料の影響が、ネパールではどのように見られるかを検討していきたい。ここでは一例として以下では斧（ボンチョロ）を取り上げるが、その前に小鍬（コダロ）・大鍬（コダリ）に少し触れておく。

ネパールの小鍬・大鍬は日本の在来農具でいえば唐鍬に相当する。ここに共通する特徴は、柄をすげるための櫃を持つことと、鋼鉄と軟鉄を接合して作ることである。櫃を持つということは、軟鉄の櫃と鋼鉄の刃先を鍛接する複合的な加工を前提にしている。

一般にナイフや包丁などの刃物やU字型鍬先のように古い性質を残す鉄器は、単材で作るが、（刃物には全鋼で作る場合と刃先だけに鋼を仕込む場合があるが、いずれも形態的には単材を鍛えてできるものである）、櫃を持つものは、いくつかの部品を接合することを前提にしており、そこに技術的な特徴がある（土佐型の鉈は「抜き櫃」といって、機械鍛造と同じように共材から打ち抜いて形を作るが、この技術は古くからあるものではない）。櫃を持つ点でネパールの斧は小鍬・大鍬と同様なのである。

ここで、ネパールの斧と比較するために、日本の伝承的な斧の製法を示す。

日本の在来の斧は、通常は「三枚合わせ」という方法で作るものであった。これは、薄く延ばした鋼を中央に置いて、その両側面に軟鉄（地金）を接着するものであるが、この軟鉄の上端は鋼の頂点からはなれて連続しており、その部分が櫃を形づくる形式になっている。要するに、逆U字型に折り曲げた軟鉄の頂点に空きを設けて鋼鉄を挟み（接合し）、この空きの部分を櫃にするのである。

しかし新しくはこの方式が変化して、「割込み刃金」法を用いて刃先を作るようになった。この場合には鋼を挟み込んだ刃先〈軟鉄〉に別材料の櫃〈軟鉄〉を鍛接するから三部分で構成されることになる。土佐の「抜き櫃」はこの「割込み刃金」の刃先と櫃とを一体で作って丈夫にしたものであるが、現在ではこれがさらに変化して、機械鍛造による「全鋼・抜き櫃」の製品も多い。

さて、このような作り方を理解した上でネパールの斧をみると、それは日本の斧の古い作り方である「三枚合わせ」に近いことが分かる。

どちらも鋼と軟鉄を合成するものであるが、その合成方法が「割込み刃金」を用いる場合と少し異なることが重要である。この相違は見た目にはそれほどはっきりと示されないが、修理・再生方法の違いとなって表れてくる。わたしの見方では、この「三枚合わせ」がいわゆる「ヒツ」を持つ鉄器の基本的な製法であり、鋼と軟鉄を意識的に区分した上で、その材料性質の相違を積極的に利用する点に特徴である（後述）。

(1)　ふたつの鍛冶屋カースト

周知のように、ネパールはインドのヒンドゥー文化の影響を受けて、いわゆるカースト社会を作ってきた。複雑なカーストの様相は専門家に委ねなければならないが、この地域の職人について述べる場合、それは直ちにカーストに関わるものであるから、まったく触れないわけにもいかない。特に鉄をあつかうひとびとは、カーストのなかでも下位に位置づけられることが多く、このことが近代化にともなう鍛冶技術の変容に特異な影響を与えているからである。

また、ネパールにおいては、複雑な民族構成にともなうカーストの多元化を反映して、鍛冶に関わるひとびとは、都市住民であるネワールのカーストであるナカルミ、農村に居住するパルパティのカーストであるカミと、ふたつの異なる体系に分かれている。両者は相互関係を持たない個別の存在として、それぞれの生業を伝承してきたのである。

また、ナカルミとカミは所属するカースト制度において、異なる位置づけにあった。ネワールとパルパティのカースト制度は全体構成において相当の相違を含むから、両者の位置づけに差異があるのは当然であるが、鉄に関わるカーストについていえば、ナカルミは中位に位置づけられる職人カーストのひとつである一方、カミは最下位カーストである。まったく異なる枠組みにあるふたつのカーストのあいだに、直接・間接の相互影響が存在しないならば、ふたつの鍛冶カーストの比較はなんの意味も持たない。事実、人の移動の少なかった時代には両者の接触はほとんどなかった、あるいは相互に意識しなければならない状況のまったくない別個のネワール社会・パレパティ社会を生きていた。

しかし、近代化は生活の場を超えて、異なる社会に属する者たちが直接・間接に接触せざるおえない場面を作り出すことになった。その結果、在来の職業カーストに関わる諸関係に加えて、異なるカーストにまたがる新たな社会関係が生じる場合も生れた。だから、ふたつの鍛冶屋の関係は、単に個別カーストのなかでの関係だけに限られない近代の問題を考えていく切口になると思われるのである。

1：鍬先を高温にしてすばやく鍛接する．息子が先手を勤めている．

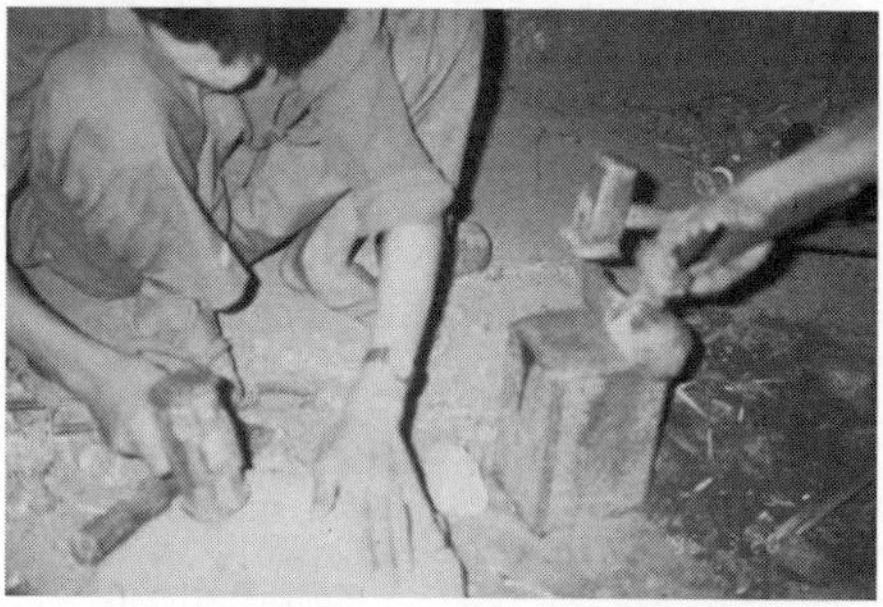

2：父親が刃先を整えている前で，息子は硼砂のかけらを砕いて粉にしている．泥を塗った刃先にこれを振り掛けてから加熱・鍛接する．

写真20　鍬を作るデウラリ村の鍛冶（カミ）親子

ナカルミとカミの出会い（相互にその存在を認識する契機）のはじめは、軍隊の兵器工場においてではなかったかと考えられる。聞くところによると、鍛冶カーストは軍隊内で兵器の加工・修理に当たってきたという。その仕事はひとつの工場のなかで共通・共同の作業をおこなうもので、仕事をするうえでナカルミとカミのあいだになんの区別もなく、同一の工兵としてあつかわれていた。しかし、それ以外の生活においてはまったく別で、異なる兵舎がもうけられて、日常の交流はまったく遮断されていたという。

このような軍隊における作業面での共業と生活面での分断が、ふたつの鍛冶カーストの場合だけのことであるのか、あるいは軍隊内におけるネワール・パルパティの関係全体、さらにはその他のエスニックグループにも関わるかどうかは、十分に聞くことができなかった。だから軍隊内の共業と分住が、鍛冶カーストに限る特殊な問題かどうかは分からないが、かれらは、この軍隊経験によって、自分たちとは異なる鍛冶カーストが存在することを初めて知ったという。客観的にみればこの出会いには必然性があった。なぜならば、ネパールにはこの二つの鍛冶カースト（当然ながら鉄のとりあつかいを独占している）以外に、兵器の修理・加工に従事できるひとはいなかったからである。

それでは軍隊の工場で相互に技術的な交流があったのかと聞くと、そういうものはまったくなかったという。工場のなかではある種の分業・量産体制がとられていて、これまであつかってきた刃物や農具の製作・修理とはまったく次元の異なるものだったからである。だから、両者の交流がここだけに限られていたら、日本の各種職人が軍隊でえた体験とそれほど変わらず、その影響は限定的なものに止まっていたであろう。しかし、両者の接触はこれ以後活発になっていった。新しく発生した近代的な鉄器需要に応えられるひとびとはかれら以外に存在しなかったからである。

ラナ（摂政）が統治した時代が終焉して王政復古時代になると、それまで鎖国的な体制をとってきたネパールは対外開放政策へ移行することになって、近代化へ踏み出した。それにともなってカトマンズ・パタンなど、これまでネワールのひとびとが暮らしてきた都市に急速に人口が集中するようになったが、この時に都市に移動したひとびとは、それまで農村に居住していたパルパティが中心であった。その結果、様々の場面でネワール・パルパティ・その他のひとびとが直接・間接に接触する機会が多くなったのである。

パルパティの鍛冶カーストであるカミも大勢出稼ぎに出るようになった。前述のようにカミはパルパティのカースト制度のなかでもっとも下位に位置づけられており、農村に居住する者であるにも関わらず、わずかな農地しか所有していなかった。そして、かれらは居住地域の農民（主としてバフン・チェトリという上位カーストからなる農民、場合によっては少数民族）に鉄器の供給・修理再生をおこなう者であって、いわば農村における隷属的な立場の貧困層であった（鉄器供給の具体的な仕組みは後述する）。

そして、彼らが供給する鉄器は基本的には農具であるから、その需要（新品の供給と修理再生）は、その地域の農地面積によって規定されて（より具体的には上位の農民層〈バフン・チェトリ〉が必要とする鉄器の量として表れる）、もし農地の新しい開発がおこなわれなければ、鉄器の需要も必然的に停滞することになる。

そして、インド国境に接する新開の低地を除くと、ネパールの耕地化はすで物理的な限界に達していて、これ以上の量的拡大は容易に望むことはできない。だから、鉄器の総需要（あるいはカミの生活の維持）が既存の農地面積への依存から解放されるには、新しい栽培作物の導入や農法の変化によって、新式の鉄製農具を使用する機会を増す必要があり、それは生産性の高い商品作物栽培への移行を意味する。この変化は一部地域ではすでに生じているが、まだごく限られた範囲のことである。

一方、諸外国・国際機関の援助による環境改善によって生存率（特に幼児生存率）が急速に上昇すると、それが農村の人口圧力になって表れる（耕地面積が増加しないから、一定数以上のひとびとが農村に止まることは許されない）。そのために農村から都市への流出人口が増加するが、これはカミにとっても同様のことで、いや一般農民に対してよりもはるかに深刻に圧力が生じて、広範な出稼ぎ現象となって表れるのである。

今回の調査でも、その具体的な事例にたびたび接したが、都市（カトマンズ・パタン・ポカラのような大都市以外のいわゆる「バザール」都市も含めて）に出稼ぎに出ているカミは多く、なかにはインドや中近東諸国など外国へ出掛ける者も少なくないという。

写真 21　カトマンズに出てきたカミの若者（1）
仕事場を借りて鍛造鉄鍋を作っている．ドラム缶を開いた鉄板が材料である．

写真 22　カトマンズに出てきたカミの若者（2）
金床の上で叩き絞めていく．

このような昨今の事情を知り、カトマンズ盆地のカミを具体的に知りたいと思って、色々手を尽くして探し出したカミの集落とされるところを何ヵ所か訪ねたが、ついに実際に仕事をしているカミに出会うことはできなかった。カミの家族の住んでいるいわゆる「カミの村」は、カトマンズ盆地のなかにたくさん存在し、ひとびとはその所在をよく承知しているが、訪ねてみると、もう相当以前から鍛冶仕事はおこなってはおらず、男たちはカトマンズ（ネパールの主都）やパタン（カトマンズに近接する都市）に稼ぎに出ており、女子供が家を守りながらわずかな耕地を耕しているといった状態なのである。

こうしてカトマンズ・パタンなどにおいて、カミ（パルパティの鍛冶屋）とナカルミ（ネワールの鍛冶屋）が出会い、接する場が増加することになった。この時点でナカルミ（ネワールのひとびとはカトマンズ・パタンなどの都市住民であるから、その鍛冶カーストであるナカルミも都市生活を基盤にしている）の多くは、伝承的な鍛冶仕事（ネワールの農民は都市居住者で町から田畑に通う習慣であったから、そのために町で農具製造がおこなっていた）に従事するのではなく、多くは近代的な職業（自動車修理業・鉄鋼業・その他）に事業を拡大して、小工場の経営者になっていた（パタンに限っていえば、金銀銅細工のような職人仕事の盛んな地域に、それに関わる鍛冶仕事に従事するナカルミがわずかに残っていた）。

このようなカミとナカルミの様相をうかがうと、農具を生産する鍛冶屋がカトマンズ盆地から消滅したように見えるが、実際はそうではない。農具は依然として必要不可欠のものであり、当然生産されなければならないものである（これについては後述する）。一方、ナカルミの経営する各種の小工場には農村から出てきたカミが雇用されていることが少なくないのである。わたしが訪れたターメル近くの自動車解体修理工場もそのひとつで、ナカルミの経営によるものであったが、小学校を出たかどうかくらいの子供から十七〜八歳くらいまで一〇人ほどの若者を雇っており、そのすべてがカミであった。

繰り返していうまでもなく、カミ以外にこの仕事に従事できるひとはネパールには存在しない。だから、ここでの主な労働力は、経営者であるナカルミの一族（跡継ぎ息子は工業学校を出ていた）と、そのもとで働くカミの若者たちなのである。

このカミの少年たちが引き続き長く雇われているのかというと、そうではなく年季を限っている。この工場でもっとも技術を持っているとみえる者（他の若者を指導していた）すら、十八歳を少し超えたくらいの若者であった。経営者の話では、一通りの仕事（エンジン整備・熔接・機械の解体・塗装など）を覚えると外国に出稼ぎに行ってしまう者が多いからだという。わたしが訪れた時も、これから中近東に出稼ぎに出る予定の者が二名ほどいたし、いずれは自分も行くという者もいた。

このように、カミの村からスピン・アウトして都市に出てきた若者が、ナカルミの小工業経営を人的に支える構造になっており、この二つのカーストの関係を無視してネパールの都市の近代工業（？）の実態は理解できないと思われる。

類似のカーストであるタムラカール（ネワールの銅細工カースト。鍛造で銅製の水甕・鍋などを作る）の場合についても同様のことが指摘できる。例えば、パタン（現在は小工業の中心地）のタムラカールも、下職としてベニガート（バクマティの農村。カトマンズから自動車で二〜三時間の国道沿いにある。ベニガート村とそれに付属するカミの村で成り立つ）のカミを雇い入れることがあった。そして、これを契機に、ベニガートのカミたちは、村に戻ってからも銅細工に従事するようになり、現在も村でタムラカールから注文のくる銅器の下細工をしてそれをパタンの商店に納めている。こうしてこの村のカミは、鉄細工に銅細工を加えて生業にしているのである（パルパティの銅細工職人はタモトといって、本来はカミとは異なるとされる。後述）。

ポカラ（アンナプルナを望む中部の都市）の中心街であるビムセン通りには、近年増加したたくさんの金物屋（銅製品・鉄製品をあつかう）が並んでいる。その経営者はネワールのひとが多いが、ここでも近くのサランコット（農村）から出稼ぎに来たカミに注文して銅鍋・鉄鍋・その他の鉄器を作らせて販売している。経営者に聞くと、この通りの金物屋が繁盛しているのは、町に暮らすひとびとではなく村から出てきたひとびとが、ここで買物をするからであるという。これがバザール都市の性格なのであろう。このことを図式的にながめると、村から出てきたカミが作った製品を、村から買物にきた農民が町の商店で購入するという少し奇妙な関係になっていることがわかる。

ビムセン通りをぶらぶら歩きまわると、商店通りの横町やすぐ裏に粗末な作りの鍛冶小屋を見かける。空地に小屋掛けして仕事場にしているのである。そのうちのいくつかを訪れて、話を聞いたり仕事を見せてもらったりしたが、訪ねるとまったく人気のない静まり返っているところも多かった。ちょうど村に帰っているのだという。

今日「カミ」は、政治的な理由から「ビシュカルマ」と改姓していることが多いが、チャハラ（ダウラギリ山麓の辺鄙な農村）で聞いた話では、「ビシュカルマ」のなかにはタモト（銅細工）とスナール（金銀細工）も含まれるという（カミ・タモト・スナールの三つの金属加工カーストが「ビシュカルマ」に統合された、ということらしい）。このうちのスナールは銀細工に従事して質屋を兼ねるが、聞取りをおこなう機会はえられなかった。

タモトについて少し説明をする。かれらの言いかたが混乱しているのか、こちらの理解不足かは分からないが、三つのカーストの姓が「ビシュカルマ」に統合されたために「カミ」の意味合いが少し曖昧になり、その分だけ複雑になっているようにみえる。

タモトとは、ネワールのタムラカールのパルパティ的な省略表現であるというから、そうであるならば、パルパティにタモトというカースト姓があるはずがない（タムラカールはネワールのカースト姓である）。だから、パルパティのタモトは銅細工職人を指す職業名で、カースト姓ではないと考えなければならない。そうすると、パルパティには銅細工に従事するカーストはなかったことになり、カミが同じ金属加工である銅細工もおこなうようになると、それをタモトと呼ぶようになったと考えられる。こうして、ベニガートのカミの例のように、銅鉄両方の細工を兼ねる場合が生じたのであろう。

以上のことを整理すると、ある時期からカミが銅細工に手を出すようになると（それ以前はパルパティの銅細工は存在しなかったか、あるいは現状とはまったく異なるものであったろう）、その仕事をネワールのカースト姓にならってタモトと呼び、場所によってはカミ（カースト姓）が、鉄をあつかうカミ（職業名称）と銅をあつかうタモト（職業名称）とに別れることになった。その次にカミ（カースト姓）はビシュカルマに変わったが、これは鉄と銅をあつかうふたつの職種を含むカーストであると理解されたのであろう。

こうしてネワールの銅細工カーストであるタムラカールは、ナカルミと同じ中位の職業カーストであったが、パルパティにおいては、銅細工もカミ以外は手を出さない下位カーストの仕事になったらしいのである。

これまでに示してきたことは、ネパールの近代化を考える時に、ひとの交わり方の変化のひとつとして、ネワールとパルパティの交流を十分考慮に入れる必要があるといえることで、なかでもナカルミとカミの関係は、比較的に明示的に問題の所在を表わしている。

(2)「カミ」とその技術

それでは、前述のように変貌しつつある村落でのカミの伝承的なあり方はどのようなものであったか。要点だけを簡単に述べることにする。

カミが村落に存在するのは、前述のように農民（バフン・チェトリ）が必要とする鉄製農具の製造とその修理を担っていたからであるが、それは「ビスタ」という慣習的な需給システムによっていた。今日ではその具体的な様相は多様化していると考えられ、それを十分に把握しているわけではない。ここではごく一般的と考えられるものを示す。

簡単にいえば、カミは農民（バフン・チェトリなど上位カースト）に密接につながる職人で、かれらが下位カーストとしてバフン・チェトリの集落に付属的に集団居住してきたのは、鉄製農具の修理再生が農業活動を持続させるうえで必要不可欠だったからである。鉄器（特に農具）の修理再生については、改めて繰り返すことはしない。要は磨耗したものは修理・再生しなければ実用できないから、そのために近在に鍛冶屋が存在する必要があるということである。そして、ここでの「ビスタ」慣行は、新品を供給するためにあるのではなく、修理・再生を基礎にしていることが確認できる。

ここでは鎌・鋸鎌・斧・小鍬の修理・再生がビスタの対象となっているが、この慣行では修理のたびに直し代金を受け取るのではなく、あらかじめ個別に農民と鍛冶屋が年間契約を結んでおき、収穫時期にまとめて決まった量の籾・トウモロコシなどによる支払いを受けて、そのほかに結婚式や祭りに際しても一定の施しを受ける権利を持つ、というものである。だから新品の製作は対象になっていない。新品が必要な場合には、鉄材料を用意して製作を依頼して、その都度に手間代を払う。「ビスタ」は実際には長年にわたる慣行的な継続契約となっている場合が多いが、改めて聞くと「一年を単位とする契約である」といって、契約変更の自由を強調する。鍛冶屋によって数字にばらつきがあるが、顧客を一〇〇軒以上持つと一応の生活が成り立つようである。鍛冶小屋は、自分持ちの場合と共同小屋の場合があり、道具は自分持ちが基本で、仕事をする時に家からいちいち持ち出している（金床ではなく石床を使用している場合の石床は共用であろう）。一般に狭小の耕地も持っており、水牛・山羊・鶏などを飼っていることも多いようである。

しかし、村で必要な鍛冶仕事の量は決まっているから、前述のように出稼ぎに出ている者が少なくない。この出稼ぎは数年にわたってインド・中近東などに行く場合（当時、ネパールと中東諸国のあいだには協定があり、それに基づくものであった。自動車修理などの仕事が多かった）と、中間盆地の都市に出ていく場合とがあり、後者は小工場（たとえば前述の自動車修理工場）に雇われたり、問屋・商店からの注文製品（これには土産物など雑多の品があり、鉄器・農具も含まれる）の製作に従事している（小部屋を借りたり、空地を借りて簡単な小屋を建てて仕事場にし、寝泊にも用いる）。どちらの場合も女子どもは村に残り、男たちも祭りに際して、あるいは農作業が必要な時には村へ帰るべきであると考えられていて、できればすぐ帰れるようにあまり遠くないところで仕事をしたがる（実際、年に数回は帰省するようである）。

パタンの町の場合も、市域を限る城壁の外に小屋を借りて、そこで鍛冶仕事をしているカミが少なくない。先にも述べたようにネワールの町であるパタンの鍛冶屋といえば本来はナカルミのはずであるが、道路際の小屋で仕事をしているのは出稼ぎのカミばかりで、パタンの町（カトマンズも同様）で売られている鉄器・農具を実際に作っているのは、もっぱらこのひとたちなのである。そして、かれらは直接に客から注文を受けて作る（あるいは修理する）よりも、金物屋からの一定数の注文をえて大量に生産することが多く、ポカラのビムセン通りで軒を並べていた金物屋の製品と同じようなものを作っている。だから、直接に買いに来る客はいたって少ないのである。

写真 24　銅細工をするベニガートのカミ（2）
出来上がったサークル.

写真 23　銅細工をするベニガートのカミ（1）
山羊皮の鞴で火を熾して，浅い坩堝のなかで銅を熔かし，タルクを塗った石型に流してサークル（円盤型の銅板）を作る.

写真 25　銅細工をするベニガートのカミ（3）
銅のサークルを鍛造して水瓶の底を作る. 底・銅・首の三部を打ち上げて, それを鑞付けすると水瓶になる.

写真 26　パタン町の銅細工売り
道端に積み上げて手打ちの水瓶や銅鍋を売っている. 純銅製と真鍮製がある.
ネワール銅細工カースト・タムラカールの集住する一隅にこのような店が軒を並べている.

パタン周辺のこうした鍛冶屋を数人訪ねてみたが、小屋には誰もおらず、隣の人から「今日は祭りか何かで村へ帰ってしまって、たぶん二、三日は戻ってこないだろう」といわれることがたびたびあった。また、数年で止めて他所に移動してしまうことも少なくないようで、少し前までは営業していたが、今はよそに行ってしまった、という話もたびたびあった。あまり安定的でないことは自動車修理工場で働くひとびと同様である。

そこで現に鍛冶屋を営んでいるカミの鉄器づくりを見ると、それはふたつの方向（ビスタ関係による修理再生か、金物屋からの注文生産か）に別れていくようで、これが製品の質や作り方に反映して、また技術的な差異を生みだしている。

まずビスタ慣行を背景とするカミの場合から見ていく。前述のように、ここでの主要な仕事は修理・再生であるが、その技術は用いる鉄材料と装置の形式に依存している。細部は省略して、強調しておきたいことだけを述べる。

鉄器は鋼鉄と軟鉄の材料的な性質の違いを利用して作るもので、その場合に、①鋼鉄と軟鉄を複合して使用する、②鋼鉄あるいは軟鉄を単独で用いる、二つの場合がある。①の場合は性質の異なる鉄を接合しなければならず、②の場合は接合を必要とすることは少ない。ここで肝心なことは、用いる材料同士が容易に接合できるかどうかで、これによって作るものが限定されてくる。

例えば、伝承的な接合方法である「鍛接」を用いる場合、軟鉄同士の接合はいたって簡単である。この場合にはフラックス（赤土・硼砂・鉄鑞・藁灰など）を特に必要とせず、温度を十分に高くあげて（一〇〇〇度近くまで）鍛打すればそれだけで接合できる。軟鉄同士を着ける欟の鍛接にはこの方法が使えるが、鋼鉄の接合になるとそう簡単にはいかない。

鋼鉄は含有する炭素量によって性質に大きな違いがある。だから、簡単に述べると誤解をまねきかねないが、焼入れをほどこして硬化させる鋼（含有炭素量が多い。一般に「刃金」という）の場合、二つの鋼をその性質を保ったまま接合しようとしてもなかなかうまくはできない。この種の鋼鉄を利用する時には、それほど硬度を必要とはしない部分には軟鉄を、硬さや対磨耗性が必要な部分には鋼鉄を組み合わせて製作する。鋼鉄と軟鉄とならば、両方の性質をあまり変えずに接合できる。

そこで斧の作り方である。チャハラ村のカミに作らせたものに斧（この地域ではどの家も必要とする重要な刃物である）があるが、これは櫃以外の刃先の部分はすべてを鋼鉄で作っている。これに柄を入れる櫃を接合するが、櫃の材料は軟鉄である。この方法は日本の斧の「三枚合わせ」と構成的に同じである。斧の「三枚合わせ」の基本は、軟鉄の櫃と鋼鉄の刃先の接合で、接合面積が拡大して鋼鉄による刃先の両側を軟鉄が全面的に覆うようになると「三枚合わせ」といえるものになる。

ところで、ネパールでは今はまったく鉄鋼の生産はおこなわれておらず、鉄材料はすべて輸入である。そして、輸入というと「新しく作った製品や材料」と思いがちであるが、ここではすべて廃鉄器である。

そうした輸入鋼をかれらは「コマニ」あるいは「イスパット」といっており、軟鉄（実際は軟鋼）の方は「スリス」という。「イスパット」は、インドの大手鉄鋼会社 ISPAT INDUSTORYS に関係すると考えられるが、「コマニ」「スリス」についてよく分からない。

実際の鋼材料には二種類あって、一つは炭素鋼である。これは具体的には鉄道（あるいはトロッコ）のレールの継目板を圧延したものである（レールそのものの圧延材もあるかもしれない）。聞くところによると、これらはインドからビルガンジ（インドとの貿易拠点。ここに圧延工場がある）を経由して鍛冶細工用として輸入されているのだという。もう一つはバネ鋼で、具体的には自動車のスプリングやアクスル（板バネ・コイルバネ・車軸）である。以下の話はこれらを用いた斧についてのことである。

チャハラ村のカミ（ここで試しにいくつか製品を注文して作らせた）が作った斧の刃先と櫃の接合箇所を観察すると面白いことを発見した。それは、全体をしっかりと鍛接して剥離しないように丈夫に作るのではなくて、櫃と刃先を接合する部分の前端と後端をそれぞれ左右から、したがって合計で四カ所だけ鍛接するに止めていることである。そのあいだの部分（斧の腹にあたる）は、見た目にはなめらかにしっかり接合しているように見えるけれど、実際には一体になっていない。使用にともなう衝撃くらいでは割れたり離れたりしない程度にはなっているが、必要に応じて簡単に切り離せるようになっているのである。これには理由がある。

斧の刃先が使用と研磨の繰返しによって摩耗すると、ひとびとはそれを鍛冶屋に持ち込んでくる。日本の斧（「三枚合わせ」や「割込み刃金」によるもの。「全鋼・抜き櫃」は除外する）は、地金（軟鉄）に挟まれた刃金（鋼鉄）が地金のまんなかに深く挿入されていて、焼入れが鋼（刃金）の層に深く達している（ほとんど鋼の全体に焼きが入っている）。これに対して、チャハラの斧のように刃先がすべて鋼鉄でできている「全鋼」の刃物は、刃先全体に焼きを入れることは難しく、先端部分だけに焼入れをするから、そこだけが硬化する。したがって使い進み・研ぎ込みによる刃先先端の摩耗にともない、焼入れによって硬化した部分が尽きやすい。だから、この仕組みで作った刃物（この場合は斧）は頻繁に焼きの入れ直しが必要で、使用者はそのつど鍛冶屋に持ってきて、焼き入れをしてもらうのである。

持ち込まれた刃先の摩耗が一様でなかったり、減りすぎて蛤状になっていたりすると、鍛冶屋は刃先を加熱して打ち鍛え、先端を薄く鋭利に整えてから焼きを入れ直す。これが修理・再生の基本である。この処理をなんども繰り返すと、刃先の鋼全体が減少してしまい、斧として役に立つものに仕上げられなくなる。このような状態になると、刃先（鋼）と櫃（軟鉄）の接合部分を鏨（タガネ）で切断して、刃先部分（鋼鉄）だけを新しいものに取り替えて改めて櫃と鍛接して作り直す。このために当初に接合する部分は、前後の四ヵ所だけに止めて、いざという時に刃先と櫃が切断しやすくしておくのである。こうして容易に刃先部分だけをつけかえることができる。

顧客が、傷みが進んで少し手を加えたくらいではもはや実用にならない斧を持ってくると、鍛冶屋はそれを鉄材料として引き取り、これを使って新たに新品を製作することにして、新品製作の手間賃をとるが、実際は、古斧を鉄材料として買い取り、作り置きした新品を売る。新品の斧が、持参した古い斧を使っているとは限らない。このあたりが客と鍛冶屋がもっとも厳しく駆け引きをするところである。新品製作の場合は、先に述べた修理・再生の慣行である「ビスタ」の枠を外れるものだから、鍛冶屋は手間代に加えて不足の材料を請求することができ、さらに加工にともなう材料の目減りも値段のうちに入れることができる。（チャハラの場合は、すべての価格の積算は使用材料の当初の目方を基準にしていた。鍛冶屋の仕事は客が鉄材料を持参することを前提にしているからである。加工依頼者が鉄を持参するのは日本も同様でかなり普遍的なことであった。チャハラでは近所に古鉄屋が営業していて、そこで購入したり、使い古した鉄器を持ってきたりしていた）。いずれにしても、使用する鉄の目方を計って、それを基に手間代などを加算して計算する。

出来上がった製品の目方は、持参した鉄よりも相当に減少するが、この減少率は加工方法によってかなり変動する。この点が鍛冶屋の才覚の働くところで、時・場合・相手によって、実際には持参した材料を使用しないで、別の手持ちの材料から少し小さなものを作って渡して、その差を利益にするなどの駆け引きもあるらしい。だから、鍛冶屋にとって一番の上客とは、鉄を持参しないで、出来上がりの大きさ・目方だけを指示して鍛冶屋持ちの材料を使ってくれる者である（製作する前に使用する鉄の目方を確認する必要がなく、出来上がりの目方に適当な数字を掛けて材料鉄の目方をはじき出し、製品との差は加工にともなう目減りであると言い抜ける）。しかも、ここでの新品の斧の製作の実際は、鍛冶屋が抱えている古い斧の櫃を利用してこれに新しい刃先を接合することを意味していて、はなから新材料を使って作ることはほとんどない。だから、当初に刃先と櫃を取り外しやすいように作っておくと、材料鉄として回収したり、再利用したりする場合にたいへん都合がよいのである。どこでも伝承的な鍛冶細工では、修理・再生と新品製作の境目があいまいであるが、ビスタ慣行によって形式的に新品製作と修理・再生が区分されているネパールの場合に、このあいまいな境界が顧客と鍛冶屋の力関係や駆け引きによってゆらいでいるようにみえる。一方、鋸鎌・鉈鎌のように製作に接合を必要としない刃物は、鋸鎌の場合は目立て、刃鎌・鉈鎌の場合は刃出しをおこなって、それに再焼入れをするのが修理であるから、新品製作と明確に区分できる。ビスタ慣行はこれら（鋸鎌・刃鎌・鉈鎌）を主要な対象としていたはずなのである。

(3)　スプリング材を用いたボンチョロ

言うまでもなく今日、世界的にもっとも普及している交通手段は自動車である。だから、量的にもっとも多く生産される鋼材料のひとつが自動車材料であり、したがって、もっとも多量に発生してどこでも入手可能な廃鋼材料は自動車のスプリングである。そして、発展途上国の鍛冶屋がもっとも多用している鍛冶材料も自動車のスプリングの廃材である。この点はネパールにおいても例外ではなく、以下では、このことに着目して村のカミと町に出たカミとの関係をみていくことにしたい。

はじめにスプリング材の特徴について少し述べておく。スプリング鋼は、強度が大きく粘り強く復元力のある材料、つまりバネの性質を得るために工夫されたものである。古くは単なる炭素鋼（普通の鋼）を用いて、それに焼入れ・焼戻しの工夫を加えて目的に適した性質を得ていたが、新たに合金鋼が開発されるとそれに代り、その後今日まで、様々の技術開発を重ねてきた。こうして普及したのがスプリング鋼（日本工業規格でいうSP鋼）である。スプリング鋼は通常の鋼鉄にわずかな特殊金属を添加すると、熱処理後の金属組織に際立った特徴が生じることを利用したもので、粘り強く強度があり、疲労しにくいものになっている。だから、SP鋼の見かけは在来の鋼鉄となにも変わらないが、異種金属が含まれているから、条件によってはまったく異なったふるまいをみせる。ここで重要なことは、その開発目的は鍛冶屋が使うためではないから、当然ながら鍛冶細工に適するかどうかは配慮されていないことである。その結果、鍛冶屋にとってのスプリング材は、彼ら自身の経験によってどう使えば使えるかを探りながら用いる以外に方法がない、至って愛敬のないものなのである。

結論からいえば、刃物のかなりの分野はこの材料から実用的な製品を作ることができる。アジア各地の鍛冶屋が廃スプリングを用いた刃物を作っているのは十分に実用になるからである。だからといって、それが「高級刃物」を意味するわけではないし、在来の鋼鉄（炭素鋼）とまったく同じように使えるわけでもない。スプリング材は通常の炭素鋼に比べると硬くて延びが悪い。人力で大鎚を振るって叩き伸ばし、薄刃物に仕上げるのは大変な作業である。焼入れをした刃物は丈夫で摩耗しにくいが、その分だけ砥石で刃を卸すのは容易でなく、切れ味は炭素鋼よりも悪く、このために「スプリング材の刃物は使いづらい」というひとも多い。

この他にあまり知られていない性質として、高温に弱いという点がある（一般に金属は合金にすると融点が下がる。この場合も通常の炭素鋼よりも低く、一定温度以上では大変に脆くなる）。これを鍛冶屋の仕事から見ると、スプリング材は通常の方法では鍛接できず、したがって鍛接を必要としないものしか作れない、ということになる。鍛冶屋が用いる通常の方法では、

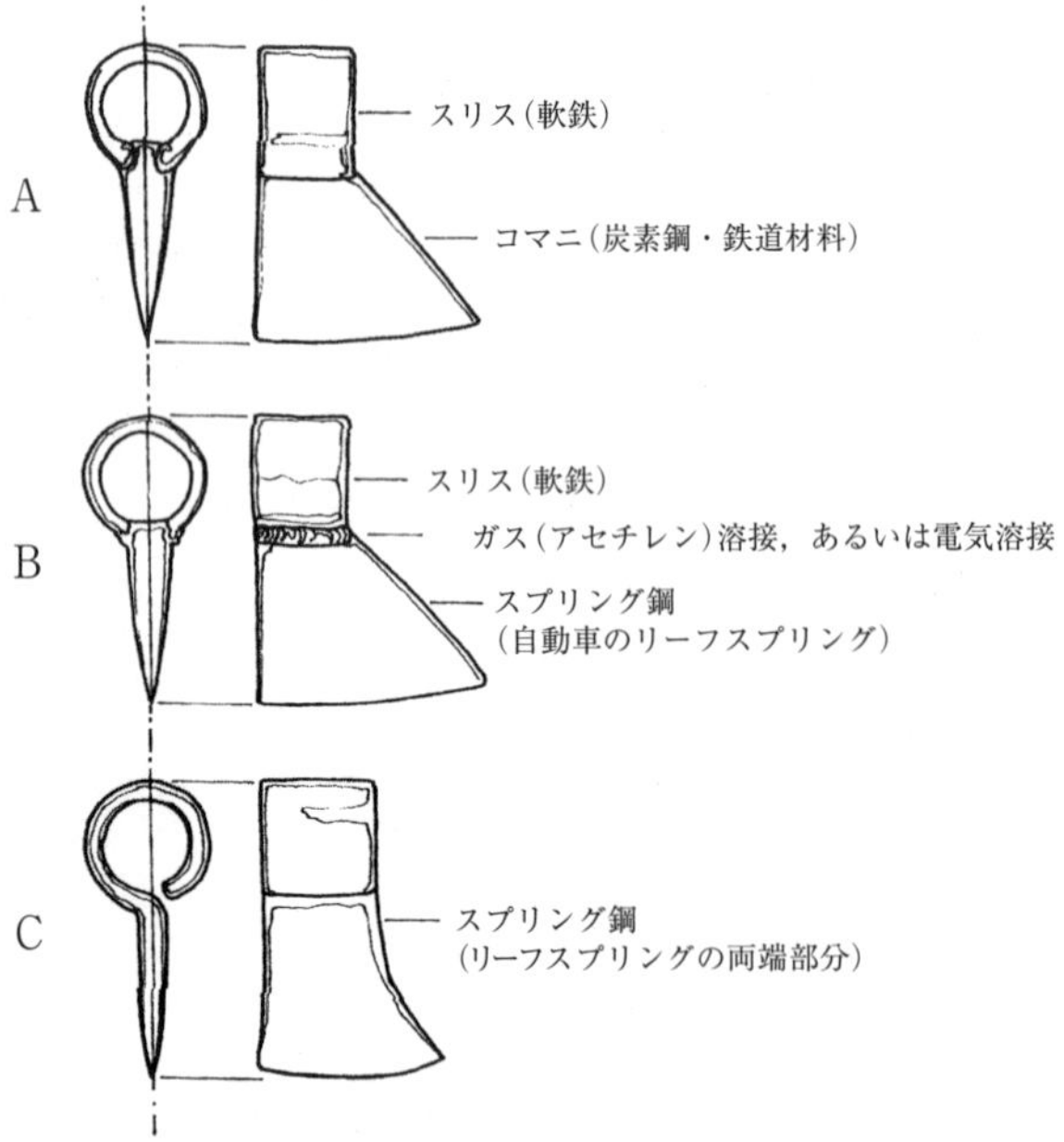

図33　ボンチョロ（斧）作りの材料鉄の変容と製作技法の変化
A：スリス（軟鋼）とコマニ（炭素鋼・鉄道やトロッコの線路）を鍛接して作る
B：スリス（軟鋼）とスプリング鋼（自動車のリーフのスプリング）を溶接（ガス溶接・電気溶接）して作る
C：スプリング鋼（リーフスプリングの両端）のブッシュ受け部分を利用して，刃先だけを火作りして斧に作る

スプリング材同士はもちろん、軟鉄（あるいは軟鋼）とも鍛接することができない。だから「割込み刃金」や「付け刃金」のような技法には使用できないし、櫃を持つ製品（斧・櫃付鍬など）も、櫃を鍛接する伝承的な製法では作ることができない。この点が炭素鋼ともっとも異なるところである。

わたしは東アジア・東南アジアでさまざま鍛冶屋の仕事を見てきたが、スプリング材の使用は、山刀・小刀などの単材製品の製作に限っていることが多く、他に適当な材料がなくスプリング材を接合しなければならない時には、機械的接合（リベットなど）やガス熔接を用いていた。

これらのことから、ネパールの村のカミが鍬類・斧の製作にはスプリング材を用いないで、コマニなどという鉄道のレール材（炭素鋼）を使用してきた理由がわかる。スプリング材は鍛接できないから、鍬類・斧以外の鍛接する必要がない鋸鎌・刃鎌・庖丁・犂先に用いるのである。

このことを逆に考えると、鍛接を用いない方法で斧・鍬類を作ることができるなら、スプリング材の使用は当然、ということになる。スプリング材は安価で入手容易なものだからである。

伝承的な鍛接以外の比較的に簡単な接合方法にリベットなどの機械的方法・ガス熔接・電気熔接などがあるが、いずれも通常の鍛冶屋の装置をはるかに超える設備やエネルギーの供給を必要とするから、鍛冶屋が単独で導入することは現実的ではない。リベットにはドリルプレスが必要で、手間がかかり利用範囲が制限される。そして電気が自由でないところではガス熔接（アセチレン発生器と酸素を用いる）が用いられ、次いで電気が入れば電気熔接になるが、いずれも装置が大がかりで村のレベルでは使用できない。しかし、少し大きな町ならば事情は異なる。近年は町なら電気が入っていてバッテリーの充電屋が営業しており、自動車の修理工場がある。

ネパールでも、町では電気熔接の利用が可能で、これを使えればいちいち鍛接するよりもはるかに容易・大量に櫃の接合を行うことができる。しかも鍛冶屋が自分でこの作業を行う必要はなく、電気熔接屋（鉄骨構造物のためにある）に持って行きさえすれば、一日に五〇個や一〇〇個の櫃付けなど、片手間の仕事として処理してくれる。

だから、このような溶接製品が町の近辺では流通している。先に紹介したポカラのビムセン通りの金物屋で売っていた斧も、すべて櫃を熔接して作ったスプリング材を用いたものであった。

すでに記したように、ビムセン通りの金物屋は近隣の農民を顧客にしており、その製品は近在の村から出稼ぎに来たカミに作らせていた。だから、単純化していえば、「村のカミ」がレール材で作っていた斧を、「町のカミ」はスプリング材で熔接して作り、それを村人は町の金物屋から買っていることになる（ひょっとすると同じ人物が「村のカミ」と「町のカミ」を兼ねていることもありうる）。ここでは「村のカミ」と「町のカミ」が、それぞれ異なる技術と流通の仕組みによって競合的な関係にあるが、「町のカミ」は近代的技術を利用した合理的で安価な製法を用いるから、この競合は明らかに町に有利に働いている。

しかし、そういう理解だけでよいのかという疑問も一方では生じる。問題は、スプリングを熔接して作った斧は櫃の修理・再生が難しく、打ち伸ばしも容易ではないことである。「村のカミ」にはこのような斧は刃先の打ち直しや焼入れをすることくらいしかできず、それ以上の細工は手にあまる。また、使い古した熔接の斧を回収したとしても、それをもう一度斧に作り戻す技術を持っていない。すなわち、スプリング材を熔接した斧の普及は「村のカミ」が持つ役割を減じる方向に働いて、というよりも、ひとびとは「斧は修理・再生しないもの」と考える方向にむかい、ますます町の金物屋への依存を高めていく。このことがビムセン通りの繁栄である、と思われるのである。

ひとともの移動が活発になると、ものは否応なく変化せざるをえない。斧のような些末なものの材料が、鉄道レールから自動車のスプリング材に変ると、これまで成り立っていた鍛冶屋と鉄器の関係、あるいは鍛冶屋と農民の関係をまったく異なるものに変化させる。ここでは、伝承的な鉄器である斧によってネパールに今日ひろく生じている状況を述べたつもりであるが、それははじめに「軟鉄」について述べたことを受け継いでいる。

ここには近代的（というより現代的）な工業が撒き散らす廃材料の利用を通して進行する近代化の一面が表れている。それは結果的に、村で鉄器の修理・再生にあたるカミの役割の変質あるいは無意味化を意味し、それがカミを町に追いたてることになり、そのカミが「町のカミ」として生きていくことが、溶接したスプリングの斧の製作を推進し、さらに「村のカミ」の流動化を促すというメカニズムを作っていく。しかも、その作用は町に流れ込んだパルパティのカミたちがネワールの職人カーストの下に零細な労働力として位置づけられて、新たな下層階級を作り出していく、といったことにも関わる。

最後に付け加える。

ネパールは世界のシャングリラ・観光地でもある。カトマンズにはたくさんの観光土産店があり、パタンの旧王宮周辺は観光ショップだらけである。それでは、これらの観光土産・旅の思い出をだれがどこで作っているのであろうか。実は観光土産には金属・布・革を用いたものが多く、ヒンドゥー的にいえば、それはだれもが（どのカーストに属していても）製作に従事してよいものではない。

ここでは、カトマンズ盆地の出稼ぎのカミについて触れたが、実は町に出たかれらは少なからず鍛冶仕事からはなれて、これらの観光土産の製造に従事している。いいかえれば、これは下位カーストが関わる賤業なのである。

あとがき

整理を終えた後にあらためて眺めると、記憶や記録を自分なりに考えることはそうやさしいことではないとつくづく思う。ひとつの器、一枚の写真、一行の文字、それらが意味する事柄の全体は、分かったようでいてなかなか判然としないし、まして他人に伝える方法を獲得することは難しい。結局のところは、散乱した断片の積み重ねに終始してしまったようである。

それにはたぶん、今日のひとびと、あるいはわたしの、民衆（あるいは常民）の「生活」をイメージする指向のゆれや能力の低下があり、十分にそのすがたが更新されていない怠惰があるように思われる。確かに近代を生きたひとびとは、自らのありようを考える手掛かりとして、自前の歴史や民俗を掘り起こそうと努力してきたが、その一方で過去との繋がりを考えることの形式化（形骸化？）がそれよりもはるかに広範に進行していると思われる。後者の力にはなかなか立ち向かい難い、ということであるかもしれない。

このところ少しばかり、今日の地域社会の様相を見ておきたいと思って短い旅行に出かける機会をつくってきた。そして、いつも出先の地域が発する表情の均質化・平坦化に驚かされている。地域を表象する風景・物産は一定の方法によって意図的に脚色・演出されており、一見すると個性的にととのえているようで、その内実はまったくの類型に終始している。ここでは文化は多様性の獲得に向かうのではなく、見かけの多様さと内側の極端な均質化を生み出し、それは一元的な価値観の蔓延となって表われしている。というわけで、とりとめない年寄りの愚痴話はおしまいである。

本書は、書き卸しに加えて、すでになんらかの出版物に掲載したものを含めて取りまとめている。取りまとめに際しては、その後の知見を反映させて、あるいはその後に考えたこと、訂正や不足の補いやらを含めて、大幅に手を入れたために、およその論旨はともかく、文章の細部は原型をとどめなくなったところが少なくない。であるから、あらためて初出を付しても意味がないと思うのであるが、時には記録的な役割が生じることもあるかもしれないから、以下に参考に並べておくことにする。

Ⅰ　職と職人・道具と民具

職人と技術・技能・役割　「職―その技術と技」茨城県立歴史館　一九九三

諸職―職人とその用具　『民具研究』特別号　二〇〇七

民具と道具を考えてみたが　『民具研究』一三八　二〇〇八

「道具観」をめぐって　『もの・モノ・物の世界―新たな日本文化論』雄山閣　二〇〇二

Ⅱ　ものとわざの伝播

箱鞴の送風形式について　『技と形と心の伝承文化』慶友社　二〇〇二

アルミ鍋　『日用品の二〇世紀―二〇世紀における諸民族文化の伝統と変容』ドメス出版　二〇〇三

Ⅲ　くらしの場の変容と記憶

沖縄諸島における「町」の形成　『国立歴史民俗博物館研究報告』第六七集　一九九六

波照間島の村落景観　『村が語る沖縄の歴史』新人往来社　一九九九

村をめぐる人々　『中国浙江の民俗文化』　一九九五

Ⅳ　記録された技術

宮古・八重山の所遣座「鍛冶例帳」における鍛冶材料鉄　『国立歴史民俗博物館研究報告』第五十集　一九九三

「鍛冶例帳」にみられる鉄製品　『琉球・アジアの民俗と歴史』榕樹書林　二〇〇二

Ⅴ　もの・わざ・からだと資料化

「バルセロナ民族学博物館」の「セラ・コレクション」とその背景　『国立歴史民俗博物館研究報告』第一〇八集　二〇〇三

西南中国における鉄器加工技術とその特色　『四川の伝統文化と生活技術』東京外国語大学　アジア・アフリカ言語文化研究所　二〇〇三

ネパールにおける鉄器生産とその技術の受容　『アジア文化研究』研究別冊8　国際基督教大学アジア文化研究所　一九九八

〈追記〉本書の校正中に東北地方を中心に巨大地震が発生、津波に加えて原発事後がおそった。その結果、本書であつかった葛尾村は避難対象地に指定されてしまった。特異な機構を持つ箱鞴がどうなったか気にかかるところである。一日もはやい被災地の復興をいのる。

著者略歴

朝岡康二（あさおか　こうじ）
一九四一年　京城に生まれる
東京芸術大学大学院芸術学修士卒業
国立歴史民俗博物館名誉教授。文学博士
専門は冶金学・鍛冶技術史

〔主要著書〕
『鍛冶の民俗技術』『日本の鉄器文化―鍛冶屋の比較民俗学―』『古着』『鍋・釜』

考古民俗叢書

雑器・あきない・暮らし
――民俗技術と記憶の周辺――

二〇一一年八月十九日　第一刷発行

著　者　朝岡康二
発行所　慶　友　社
〒一〇一―〇〇五一
東京都千代田区神田神保町二―四八
電　話〇三―三二六一―一三六一
FAX〇三―三二六一―一三六九
印刷・製本／亜細亜印刷

© ISBN978-4-87449-141-6　C3039